股权投融资交易结构

设计要点与体系化考量

于强伟 著

法律出版社 LAW PRESS·CHINA

图书在版编目(CIP)数据

股权投融资交易结构：设计要点与体系化考量／于强伟著. -- 北京：法律出版社，2020
ISBN 978-7-5197-4989-7

Ⅰ. ①股… Ⅱ. ①于… Ⅲ. ①股票投资－证券法－研究－中国 Ⅳ. ①D922.287.4

中国版本图书馆 CIP 数据核字(2020)第 184948 号

股权投融资交易结构
——设计要点与体系化考量
GUQUAN TOURONGZI JIAOYI JIEGOU
—SHEJI YAODIAN YU TIXIHUA KAOLIANG

于强伟 著

责任编辑 赵明霞
装帧设计 马 帅

出版 法律出版社
总发行 中国法律图书有限公司
经销 新华书店
印刷 三河市龙大印装有限公司
责任校对 晁明慧
责任印制 胡晓雅

编辑统筹 法商出版分社
开本 710 毫米×1000 毫米 1/16
印张 31.5
字数 419 千
版本 2020 年 11 月第 1 版
印次 2020 年 11 月第 1 次印刷

法律出版社/北京市丰台区莲花池西里 7 号(100073)
网址/www.lawpress.com.cn
投稿邮箱/info@lawpress.com.cn
举报维权邮箱/jbwq@lawpress.com.cn
销售热线/400-660-8393
咨询电话/010-63939796

中国法律图书有限公司/北京市丰台区莲花池西里 7 号(100073)
全国各地中法图分、子公司销售电话：
统一销售客服/400-660-8393/6393
第一法律书店/010-83938432/8433
西安分公司/029-85330678
重庆分公司/023-67453036
上海分公司/021-62071010/1636
深圳分公司/0755-83072995

书号：ISBN 978-7-5197-4989-7
定价：128.00 元

本书赞誉

股权交易构成资本市场的核心驱动力，也是专业人士博弈的主战场，理解和用好股权交易的法律工具才能最大限度保证股权收益。股权关系承载了企业运营发展的根本利益关系，既要促进合力共赢，又需平衡各方利益，优异的股权交易设计有赖于卓越的专业综合能力。于律师通过对股权交易结构的全面系统梳理直观呈现了复杂交易背后的专业要点，兼顾商业考量与实例应用，对理解和规划股权结构，通过股权交易的合理安排维护和提升股权权益，无论对投资方还是管理方，都有极大的帮助。

陈亦工　北京市百宸律师事务所创始合伙人

与于先生共事数年间，深感于先生对股权交易理念和知识有独特见解，无论在理论以及实践，也显出其融汇各家，同时又敢于创新的思维。本人深受先生启蒙。本书以深入浅出的方式解释股权投融资交易结构，让读者容易理解设计交易的重点，是先生集各方大成所著，对行业在股权交易的思维将影响深远。

赖志诚　英国富而德律师事务所美国证券业务合伙人

股权投融资交易结构设计是一门博弈的艺术，本书全面覆盖了从交易主体、交易动机、尽职调查、交易形式、交易估值、支付结构、税收筹划、投后管理、退出机制、风险管理等各项要素，将艺术归纳、提炼为科学，是一部对复杂的股权投融资交易结构设计提供精辟指导的精彩佳作。

鲁杰钢　中联资产评估集团有限公司合伙人

于强伟律师新著《股权投融资交易结构——设计要点与体系化考量》是专注于股权投融资交易结构设计与实施的一整套精准与全面的“葵花宝典”，既有战略格局与视角，亦有实战心得与思考；条分缕析，切中肯綮。实属佳作，特此推荐给相关实务与理论研究人士。

沈悦志　汉高集团北亚区（大中华区、韩国及日本）总法律顾问

从股权架构解决之道到股权交易结构设计，我钦佩强伟律师的专业水平和钻研精神，更钦佩他的勤勉与认真，这正是一名高水平的法务工作者的“豪横”所在。《股权投融资交易结构——设计要点与体系化考量》作为《股权架构解决之道》一书的续篇，对交易主体、尽职调查、交易形式、估值、支付、税收、风险管理等诸多最关键问题详细拆解分析，兼具专业通透与通俗易懂，且非常重实战实务实用。事实上，我们多数人离股权并不远，所以我们与这本书的最佳距离应是伸手可及。

石强　中央电视台原《经济与法》制片人

股权交易作为一个舶来品进入中国已经 30 多年，受益于中国改革开放和市场经济的蓬勃发展，特别是近二十年的技术发展和模式创新以及人口红利的重大机遇，得到了爆发性增长，已经发展成国民经济中不可或缺的部分，股权交易为新兴公司提供创业和持续发展所需要的资金支持，促进消费水平和产业结构的升级，推动科技成果转化和国家创新战略的实施。

股权交易本身是一个复杂的系统工程，而结构设计是这项工程的核心部分，重要性不言而喻，但股权交易结构设计本身涉及的要素颇多，过往更多体

现在从事股权交易的各类专业机构人士的实战经验中，比较缺少一个系统化的理论框架进行阐述并指导实践，《股权投融资交易结构——设计要点与体系化考量》对此进行了完整和全面的整理分析，期望能给对股权交易感兴趣，或者有志从事股权交易相关专业服务的广大读者提供一个深入浅出的总结参考。

本书从股权交易的商业目的和应用场景进行展开，重点阐述了股权交易结构设计所包含的诸多体系要素，包括交易主体、交易动机、尽职调查、交易形式、交易估值、支付结构、税收筹划、退出机制、风险管理等方面的具体内容，旨在帮助大家快速理解和掌握如何定制一个行之有效的股权交易结构。正如世上没有两片叶子是相同的，在实践中也不会存在任何两个交易里参与方对于这些要素的要求是相同的，只有了解清楚各方对于交易的实际商业诉求，确保不存在核心底层逻辑的冲突，通过反复磋商和谈判，找到所有要素的共识后才能设计出符合实际商业环境的解决方案，并落实到最终的交易法律文件中，本书也介绍了相关法律文件的范本示例供读者学习。

本书凝结了于强伟律师过去多年的商业案例观察和实战，是经验的智慧结晶，内容翔实且通俗易懂，编写过程也体现了于律师专业求真、更臻完美的职业精神，希望该书能尽快出版，以飨读者，从中学习和掌握股权交易结构设计的基本技能，并加以运用和提升。

孙强　华兴资本董事总经理、并购组负责人

强伟这本书，从理论和实践的角度分析股权交易和激励机制的设计、落地、交易过程，巨细靡遗，强伟不但是国内公司治理的专家，在现代公司治理的核心的股权交易和实践上也能有系统性的分析，这本书是国内难能可贵的法务经典，值得收藏。

吴一正　易宝支付 CFO/ 高盛集团前执行董事

凡是关注股权交易的人，要么是老板，要么想成为老板。老板是最喜欢、最需要股权的一群人，但恰恰又是天生处理不好股权的一群人。因为老板是最有家国情怀的人，而股权设计恰恰不需要情怀，而需要理性；因为老板是最具发散思维的人，而股权设计恰恰不能靠点，而需要结构。所以股权的生发，是最华彩的；但股权的落地，又是最务实的。于是，充满梦想的老板和合伙人，眼下最需要的，是一本“手册”，一本将股权交易所有环节加以“结构”到无死角、得以“务实”到随手用的手册——诚如于强伟律师这本新著所为您呈现的。

杨光　《中外管理》杂志社社长、总编

在我过去16年的投资银行职业生涯中，很少遇到过像《股权投融资交易结构——设计要点与体系化考量》这样实用的指南。本书全面地介绍了并购交易的各个范畴，从交易结构到估值，税收筹划到投后管理等。对于从事并购交易的专业人士来说，这是一本值得推荐的参考书；对于对并购这一课题感兴趣的学生来说，本书亦可作为一本非常棒的教材。

钟晧辉　AMTD尚乘国际首席战略及业务发展官、投资银行部主管

股权投融资是公司最重要的工作职能之一，也是公司律师开展合规管理及风险管控的工作重点。本书从实务出发，详细讲解了股权投融资过程中尽职调查、股权交易、投后管理和风险管理等核心内容，有利于理清思路，掌握工作要点。本书体系性强，指导作用明显，值得公司经营管理人员及公司律师参考阅读。

苏云鹏　同方股份有限公司总裁助理、法务部总经理，
中国人民大学法学院、律师学院法律硕士生实务导师，
《公司律师》一书作者

序

两百多年前，被后人称为“现代经济学之父”的亚当·斯密（Adam Smith）发表了著名的《国富论》（全名：《国民财富的性质和原因的研究》），为现代经济自由主义思想奠定了基础。他认为，人的本性是利己的，追求个人利益是人们从事经济活动的唯一动力。同时，人又是理性的，作为理性的经济人，人们在经济活动中获得最大的个人利益时也会同时促进公共利益。时至今日，亚当·斯密的接班人，包括象托马斯·马尔萨斯（Thomas Robert Malthus）和大卫·李嘉图（David Ricardo）这样著名的经济学家对他的理论体系进行了精心的充实和修正，但历经沉淀精华部分仍然在当代经济社会中发挥着重要作用。

公司作为现代经济社会的主要参与者，也曾经及正在践行着古典经济学理论的理念和规律。毫无疑问，参与经济交易活动的本意是实现价值的最大化，包括公司自身的利益、股东的利益及交易对手的利益，都要在经济交易中基于利己的本性实现价值最大化。既然讲价值最大化，那么问题是，价值如何实现最大化？通过何种渠道实现最大化？马克思的劳动价值理论也确认，价值产生于劳动环节，商品交换过程本身并不创造价值。不过，代表商品价值的价格，会始终围绕价值波动。如果市场上商品供不应求，购买的人增多，价格就会上升；反之，但如果供过于求，价格就会下降。这是市场上“看不见的手”进行资源优化配置的结果。

代表公司价值的载体是股权，也同样受到“看不见的手”的调整，只不过，这只手更加复杂。从事期货交易的人，通常能够深刻体会到“零和游戏”的规则力量，多头的利益一定来自空头的损失。而股权交易则不同，股权不是普通的商品，其价值也并非由劳动直接创造而来，它更多是一种价值符号。在市场对股权进行资源优化配置过程中，彰显出来的一定是交易各方的最优选择。比如，投资方选择目标公司时，将穷尽各种渠道验证所投资的股权是最佳的投资标的，而融资方选择投资人时，也会尽己所能确保融到的资金能够为自身带来最大价值，从而间接也为投资人带来最大价值。这是一种“共同做蛋糕”的逻辑，交易各方寄希望于未来，通过共同投入、共同经营，实现共同的价值提升，而非通过攫取另一方的利益来满足己方利益。这也是现代公司股权区别于传统商品的价值创造及价值最大化的核心魅力所在。所以说，股权交易本身虽然不创造价值，但能够创造产生价值的机会，也能够通过交易将产生出来的价值进行确认。

正是因为股权交易的这种特殊性，决定了股权交易不同于普通的货物贸易，它的流程更长、风险因素更多。合理的股权交易一方面要遵循法律法规的各项要求；另一方面也要科学合理地设计交易结构，平衡各方诉求，达到风险可控、结果最优。很高兴看到于强伟律师的这本新作在交易结构设计方面做了有益的探讨，从股权交易的全生命周期角度，列出了核心要点，提供了系统化的交易思考维度，为交易各方控制风险、实现价值最大化提供了有用的工具。相信这本书能够在股权交易实践中为相关各方起到很好的帮助作用。

是为序。

中国政法大学民商经济法学院教授、博士生导师
中国商业法学会副会长
洪范法律与经济研究所所长
2020 年 7 月 19 日

自　序

“二战”时被投放到德国战俘营里的英国军官 R.A.Radford 写过一篇知名的文章《战俘营里的经济组织》，其中讲到在一种绝对受限制的场所内，经济学规律也在发挥着作用，有人的地方就有交易。这些战俘长期共生在同一屋檐下，初期的同理心可以让人心生怜悯，能够彼此互助，但要期望能长久维持秩序，就需要引入交易规则，大家在规则下约束自己的行为，反倒这样，才更加公平。

联想到我们现时经济社会中的股权交易，又何尝不是如此。对于大多数人来说，股权交易可能比较陌生，但是作为创业者、投资人、专业中介机构来说，股权交易就比较常见。与一般的商品交易不同，股权是一种十分特殊的商品，有自身特殊的交易规则，也有行业交易惯例，再加上每项股权交易涉及的相关方、目标公司和交易环境的差异，导致股权交易不仅形式多变，而且交易风险也变化多端。这就是为什么有关股权的交易结构很难完全复制的原因。尽管如此，股权交易中仍然有一些共性的因素有迹可循，通过这些共性因素按图索骥、追根溯源，还是能够相对比较全面地确定恰当的交易结构。实务中，笔者经历过许多次股权交易，也翻阅过许多有关这方面的资料，然而发现在交易结构方面，目前还没有系统的理论著作进行阐释，有关交易结构的设计技巧，基本都是掌握在专业人士手中的 know-how。其实，这也符合股权交易的本身特点，交易场景的不同，使交易结构需要考虑的因素比较个性化，也需要交易各方反复谈判和博弈，在专业人士的辅助下最终才能确定。从某种程度上讲，交易结构是谈出来的，不是写出来的。不过，本书仍然希望能够从众多股权交易中，抽丝剥茧，总结规律，将一般的、普适性的标准提炼出来，至少能够帮助那些初次接触股权交易结构设计的同人和朋友提供一些视角，在交易谈判时能够多一些思维路径，而不顾此失彼，这也是本书写作的初衷。当然，对那些深谙股权交易的资深“老司机”来说，本书仅是抛砖引玉，共同探讨。

本书题目所述“股权投融资”其实是公司实务中对股权交易行为的通俗说法，站在投资人角度，通过股权交易进行投资的行为实质是股权投资，而站在公司角度，通过股权交易获取资本的行为实质是股权融资，这实际上是一个问题的两个方面，称呼不同而已，本质都属股权交易。每一次股权交易，无论是有意设计还是简单磋商，事实上都有一个交易结构。不同的是，有的交易结构设计精致、考虑全面，有的交易结构简单粗放、目标导向。实务中比较有意思的是，不是所有结构精巧的交易结构一定能促成交易取得良好效果，也不是所有简单粗放的交易结构一定会带来风险甚至导致交易失败，股权交易的成效牵涉的因素太多，归根结底还是取决于交易各方的心态、目的及诚信。再好的交易结构，若初衷不良，也不会有好结果；再差的交易结构，若惺惺相惜，也照样实现共赢。但是，这毕竟不能代表大多数交易场景，在多数股权交易中，一套良好的交易规则和结构设计，能够大概率降低交易风险，不给交易方有意或者无意犯错误的机会。这也是本书致力于探讨、梳理和总结交易结构最佳实践的本意。

从体例上看，本书选取了股权交易涉及的十个关键环节：交易主体、交易动机、尽职调查、交易形式、交易估值、支付结构、税收筹划、投后管理、退出机制、风险管理。选择这十个环节作为本书主体内容的考虑有两方面：其一，按照股权交易的时间轴，从交易顺序上列出最核心的交易要素，以点带面，剖析交易结构的主要板块；这十项要素也并非完全按照顺序展开，有的是贯穿于交易的全过程（如风险管理），有的是并列因素（如支付结构和税收筹划），但总体而言是围绕交易主体、尽职调查、交易估值、支付结构、退出机制这五方面具有明显时间先后顺序的节点而展开的，其余板块是为了丰富这五项节点而做的延展。其二，如同立法技术选择一样，列举式陈述难免会有遗漏，无法穷尽各种可能，这十个关键环节肯定并非交易结构的全部，它们起到的只是类似思维导图的作用，列出关键点，然后逐渐按此展开，直至达到交易各方认为合适的程度；因此，本书提供的主要是一种思考维度，更多细节及技巧仍有待实务界及学界同人在实践操作中继续完善。

本书在写作过程中，也得到了众多朋友的支持，包括中央电视台《经济与法》原制片人石强先生、北京市百宸律师事务所创始合伙人陈亦工律师及其团队、易宝支付 CFO/ 高盛集团前执行董事吴一正先生、英国富而德律师事务所美国证券业务合伙人赖志诚律师、华兴资本董事总经理孙强先生、尚乘国际（AMTD International）首席战略及业务发展官 / 投资银行部主管钟皓辉先生、德国汉高集团北亚区总法律顾问沈悦志先生、同方股份有限公司总裁助理 / 法务部总经理苏云鹏先生、中联资产评估集团有限公司合伙人鲁杰钢先生、《中外管理》杂志社长兼总编杨光先生等，都为本书的写作提出了宝贵的意见和建议。尤其是法律出版社法商分社的薛晗社长和赵明霞资深编辑，在本书的写作过程中，也对本书的目标定位、内容结构及章节编排等提出了大量的、有针对性的宝贵意见，在此一并致谢。

最后，也感谢我的家人，在我繁忙工作之余保证了本书的顺利写作，尤其是女儿荞荞，有时会用儿童特有的天真和执着与我讨论问题，令我备感欣慰。

受限于本人的能力和经验，本书的内容一定还有许多有待提升的空间，书中观点及建议也不一定准确，如有发现错误或不当之处，真诚期望读者朋友不吝指正，及时提出，以便再版时更正。希望本书能为对股权交易感兴趣的企业家朋友、中介机构及学界朋友带来帮助，让我们一同为股权投融资的交易结构脑力激荡，探讨最佳业务实践。

于强伟

2020 年 8 月 22 日

CONTENTS

目录

第一章
概　述

第三章

交易动机

第四章

尽职调查

第五章

交易形式

第六章

交易估值

第七章

支付结构

第八章

税务筹划

第九章

投后管理

第十章

退出机制

第十一章

风险管理

第十二章

交易结构设计相关法律文件

案例索引

第一章

概　述

1.1 股权交易结构——博弈的艺术

股权交易不只是简单的股权买卖，从投资人角度来看，它具有投资的功能，从目标公司角度又具有融资的功能，是公司资本运营的主要方式。股权交易实务中，交易结构是决定交易目的能否实现的关键，一个合理的交易结构，既能够节约交易成本、控制交易风险，又能够保障交易的合规性，对于交易的顺利完成、实现规模效益和协同效应等具有十分重大的意义。然而，考虑到各方的交易动机、履约能力，以及资金、税务、外汇等各种外部监管的要求，交易结构需要综合平衡多种主客观因素才能确定。为了确定交易结构，往往需要各方进行多轮谈判、协商甚至博弈，在此意义上可以说，交易结构是谈出来的，不是写出来的。与一般的物品买卖不同，买卖股权的交易结构具有非常明显的个性化、定制化特征，对于一项股权交易来说，没有最好的交易结构，只有最合适的交易结构。

1.1.1　股权交易不是标准化的商品买卖

股权投融资交易为什么需要结构设计？这是由交易特性决定的。股权买卖与商品买卖或资金借贷不同，后者一般具有标准化的属性，即在交易活动中，买卖双方只需对一些交易的要点，比如品类、规格、数量、金额、价格或利率、期限等进行谈判即可，一般具有标准化的履约流程。而企业不是一个标准化的产品，是一个动态开放的系统，相应地，股权的价值也就持续处于动态变化之中。尽管近百年来大规模的股权交易活动中，人们已积累了许多经验，例如在财务评价、资产评估、税务评价等方面已形成了一些经验性的方法，但在交易的可量化度和准确性、交易成本与路径等方面仍然留下很大的相当模糊的空间，交易结构设计就是将这块模糊空间尽可能地澄清，使买卖双方比较容易地找到利益的平衡点，能够既节省交易成本又控制交易风险并最终实现交易目的。

除了专门从事投资业务的私募股权投资机构及其他类型的机构投资人以外，对普通公司而言，股权交易是低频率事件，而一旦出现，往往会对公司有较大影响，诸如通过股权融资为公司筹措发展资金、公司并购导致控股股东发生变化等，在一定程度上都会影响公司的战略及运营。这也决定了针对股权的交易结构设计，需要交易各方投入更多的精力慎重对待，如有不慎将会对公司带来重大影响。对于风险和效率的取舍，股权交易更侧重于前者，而对于一些高频的交易（如股票买卖、期货合约买卖等），对效率的要求会明显比股权交易更高。

1.1.2 交易结构是各方博弈的结果

股权交易中，交易各方之间存在博弈关系，既有合作又存在斗争。根据博弈论的解释，博弈可以分为合作博弈与非合作博弈，其中合作博弈强调集体理性、公平公正和效率，而非合作博弈强调个体理性、个体最优决策，其结果往往是无效率的。股权交易双方在达成买卖意向后，实际上进行的是讨价还价的过程，属于合作博弈范畴。对交易双方来说，都选择“买成”就是达到了纳什均衡，这可以解释为什么在股权交易（包括并购）实践中，激烈的讨价还价之后仍然能够做成交易的原因，因为这对双方来说都是最优选择。股权交易的标的是股权，最终指向的是目标企业，很多情况下，交易双方选择“买成”这个双赢甚至多赢的纳什均衡，对交易参与方都是有好处的，选择损人不利己的非合作均衡往往达不到交易目的。

针对股权交易的两种基本形式（转股、增资）来说，博弈的形式也有区别。股权转让情况下，出让方套现离场，因此有更多动力隐瞒相关信息，是典型的一次性博弈；而增资扩股则不同，投资人与目标公司原股东的利益仍然捆绑在一起，要在很长一段时间内继续合作，目标公司原股东隐瞒或提供虚假信息的成本将会比较高，对交易后的合作也有所忌惮，因此双方属于多次重复性博弈。可以看出，增资扩股方式能够避免目标公司原股东套现的短期行为和由于信息不对称可能对投资人造成的利益损害，初始的信息不对称程度将随着双方多次重复博弈的进行而逐渐变小。所以，对股权出让方而言，增资方式相比股权转让方式更能够形成对交易行为的制约，正如行商容易缺斤少两，而坐商号称童叟无欺的道理一样。

1.1.3 交易结构的终极目标是实现“1+1>2”

无论采用哪一种交易形式，股权交易的完成结果都是新投资人进场，股权结构上表现为：或者实现控股股东变更，或者仅仅是增加或变更了参股的投资人。无论有没有导致目标公司控制权变更，股权交易的初衷及最终目的都是帮助目标公司实现增值，通过资金和资源的导入，产生规模效应或者协同效应，从价值上回报股东的各种投入。基于这个导向，交易各方在合作谈判过程中，互利、互惠、互信、共赢应当是交易结构设计的基本前提，并贯穿合作的始终，使得此项股权交易最终能够产生“1+1>2”的效果。一次性博弈虽然可能利于其中一方，但从整个交易资源配置的角度看是不经济的。

1.2 股权交易结构的应用场景

每项交易都涉及交易结构，区别是框架及内容各异。本书讨论的股权交易结构，是基于目标公司的视角，将出资的人从内部和外部进行区分，以便于加深对交易风险的理解并采取程度不同的控制措施。相应地，也将股权交易划分为股权内部交易和股权外部交易。当然，这种划分方式未必科学，还有其他一些划分方法不见得比本书采用的方法差，本书只是为了方便讨论及突出差异，暂且采用这种划分方式。

1.2.1 股权外部交易——投资与并购

投资人首次对目标公司进行投资，无论是参股还是控股，或者 100% 收购，都是股权交易结构应用的一个主要场景，也是涉及的交易要素最丰富、各方博弈最激烈的场景。包括交易主体、交易形式、交易估值、支付结构、税收筹划及退出机制安排等，都是股权外部交易时需要考虑并妥善安排的事项。在公司发展的各个阶段都可能涉及股权外部交易，从公司设立开始，就可能会有天使投资人参与，之后从 A 轮融资开始，经过若干轮次的融资，直到公司上市前最后一轮融资，公司估值一般达到上市前的巅峰，在这个周期的股权外部交易，多数情况下过程可能曲折、故事也最为丰富。因为无论投资人还是公司创始股东，对公司的期望值都非常高，一旦没有达成最初投资目的或者估值出现剧烈波动，而又无法通过估值调整机制进行解决时，往往会引发投资人与股东之间的争议。公司首次公开募股（Initial Public offering，IPO）成功之后，股权外部交易（包括定向增发购买其他公司股权或资产、重大资产重组等）会发生一些变化，与 IPO 之前股权交易结构相比，最明显的区别是估值的可视化更强，因为二级市场的股票价格是透明的。直到公司退市或者被并购、破产清算等，每次股权的变动都会涉及交易结构的设计与安排。可见，股权外部交易的结构安排，不仅会影响股东及投资人的利益，对公司的日常经营及资本运作都有重要影响，是公司发展过程中的必修课。在股权外部交易结构中，设计工作的重点聚焦于交易估值及股权价格、合理税务筹划以及退出机制安排等方面。

1.2.2 股权内部交易——重组与激励

在某些情况下，目标公司为了完成特定目标，比如为了实现公司上市，在集团内部进行拆分重组，剥离不相关资产，突出主业，搭建上市架构等；或者为了在境外上市，搭建 VIE 架构，境内的公司和业务进行重组等；还有，公司出现《公司法》第 180 条规定的解散情形，股东们决定进行解散公司时，这些场景都是股权内部交易的场景。这些类型的交易，一般采用合并、分立、减资、清算等形式，由于基本不涉及外部投资人参与，主要是在现有股东内部完成，因此，交易结构相对股权外部交易的结构安排而言，博弈过程没有那么激烈，甚至没有博弈，过程相对简单。还有一类股权内部交易的场景，即现在越来越多的企业开始重视股权激励，有的甚至在公司设立之初就开始考虑如何对公司核心骨干进行激励，吸引、留住外部人才，并在股权结构中进行相应的安排和体现，这也是一个非常重要的股权内部交易场景。在股权内部交易结构中,设计安排工作的重点在于如何节省交易成本以及保证交易的合规性等方面。

1.3 股权交易结构的体系要素

股权的交易结构设计是一项实务性极强的工作，一般的教科书也不会完整地、体系化地进行讲述。这就导致有关股权交易结构的论述和文章百花齐放，各有千秋。其实，正如本章开头部分所述，实践中没有最优的交易结构，只有最合适的交易结构。究竟何为合适，一定是结合具体的交易场景和需求，以最终是否协助顺利达成交易目的作为评判标准。这其中，有些共性的交易要素存在于各类交易结构之中，只不过有的交易结构复杂，包含的要素更多，有的交易结构简单，可能仅涉及某几个要素。无论简单还是复杂，只要能够合规地帮助交易各方实现各自目的，就是一个合适的交易结构。本书根据交易实践的现状，从相对完整的角度梳理了九项要素，贯穿于本书的各个章节，可能有的要素仍然没有覆盖到，有的还需要进一步深入探讨，鉴于篇幅的限制，本书期望进行一次有限的尝试，以期达到抛砖引玉、共同探索提升的效果。

1.3.1 交易主体——交易结构的承载

各类民事主体是股权交易权利的享有者和义务的承担者，是股权交易的主导者。从大类上区分，交易主体主要包括个人投资者和机构投资者，其中机构投资者又以有限公司、股份公司、合伙企业、结构化金融产品等为主。近些年来，各种类型的基金、资管计划、信托计划等特殊类型的投资形态在 Pre-IPO 的投资活动中越来越活跃，也有的参与到上市公司并购基金及股权激励计划的设立中。交易主体除了直接投资持股以外，还有一类特殊的权益投资形态，即协议控制模式（Variable Interest Enities，以下简称 VIE 架构）。这类形态主要被一些受到外商投资行业限制的境内公司为了到境外融资上市而使用，是一种迂回投资模式，涉及的主体比较多，而且比股权投资往往更加复杂，尤其是在法律文件层面。虽然法律形式上投资人是协议方式控制利润主体并合并其财务报表，从交易实质上看，仍是权益类投资，只不过受保护的程度不如股权投资那么直接和彻底，有违约风险。2020 年 1 月 1 日《外商投资法》实施后，准入前国民待遇加负面清单的管理制度，使外商直接投资的限制未来会进一步放宽，采用 VIE 架构的必要性也逐渐降低，但目前这仍是许多已经在海外上市的企业采用的主要模式。

1.3.2 交易动机——交易结构的导向

对交易动机的探讨，有助于深刻理解交易实质，准确把握各方诉求，是交易结构设计过程中非常重要的环节。多数时候参与股权交易的各方诉求是对立的，尤其是在估值和股权价格及退出机制方面，但也有时候交易各方又有共同的动机诉求，比如共同应对监管要求、规避有关限制等。不同交易主体在不同时期，他们的交易动机也是不同的。大股东 / 创始股东、外部投资人、管理层，这三类主体的交易动机典型地代表了股权交易大多数场景下的背景和诉求。为何实施此次股权交易，通过此次股权交易各方想要得到什么，这些直指本心的问题，只有追根溯源才能找到答案。面对如此复杂的交易主体及其动机，可能“第一性原理”是一个不错的思维方法。“第一性原理”其实是一个演绎法思维方式，这并不是一个多么时髦的概念，早在两千多年前，亚里士多德就曾提出过这种思考模式。他认为，“在每一种系统的探索中，都存在第一性原理，这是一个最基本的命题或假设，不能被省略或删除，也不能被违反”。将“第一性原理”这种思维方式贯彻到股权交易的过程中，就是要求在探讨交易动机时，要勇于打破知识的藩篱，回归事物的本质，去思考最基础的要素，在不参照经验或其他的情况下，直接从事物最本源出发寻求突破口，逐步完成论证。马斯克之所以能够在网络支付、电动汽车、航天运输、新能源应用四大领域都取得了颠覆式的创新，核心可以用这 8 个字来描述“溯源”“拆解”“重构”和“迭代”。所以，追根溯源地探索交易动机，往往能够在股权交易过程中协助作出准确判断和决策，尤其是在交易各方谈判陷入胶着状态时，可能会起到拨云见日的效果。

1.3.3 尽职调查——交易结构的基础

尽职调查又称为“审慎性调查”，译自英文 Due Diligence，实务中通常简称为“DD”，意为“恰当的勤勉”。它是指专业中介机构从业人员（律师、审计师、评估师等）为了完成委托方的交易目的，依据相关法律法规和执业准则，通过专业的方法对项目的资产、人员、债权、债务等一系列问题所进行的专项或全方位调查，并根据调查结果出具调查报告及专业意见的过程。尽职调查是所有交易的核心前提，也是谈判签约的基础，该环节的工作是否扎实往往会对交易结果带来重大影响。不同交易目的、不同行业对应的尽职调查也有所不同。例如股权收购，作为资本运作的常用手段，其主要特点是交易完成后股权对应的公司仍然存续，新股东进入后对公司原有债权债务关系仍然承担间接的责任。再如，互联网行业公司的尽职调查，相比传统制造业公司有很大不同，它们大多属于轻资产行业，主要成本往往是人员工资、渠道成本、研发费用等，调查的侧重点也有区别。因此，股权收购中的尽职调查，要求调查人员的专业程度及尽职精神相比资产收购都更加严苛，如有不慎，轻则增加交割后整合成本，重则导致交易目的落空，甚至会导致中介机构及其从业人员承担赔偿责任。可见，尽职调查对股权交易具有十分重要的作用，它是全部交易的基础，投资人需要给与足够的重视，中介机构需要展现足够的专业，才能为交易的顺利进行保驾护航。

1.3.4　交易形式——交易结构的外衣

交易形式是指股权交易采用何种方式，以便最终达成各方的交易目的。不管正式还是非正式的初步尽职调查完成后，交易各方对股权交易的形式基本上应该形成合理预期。在选择交易形式时，至少应当考虑这些因素：交易动机、股权收购与资产收购的利弊分析、增资与转股的选择、交易主体的风险承受能力、交易主体的支付能力、交易的税务成本大小、合规性监管要求等。在此基础上再结合目标公司的现状及各方的风险偏好，选择购买股权、购买可转换权益凭证、承债式收购、债权转股权等具体的交易形式。一个合理的股权交易形式，应当是充分考虑交易成本、交易风险并符合交易各方预期及监管要求的综合选择。交易形式的选择对股权交易意义重大，这是一个结构性的问题，各方一旦选定并开始实施交易后，很多情况下是不可逆转的，或者逆转的成本和代价非常高昂，比如选择增资方式投资和转股方式投资、收购股权或者收购资产等，每种模式代表了固有的风险和便利，相互之间的基因差异会导致变更交易路径有时是不可行的。因此，在交易之初的结构设计阶段，投入精力研究交易形式不仅是必要的，而且是必需的。

1.3.5　交易估值——交易结构的灵魂

估值是股权投资决策的灵魂，是股权交易定价的核心。确定了估值，才能确定交易的股权比例、应当支付的股权对价，以及交易各方的其他权利义务安排。但是应当看到，估值不是万能的，它受制于估值模型的许多数据假设，其中一些假设条件的变化可能会对估值结果产生影响。而且，不同的分析师基于自身的知识结构和主观认知，对同一项股权交易的估值也可能作出不同的评估结论。站在卖方角度，我们应当牢记这样一条金融法则：资产价值的大小取决于人们愿意为其支付的价格。所以，作为股权交易各方来说，重视估值但又不能拘泥于估值，应当正确认识估值在股权交易中的参考作用，因为在某些情况下，粗略的正确要胜过精确的错误。所以说，价值评估不是一门精准的科学，只有一部分是依靠科学方法，而其余部分仍然要依赖经验和判断力。在某种程度上，交易估值是一门为了实现特定目的的艺术，这门艺术中融合了人性、博弈、数据和未来的价值预期，也代表了各方的利益平衡。

1.3.6 支付结构——交易结构的骨架

支付结构是指交易各方商定的交易价格、支付手段以及支付进度等支付要素的综合构成，对一项股权交易而言，支付结构代表了核心的履约环节。不同的支付结构对交易各方意味着不同的成本和风险，从而会影响股权定价，而有时候股权定价的高低也会影响支付结构的安排，这两项因素互相制约。支付结构诸要素中，支付手段最为复杂，常见支付手段包括货币支付、股份支付、承债式支付、资产置换、存托凭证支付等，每一种支付手段都有自身的优缺点及适用场景。在确定采用何种支付手段时，至少需要充分考虑以下因素：

1. 资金成本。无论以自有资金支付，还是通过结构化产品募集资金支付，都要以资金成本作为参照，考虑各种费用和风险因素后，对比期望的 IRR 值，预测未来收益是否能够涵盖资金成本。需要注意的是，对资金成本的考虑，不仅要反映债权人的利率要求，还要考虑股东的投资收益率要求，这样计算出来的资金成本才是真正完整的资金成本。

2. 现金流压力。现金流是企业的命脉，一旦出现问题将导致严重的后果，甚至导致公司破产。所以，在考虑支付方式时，对现金流的预测和规划十分重要，必须保证现金流不能出问题。这也是为什么在许多公司并购中，收购方更倾向于采用股权方式进行支付的原因。

3. 外汇监管。在涉及跨境股权投资或收购时，股权价款或投资款项的支付就必须要考虑外汇监管对款项支付的影响。实践中，要完成资金的跨境转移，最合规的方式就是进行外汇审批，然后再进行资金支付，其他不合规的方式都有法律风险，严重的还有刑事责任风险。

4. 成长预期。采用股权支付的方式（无论是普通股、优先股还是认股权证），对股权出让方而言可能会获得超过原始对价金额的超额回报。但是这也取决于出让方对股权购买方的成长预期，在预期比较乐观时，接受股权支付的可能性就大一些。

另外，关于支付进度也要采取恰当的风险控制措施，确保交易顺利进行，这在一定程度上也会影响支付结构。如支付方自身的风险承受能力（尤其是无法退出给自身带来的财务压力）、项目中途风险控制（针对交割周期较长的情况）、交易对手的风险控制（套现动机、后续担保）等。

影响支付结构的另外一个重要因素是融资方式，即收购方采用何种方式筹措用于交易支付的股权对价款。常见融资方式包括内部融资和外部融资。内部融资是企业筹集内部资金的融资方式，它属于企业的自有资金，是企业不断将自己的可变现资金（主要包括未分配利润、变卖资产、应收账款融资等）转化为投资的过程；外部融资与内部融资相对，是公司通过资本市场或举债等方式筹集投资项目所需要的资金的行为，常见的是债权融资和股权融资，具体又包括银行贷款、租赁融资、债券融资、非正规金融机构贷款、股票融资等多种来源。

1.3.7 税务筹划——交易结构的成本

股权交易结构中，税务问题也是非常核心的一个环节。税收费用不仅仅影响交易各方的经济利益，在某些情况下，如果交易成本过高，就可能会导致交易无法进行。因此，合理的税务筹划对设计股权交易结构、降低交易成本是极其重要的。不过，需要说明的是，税务筹划不是偷税、漏税，不是税收违法行为，而是在法律规则允许的范围内，通过调整交易路径、交易形式、变更交易主体等方式，选择适用较低的税率，或者合理利用国家的税收优惠政策进行减免或递延纳税，从而达到节税目的；而税收违法行为则是税收处理本身不符合税法的规定，表现为掩饰已经发生的交易行为、伪造并未发生的交易行为、拒绝对已经发生的交易行为依法进行税收处理等。前者为合法节税，后者为违法节税。基于税收筹划的这种重要性及合法性，在设计股权交易结构时，往往需要交易各方通力配合，共同选择既不损害国家税源，又不额外增加交易负担的交易方式，促成交易目的实现。

1.3.8 投后管理——交易结构的反哺

目前股权投资行业内，“重投前轻投后”现象较为普遍，投资机构将主要精力投入项目筛选、尽职调查和交易谈判中，而没有对投后管理及其增值服务给与足够的重视。从客观方面来看，如果要有效地为被投企业提供增值服务，就要求从业人员不仅要具备金融学、管理学素养，还要对被投企业的技术、行业趋势等有准确的研判，并能够利用关系网络提供外部资源支持。而具备这些能力的专业投资人士在市场上是极度稀缺的。另外，近年来，随着以“供给侧结构性改革”为代表的的新经济转型，“资产荒”将成为未来一段时间内最严峻的挑战，投资机构难以找到优质资产，必将更加关注和盘活手中现有的资产，为被投资企业赋能；同时，受到证监会对 IPO 管制的节奏，通过上市方式退出是股权投资机构可遇而不可求的理想退出方式。因此，狭窄的退出渠道也进一步凸显投后管理对提升企业价值的重要性。从“投”到“管”将成为股权投资机构未来的价值增长方式标配，除非极个别行业，投资完成后躺着赚钱的时代已经过去了。所以说，投后管理是股权投资体系中非常重要的一个风险控制环节，它既是投前尽职调查工作未尽事宜的延伸，又可以验证投资逻辑是否正确、投资决策是否无误，同时还可以发现投资风险、提前对项目进行风险预警并采取风控措施。因此，基于投后管理的这些功能，在投融资交易结构的设计阶段，就可以将投后管理工作中发现的问题进行提炼和总结，反向用于设计交易结构，从而促使股权投资机构少走弯路，提高投资的效率和效益。

1.3.9 退出机制——交易结构的闭环

投资后退出是股权投资领域最棘手的问题之一，投资人最终从目标公司退出意味着此次投资行为的真正闭环和结束。退出有两种含义，一种退出是狭义的退出，即指投资者在完成投资之后，对该项目进行技术、管理上的支持，从而使该项目的价值得到增值，并最终通过退出，收回在该项目中的资金来获得投资回报。这种意义上的退出是投资的终极目的，投资者在投资伊始就应该开始考虑退出的问题，并可以根据退出的时机和投资回报大小等情况来选择以何种方式退出。另一种退出是广义的退出，除了涵盖上述退出情形以外，还包括创始股东的退出，即通过一定的机制设计，完成财富传承与后代接班，使创始股东在管理上或者产权上实现退出。这种意义上的退出，是越来越多的民营企业家面临的现实问题。

实践中采用比较多的退出方式包括：境内/境外IPO退出、第三方并购退出、目标公司或大股东回购退出、清算退出等。从专业投资人角度，无论采用哪种退出形式，退出本身都是投资行为的标配，在投资谈判时即已经有退出的规划和方案；而从目标公司（融资方）的角度，在面对退出方式谈判时，需要结合对目标公司的未来预期及自身风险承受能力，慎重接受谈判条件，尤其是妥当评估融资紧迫性与接受退出条件严苛性之间的平衡关系，既不能盲目乐观，也不能过于保守，但是对于一些可能使目标公司严重受制于投资人的要求（如重大事项的一票否决权、高复利的要求等），目标公司大股东要慎之又慎，接受带刺的玫瑰很可能就是引狼入室的第一步。其实，从实现终极投资价值及各方共赢的角度，真正提升目标公司股权的流动性（如实现直接上市、间接上市）、让股东盈利后退出才是退出的王道。通过约定对赌条款及设定高额违约责任，虽然也可以在一定程度上对保障投资人利益起到约束作用，但现实情况是，当触发回购义务条款时，公司价值可能已经严重下降，没有能力回购，或者创始股东也根本无力承担这些责任。对投资人而言，“赢了官司输了钱”，投资人的权益仍旧没有得到保障。

1.3.10 风险管理——必要的未雨绸缪

在《ISO Guide 73：风险管理术语》标准中，对“风险”给出的定义是：风险是不确定性对目标的影响，它的两个核心要素有两个，即发生的可能性、造成损失的程度。在我们的传统认知中，风险往往是“不利”的代名词，其实不然，风险的爆发代表着危机，而危机 = 危险 + 机会，从辩证法角度看，风险的四维度管理（回避、承受、转移、降低）中，有些风险是可以承受的。在股权交易的决策环节，从商业条件上考虑时，可能需要考虑某些特定情况下可以承受的风险因素。在本书第十一章《风险管理》中，我们更多是从完全不利因素的角度考虑股权交易风险，相应的风险应对策略主要是回避和降低。股权交易过程中，从初次洽谈合作意向开始，到交割整合完毕，全过程充满了各种各样的风险，诸如政治风险、法律风险、财务风险、税务风险、操作风险、整合风险等，需要各方做好主动性的风险管理工作。尤其需要注意的是，诉讼风险应当被给予特殊的审慎考虑，因为，从交易目的来看，股权交易最终要么成功、要么成仁，而一旦成仁，各方产生纠纷甚至诉讼的风险是极高的，在交易结构设计阶段预留的风险敞口，今后可能会成为诉讼阶段的不利因素。因此，如果能够以终为始，从未来诉讼的角度反观和审视股权交易结构是否合理、合规，则能够在很大程度上避免诉讼的发生，或者降低发生诉讼后的损失程度。

1.3.11 简单堆积的“交易要素”不是“交易结构”

本书在接下来的章节中分别讨论上述十项交易要素，为读者提供一个工作框架以及思考维度，未必能穷尽交易结构的方方面面。不过需要说明的是，交易各方在实际商定交易结构时，无论是这些交易要素还是其他交易要求，都将根据交易类型的不同需求而对交易要素有不同的侧重考虑。有些交易要素在某些类型的交易中不会重点考虑，但在另外类型交易中会成为重点。如前所述，内部重组时，对估值的考虑就不会放在首位，而是更加注重重组产生的税收成本及其他费用支出，对支付结构和退出机制的安排也相对不是交易安排的重点。而股权融资引入外部投资者时，估值就是首要考虑的问题，因为这直接关系投资成本及内部收益率（Internal Rate of Return，IRR）的计算，并且支付结构和退出机制的安排也会成为交易各方谈判的重点问题。所以，交易结构对交易要素的考虑是比较灵活的，需要依据不同的交易场景以及各方的不同需求进行个性化定制，交易结构无好坏之分，只有合适与否之分。无论是简单的交易结构还是复杂的交易结构，最终价值都在于促成交易实施、实现各方的交易目的。

1.4 怎样定制股权交易结构

1.4.1 以商业思维为主线

股权交易虽然是低频事件，但从公司商业重要性的角度，尤其是从公司治理的角度，股权交易是公司最首要的商业活动，它从根本上决定了经营活动的成果分配规则。尽管股权交易是股东之间的事项，但一些交易（尤其是涉及控制权变更的股权并购）对目标公司的战略方向及运营也具有相当重要的影响，是否欢迎“门口的野蛮人”，很多情况下取决于在公司治理结构中相关各方的话语权，并最终反映到各方商业利益的平衡之中。所以，股权交易首先是一项商业活动，其次才是资本事件。通俗地说，股权交易是一个生意，只有生意做成了，才会有可能给各方带来收益，因为每个交易主体都是利己的，能够做成交易意味着双方的博弈达到了均衡。所以说在交易结构确定的过程中，交易各方通过对交易要素的均衡和取舍，始终以商业思维为主线将交易谈成，是实现资源优化配置和互利共赢结果的最优选择。当然，交易没有谈成也不代表资源的浪费，只是各方在商业预期上不匹配，未能取得利益的平衡而已。

1.4.2 掌握好时机与速度的平衡

股权交易受到的制约因素很多，既有外部因素也有内部因素。外部因素诸如 2020 年 1 月暴发的 2019 新型冠状病毒疫情，直接导致许多企业陷入经营困难，现金流出现危机，许多股权交易被迫取消或延后；内部因素诸如企业所处的发展阶段、战略规划与布局、财务状况等，这些因素综合决定了公司及投资人在什么时机适合进行股权交易。即使公司的支付能力很强，在股权交易及并购扩张方面也要掌握好交易速度及频率，如前些年资本市场比较亮眼的德隆系，就是由于在资本运营方面频繁亮剑，快速扩张，导致最后陷入危机。因此，设计及实施股权交易架构时，既要考虑外部因素的影响，也要考虑自身财务状况，还要把握好节奏和速度，实现交易时机与交易速度之间的平衡。

1.4.3 股权与公司价值要动态关联

股权是一种特殊类型的权利束，它的价值取决于目标公司的价值，而目标公司每时每刻都处于动态变化之中。作为投资人来说，一方面希望自己的投资是一个公允价值的投资；另一方面也要在目标公司层面体现适当的话语权，以保障自己的投资在出现价值变化时能够有渠道及时进行修正。要实现这个目的，在设计股权交易结构时，就要对股权进行相应的技术处理，比如，是否设置类别股份，优先股享有的权利范围，估值调整机制安排、回购权安排等，并通过交易文件将这些特殊考虑进行固定。在全部交易结构设计中，这是一个极其重要的环节，也是最容易引发争议甚至纠纷的环节。

1.4.4 对专业服务有敬畏之心

股权交易结构是公司实践中涉及专业类别最全、对专业度要求最高的领域之一，囊括了诸如法律、会计、审计、评估、税务等专业中介机构服务，以及与行业监管、银行、证券、外汇、商务等监管部门的审批 / 备案与沟通。“专业的事情交给专业的人做”，才能在风险、收益、成本之间保持最优的选择。随着中国经济发展及法治建设的程度越来越高，社会化分工也越来越成熟，过去许多民营企业家进行股权交易时喜欢“拍脑袋”决策的做法，也反映了当时历史条件下许多配套机制和规则不健全时，进行灰度决策的果敢和魄力。但是在当下及未来，这种需要灰度决策的空间越来越小，在法律规则范围内进行决策将成为历史的必然。其反映在股权交易的过程中，就是要充分重视专业人员和专业知识的价值贡献。但正如上面所述，股权交易本质上也是商业行为，商业思维在决策时起到关键作用，所以对待专业服务时，应当在决策环节充分重视专业但又不囿于专业，在专业基础上的勇敢才是不鲁莽的勇敢，这需要决策者在思维方式和价值选择上作出一些改变。

第二章

交易主体

股权交易中承担义务、享受权益的主体即是交易主体，交易主体是股权交易的起点，也是股权交易的终点，参与了交易的全过程，并对最终的交易结果负责。探讨股权交易的结构设计，首先要围绕交易主体理清相关法律关系，在此基础上再根据适用法律法规及政策的要求，找出不同类型的交易主体对应不同的股权投资交易环境下可能产生的问题，以及实践中针对这些问题应当注意的事项，为后续交易动机、交易形式、尽职调查等股权交易的结构设计要素做好铺垫。

当前，国内企业的融资方式仍然以债权融资为主（各类贷款、债券、可转换债券等），以股权融资为辅（普通股、优先股等），尤其是在金融、房地产、建筑等行业更是如此，这与国内的高储蓄率及居民投资的风险偏好有关。股权交易的主体类型多样化，包括个人、有限公司、股份有限公司、合伙企业、金融产品以及为了完成交易设立的特殊目的公司（Special Purpose Vehicle，SPV）等。下文将按照境内股权投资和跨境股权投资两个方向，分别探讨每种模式下可能给股权交易主体带来的问题及监管要求。

2.1 境内股权投资

2.1.1 自然人作为股权交易主体

自然人持股是民营企业的基因，无论是直接持股还是间接持股，民营企业的实际控制人最终都可以追溯到个人（明显有别于国有企业实际控制人最终追溯到国资委/财政部门）。因此，自然人作为股权交易主体的主要场景是民营企业。自然人股权进行交易具有以下特点：

（1）交易过程中的股权控制力强

个人直接持有的股权，具有类似于所有权的效果，尤其是其中的自益权，它的行使不需要其他人的协助，只要是合法股东就可以依照自己的意志行使这种权利，股东对个人股权具有极强的控制力。包括交易对象的选择、交易价格的确定、支付方式的决策等，完全依赖于自然人股东的个人意志。

（2）交易税负利弊共存

自然人直接转让股权的情况下，进行税务筹划的空间小，利弊共存：

税率简单透明。在个人股东转让股权后退出公司过程中，根据国家税务总局《股权转让所得个人所得税管理办法（试行）》规定，个人转让股权，以股权转让收入减除股权原值和合理费用后的余额为应纳税所得额，按“财产转让所得”缴纳个人所得税，税率为20%。

在资本运作时，不能享受重组的税收优惠。如果以自然人股东作为主体进行并购重组，交易双方无法符合财政部、国家税务总局《关于企业重组业务企业所得税处理若干问题的通知》（财税〔2009〕59号）规定的“特殊性税务处理”的要求，不能享受递延纳税的优惠待遇；加之国家税务总局《关于企业重组业务企业所得税征收管理若干问题的公告》（2015年第48号）明确了企业重组“当事各方中的自然人应按个人所得税的相关规定进行税务处理”，而并购重组的金额一般比较大，导致交易税负成本巨大。

在某些重组情形下，可能会出现自然人股东还没有享受到股权增资带来的资本收益，却要先行缴纳股权增值带来的税收，这对自然人而言是一个巨大的财务负担。在设计股权交易架构时，要通过合理的路径设计，尽量避免出现这种情况。

（3）自然人代持股份的特殊处理

股权代持的原因多种多样，比如有特殊身份的人（公务员、国企干部、军人、承担竞业限制义务的人等）、避免公司之间形式上的关联性、股东人数过多、规避法律的强制性规定等，实际出资人基于信任关系将其出资形成的股权交给代持人持有。自然人代持的股份进行交易时，问题略微有些复杂。除了实际出资人和名义出资人之间的潜在法律纠纷以外，自然人股权代持在税务成本方面不具有优势。比如，股权转让时，作为名义股东的代持人要先行就增值部分缴纳个人所得税，而完税后向实际股东转款时，实际股东仍可能要缴纳个人所得税，许多地方的税务局不认可代持协议的穿透作用，因此，实际股东可能要缴纳两次税金，成本较高。

2.1.2　公司作为股权交易主体

公司持有股份（“法人股”）是股权实务中的主流持股形态，此类股权进行交易也是公司业务重组、资产重组的主要途径。与自然人持股相比，法人股在进行股权交易时有着自身独有的特点，操作的弹性空间也更大。

（1）法人股的调整灵活性高

股东投资取得股权后，一般不能要求退股，仅在满足《公司法》第 74 条、第 142 条规定的退股条件时，才能请求公司回购股权。当进行股权交易时，如果是自然人持股，且相关自然人股东又不配合时，或者依据法律法规规定不得在一定期限内调整时，往往会给股权交易带来障碍。而采用法人持股可以避免这种障碍。由于调整持股法人的股权比较方便（目标公司大股东或实际控制人即可做出决定），因而会极大地增强对股权公司进行股权调整的便利性。

（2）法人股具备交易重组的税收优势

上面已经提到，自然人持股不能享受到重组的税收优势，而公司法人持股在进行公司资产重组时，只要满足特定条件的，就可以适用递延纳税的特殊税务处理。根据财政部、国家税务总局《关于企业重组业务企业所得税处理若干问题的通知》（财税〔2009〕59号）规定，满足特定条件的，可以进行特殊税务处理（此部分内容将在第八章详细讨论）。

（3）法人股的税收成本比较高

虽然法人持股具有优势，但劣势也比较明显。如果没有进行合理的税收筹划，公司取得股权转让收入后，一般按25%的税率缴纳企业所得税（享受低税率的小微企业、高科技企业除外）。实践中，公司可以通过一些成本和费用降低应纳税所得额，降低实际税负。但如果涉及的股权转让金额较大时，大幅度降低交易税负的难度比较大。

2.1.3 有限合伙作为股权交易主体

以有限合伙作为股权交易的主体，主要应用于两个场景：员工股权激励、私募股权投资。有限合伙持股整体上优势很大，弊端很少，是实践中比较受欢迎的一种持股形式。有限合伙持有的股权进行股权交易，需要关注两方面的问题：

（1）股权转让自由度差

与通过有限公司持股的弊端类似，通过有限合伙持股时，对自然人而言的主要弊端就是股权处置不自由，股权可控性差。无论是分配股权投资收益，还是进行股权转让套现退出，均需通过执行合伙事务的普通合伙人（General Partner，GP）实施，不能直接在股权公司层面操作。对合伙人而言，其间接持有的股权在处置自由度方面受到限制。当然，就站在GP角度而言，这恰恰就是一个优势。

（2）税收优惠有一定的合规风险

有些地方为了税源考虑出台了一些返税政策，吸引其他地方的合伙企业到本地注册。不过需要提醒的是，这些政策多是地方政府自行决定的地方留成部分返还，考虑到政府换届及其他不可控因素等影响，地方股权投资合伙企业的税收政策存在一定风险。

2.1.4 结构化金融产品作为股权交易主体

结构化金融产品是指三类主体：契约型私募基金、资产管理计划（主要指基金子公司和券商资管计划）、信托计划。长期以来，结构化金融产品一直是困扰公司上市的疑难问题，争论焦点主要围绕持股的主体资格、代持、股权清晰性、利益输送等问题展开。但是作为正常的股权交易来讲，结构化金融产品作为一个虚拟的持股主体，其权利义务安排着眼于这些产品采用哪种组织形式，比如采用公司制、合伙制等，不同的组织形式对应着不同的风险和问题。

持股主体不清晰是结构化金融产品存在的主要问题。这些金融产品均系基于契约关系而设立，但由于它们仍非独立法人，无法独立承担民事责任，在工商登记时它们也不被视为民事主体，无法直接登记为非上市公司的股东。实践中结构化金融产品对非上市公司投资的方式通常是由金融产品的管理人签署投资协议，并约定由其管理的具体金融产品履行出资义务，在工商登记的股东名称则为管理人名称，从而导致企业的名义投资者与实际投资者存在差异。

从持股本质来看，结构化金融产品在法律关系上属于股份代持。多年以来，股份代持始终是 IPO 审核的红线，监管部门认为股份代持是造成股权不清晰的根源之一，因此申报 IPO 的企业必须要对此进行清理，否则不得申报。部分结构化金融产品背后的出资人众多，较难实现穿透式监管，容易出现股份代持、利益输送等问题，难以满足“发行人的股权清晰”等要求。

2.1.5 境内股权重组——模式及问题

股权重组是企业重组的一种重要类型，是现实经济生活中最为经常发生的重组事项。股权重组通常采用股权转让和增资扩股两种形式。股权转让是指企业的股东将其拥有的股权或股份，部分或全部转让给他人；增资扩股是指企业向社会募集股份、发行股票、新股东投资入股或原股东增加投资扩大股权，从而增加企业的资本金。

根据股权交易过程中有无新的外部投资人加入，可以将股权交易区分为股权外部交易和股权内部交易，这里讨论的境内股权重组，大部分情况下是指原有公司集团内部的股权架构调整，为了上市目的剥离非相关主营业务，少数情况下也会引入外部投资人，包括自然人和法人或者其他形式的持股主体。

境内股权重组最常见的形式有三种：公司分立、公司合并、股权剥离。

（1）公司分立

公司分立包括两种形式：新设分立、存续分立。新设分立也称解散分立，是指一个公司分解为两个以上公司，本公司解散并设立两个以上的新公司。存续分立又称派生分立，是指一个公司分离成两个以上公司，本公司继续存在并设立一个以上的新公司。公司分立无须经过清算程序。

新设分立相当于原股东重新设立多家公司，因而对价形式即为根据其各自在原公司的股权价值，对应获得新公司的股权。存续分立中，原股东可能取得新公司股权，不再持有存续公司股权，也可能分别持有两个公司的股权。

1）公司分立可带来三方面的法律效果：

第一，股权的变动。在新设分立中，股东对原公司的股权因公司消灭而消灭，但相应地获得对新公司的股权。在存续分立中，原公司的股东可以从原公司中分立出来，成为新公司的股东，也可以减少对原公司的股权，而相应地获得对新公司的股权。

第二，公司法人资格变化。新设分立时，参与分立的各方解散、公司注销、法人资格灭失，同时新公司设立、取得法人资格；存续分立时，存续方法人资格不变，被分立出来的公司新设成立、取得法人资格。

第三，债权债务的承担。依据《公司法》第 176 条规定，公司分立前的债务由分立后的公司承担连带责任。但是，公司在分立前与债权人就债务清偿达成的书面协议另有约定的除外。

2）根据《公司法》规定，公司分立的程序如下：

➢ 公司作出分立决议，经代表 2/3 以上表决权的股东通过，异议股东可行使回购请求权；

➢ 订立分立协议；

➢ 编制资产负债表和财产清单；

➢ 通知、公告债权人：公司应当自作出分立决议之日起 10 日内通知债权人，并于 30 日内在报纸上公告；

➢ 进行资产分割、财产转移；

➢ 办理公司登记，因分立而新设的公司，办理设立登记；因分立而存续的公司，须办理变更登记；因分立而消灭的公司，办理注销登记。

3）分立过程图解

新设分立的过程图解如图 2–1 所示：

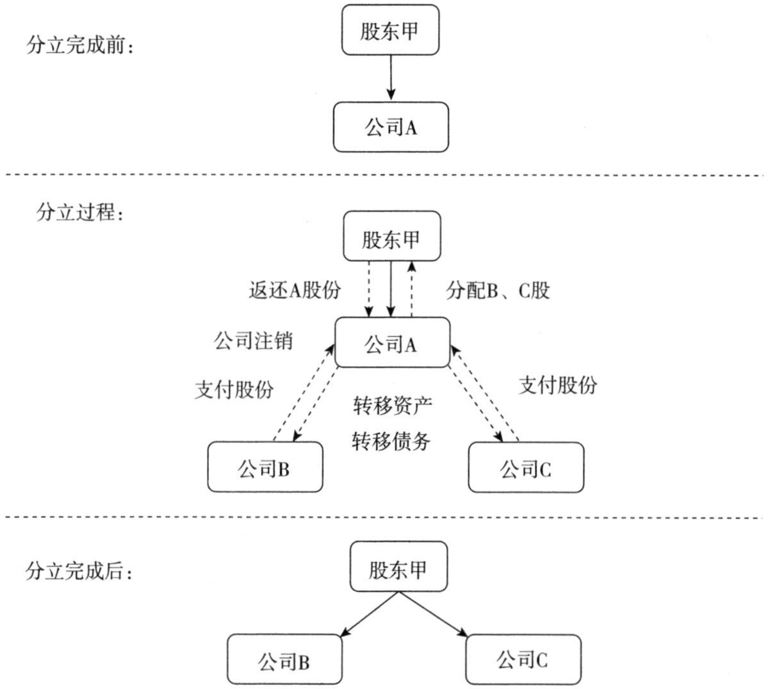

图 2–1 新设分立过程

说明：

①为了简化叙述，股东甲可能是一人，也可能是多人；公司 A 可能分立为两家公司或者多家公司；

② 分立过程中，A 将其资产及债务等进行拆分，并作为出资分别成立 B 和 C 两家公司，B 和 C 分别向 A 支付其股份作为对价；

③ A 收到 B 和 C 的股份后，以此作为对价向股东甲回购自身股份，回购完成后 A 注销；

④ 交易完成后，甲直接持有 B 和 C 的股权。

存续分立的过程如图 2-2 所示：

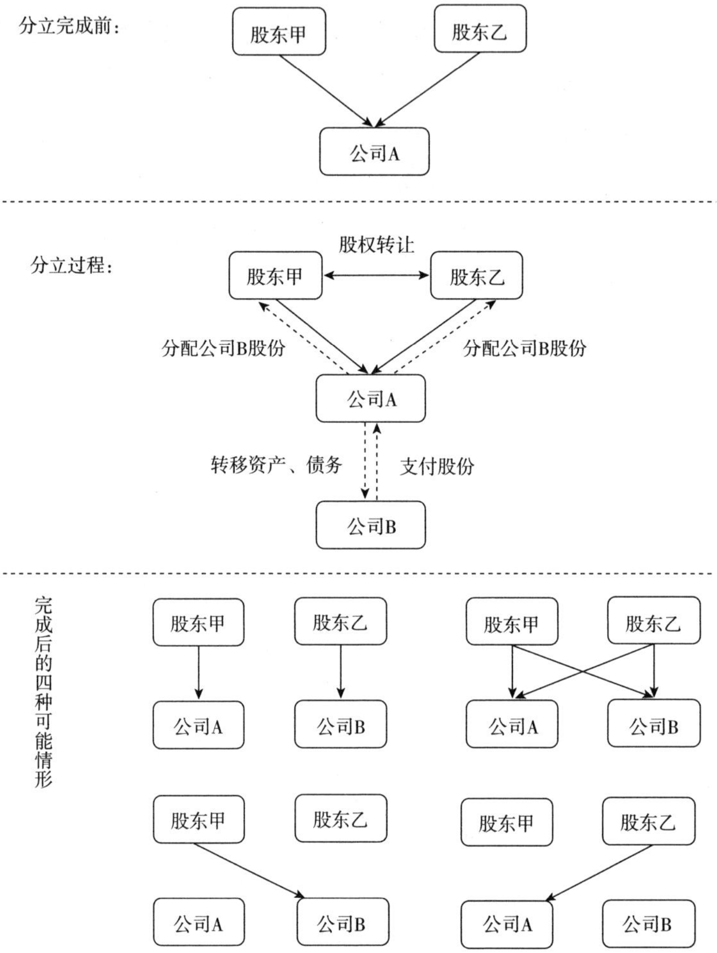

图 2-2　存续分立过程

说明：

① 分立过程中，A 将其部分资产及负债作为出资，设立新公司 B，B 向 A 支付其自身股份作为对价；

② A 收到 B 的股份后，向股东甲、股东乙分配该部分股份，A 不回购自身股份，也不注销；

③ 作为 A 的股东，甲、乙之间进行股份转让，以保证 A 的股东在分立前后持股价值不变；

④ 根据股东甲、股东乙在 A 的原有持股价值，以及分立完成后公司 A 和 B 的价值占有份额，分立交易完成后可能会有四种状态。

（2）公司合并

公司合并包括两种形式：新设合并、吸收合并。新设合并是指两个以上的公司合并成为一个新公司，参与合并的各方解散。吸收合并是指一个公司吸收其他公司，被吸收公司解散，吸收公司仍然存续。实践中，吸收合并运用较多。公司合并无须经过清算程序。

新设合并相当于参与合并各方的股东重新设立一家公司，因而对价形式即为新公司的股权。吸收合并中，吸收方向被吸收方股东支付的对价形式可以是现金，也可以是吸收方发行的股份、认股权、可转换债等证券，或者是这几种方式的组合。我国近年来发生的上市公司吸收合并，几乎都是以吸收方发行股份为支付方式，被称为“换股吸收合并”。税法上根据支付方式的不同，将公司合并分为现金合并、股票合并、承债式合并三种形式。现金合并为应税合并，股票合并为免税合并，承债式合并若被合并企业净资产为零，则可以视为免税合并。

1）合并的法律效果

合并可带来三方面的法律效果：

第一，股权的变动。在新设合并中，原公司的股东股权消灭，相应地取得新公司的股权；在吸收合并中，除了吸收方股东不变外（股权价值不变，但比例会降低），其他参与合并的各方股东丧失对被吸收公司的股权，相应取得合并公司的股权。

第二，公司法人资格变化。新设合并时，参与合并的各方解散、公司注销、法人资格灭失，同时新公司设立、取得法人资格；吸收合并时，吸收方存续、被吸收方解散、公司注销、法人资格灭失。

第三，债权债务概括转移。依据《公司法》第 174 条规定，公司合并时，合并各方的债权、债务，应当由合并后存续的公司或者新设的公司承继。

2）合并的程序

根据《公司法》规定，公司合并的程序如下：

➢ 各参与合并的公司签署合并协议；

➢ 各参与合并的公司分别取得股东会同意的决议，经代表 2/3 以上表决权的股东通过，异议股东可行使回购请求权；

➢ 分别编制资产负债表和财产清单；

通知、公告债权人：自作出合并决议之日起 10 日内通知债权人，并于 30 日内在报纸上公告。债权人自接到通知书之日起 30 日内，未接到通知书的自公告之日起 45 日内，可以要求公司清偿债务或者提供相应的担保；

➢ 进行资本合并、财产转移；

➢ 办理公司登记，因合并而新设的公司，办理设立登记；因合并而存续的公司，须办理变更登记；因合并而消灭的公司，办理注销登记。

3）合并过程图解

新设合并的交易架构如图 2-3 所示：

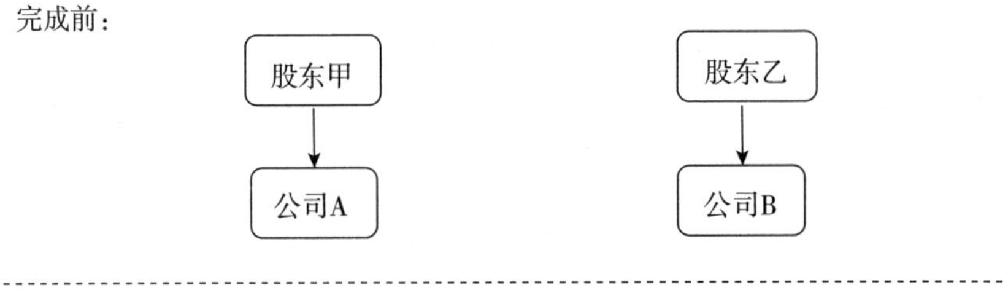

合并过程：

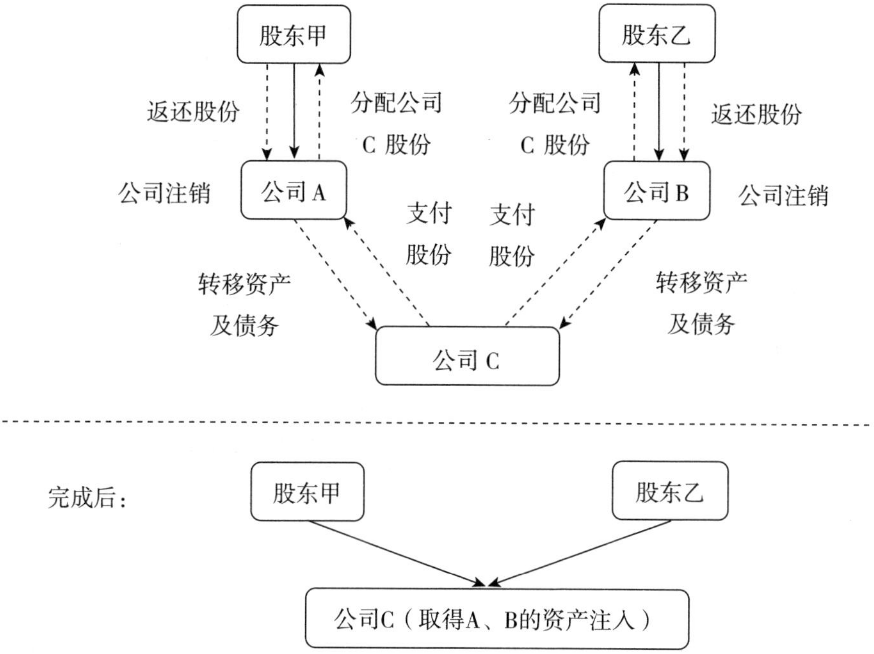

图 2-3　新设合并交易架构

说明：

① 合并过程中，A 和 B 将自身全部资产和负债整体出资新设公司 C，同时 C 发行股份作为对价分别支付给 A 和 B；

② A 和 B 收到 C 的股权后，分别向股东甲和乙回购自身股份，同时向其支付 C 的股份作为回购对价，回购完成后，A 和 B 分别注销；

③交易完成后，甲和乙直接持有 C 的股权。

吸收合并的交易架构如图 2-4 所示：

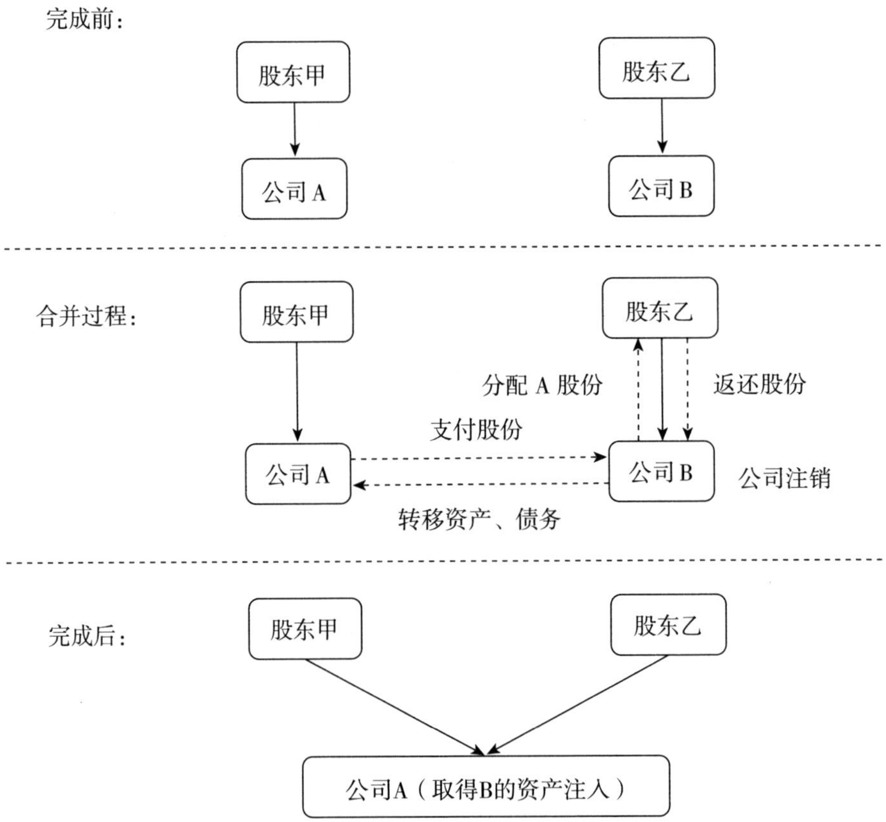

图 2-4　吸收合并交易架构

说明：

①合并过程中，B 的资产和负债整体转移给 A，A 增发自身股份作为对价支付给 B；

② B 收到 A 的股份后，以此作为对价向乙回购自身股份，回购完成后 B 注销；

③交易完成后，甲和乙直接持有 A 的股权。

【案例 2–1】

日月星珠宝吸收合并华鑫珠宝[1]

【基本案情】

为进一步整合实际控制人拥有黄金饰品、铂金饰品及镶嵌饰品的研发、设计、生产与销售并实现公司资产的独立性和完整性，日月星珠宝在 2007 年进行了吸收合并华鑫珠宝及收购明牌首饰与黄金饰品生产有关的主要经营性资产和负债，具体情况如下：

1. 华鑫珠宝基本情况

华鑫珠宝成立于 2002 年 9 月 28 日，吸收合并前的注册资本为 102.88 万美元，住所为浙江省绍兴县福全镇，经营范围为生产、加工、销售、铂金珠宝饰品。

在此次吸收合并前，华鑫珠宝实际从事的主要业务为钻石镶嵌饰品的研发、设计、生产和销售。根据浙江东方会计师事务所有限公司出具的《审计报告》（浙东会审［2007］1416 号），截至 2007 年 10 月 31 日，华鑫珠宝总资产为 38,304.78 万元，净资产为 10,465.11 万元。

2. 吸收合并履行的相关程序

2007 年 10 月 25 日，日月星珠宝和华鑫珠宝分别召开董事会：一致同意日月星珠宝吸收合并华鑫珠宝。日月星珠宝和华鑫珠宝自作出吸收合并决议之日起 10 日内通知了相关债权人。

2007 年 10 月 31 日、11 月 9 日、16 日，日月星珠宝和华鑫珠宝在《浙江日报》刊登了《绍兴日月星珠宝首饰有限公司及浙江绍兴华鑫珠宝首饰有限公司合并公告》。

2007 年 11 月 25 日，日月星珠宝、华鑫珠宝分别召开董事会，同意日月

1　案例信息来源：http://www.360doc.com/content/17/1024/18/11954266_697772175.shtml，最后访问日期：2020 年 7 月 5 日。

星珠宝吸收合并华鑫珠宝的议案。同日，日月星珠宝与华鑫珠宝签订了《吸收合并框架协议书》，双方决定以 2007 年 12 月 1 日为合并日，自该日起，华鑫珠宝的相关资产、负债、业务经营活动及相关权益均由日月星珠宝全面承接，相关的经营管理控制权自 2007 年 12 月 1 日起完全归属日月星珠宝。

2007 年 12 月 18 日，日月星珠宝和华鑫珠宝分别召开董事会，双方会议均同意日月星珠宝吸收合并华鑫珠宝，并约定以日月星珠宝和华鑫珠宝截至 2007 年 10 月 31 日的净资产值为基准，确定日月集团和永盛国际在合并后公司的出资额及持股比例。同日，日月星珠宝与华鑫珠宝签订了《吸收合并协议》，约定日月星珠宝吸收合并华鑫珠宝后，日月星珠宝存续，华鑫珠宝解散，合并后日月星珠宝注册资本变更为 1752.88 万美元，根据永盛国际和日月集团对日月星珠宝和华鑫珠宝出资所对应的净资产值（以日月星珠宝和华鑫珠宝截至 2007 年 10 月 31 日的经审计净资产值为准）确定永盛国际出资 974.25 万美元，占合并后日月星珠宝 55.58% 的股权，日月集团出资 778.63 万美元，占合并后日月星珠宝 44.42% 的股权。同日，日月集团与永盛国际签署了《合资经营绍兴日月星珠宝首饰有限公司之合同》和《绍兴日月星珠宝首饰有限公司章程》。

3. 对公司业务、实际控制人、管理层及经营业绩的影响

公司通过吸收合并华鑫珠宝，将华鑫珠宝拥有的钻石镶嵌饰品业务纳入公司的业务体系中，消除了与实际控制人控制的华鑫珠宝之间的同业竞争和关联交易。此次吸收合并后，公司主营业务由原先的铂金饰品的生产与销售扩大为铂金饰品、钻石镶嵌饰品的生产与销售。通过吸收合并华鑫珠宝，公司的整体实力得到提升，注册资本由合并前的 1650.00 万美元增至合并后的 1752.88 万美元。

上述重大资产重组对公司的生产经营产生了积极作用。公司通过吸收合并华鑫珠宝和收购明牌首饰与黄金饰品生产有关的主要经营性资产和负债，进一步完善了产品结构，提升了盈利水平，增强了抵御风险的能力。

【案件评析】

本案是同一控制下的企业合并，通过吸收合并的方式，日月星珠宝将华鑫珠宝的资产、业务和管理人员纳入发行人旗下，既解决了关联交易和同业竞争问题，又充分发挥了资产的协同效应，是发行人重组上市过程中常用的优化处理方式。吸收合并要关注的问题主要是：

1. 确定合并基准日。该日期一般也是审计基准日，自该日起至交割完成日止，过渡期间的损益归属、业务经营管理的安排等事项，需要合并方与被合并方详细约定，以免后期发生争议。

2. 程序要合规。包括作出股东会决议、在报纸上发布公告通知债权人、相关主管部门审批等，都要严格依照法律规范进行操作，避免出现程序瑕疵。

3. 关注核心事项。包括确定各方的股权比例、确定合并后公司注册资本、税务问题处理等也要依法处理，避免出现硬伤。

（3）股权剥离

如果股权公司通过子公司从事多元化的业务，且多元化业务之间的相关性不高时，为了突出主营业务，或者减少关联交易之目的，在公司进行境内外上市运作时，往往需要对非相关的业务进行剥离。一般是将此类业务所属公司的股权进行出售，或者直接减资 / 注销。股权剥离是从公司主营业务角度进行的描述，实质上是股权转让（包含全部转让、部分转让）。股权转让通常不影响公司的法人资格，但会影响公司的股权结构、法律性质以及公司与股东之间的关系。

1）股权剥离协议的成立

股权剥离协议属商事合同，其成立既要满足合同成立的一般要件，又要符合商事法律规范规定的特殊要件。一般要件包括：股权转让的主体是否适格、标的内容是否合法、意思表示是否真实。特殊要件包括：合同形式是否符合国家有关法律规范的强制性规定，如国有股权的转让，依照《企业国有产权转让管理暂行办法》（已失效）规定采取协议方式转让股权的，必须签订书面产权转让合同。如果合同的成立未满足一般要件及特殊要件的要求，将可能导致不能发生股权变动的效力。

2）股权剥离协议的生效

股权转让协议的生效遵循《民法典》规定的合同生效的一般规则，即合同依法成立时生效。如果当事人约定了合同附有生效条件、期限，或者法律行政法规规定需要办理批准、登记手续的，依照其约定或规定生效。在我国当前法律体系下，以《民法典》作为审查股权转让协议效力的基本依据，以《公司法》《证券法》《企业国有资产法》《外商投资企业法》等法律法规的特别规定作为补充，是审查股权转让协议效力的主要方法。

股权转让合同的效力类型通常包括以下三类：

- 合同成立即生效。此种类型属于普通的股权转让合同。
- 合同成立待生效。如果股权转让合同中约定了交割生效条件，或者附有期限，或者约定需经过国有资产管理部门、外商投资主管部门等批准才能生效的，则在这些条件成就或期限届满时合同才能生效。
- 合同生效待撤销。有限公司股东如果未经其他股东同意及放弃优先购买权，即与外部投资人签署股权转让合同的，此类合同为可撤销合同。[1]

【案例 2-2】

陈某树与云南红塔集团有限公司股权转让纠纷案[2]

【基本案情】

2011年12月21日，陈某树向云南省高级人民法院起诉，请求：(1)确认《股

1 刘俊海：《现代公司法》（第 3 版），法律出版社 2015 年版，第 476 页。
2 案例来源：《最高人民法院公报》2010 年第 4 期。

份转让协议》合法有效，判令云南红塔集团有限公司（以下简称红塔有限公司）全面继续履行；（2）判令红塔有限公司立即采取完善申报材料、催请审批等补救措施；（3）判令红塔有限公司赔偿相关损失。

一审法院经审理查明：2009 年 1 月 4 日，中国烟草总公司（以下简称中烟总公司）作出《关于云南红塔集团有限公司转让持有的云南白药集团股份有限公司股份事项的批复》，同意红塔有限公司有偿转让其持有的云南白药集团股份有限公司（以下简称云南白药集团）无限售条件的流通国有法人股份 65,813,912 股，要求云南中烟工业有限公司（以下简称云南中烟公司）依该批复指导红塔有限公司按《国有股东转让所持上市公司股份管理暂行办法》和《上市公司解除限售存量股份转让指导意见》的规定进行股份转让。2009 年 8 月 13 日、14 日，云南白药集团先后刊登了《关于云南红塔集团有限公司拟整体协议转让所持云南白药股权的提示性公告》《关于云南红塔集团有限公司拟整体协议转让所持云南白药股权公开征集受让方的公告》。

2009 年 9 月 10 日，红塔有限公司与陈某树签订了《股份转让协议》，约定红塔有限公司将其持有的占云南白药集团总股本 12.32% 的本案争议股份全部转让给陈某树，对价为每股 33.543 元，总价款 2,207,596,050.22 元，在转让协议签订后 5 个工作日内一次性付清。该协议第 12 条约定红塔有限公司在转让协议生效并收到全部价款后，应当及时办理所有与本次目标股份转让有关的报批、信息披露等法律手续，陈某树应当配合红塔有限公司的上述工作。该协议第 30 条约定，转让协议自签订之日起生效，但须获得有权国资监管机构的批准同意后方能实施。协议还对其他相关股权转让事宜进行了约定。2009 年 9 月 11 日，云南白药集团刊登了《关于云南红塔集团有限公司拟整体协议转让所持云南白药股权进展情况的公告》，对本次股份转让交易进行了初次信息披露。2009 年 9 月 14 日，云南白药集团发布公告，公告 2009 年 9 月 11 日陈某树和红塔有限公司签订的《云南红塔集团有限公司简式权益变动报告书》

和《陈某树简式权益变动报告书》，对股份变动再次进行了信息披露。《股份转让协议》签订后，陈某树按约将 2,207,596,050.22 元（含之前交付的竞聘保证金）支付到红塔有限公司指定账户。红塔有限公司收款后，向陈某树开具了收款专用发票，并于 2011 年 4 月 19 日再次就其上述收款情况出具书面说明，确认收到了上述款项。

2009 年 9 月 11 日，红塔有限公司向其上级机构红塔烟草（集团）有限责任公司（以下简称红塔集团公司）上报了《云南红塔集团有限公司关于将所持云南白药集团股份有限公司的股份整体协议转让给自然人陈某树的请示》（云红司［2009］47 号），并附上了相应的附件。

2010 年 5 月 28 日，云南白药集团召开 2009 年度股东大会通过决议，以公司现有总股本 534,051,138 股为基数，向全体股东每 10 股派 2 元现金（扣税后实际每 10 股 1.8 元），同时以资本公积金向全体股东每 10 股转增 3 股。

2011 年 4 月 27 日，陈某树向红塔有限公司发出《办理股份过户登记催促函》，要求红塔有限公司自接函之日起 10 个工作日内将转让协议项下股份办理过户登记至陈某树名下。红塔有限公司于 2011 年 5 月 10 日回函称，本次股份转让事宜必须获得有权国资监管机构的批准后方能实施，其积极向上级主管机构进行了相关报批工作，现并未收到任何书面批复意见，本次股份转让事宜存在批复同意或被否决的可能性，若有任何变化或进展，将及时予以通知。

2012 年 1 月 17 日，中烟总公司作出《关于不同意云南红塔集团有限公司转让所持云南白药集团股份有限公司股份事项的批复》(中烟办［2012］7 号)，该批复载明“不同意本次股份转让”。依据该批复意见，云南中烟公司和红塔集团公司也作出了不同意本次股份转让的相关批复。

最高人民法院二审查明：陈某树所支付的股权转让款分两次支付：2009 年 8 月 20 日，陈某树支付 2 亿元作为项目保证金；2009 年 9 月 16 日，陈某树向红塔有限公司再支付 2,007,596,050.22 元。

再查明：红塔有限公司（甲方）、陈某树（乙方）2009 年 9 月 10 日签订的《股份转让协议》第 4 条约定：“乙方同意受让甲方持有的云南白药集团 65,813,912 股的股份，并已充分知悉：本协议约定股份转让事宜在本协议生效后尚需获得有权国有资产监督管理机构的批准同意后方能实施。”第 12 条约定：“本协议生效，且甲方已收到本协议第 6 条约定的全部款项后，甲方应当及时办理所有与本次目标股份转让有关的报批、信息披露等法律手续，乙方应当配合甲方的上述工作（包括但不限于提供甲方所要求的材料、出具说明等）。”第 26 条第（3）项约定：“如本协议得不到相关有权国有资产监督管理机构的批准，甲方应及时通知乙方，并将乙方交付的全部款项不计利息退还给乙方，甲乙双方互不承担违约责任，且本协议自乙方收到甲方退还的全部款项之日起解除。”第 30 条约定：“本协议自签订之日起生效，但须获得有权国有资产监督管理机构的批准同意后方能实施。”

再查明：2009 年 9 月 11 日，红塔集团公司向其上级机构云南中烟公司上报了《红塔集团关于将云南红塔集团有限公司所持云南白药集团股份有限公司的股份整体协议转让给自然人陈某树的请示》，并附上了相应的附件。2009 年 12 月 2 日，云南中烟公司向其上级机构中烟总公司上报了《云南中烟工业公司关于云南红塔集团有限公司协议转让所持云南白药集团股份有限公司股份的请示》，并附上了相应的附件。

2012 年 1 月 17 日，中烟总公司作出《中国烟草总公司关于不同意云南红塔集团有限公司转让所持云南白药集团股份有限公司股份事项的批复》（中烟办〔2012〕7 号）后，云南中烟公司和红塔集团公司分别于 2012 年 1 月 18 日和 19 日作出了不同意本次股份转让的相关批复。

2012 年 1 月 19 日，红塔有限公司致函陈某树称，因上级主管单位批复不同意本次股份转让，本次股份转让的过户条件不成就；请你于接到通知之日，尽快提供收款账户的信息，我公司将按约定退还你所支付的全部履约保证金人民币 2,207,596,050.22 元（不计利息）；《股份转让协议》按约定解除。

【法院判决】

云南省高级人民法院一审认为，结合确认的事实及当事人诉辩主张，本案各方当事人争议的焦点为以下三个：

1. 关于《股份转让协议》的效力，陈某树诉请红塔有限公司全面继续履行合同是否成立的问题。2009 年 9 月 10 日，本案双方当事人签订了《股份转让协议》，该协议系双方当事人真实的意思表示，内容也不违反法律法规的禁止性规定，且根据《股份转让协议》第 30 条“本协议自签订之日起生效”的约定，陈某树诉请确认《股份转让协议》合法有效的请求成立，应予支持。根据《股份转让协议》第 30 条“本协议自签订之日起生效，但须获得有权国有资产监督管理机构的批准同意后方能实施”的约定，本案的股份转让只有在获得有权国有资产监督管理机构批准同意后方能实施，但目前本案的《股份转让协议》并未获得有权国有资产监督管理机构批准，因此，对陈某树诉请判令红塔有限公司继续全面履行该《股份转让协议》的请求，不予支持。

2. 关于红塔有限公司是否构成违约，陈某树诉请红塔有限公司立即采取完善申报材料、催请审批等补救措施是否成立的问题。《股份转让协议》合法有效，根据《合同法》第 60 条第 1 款“当事人应当按照约定全面履行自己的义务”的规定，本案双方当事人均应严格依约履行各自的义务。依据《股份转让协议》第 12 条的约定，红塔有限公司在协议生效，且收到陈某树支付的 2,207,596,050.22 元款项后，应当及时办理所有与本次目标股份转让有关的报批、信息披露等手续。根据查明的事实，在《股份转让协议》签订的第 2 天，即 2009 年 9 月 11 日，红塔有限公司就及时依约履行了相应的信息披露手续，并按规定向其上级机构上报了相关审批手续，因此，红塔有限公司已及时按约履行了就本案所涉股份转让的有关报批、信息披露等手续，并未违反协议的约定，陈某树认为红塔有限公司未恰当履行合同义务已构成违约无事实及法律依据。此外，从当事人举证来看，红塔有限公司已按约将完善的申报材料向其上级机构进行了上报，因此对于陈某树诉请红塔有限公司立即采取完善申报材料、催请审批等补救措施的请求，不予支持。

3. 关于陈某树诉请判令红塔有限公司赔偿其损失是否成立的问题。根据《合同法》第107条“当事人一方不履行合同义务或者履行合同义务不符合约定的，应当承担继续履行、采取补救措施或者赔偿损失等违约责任”的规定，只有在当事人违反合同约定，构成违约的前提下，依法才承担相应的违约责任。而从本案查明的事实看，红塔有限公司并未构成违约，因此对于陈某树认为因红塔有限公司违约给其造成的损失应由红塔有限公司予以赔偿的请求，不予支持。

综上所述，《股份转让协议》合法有效，红塔有限公司已按约履行了自己的合同义务，陈某树的诉讼请求除请求确认《股份转让协议》合法有效外，其余均不能成立。据此判决：（1）陈某树与云南红塔集团有限公司2009年9月10日签订的《股份转让协议》合法有效；（2）驳回原告陈某树的其他诉讼请求。案件受理费16,968,480.02元，由陈某树负担。

最高人民法院二审认为，本案争议焦点有两点：一是程序上是否需要追加中烟总公司、云南中烟公司、红塔集团公司等作为无独立请求权第三人参加诉讼；二是陈某树是否有权要求红塔有限公司继续履行《股份转让协议》并承担违约责任。

1. 关于本案是否需要追加中烟总公司、云南中烟公司、红塔集团公司（以下简称中烟总公司等）作为无独立请求权第三人参加诉讼的问题。本案的双方当事人是陈某树与红塔有限公司，争议的标的是基于《股份转让协议》产生的股权转让法律关系，中烟总公司等是红塔有限公司的出资人，但不是《股份转让协议》的当事人，故不属于本案所审理的股权转让纠纷的当事人。中烟总公司等对《股份转让协议》所作的批复是依法行使国有资产出资人的权利，批复结果将影响《股份转让协议》的效力，故本案审理的股权转让法律关系应审查中烟总公司等的批复行为，但本案的审理结果并不会反过来影响中烟总公司等的批复行为效力的认定及相应的责任承担，因此，中烟总公司等不属于《民事诉讼法》第56条第2款所指的“有法律上的利害关系”的第三人。

2. 关于陈某树是否有权要求红塔有限公司继续履行《股份转让协议》并承担违约责任的问题。该问题的前提是《股份转让协议》是否有效、是否能够继续履行。对此，本院认为，本案所涉《股份转让协议》依法属于应当办理批准手续的合同，但未能得到有权机关批准，故应依法认定为不生效合同。

（1）本案所涉《股份转让协议》依法属于应当办理批准手续的合同。《企业国有资产监督管理暂行条例》（以下简称《暂行条例》）第23条规定，国有资产监督管理机构决定其所出资企业的国有股权转让。对于重要子企业的重大事项，《暂行条例》第24条规定，所出资企业投资设立的重要子企业的重大事项，需由所出资企业报国有资产监督管理机构批准的，管理办法由国务院国有资产监督管理机构另行制定，报国务院批准。根据以上规定，国务院国有资产监督管理委员会与中国证券监督管理委员会经国务院同意，于2007年联合颁布了《国有股东转让所持上市公司股份管理暂行办法》（以下简称《暂行办法》），对国有股东转让所持上市公司股份行为进行规范。《暂行办法》规定，国有股东所持上市公司股份的协议转让至少需要经过两次上报：一是国有股东拟协议转让上市公司股份的，在内部决策后，应当及时按照规定程序逐级书面报告省级或省级以上国有资产监督管理机构；二是国有股东与拟受让方签订股份转让协议后，应及时履行信息披露等相关义务，同时应按规定程序报国务院国有资产监督管理机构审核批准。本案红塔有限公司是国有企业，拟转让的是所持云南白药集团的上市股份，转让的形式是与受让人协议转让，故双方当事人签订《股份转让协议》后，应按照《暂行办法》要求的程序办理相关手续。本案双方当事人对本案所涉股权的转让需要经过审批均是明知的。根据《股份转让协议》的约定，双方当事人在订立《股份转让协议》时知悉该协议需要经过审批，并通过《股份转让协议》第 4 条予以确认，同时双方还在第 12 条、第 26 条对审批手续的办理以及不能得到审批的后果作了明确、清晰的约定。

（2）《股份转让协议》未得到有权机关批准。对于烟草行业产权转让的审批程序和权限，《财政部关于烟草行业国有资产管理若干问题的意见》（以下简称《财政部意见》）规定："中烟总公司所属烟草单位向非烟草单位的产权转让，主业评估价值在 1 亿元以上（含 1 亿元）、多种经营在 2 亿元以上（含 2 亿元）的，由各单位逐级上报中烟总公司（国家烟草专卖局），由中烟总公司（国家烟草专卖局）报财政部审批。"本案《股份转让协议》签订时，双方拟转让的股份价值 20 多亿元，根据《财政部意见》的精神，应由红塔有限公司逐级上报至中烟总公司，由中烟总公司报财政部批准。红塔有限公司在与陈某树签订《股份转让协议》后，即按程序将相关材料上报至红塔集团公司，红塔集团公司则按程序上报至云南中烟公司，云南中烟公司也按程序上报至中烟总公司，现中烟总公司收到上报材料后，明确作出不同意本次转让的批复。据此，《股份转让协议》已无法经由财政部批准。陈某树认为，中烟总公司批复不同意本案股份转让，而且不按规定将《股份转让协议》报送财政部审批，应属红塔有限公司内部决策程序中的行为，不属于有权审批，不应产生对本案股权转让不批准的法律效力，其行为应构成红塔有限公司对陈某树的违约。根据《财政部意见》的精神，本案所涉《股份转让协议》的有权审批主体虽是财政部，中烟总公司无权批准本次股权转让行为，但作为红塔有限公司的出资人，中烟总公司等根据国有资产监督管理相关规定，行使股东重大决策权和国有资产出资人权利，其作出的不同意本次股权转让的批复，终结了《股份转让协议》的报批程序。此外，中烟总公司等是红塔有限公司的出资人，属于独立的主体，且不是《股份转让协议》的当事人，将中烟总公司等的行为视为红塔有限公司违约亦缺乏法律依据。

（3）《股份转让协议》依法应认定不生效。关于审批对合同效力的影响，《合同法》第44条第2款规定：“法律、行政法规规定应当办理批准、登记等手续生效的，依照其规定。”《最高人民法院关于适用〈中华人民共和国合同法〉若干问题的解释（一）》（以下简称《合同法解释（一）》）第9条进一步明确“依照合同法第四十四条第二款的规定，法律、行政法规规定合同应当办理批准手续，或者办理批准、登记等手续才生效，在一审法庭辩论终结前当事人仍未办理批准手续的，或者仍未办理批准、登记等手续的，人民法院应当认定该合同未生效”。本案所涉《股份转让协议》依法属于应当办理批准手续的合同，需经财政部批准才能生效，但因红塔有限公司上级主管部门中烟总公司不同意本次股权转让，报批程序已经结束，《股份转让协议》已确定无法得到有权机关批准，故应依法认定为不生效合同。值得注意的是，《合同法》第44条和《合同法解释（一）》第9条对合同生效的要求，是合同的法定生效条件，属于强制性规定，不允许当事人通过约定的方式予以变更，故尽管当事人对合同生效有相关约定，仍应依据以上法律规定来判断合同的效力。一审法院根据《股份转让协议》第30条关于“本协议自签订之日起生效”之约定认定《股份转让协议》合法有效，属适用法律错误，应予纠正。既然《股份转让协议》不生效，其第26条关于协议解除的约定也不产生效力，红塔有限公司提出的《股份转让协议》应按第26条第（3）项之约定解除的主张亦不能成立。

因《股份转让协议》不生效，陈某树要求红塔有限公司继续履行《股份转让协议》并承担违约责任的主张缺乏合同依据，本院不予支持。《股份转让协议》不生效后，当事人应比照《合同法》第58条关于“合同无效或者被撤销后，因该合同取得的财产，应当予以返还”之规定，向对方承担返还取得财产的义务，故红塔有限公司应将已经收取的2,207,596,050.22元款项返还给陈某树，并给付相应利息，其利息标准根据公平原则应按照银行同期贷款利率计算。

综上所述，原审判决认定事实基本清楚，但适用法律不当，应予纠正。据此判决如下：（1）撤销云南省高级人民法院（2012）云高民二初字第 1 号民事判决；（2）云南红塔集团有限公司自本判决生效之日起 10 日内向陈某树返回 2,207,596,050.22 元本金及利息（利息标准按同期人民银行贷款利率计算，其中 2 亿元从 2009 年 8 月 20 日计算至实际给付之日，2,007,596,050.22 元从 2009 年 9 月 16 日计算至实际给付之日）；（3）驳回陈某树的其他诉讼请求。

【案件评析】

本案是近年来公司实践中影响比较大的案件。案件事实虽然复杂，但涉及的核心法律问题就是《股份转让协议》的成立和生效。

1. 本案《股权转让协议》的签署，符合股权转让合同成立的一般要件及特殊要件，依法有效成立。

2. 有效成立的《股权转让协议》是否生效，取决于生效条件是否具备。依据相关法律及司法解释的规定，法律、行政法规规定合同应当办理批准手续，或者办理批准、登记等手续才生效的，在完成批准手续之前合同不产生效力。虽然双方当事人在协议第 30 条“本协议自签订之日起生效”，但由于被转让股权系国有股，应当遵循国有资产转让审批的有关要求，当事人的此种约定因违背了法律法规的规定，应属无效约定。

从风险管理及合规的角度分析，本案《股权转让协议》在签署时，应当约定协议的生效条件为取得国有资产管理部门的批准，生效之后再由双方履行支付股权转让款、配合办理股权变更手续等，使双方当事人明确知晓此协议为已成立、未生效的合同，避免不合理的预期。

（4）境内股权重组的常见问题及解决建议

第一，股权重组的税负成本太高，导致重组无法进行。

股权转让中，因支付对价的形式不同，股权交易主要涉及企业所得税、个人所得税、印花税三个税种，一般不涉及营业税、增值税、土地增值税、契税。当收购方以烟酒类存货支付对价时，可能还会涉及消费税的缴纳。所以，所得税将会是股权重组时面临的最主要的税种，股权交易主体的所得税筹划是在设计交易结构时必须首要考虑的问题。许多公司在设立之初，为了开展业务的方便或者其他方面的考虑，经常会设立多家关联公司，也有的公司为了资本运营的需求，将主营业务所在公司的股权进行重组，再搭建一个母公司统一归集这些股权。这样一来，如果被重组公司的股权价值很高，在重组过程中就可能会因为股东需要缴纳巨额所得税，导致无法完成重组。

建议：除非有特殊目的，公司主营业务尽量不分散在非同一个实际控制人控制的不同公司，在公司设立时提前进行股权架构的安排，或者至少在经营过程中根据战略目标调整股权结构，不要等到最后一刻进行业务和股权重组时，因代价高昂导致重组受挫。

第二，未履行代扣代缴义务。

股权交易过程中，如果股权受让方是个人，在支付股权转让价款时，受让方有代扣代缴所得税的义务。受让方向转让方支付转让价款时，有义务代扣代缴转让方转让股权应支付的个人所得税，主管税务机关为发生股权变更企业所在地地税机关。

根据《税收征收管理法》《税收征收管理法实施细则》的规定，若扣缴义务人不代扣代缴个人所得税款的，将分情况承担如下法律责任：

1）纳税义务人拒绝缴纳的，扣缴义务人应向税务机关报告，说明纳税人拒绝缴纳的情况并提供相关证明文件，由纳税机关向纳税义务人追缴。纳税人拒不缴纳的，由税务机关根据《税收征收管理法》第40条的规定采取扣缴银行存款，查封、扣押并依法拍卖与应缴税款相当的财产。

2）扣缴义务人未扣缴税款的，依据《税收征收管理法》的规定，扣缴义务人并无补缴税款的义务，欠缴税款将由税务机关向纳税义务人追缴，但税务机关可以对扣缴义务人处应扣未扣税款50%~300%的罚款；主动向税务机关补缴应代扣代缴的税款的，可以通过司法途径向纳税义务人追偿。

建议：为了避免因不能履行代扣代缴义务可能导致的法律责任，受让方可以出具股权转让方缴纳税款的承诺函，向税务机关说明纳税义务人拒绝缴纳税款并导致受让方未能办理扣缴登记的相关证明文件，申明系转让方的原因导致税款未能及时缴纳，要求税务机关根据《税收征收管理法》第38条、第40条的规定对转让方采取税务保全和强制措施追缴税款，从而免除受让方的税法责任。

第三，股东不配合签署法律文件，导致重组受到障碍。

股权重组过程中，有时会出现股东不配合签署股东会决议、股权转让协议等法律文件的情况，导致股东无法转让股权，尤其是在公司只有两个股东的情况下更是如此。虽然，中国公司法没有规定转让股权必须要经过全体股东一致同意，但在实际操作中，股权变更登记管理部门为了避免自身承担责任，防止将来股东找麻烦，一般会要求公司提供经全体股东签字的股东会决议。这在事实上增加了股权转让及股东退出公司的难度。在出现这种情况时，如果股东自行签署了股权转让协议，其效力如何认定？转让方是否有效地完成了股权转让？

为了回答这个问题，我们可以借鉴一下学理上对股权变动模式的讨论。关于受让人何时取得股东资格，亦即股权变动的生效时间，我国《公司法》没有明确作出规定，理论上也多有争议。国内学者参照物权变动模式构建了股权变动模式，主要是以下三种：

1）债权意思主义模式

这种模式强调，股权转让合同的生效直接包含了股权变动的生效，即“股权转让合同一经生效，股权即转让给受让人，也即发生股权变动的效果”，[1]至于股东名册变更、换发出资证明、工商变更登记等行为均不影响股权变动。此模式似乎符合现行法的规定，但其问题在于，合同生效即产生股权变动的效果，将公司完全架空，公司只能被动履行股东变更登记义务，不利于新股东与公司之间的关系协调及其权利行使。

2）债权形式主义模式

这种模式强调，股权转让除了当事人签署合同之外，还需要履行登记手续才能实现股权变动。“生效的股权转让合同仅产生卖方将其所持股权让渡给买方的合同义务，而非导致股权的自动、当然的变动。”[2]即合同生效不等于股权变动，而仅仅是在当事人之间产生股权交付和支付股款的义务，只有实际履行交付手续才能发生股权变动。据此，学者认为股权变动应当采取内部登记生效主义和外部登记对抗主义相结合的做法，内部登记包括股东名册变更、换发出资证明、修改公司章程等，外部登记指工商变更登记。内部登记生效后，新股东可以向公司主张权利，只有外部登记完成后，股权转让才能对抗善意第三人。此模式强调了公司在股权变动中的地位和作用，弥补了债权意思主义模式的不足，但是，脱离了中国公司的实际情况。我国公司实践中，公司不置备股东名册、不签发出资证明的现象比比皆是，而修改公司章程又常常与工商变更登记一起进行。所以，这种模式也有缺陷。

3）修正的债权意思主义模式

这种模式一定程度上弥补了前两种模式的不足，它原则上承认股权转让合同生效即产生股权变动的效果，但这种效果仅限于出让人和受让人之间，只有将股权变动的事实通知公司并由公司进行名册变更后，受让人方可行使股东

1 李建伟：《公司法学》，中国人民大学出版社 2008 年版，第 313 页。

2 刘俊海：《公司法学》，北京大学出版社 2008 年版，第 185 页。

权利，也只有在工商变更登记完成后才能对外宣示股东身份。此模式的核心在于通过“公司受通知与认可股权变动的事实”来打通股权完整转让的最后一公里。[1]

考虑到中国有限公司和股份公司股权的流动性差异，修正的债权意思主义模式应当适用于有限公司，即股权转让合同生效加上通知公司的事实要件，即可发生股权变动的效力，受让人可以对公司主张股权并对抗第三人。债权形式主义模式适用于股份有限公司，股权变动的发生，一方面需要股权转让合同生效为前提；另一方面也需要完成股票的过户登记。[2]

建议：在有些重组项目中，如果确实出现股东不配合签署转让文件的情况时，一般可以请律师就转让的程序性问题（如会议通知、股东异议情况等）、股权转让协议的成立和生效、对公司的通知、股东名册的变更记载（如有）等事项发表法律意见，确认股权变动的事实。

2.2 境外到境内股权投资

2.2.1 境外投资人直接在境内股权投资

境外投资人直接在中国境内进行股权投资（Foreign Direct Investment, FDI）是常见的外商投资形式。外商投资企业的性质为境内企业，适用中国法律并受中国司法管辖。中外合作企业的组织形式目前已经很少使用，以合资公司（Joint Venture，JV）和外商独资企业（Wholly Owned Foreign Enterprise，WFOE）形式存在的外商投资企业是目前最为常见的形式，在法律层面二者最主要的区别为：（1）是否包含中资成分；（2）最高权力机构不同（JV 不设

1 李建伟：《有限责任公司股权变动模式研究——以公司受通知与认可的程序构建为中心》，载《暨南学报》（哲学社会科学版）2012 年第 12 期。

2 李建伟：《公司法学》（第 3 版），中国人民大学出版社 2014 年版，第 236~238 页。

股东会，其最高权力机构为董事会）。如果境外投资人部分收购被投资的非外商投资企业，则被投企业需变更为JV；如果属于100%收购被投资企业的情形，则被投企业应变更为WFOE；境外投资人也可以直接在中国境内设立WFOE，用于再投资或开展经营业务。

目前，用于规范外商投资企业组织形式的法律及文件主要为：《中华人民共和国外商投资法》《中华人民共和国外商投资法实施条例》《关于外国投资者并购境内企业的规定》《关于外商投资企业境内投资的暂行规定》等。

2.2.2 设立境内投资平台进行股权投资

境外投资主体除了采用上述组织形式在境内直接进行股权投资外，还可以采用下面三种形式在境内间接进行股权投资：

（1）外商投资创业投资企业

根据《外商投资创业投资企业管理规定》（经商务部令2015年第2号修订）的规定，"外商投资创业投资企业"是指外国投资者或外国投资者与根据中国法律注册成立的公司、企业或其他经济组织，在中国境内设立的以创业投资为经营活动的外商投资企业；创业投资是指主要向未上市高新技术企业进行股权投资，并为之提供创业管理服务，以期获取资本增值收益的投资方式。外商投资创业投资企业需要具备特定的条件，且可采取非法人制或公司制的组织形式。

（2）外商投资举办投资性公司

根据《关于外商投资举办投资性公司的规定》（经商务部令2015年第2号修订）的规定，"外商投资性公司"系指外国投资者在中国以独资或与中国投资者合资的形式设立的从事直接投资的公司。公司形式为有限责任公司或股份有限公司。在设立出资时需要注意，外国投资者须以可自由兑换的货币或其在中国境内获得的人民币利润或因转股、清算等活动获得的人民币合法收益作为其向投资性公司注册资本的出资。中国投资者可以人民币出资。外国投资者以其人民币合法收益作为其向投资性公司注册资本出资的，应当提交相关证明文件及税务凭证。

（3）外商投资股权投资试点企业（QFLP）及 R-QFLP

QFLP（Qualified Foreign Limited Partner）是合格境外有限合伙人的缩写，在 QFLP 制度下设立外商投资股权投资试点企业（QFLP 基金），是境外投资人参与境内投资的重要渠道。QFLP 基金是以对未公开上市的股权进行投资为主营业务的企业，即典型的私募股权投资基金，接受中国证券投资基金业协会或相关部门的备案监管。QFLP 基金可以采取公司制或者有限合伙制，但目前比较常见的是有限合伙制的 QFLP 基金。QFLP 试点于 2010 年底在上海首开先河，随后北京、天津、深圳、青岛、重庆、贵州（贵阳综合保税区）、福建平潭等地均出台相关的 QFLP 试点政策。其中，深圳市金融办、市经贸信息委、市市场和质量监管委及前海管理局联合于 2017 年 9 月 22 日发布的《深圳市外商投资股权投资企业试点办法》（深金规〔2017〕1 号，以下简称《深圳新 QFLP 办法》），在此前的"外资管外资"模式（"外商投资股权投资管理企业"管理"外商投资股权投资基金"）基础上，允许"外资管内资"和"内资管外资"的新 QFLP 模式，一度让深圳 QFLP 制度成为焦点，引发了各界的热切关注和讨论。2018 年 3 月 27 日，福建省平潭综合实验区管委会办公室亦发布了《开展外商投资股权投资企业试点工作的实施办法（试行）》（岚综管办〔2018〕50 号，以下简称《平潭 QFLP 办法》），在境外投资人自有资产规模及管理资产规模、股权投资企业认缴出资额方面，《平潭 QFLP 办法》对港澳台投资者相较于非港澳台境外投资人提出了更加优惠的条件。

此外，基于 QFLP 试点延伸出的人民币合格境外有限合伙人（R-QFLP）试点也是境外投资人设立境内基金的一种途径。迄今为止，已有一些企业陆续在上海、深圳、重庆、青岛等地获得了 R-QFLP 试点资格。相较于 QFLP 基金，R-QFLP 基金最大的区别在于其境外投资人以离岸人民币资金（而非外币资金）投资于外商投资股权投资企业，跨境人民币在监管体系上与外币有所不同，受中国人民银行系统而非外汇局系统的监管。R-QFLP 基金的币种和所受监管体系的区别，有时使其在实务操作中相对于 QFLP 基金可能更为灵活便利。

2.2.3 境外到境内股权投资的监管

（1）行业准入

外资行业准入限制主要适用《关于外商投资企业境内投资的暂行规定》（根据商务部 2015 年第 2 号令，此文件已被部分修订）、《指导外商投资方向规定》（国务院令第 346 号）、《外商投资准入特别管理措施（负面清单）》（2019 年版）等法规文件。根据这些文件的要求，境外投资者不得投资《负面清单》中禁止外商投资的领域；投资《负面清单》之内的非禁止投资领域，须进行外资准入许可；投资有股权要求的领域，不得设立外商投资合伙企业。

（2）安全审查

除上述一般性外资行业准入限制外，根据商务部《关于外国投资者并购境内企业的规定》、国务院办公厅《关于建立外国投资者并购境内企业安全审查制度的通知》（国办发〔2011〕6 号），重点行业、敏感行业的投资将受到特殊审查和监管。首先，根据《反垄断法》第 31 条规定，对外资并购境内企业或者以其他方式参与经营者集中，涉及国家安全的，除依照规定进行经营者集中审查外，还应当按照国家有关规定进行国家安全审查。其次，根据《关于外国投资者并购境内企业的规定》第 12 条：“外国投资者并购境内企业并取得实际控制权，涉及重点行业、存在影响或可能影响国家经济安全因素或者导致拥有驰名商标或中华老字号的境内企业实际控制权转移的，当事人应就此向商务部进行申报。”最后，《关于建立外国投资者并购境内企业安全审查制度的通知》建立了并购安全审查制度，明确安全审查的范围，并由发改委、商务部会同所涉行业和领域及相关部门共同组织的联席委员进行安全审查，主要审查内容包括对国防安全、国家经济稳定运行、社会基本生活秩序及国家安全关键技术研发能力的影响等。

（3）反垄断

根据《反垄断法》第 21 条规定，经营者集中达到国务院规定的申报标准的，经营者应当事先向国务院反垄断执法机构申报，未申报的不得实施集中。所谓经营者集中是指下列情形：经营者合并；经营者通过取得股权或者资产的方式取得对其他经营者的控制权；经营者通过合同等方式取得对其他经营者的控制权或者能够对其他经营者施加决定性影响。

（4）特殊行业管制

在一般性外资准入限制的原则下，特殊行业的主管部门一般会有其各自适用的外资准入限制细则，境外投资人在实施境内投资之前，需要了解并遵守这些限制，并取得行业主管部门的审批。境内投资领域常见的特殊行业外资限制包括金融、互联网、文娱、房地产、教育等行业，如在第三方支付行业，国外支付巨头近两年来掀起进军中国市场的热潮，先后有 PayPal，Wirecard 等取得中国人民银行批准，收购控制了中国的一些第三方支付企业。

（5）外汇登记

现行境内投资核准管理主要适用国家外汇管理局《关于改革和规范资本项目结汇管理政策的通知》（以下简称汇发〔2016〕16 号文）和《国家外汇管理局关于进一步简化和改进直接投资外汇管理政策的通知》（以下简称汇发〔2015〕13 号文，根据汇发〔2019〕39 号文，此文件中附件《直接投资外汇业务操作指引》第 1.5、1.6、1.10、1.11、1.12、1.13、1.14、1.16、1.17、1.18、1.19 部分已被废止）的规定，其中的主要内容包括外汇登记和结汇的外汇管理。

根据汇发〔2015〕13 号文附件《直接投资外汇业务操作指引》的规定，银行直接审核办理境内直接投资项下外汇登记和境外直接投资项下外汇登记，外管局不再受理外汇登记，而是通过银行对直接投资外汇登记实施间接监督。汇发〔2016〕16 号文的相关政策已经明确实行意愿结汇的资本项目外汇收入（包括外汇资本金、外债资金和境外上市调回资金等），可根据境内机构的实际经营需要在银行办理结汇。境内机构资本项目外汇收入的使用应在经营范围内遵循真实、自用原则。尽管如此，在实践操作中，银行基本保持较为谨慎态度，仍限制一般外商投资企业外币资本金的结汇及用汇。

值得期待的是，目前部分地区［包括深圳前海深港现代服务业合作区、中国（福建）自由贸易试验区厦门自贸片区、中国（陕西）自由贸易试验区］已取得国家外汇管理局关于资本项目收入支付便利化试点批复，深圳外管局已进一步出台《前海深港现代服务业合作区资本项目收入支付审核便利化试点实施细则》，同意试点企业资本项目收入在支付使用时，凭《资本项目外汇账户资金支付命令函》即可直接在银行办理，无须事前、逐笔提交证明交易真实性的单证资料。

关于 QFLP 基金，国家外汇管理局实行前置性审批，QFLP 基金在设立后可以直接在托管银行办理结汇，因而可以在相对较短的时间内将境外投资人的外汇出资兑换成人民币进行投资。

（6）税务监管

根据现行《企业所得税法》及相关规定，境外投资人从外商投资企业取得的收入，应由外商投资企业代扣代缴 10% 的企业所得税，除非税收协定或安排另有规定。2018 年 9 月 29 日，财政部、国家税务总局、国家发改委、商务部联合发布了《关于扩大境外投资者以分配利润直接投资暂不征收预提所得税政策适用范围的通知》（财税〔2018〕102 号），对境外投资者从中国境内居民企业分配的利润，用于境内直接投资暂不征收预提所得税政策的适用范围，由外商投资鼓励类项目扩大至所有非禁止外商投资的项目和领域。

QFLP 基金作为一个有限合伙企业，在基金层面可以作为透明纳税主体，享受税收穿透待遇。实务中有观点认为，有限公司形式的外商投资企业向境外股东分配股息红利时，要缴纳 10% 的预提所得税（Withholding Tax），这应该同样适用于有限合伙形式的外商投资企业。并且，根据中国与境外投资人所属法域之间的税收协定或税收安排，预提所得税在满足特定条件下可以进一步被降低到 5%。比如，中国内地和香港特别行政区签署的关于对所得避免双重征税的安排，对符合条件的企业可以按照 5% 的税率征收预提所得税。但是，如果境外投资人在中国境内设立机构、场所的，则应就其所设机构、场所取得的来自中国境内的所得（以及与其所设机构、场所有实际联系的发生在中国境外的所得）缴纳25%的企业所得税。

关于有限合伙基金向个人合伙人分配被投项目退出的收益时应当使用何种税率，实务中仍有一定争议。按照《个人所得税法》的规定，这些收益将被作为“财产转让所得”适用20%的税率，而按照财政部、国家税务总局《关于印发〈关于个人独资企业和合伙企业投资者征收个人所得税的规定〉的通知》（财税〔2000〕第91号，此文件已部分修改）的规定，比照个体工商户的生产经营所得按照5%~35%的五级超额累进税率征税。税务专家认为，合伙企业穿透征税不但意味着金额穿透（合伙企业本身不是纳税主体），还意味着属性穿透（合伙人所得金额的性质应当与合伙企业取得这些所得时的性质一致），个人合伙人应按照上位法《个人所得税法》规定的20%税率缴纳个人所得税，但是在税收征管实践中，不少税务机关倾向于按照5%~35%的五级超额累进税率征税。

2.3 境内到境外股权投资

境外直接投资（Overseas Direct Investment，ODI）是指境内自然人或者法人通过设立、并购、参股等方式在境外直接投资，并以控制境外企业的经营管理权为核心目的的投资行为。中国境内投资人进行海外投资，主要需要取得三个主管部门的核准、备案或登记，包括：国家/地方发展和改革委员会的核准或备案、商务部或地方商务部门的核准或备案，以及国家外汇管理局地方分局（所在地银行直接办理，地方外管局通过银行实施间接监管）的外汇登记程序。在顺序上，需先到发改委办理核准手续，然后到商务部门办理批准/核准手续，最后到银行（国家外汇管理局指定）办理外汇登记手续。其中，投资主体属金融企业的，需要获取行业主管部门的批复或无异议函；投资主体属国有企业的，还需要取得国有资产监管部门的审批同意。

境外投资流程如图 2-5 所示：

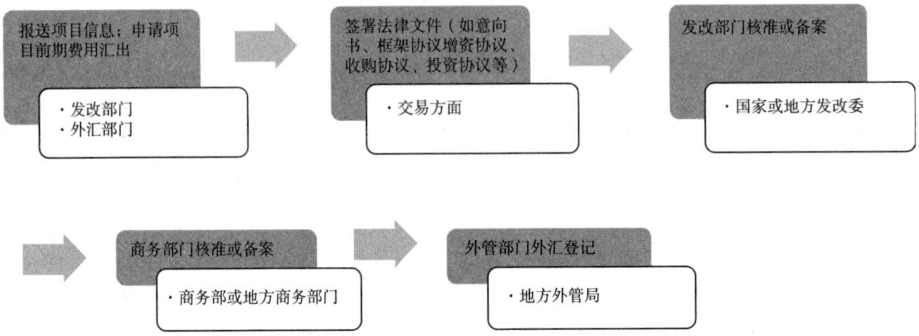

图 2-5　境外投资流程

下文将以机构投资主体、自然人投资主体两个角度分别阐述 ODI 涉及的相关监管程序及问题。

2.3.1　境内机构到境外投资

这里所讲的境内机构到境外投资，是指中华人民共和国境内企业直接或通过其控制的境外企业，以投入资产、权益或提供融资、担保等方式，获得境外所有权、控制权、经营管理权及其他相关权益的投资活动。在境外直接投资中，虽然项目所在地（东道国境内）是工作重心，但本国审批却是必须逾越的一道关卡。取得本国审批（核准 / 备案）是项目开始前的必要的基础性工作，本国政府不放行意味着任何一个跨境投资项目将被终止，从而引发协议无法执行及触发其他问题。如反向分手费（Reverse Break-up Fee），目前跨国并购的反向分手费可高达 35 亿美元（Halliburton vs Baker Hughes 并购案），这对于任何买家都是一笔负担。因此，政府审批通过与否，不只是“大不了就不做了”这么简单的问题，还会带来法律责任，值得引起投资方的重视。

（1）发改委核准 / 备案

按照 2018 年 3 月 1 日生效的《企业境外投资管理办法》（国家发改委第 11 号，以下简称 11 号令）的规定，发改部门根据企业类型、投资金额和投资流向进行分类监管。11 号令对企业监管的类别可以总结如下（见表 2-1）。

表 2–1 发改部门分类监管项目

<table>
<tr><th rowspan="3">企业类型</th><th rowspan="3">敏感类项目</th><th colspan="4">非敏感类项目</th></tr>
<tr><th colspan="2">涉及直接投入资产、权益或提供融资、担保</th><th colspan="2">通过控制的境外企业，以投入资产、权益或提供融资、担保</th></tr>
<tr><th>中方投资额 ≥ 3 亿美元</th><th>中方投资额 < 3 亿美元</th><th>中方投资额 ≥ 3 亿美元</th><th>中方投资额 < 3 亿美元</th></tr>
<tr><td>中央企业</td><td>报国家发改委核准</td><td>报国家发改委备案</td><td>报国家发改委备案</td><td rowspan="2">项目实施前提交项目情况报告表</td><td rowspan="2">无须履行核准、备案和事前报告程序</td></tr>
<tr><td>地方企业</td><td>报国家发改委核准</td><td>报国家发改委备案</td><td>报省级发改委备案</td></tr>
</table>

（2）商务部门批准 / 核准

根据商务部《境外投资管理办法》（商务部令 2014 年第 3 号）（以下简称 3 号令）与商务部、中国人民银行、国务院国有资产监督管理委员会《对外投资备案（核准）报告暂行办法》（商合发〔2018〕24 号）的规定，对外投资行为须根据对外投资金额和所属行业分别到商务部 / 商委办理批准 / 核准手续。并对于不同企业类型和投资流向进行分类监管。

表 2–2 商务部门分类监管项目

企业类型	敏感类项目	非敏感类项目
中央企业	报商务部核准	报商务部备案
地方企业	报商务部核准，通过所在地省级商务主管部门向商务部提出申请	报省级商务主管部门备案

（3）外汇登记

根据国家外汇管理局《境内机构境外直接投资外汇管理规定》（汇发〔2009〕30 号）、《关于进一步简化和改进直接投资外汇管理政策的通知》（汇发〔2015〕13 号，已部分失效）（以下简称 13 号文）及其附件《直接投资外汇业务操作指引》的规定，已经取得外汇局金融机构标识码且在所在地外汇局开通资本项目信息系统的银行可直接通过外汇局资本项目信息系统为境内外商投资企业、境外投资企业的境内投资主体办理直接投资外汇登记。境内机构境外直接投资前期费用登记以及外汇登记的办理原则及其区别如表 2–3 所示：

表 2–3　境内机构境外直接投资前期费用登记与外汇登记统计

境内机构境外直接投资前期费用登记	境内机构境外直接投资外汇登记
1. 境内机构（含境内企业、银行及非银行金融机构，下同）汇出境外的前期费用，累计汇出额原则上不超过 300 万美元且不超过中方投资总额的 15%。 2. 境内机构汇出境外的前期费用，可列入其境外直接投资总额。 3. 银行通过外汇局资本项目信息系统为境内机构办理前期费用登记手续后，境内机构凭业务登记凭证直接到银行办理后续资金购付汇手续。 4. 境内投资者在汇出前期费用之日起 6 个月内仍未设立境外投资项目或购买境外房产的，应向注册地外汇局报告其前期费用使用情况并将剩余资金退回。如确有客观原因，开户主体可提交说明函向原登记银行申请延期，经银行同意，6 个月期限可适当延长，但最长不得超过 12 个月。 5. 如确有客观原因，前期费用累计汇出额超过 300 万美元或超过中方投资总额 15% 的，境内投资者需提交说明函至注册地外汇局申请（外汇局按个案业务集体审议制度处理）办理	1. 境内机构在以境内外合法资产或权益（包括但不限于货币、有价证券、知识产权或技术、股权、债权等）向境外出资前，应到注册地银行申请办理境外直接投资外汇登记。在外汇局资本项目信息系统中登记商务主管部门颁发的企业境外投资证书中的投资总额，同时允许企业根据实际需要按现行规定对外放款。金融类境外投资根据行业主管部门的批复或无异议函等进行相应登记。 2. 境内机构以境外资金或其他境外资产或权益出资的境外直接投资，应向注册地银行申请办理境外直接投资外汇登记。银行应审核其境外资金留存或境外收益获取的合规性，涉嫌以其非法留存境外的资产或权益转作境外投资的，不得为其办理境外直接投资外汇登记。外汇局资本项目管理部门应加强境内机构以境外资金或其他境外资产或权益出资的境外投资登记业务的事后核查，对涉嫌违规的移交外汇检查部门处理。 3. 多个境内机构共同实施一项境外直接投资的，由约定的一个境内机构向其注册地银行申请办理境外直接投资外汇登记；银行通过外汇局资本项目信息系统完成境外直接投资外汇登记后，其他境内机构可分别向注册地银行领取业务登记凭证。 4. 境内机构设立境外分公司，参照境内机构境外直接投资管理。境内机构应到注册地银行办理境外直接投资外汇登记。在外汇局资本项目信息系统中，开办费用应纳入投资总额登记。境内机构设立境外分公司每年应按规定办理境外直接投资存量权益登记。 5. 银行通过外汇局资本项目信息系统为境内机构办理境外直接投资外汇登记手续后，境内机构凭业务登记凭证直接到银行办理后续资金购付汇手续

目前，由于 ODI 手续涉及较多部门，且办理难度较大，所以存在无法办理 ODI 手续或者办理周期过长的情况。在这种情况下境内投资机构如直接在开曼公司持股会存在监管合规风险，所以境内投资机构可以将资金直接注入境内运营实体并取得境内运营实体股权，同时通过境外关联方或指定方（代持人）以名义对价取得境外公司股份。

2.3.2 境内自然人到境外投资

这里所讲的境内自然人到境外投资，不是指个人将资金交给机构，再由机构在境外购买银行外币理财产品、外国股市、海外基金，或者直接到国外购买房地产等。我们主要关注的是境内自然人在境外取得、控制公司股权的投资行为和过程。

目前，我国并没有法律禁止境内个人向境外直接投资，但在实操层面，由于缺少具体的管理办法，境内个人向境外直接投资实际上并没有完全开放。因此，境内自然人向境外投资仍然受到诸多限制。例如，相关外汇管理规则规定："境内个人向境外直接投资……应当按照国务院外汇管理部门的规定办理登记。国家规定需要事先经有关主管部门批准或者备案的，应当在外汇登记前办理批准或者备案手续"，但目前除特殊领域外，尚未有详细的规则予以规定。因此，中国法律允许的境内个人在境外直接投资的范围非常有限。境内个人投资者需要通过法律实体（一般是特殊目的公司 SPV）或者通过合格境内机构投资者进行境外直接投资。

实务操作中，自然人在境外持股，特别需要注意的是涉及外汇登记的三类问题：

（1）7 号文登记

2012 年 2 月 15 日国家外汇管理局发布了《关于境内个人参与境外上市公司股权激励计划外汇管理有关问题的通知》（汇发〔2012〕7 号）（以下简称 7 号文），对境内个人参与境外上市公司员工股权激励计划年度购付汇额度实行核定管理与专户管理。员工出售持股项下、认股期权等项下股票及分红所得外汇资金汇回境内外汇专用账户后，由银行将资金从境内代理机构境内专用外汇账户分别划入对应的个人外汇储蓄账户。外管局目前已放宽核准手续，在结汇部分交由银行直接办理。

根据7号文，无论是个人以自有外汇资金参与股权激励计划，还是通过境内代理机构进行换汇汇出，都需先进行股权激励外汇登记，并在划转资金和申请换汇额度时提供该登记证明。而相比之下，申请购付汇的文件和程序则相对被简化。

（2）37号文登记

国家外管局于2014年7月14日发布《国家外汇管理局关于境内居民通过特殊目的公司境外投融资及返程投资外汇管理有关问题的通知》（汇发〔2014〕37号）（以下简称37号文）。根据37号文，境内居民通过特殊目的公司在境外融资及返程投资的，必须要办理外汇登记。如果未办理37号文登记，届时自然人通过境外特殊目的公司持股分配的股息及转股获得的转股价款，将无法调回境内，远期上市也构成中国法律项下的瑕疵。

办理37号文登记时需要注意以下事项：

1）登记主体

境内自然人股东必须先持有境内公司的权益，再完成37号文登记，不接受自然人个人以光杆司令的方式申请37号文登记。实践操作中，为了达到此效果，经常将准备进行37号文登记的自然人以增资或转股方式持有境内公司的股份。

2）登记时间

37号文登记必须在WFOE设立完成前，最晚至WFOE的营业执照颁发时要完成。因为37号文针对的是返程投资，如果WFOE已经注册成立，说明返程投资已经完成，此时为补登记，属于合规瑕疵。但是如果严格按照37号文的规定，登记应该在开曼公司登记完成之前完成，因为开曼公司向英属维尔京群岛（The British Virgin Islands，B.V.I）发股，视为B.V.I的境外投资行为，此时为补登记，实践中需要与备案银行提前沟通，各地执行尺度不完全一致。

3）登记层面

根据汇发〔2015〕13号文件规定，取消境外再投资外汇备案，境内投资主体设立或控制的境外企业在境外再投资设立或控制新的境外企业无须办理外汇备案手续。因此，登记仅限于境外第一层特殊目的公司，之下的第二层、第三层公司无须再办理37号文登记。

4）登记类型

包括初始登记、变更登记、注销登记。VIE架构可以直接办理登记，纯红筹只能通过补登记的方式办理。第一层特殊目的公司的股东、名称、经营期限变化时，需要进行变更登记。

5）未登记的处罚

根据37号文第15条以及《外汇管理条例》第48条规定，境内居民未按规定办理相关外汇登记、未如实披露返程投资企业实际控制人信息、存在虚假承诺等行为，外汇局责令改正，给予警告，对机构可以处30万元以下的罚款，对个人可以处5万元以下的罚款。如果存在非法结汇的，根据《外汇管理条例》第41条第2款规定，外管局可处违法金额30%以下的罚款。

（3）13号文登记

境内居民个人以境外合法资产或权益向特殊目的公司出资，应根据汇发〔2015〕13号文的规定，向户籍所在地银行申请办理境内居民个人特殊目的公司外汇登记。具体材料可参考13号文所附操作指引"2.5境内居民个人特殊目的公司外汇（补）登记"的相关内容。

2.3.3 境外分拆重组——模式及问题

境外分拆重组的常见模式包括三种：spin off, split off, Split up。从广义上看，它们都可以称为分拆，但在操作上有一些不同。这三种分拆方式具有共同的目标：提高股东价值、享受税收优惠和提高盈利能力。在选择采用何种分拆方式时，通常是基于母公司的更广泛的公司战略，并且也要考虑退出策略可能带来的影响。

（1）Spin off

在 Spin off 中，被分拆的公司的子公司的股份由母公司按比例分配为特别股息。母公司通常不会因进行分拆而收到任何现金对价。现有股东享有持有两家公司而不是仅一家公司股份的好处。有时，母公司会剥离其在子公司中100%的股份，而有时可能会将其 80%的股份剥离给其股东，并保留所持股份的少数股权。实际上，分拆的先决条件之一是母公司必须通过分配至少 80%的有表决权和无表决权的股份来放弃对子公司的控制。

Spin off 如图 2-6 所示：

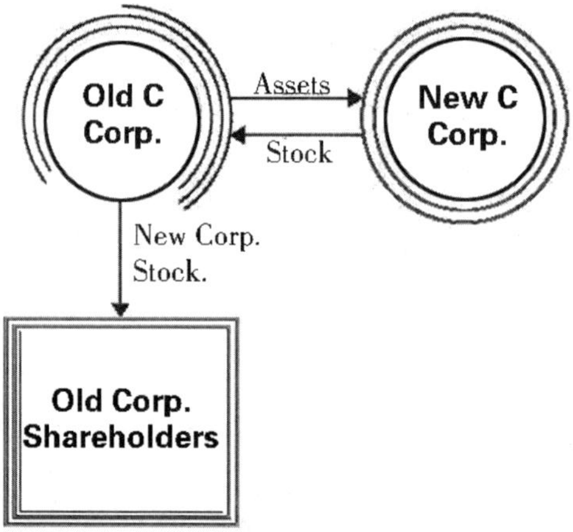

图 2-6　Spin off 示意

1）Spin off 的主要特点

第一，母公司以特别股息的形式分配子公司的股份；

第二，交易完成后，股东持有两家公司的股份；

第三，两家公司相互独立；

第四，有效地将母公司从子公司的管理和决策中撤离。

2）Spin off 的类型

第一，Pure Play（单一分拆）。Pure Play 是分拆的最原始形式，主要涉及股东分配子公司的股份作为特别股息，两家公司都有共同的股东。这种方法与首次公开募股（IPO）形成鲜明对比，在首次公开募股中，母公司实际上将其部分所有权进行了出让，而不仅仅是在没有任何现金对价的情况下将其出售。在美国，1990 年以后，Pure Plays 势头强劲，被许多公司用于股权重组。

第二，Equity Carve Out（股权切离）。Equity Carve Out 是指母公司将资产的一部分转移到新设立的子公司，再将子公司股权对外出售，在不丧失控制权的情况下给母公司带来现金收入的方法。认购这些股权的人可以是母公司的股东，也可以不是母公司的股东。许多人容易将“Equity Carve Out”与“Pure Play”混淆，两者之间还是有差别的。在 Carve out 中，母公司通过 IPO 公开出售新子公司少于 20% 的权益，以获得现金收益，而不仅仅是向现有股东出售权益。

第三，Tracking Stocks。在一般的 Spin off 中，被分拆的业务单元独立成立公司，在财务上和管理上均独立于母公司。而 Tracking Stocks 所代表的股份仍然是母公司的股份（被分拆的业务单元对应的资产、负债没有与母公司进行合法切割）。母公司与 Tracking Stocks 仍然受共同的董事会和管理层控制，但是，Tracking Stocks 有不同于母公司的独立财务报告和分析体系。

第四，Stubs。当母公司在一定程度上保留所有权的同时，向公众出售子公司的股份时，这就是部分分拆。分拆后的子公司公开交易后，我们就可以确定母公司对子公司的投资的市场价值。如果从股票的内在价值中减去子公司的内在价值，就可以得出母公司核心业务的价值，这就是 Stubs。

3）Spin off 的优势

第一，Spin off 完成后，新公司的股份无须经过昂贵的 IPO，注册后可以在后续发行中直接进行公开交易，成本相对低廉；

第二，Spin off 中，只有很少一部分的股份被作为股利进行分配（少于20%的权益），大部分权益仍然留在母公司中，因此，新公司仍处于原有股东的控制之下；

第三，因母公司具有现成的、稳定的股东基础，新公司在准备上市时可以节省大量时间。

4）Spin off 的缺陷

分拆的不利之处在于，它们可能使股价更不稳定，在疲弱的市场中表现不佳。母公司的股东可能不希望获得他们收到的分拆股票，因为这可能不符合他们的投资标准。即使分拆的长期前景乐观，但是由于这种卖盘活动，股价短期内也可能会下跌。

（2）Split off

Split off 是公司重组的一种方法，母公司通过使用特定的结构化条款，剥离其业务部门。在 Split off 中，母公司为股东提供保留其现有股份或将其交换为新公司股份的选择权（如图 2-7 所示）。

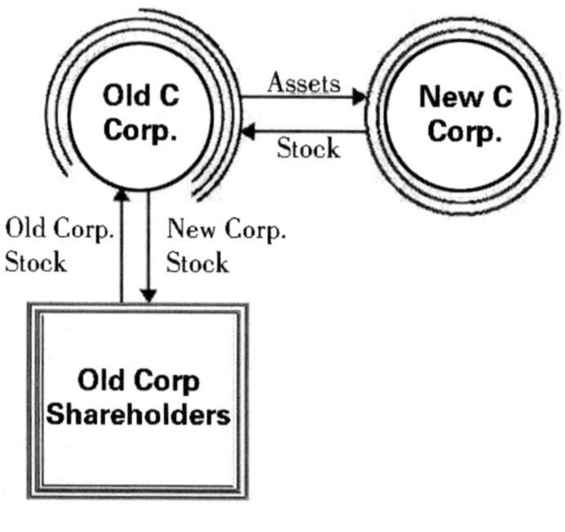

图 2-7 Split off 示意

1）Split off 的主要特点

第一，并不要求按比例分配股票，而是向股东提供交换股票的选择权；

第二，剥离是出于通过减少资产和设立新公司为股东创造更大价值的愿望；

第三，两家公司相互独立；

第四，交易完成后，持有两家公司股份的股东不完全相同。

2）Split off 与 Spin off 的主要区别

Split off 与 Spin off 是两种不同形式的资产剥离，在 Spin off 情况下，剥离后新公司的股份要按照镜像原则，按原持股比例分配给原有股东；而 Split off 的情况下，要取得新公司的股份，母公司原股东则必须放弃其现有股份，即使取得新公司股份，也与原持股比例没有关联关系，这是二者的核心区别。

3）Split off 的税收

Split off 通常被描述为 D 类重组，需要遵守《内部税收法》第 368 节和第 355 节。进行分拆的企业通常必须按照上述规定，遵循这些法规进行免税交易，这主要是因为交换股票是免税事件，Split off 包括母公司现有股东将其股份换成新公司股份的选择权。股东无须交换任何股份，因为不涉及按比例换股。通常，母公司会在当前股票的交易中提供高于新公司股票的溢价，以此作为提供股票交换的激励。

（3）Split up

除了上述最常见的 Spin off 和 Split off 两种分拆重组形式以外，Split up 偶尔有时也会用于股权重组。Split up 与上述两种重组形式的最大区别，在于母公司将其所有资产分配给两个或多个受控公司，以便换取受控公司的股票。然后再将受控公司的股票分配给股东。从概念上看相当于我国公司法中的新设分立，而 Spin off 和 Split off 相当于我们公司法中的存续分立。这种分立形式如图 2-8 所示，因境内公司境外上市时较少采用，此处不再赘述。

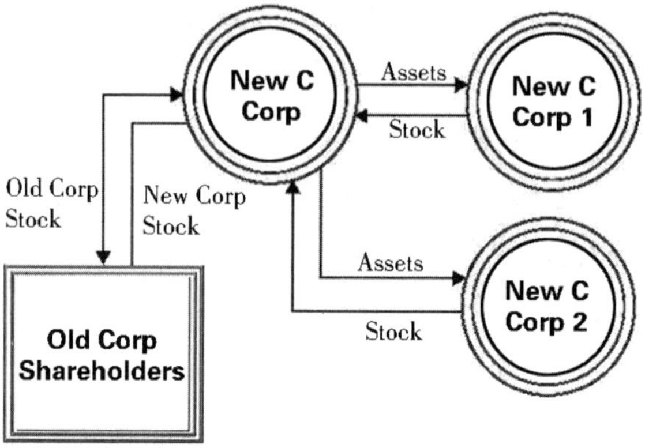

图 2-8 Split up 示意

【案例 2-3】

品钛（PINTEC）集团重组并在美国上市[1]

【基本案情】

品钛（PINTEC）是一家金融科技赋能整体解决方案提供商，为金融机构和商业机构提供智能零售金融解决方案，涵盖消费场景分期、个人信贷、小微企业信贷、财富管理、保险经纪等多个领域，并提供产品开发、流量获客、营销运营、管理监控等多种工具。公司基于人工智能、大数据、区块链等技术，打造智能信贷引擎“读秒 ”和智能财富管理引擎“璇玑 ”，致力于向金融和商业机构输出“端到端”的整体解决方案。公司的客户包括小米、去哪儿、携程、唯品会、中国电信翼支付、新网银行、兴业消费金融、民生证券等众多商业机构和金融机构。

在品钛具备美股上市条件之前，公司曾经进行了一系列重组，我们简单回顾一下集团重组的历史沿革。

1 案例信息来源：https://www.sec.gov/Archives/edgar/data/1716338/000104746918006790/a2236895zf-1a.htm，以及 https://zhuanlan.zhihu.com/p/42771192，最后访问日期：2020 年 1 月 20 日。

2016 年 6 月 2 日，公司创始人兼 CEO 董骏宣布 PINTEC 成立，将积木盒子（JIMUBOX）、读秒、虹点基金、企乐汇纳入其中，未来还会成立智能投顾子公司（璇玑），董骏出任集团公司 CEO。

PINTEC 基于智能金融服务商的定位，专注于大数据处理和金融科技研发，为企业提供最高效的智能金融服务和解决方案。旗下包括读秒智能信贷、璇玑数字化资产配置、虹点基金、麦芬保险、企乐汇等公司，拥有基金销售牌照、保险经纪牌照和企业征信牌照。

而积木盒子定位于普惠金融服务商，专注于小微信贷的资产开发和风控技术，提供网络借贷信息中介服务和针对小微企业与个人的信贷服务，集团旗下拥有积木盒子、积木时代、积木小贷等公司，拥有网络小额贷款牌照。

2016 年 9 月 26 日， PINTEC 集团宣布要拆分，将旗下的网络借贷信息中介平台积木盒子划分至新成立的积木集团（JIMU GROUP）。原 PINTEC 集团 CEO 董骏出任积木集团 CEO，积木盒子 CEO 依旧由谢群担任，PINTEC 集团 CEO 一职由原集团 COO 魏伟接任。

重组完成后，PINTEC 集团与积木集团将各自成为独立法人，进行专业化运营。重组使得积木盒子的定位更加清晰单纯，积木盒子依据《暂行办法》开展业务；而品钛集团聚焦智能技术输出。完全杜绝了混业经营的风险，符合当时新出台的《网络借贷信息中介机构业务活动管理暂行办法》的要求。

2018 年 6 月，分拆后独立运营将近一年的品钛宣布完成总计约 1 亿美元的系列融资，投资方包括新浪、曼图资本（Mandra Capital）、顺为资本等。

紧接着一个月后，美国东部时间 7 月 16 日，PINTEC 向美国证券交易委员会 (SEC) 提交了首次公开招股 (IPO) 申请书，计划在纳斯达克市场上市，股票代码为“PT”。

品钛此次上市的主体为品钛注册在开曼群岛的品钛科技控股有限公司。

根据 PINTEC 招股书显示，上市时公司的股权架构如图 2-9 所示。

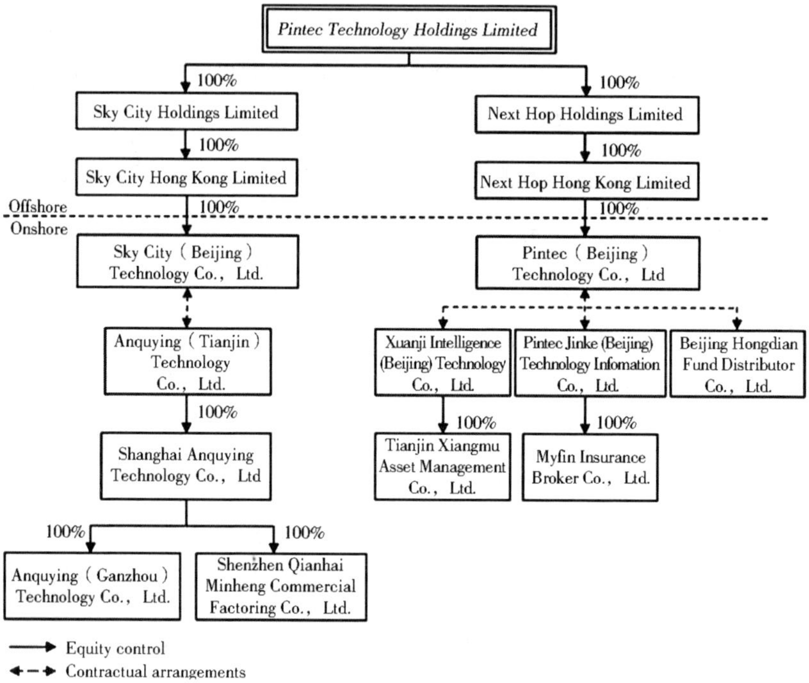

图 2-9 PINTEC 股权架构

【案件评析】

具有 VIE 结构的公司，融资行为一般都是在离岸公司层面（通常是 Cayman）完成的。因此在涉及股权重组时，也往往需要在境内、境外两个层面同步进行操作。通常情况下重组过程的主要关键点如下：

第一，境内公司剥离及股权重组。多数情况下，剥离重组的原因是政策限制或者出于优化盈利能力的考虑。本案中 PINTEC 的重组背景就是依据新出台的《网络借贷信息中介机构业务活动管理暂行办法》的要求，杜绝了集团旗下积木盒子的 P2P 业务可能带来的混业经营风险。

第二，境外重新搭建离岸公司。根据原境外融资主体的股权结构及股东权利要求，新设立离岸公司作为未来的上市主体。如本案中 Pintec Technology Holdings Limited 即是。境外重组的方式可以选择前面讨论的 Spin off 或者

Split off。

第三，重新建立协议控制关系。其中的工作可能会涉及终止原 VIE 协议，并由新搭建的离岸公司最终与境内重组后的营业主体建立协议控制关系，以完成上市前的架构准备工作。这也是重组的最后环节。

（4）境外分拆重组的常见问题及解决建议

境外重组的周期长，涉及的问题不仅多，而且复杂。实践中常见的问题包括以下三类：

第一，关于境外公司的股权架构。出于审计连续性的考虑，境外分拆后新设立的公司与分拆前的公司，在股权结构上要保持一致（镜像原则）。重组过程中，确实存在调整股权结构需求时（如个别股东转让股权、股东更换投资主体等），调整比例不宜过大，一般而言，控制在 5% 以内是可以被审计师接受的。

第二，关于股东缴纳出资。境外分拆时，新设立的公司要么作为拟上市主体，要么承接非上市资产，对于这个新公司而言，按照镜像原则确认的股东是否需要实际缴纳注册资本？这个问题主要跟股东未来出售股票时的税基有关。被分拆的境外公司初次融资时，各个投资人缴纳了认缴的投资款，在分拆后新设立的公司中，投资人不可能再次缴纳同等数额的投资款。实践中的常见做法是，投资人按照 Par value 缴纳注册资金，或者由境内公司分红到境外股东，再由股东将款项缴纳至新公司。

第三，关于重组税务处理。境内公司在境外上市时的重组，多数情况下会涉及境内公司股权重组和境外公司（上市主体）的股权重组，在此过程中需要注意依法合规处理重组税务问题。境内的股权重组有明确的税收法律法规规定，主要是境外的税务问题有些复杂。如上面所述，境外分拆后新设立的公司，尤其是股东在按照 Par value 缴纳注册资金时，由于 Par value 的数额太小，几乎可以忽略，相比于原始投资成本，投资人未来出售股票时的所得额可能较大，税基将会有一定损失。所以，这种重组方式需要全体股东和投资人在制定分拆重组方案时，就要事先对成本分摊达成一致意见，避免后续纠纷。

第四，如果境外股东是美国投资者，需要注意避免因重组而被认定为被动外国投资公司（Passive Foreign Investment Company，PFIC）。PFIC 是一家外国公司，在同一纳税年度里，该公司 75% 以上的收入来自被动所得，或在同一税务年度里，平均 50% 以上的资产会产生或用来产生被动所得。被动所得包括：利息、股利、出售股票或证券等的资本利得。一旦一个外国投资公司在某个纳税年度被定义为 PFIC，即便以后年度中均未满足 PFIC 的测试条件，该公司仍将被视为一个 PFIC，其美国股东必须要申报相关信息及收入，并将产生纳税义务。如果美国投资人成为 PFIC 股东，建议与专业会计师商讨税务上的影响，考虑是否放弃持有该公司股份，或者转投非 PFIC 公司。

2.4 VIE 模式及其监管趋势和影响

上面几部分讨论的都是股权直接投资的模式下，涉及的各方交易主体及其相关问题。在当前跨境投资实务中，广泛存在另一类投资模式，即 VIE 模式，这种方式尤其被中国的互联网高科技企业所青睐。这是一种为了规避外商投资的限制而采取的一种迂回投资模式，涉及的主体比较多，而且比股权投资往往更加复杂，尤其是在法律文件层面。

2.4.1 何为 VIE 模式

近些年来，对于受外资准入限制的一些行业，外资为了能够完成对境内相关企业的投资，经常采用协议控制的方式进行投资。采用 VIE 模式的中国公司，最初大多数是互联网企业，比如新浪、百度，其目的是符合工信部（MIIT）

和新闻出版总署（GAPP）对提供“互联网增值服务”的相关规定。中国互联网公司大多因为接受境外融资而成为“外资公司”，但很多牌照只能由内资公司持有，MIIT 就明确规定网络内容服务商是内资公司才能拥有的，所以这些公司往往成立由内地自然人控股的内资公司持有经营牌照，用另外的合约来规定持有牌照的内资公司与外资公司的关系。后来这一结构被推而广之，应用在许多非互联网赴美上市的公司中。

VIE 模式与股权直接投资的核心区别，在于控制权的路径及稳定性不同。股权直接投资是通过投资到被投公司，投资人成为股东后，行使股东的各项权利，进而控制被投公司；而 VIE 模式主要依靠层层设立的境外公司，通过在境内的 WFOE，与被投公司及其股东签署一系列协议（包括独家业务经营与咨询协议、股权购买期权协议、授权委托协议、股权质押协议等）的方式，控制被投公司的经营利润，在境外最顶层公司（一般是开曼公司）层面实现财务报表的合并，从而控制被投公司。可以看出，VIE 控制模式依赖的是协议，而股权直接投资控制模式依赖的是股东权利，前者的稳定性显然不如后者。

2.4.2 VIE 结构的搭建

中国境内投资者搭建 VIE 架构通常按照下述步骤进行：

（1）搭建境外架构

这一过程的工作主要包括：创始人在英属维尔京群岛设立境外持股公司（BVI 公司）、BVI 公司在开曼群岛设立拟上市主体——开曼公司、开曼公司在香港设立公司等。在有些情况下，出于未来资产剥离的便利性和节税的考虑，可能还会在开曼公司和香港公司之间再搭建一层 BVI 公司。

（2）办理 37 号文登记及 ODI 登记

如果境内投资人是自然人，根据 37 号文及相关配套文件，创始人、投资人等向外汇局申请办理境外投资外汇登记手续。如果境内投资人是机构身份，需要按照规定办理完成 ODI 登记，方可进行境外投资。

（3）设立 WFOE 并签署 VIE 协议

这一过程的工作主要包括：香港公司在中国境内设立外商独资企业（WFOE），WFOE 再与境内运营实体签署一系列 VIE 协议等。

搭建完成后的 VIE 结构如图 2-10 所示：

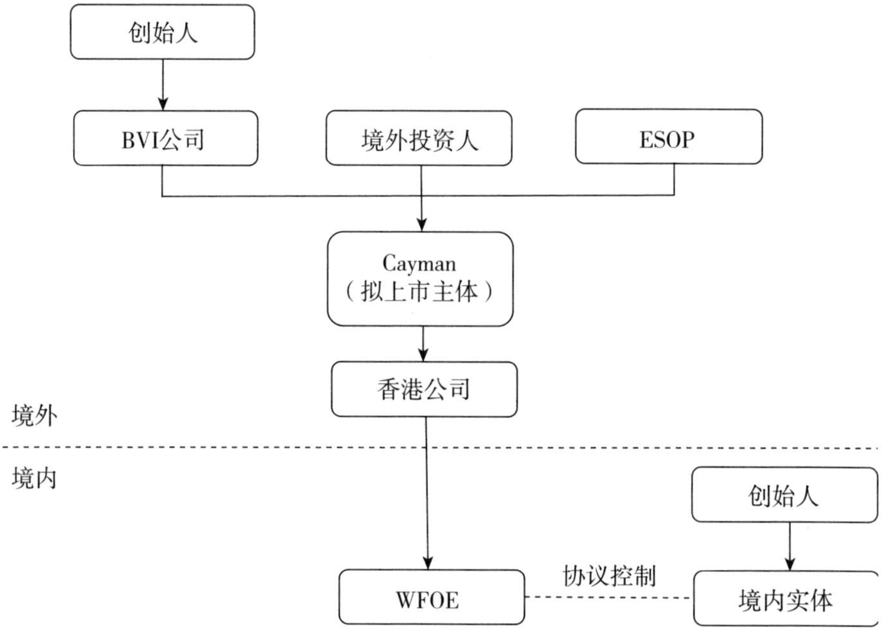

图 2-10　VIE 架构

2.4.3　VIE 结构下境外融资的结汇入境[1]

搭建 VIE 架构最主要目的是境外融资上市以及建立股东退出渠道。境外上市主体在完成境外融资后，需要把境外所融的资金调回境内使用。调回境内使用的方法一般是境外公司对 WFOE 进行增资，然后 WFOE 再将增资款提供给境内运营实体使用。这个过程一般会涉及三个方面的外汇问题：用融资所得外汇资金以外债或者增资的形式注入 WFOE；WFOE 资本金结汇；WFOE 将结

1　“监管变化趋势下的 VIE 架构解析”，https://xueqiu.com/7289558063/136218509，最后访问日期：2020 年 1 月 21 日。

汇后的资金提供给境内运营实体使用。

（1）关于对 WFOE 的增资

在 VIE 架构下，对 WFOE 增资的前提条件是，境内自然人投资者已经完成了 37 号文外汇登记，境内机构投资者已经完成了 ODI 登记，如果未完成这些登记则不能对 WFOE 增资。

（2）关于 WFOE 资本金结汇

根据国家外汇管理局《关于改革外商投资企业外汇资本金结汇管理方式的通知》(汇发〔2015〕19 号) 文件规定，外商投资企业外汇资本金实行意愿结汇，以及外商投资企业资本金的使用应在企业经营范围内遵循真实、自用原则，不得直接或间接用于企业经营范围之外或国家法律法规禁止的支出。国家外汇管理局《关于改革和规范资本项目结汇管理政策的通知》(汇发〔2016〕16 号) 文件也规定，境内机构的资本项目外汇收入及其结汇所得人民币资金，可用于自身经营范围内的经常项下支出，以及法律法规允许的资本项下支出。据此，对于一般的外商投资企业而言，如果不是以发放贷款或股权投资为主业，经营范围里基本不太可能会有“贷款”“股权投资”等内容，因此，WFOE 的资本金只能用于其经营范围内的“经常项下”的支出，银行对此也有较为严格的审核，通常不会对贷款用途的外汇资金予以结汇。

基于以上政策限制，实践中 VIE 架构下 WFOE 常见的结汇方式主要有：

第一，通过真实交易结汇。

即境外公司将募集资金以外债或资本金的形式打给 WFOE，WFOE 拿到外汇后，与境内运营实体之间签订合同，合同的内容根据双方之间的业务关系而定，有货物买卖合同、服务合同、知识产权转让或许可合同等。通过这些合同，WFOE 与境内运营实体之间产生债权债务关系。根据支付结汇制的要求，WFOE 用合同及境内运营实体开具的发票向银行结汇，结汇所得人民币由银行付给境内运营实体。这种做法使税负成本大量增加，但却是长期以来，将境外募集资金支付给境内运营实体的最合规的途径。

通过这种方式实现 WFOE 资本金结汇需要注意几个问题：1）银行通常会核查贸易背景的真实性；2）若作价过高，则会产生较大的增值税税务负担；3）该等交易属于关联交易，需要综合考虑转移定价、上市规则等相关要求。

第二，外保内贷。

根据国家外汇管理局《关于核定部分分局中资企业外保内贷额度有关问题的通知》（汇发〔2012〕24 号）的界定，外保内贷，是指境外机构或个人提供担保，由境内金融机构向境内企业发放本外币贷款。实践中，可以由香港公司或其他境外主体在香港等地向银行提供担保外币存单或其他担保，由境内银行向境内运营实体发放相应的人民币贷款。通过这种方式，可较为便捷地将境外募集资金调拨给境内的运营实体使用，而主要的成本，则是银行的贷款利息等费用。

但外保内贷的方式也有需要注意的地方，根据中国人民银行《关于全口径跨境融资宏观审慎管理有关事宜的通知》（银发〔2017〕9 号），境内运营实体选择“全口径”模式的（也只能选择该模式），外保内贷履约后不能超过“全口径”融资额度，一般为 2 倍的净资产。所以，外保内贷施行额度控制，申请企业在获得额度后仍需在办理具体业务时逐笔向当地外管分局报批。另外一个问题是，通过外保内贷可以打通境外资金进来的通道，但该境内运营实体借了境内银行的资金需要按期偿还。境内运营实体如果未按期偿还贷款，将影响下一次的外保内贷及其他外债业务的申请。

除上述两种主要方案外，WFOE 资本金结汇在实践中还有以归还借款或垫款为由结汇、分拆结汇或者虚构交易进行结汇等，但是此等实践方式或多或少地违反了外汇管理的有关规定，笔者认为，这对于企业的规范运作存在风险。

（3）关于结汇资金使用

实践中，在 VIE 架构下，WFOE 会将其结汇所得资金通过贷款的方式提供给境内运营实体的自然人股东，而后该等自然人股东通过增资的方式将资金注入境内运营实体。但根据相关规定，“外商投资企业资本金结汇所得人民币资金，应当在政府审批部门批准的经营范围内使用，除另有规定外，结汇所得人民币资金不得用于境内股权投资”，而 WFOE 通常情况下是一个壳公司，并不实际运营业务，其经营范围一般为技术服务或者咨询服务，所以上述操作可能存在一定的问题。

根据 2019 年 10 月 23 日国家外汇管理局《关于进一步促进跨境贸易投资便利化的通知》（汇发〔2019〕28 号，以下简称 28 号文）明确，一般性外商投资企业资本金结汇后资金的使用，必须满足两项基本条件：其一，不违反现行外商投资准入特别措施（负面清单）；其二，境内所投项目真实、合规。这也意味着 VIE 架构下所募集的资金在经过外汇结汇后，在满足上述基本条件的前提下，可以利用到境内运营主体的经营活动中。

2.4.4 VIE 结构的拆除

当搭建 VIE 结构已经不再符合企业战略时，比如公司打算终止境外上市，改为在 A 股上市，或者在境内进行其他形式的资本运作时，就需要对已经搭建的 VIE 结果进行拆除。拆除 VIE 结构的主要步骤是：

（1）调整股权结构

按照境外顶层离岸公司的股权架构，镜像调整境内运营实体的股权架构，使全体股东 / 投资人的权益实现由境外到境内的平移。

（2）终止 VIE 协议

原境内 WFOE 与境内运营实体签署的一系列 VIE 协议，均需终止，其中可能涉及的有关违约责任条款，都通过终止协议的形式明确豁免相关各方的违约责任，将境外公司与境内运营实体的法律关系彻底断开。

（3）办理外汇注销登记

为了完成境外投资，个人投资人办理的 37 号文外汇登记、机构投资人办理的 ODI 登记，都相应进行注销或变更处理。

需要注意的是，在拆除 VIE 结构过程中，如果因镜像调整股权架构导致原境内运营实体的实际控制人发生变化的，某些行业还需要取得行业主管部门的审批。在拆除架构之前，应先就相关政策的可行性进行研究论证。

VIE 结构拆除的方式及数量与国内资本市场环境密切相关。从最早的股权分置改革、创业板推出促使红筹企业（指注册地在境外、主要经营活动在境内的企业）回归，到 2015 年受到境内证券市场注册制、战略新兴板的利好消息刺激、中概股被低估等因素影响，导致了一批境内企业在境外退市回归。其中，不乏一些比较知名的中概股企业回到境内寻求资本运作，比如得利斯、如家酒店、奇虎 360、万达商业等。

根据最新的监管要求，红筹企业如果要寻求回归境内进行资本运作，不一定要拆除 VIE 结构。国务院办公厅于 2018 年 3 月 22 日转发证监会《关于开展创新企业境内发行股票或存托凭证试点若干意见》（以下简称《创新企业试点意见》），首次提出符合条件的红筹企业可以申请发行股票或存托凭证并在境内证券交易所上市。中国证监会于当年 6 月 6 日发布了一系列试点红筹企业公开发行存托凭证的相关规则。2019 年 3 月 1 日，中国证监会发布《科创板首次公开发行股票注册管理办法（试行）》规定，红筹企业可以申请发行股票或存托凭证并在科创板上市。2020 年 4 月 27 日，中国证监会发布一系列创业板新规公开征求意见，根据其中的《创业板首次公开发行股票注册管理办法（试行）》（征求意见稿），《创新企业试点意见》规定的红筹企业也可以申请发行股票或存托凭证并在创业板上市。2020 年 4 月 30 日晚，中国证监会公布《关于创新试点红筹企业在境内上市相关安排的公告》（中国证券监督管理委员会公告〔2020〕26 号，以下简称《相关安排》），从公告内容看，《相关安排》在由中国证监会公布前已经取得国务院的批准，虽然《相关安排》的实质内容只有一页纸，但该文件对后续拟回归 A 股的红筹企业（特别是已在境外上市的红筹企业）仍具有十分重要的指导意义。在上述新规发布之前，存在 VIE 架构的红筹企业回归 A 股一般都是通过拆除 VIE 架构后，以一家境内主体作为发行人提交申请的。《创新企业试点意见》、科创板相关规定及经修订的创业板相关规定推出后，实际上给存在 VIE 架构的红筹企业提供了更快捷的回归通道。尤其是九号机器人有限公司首开先河，申请在科创板以发行中国存托凭证（Chinese Depository Receipt，CDR）形式进行上市，并于 2020 年 6 月 12 日获得上交所科创板股票上市委员会审议通过，为境外中概股企业在不拆除 VIE 架构的情况下，回归境内上市进行了成功的尝试。

【案例 2-4】

九号机器人有限公司保留 VIE 结构在科创板成功发行 CDR[1]

【基本案情】

九号机器人有限公司（以下简称九号机器人或公司）成立于 2012 年，总部位于北京，是小米公司生态链中的重要公司，雷军控制的小米及顺为资本分别通过 BVI 主体持有九号机器人 10.91% 的股权。公司长期专注于智能短交通和服务类机器人领域，为全球知名的代步、移动服务机器人制造商，公司主营业务为各类智能短程移动设备的设计、研发、生产、销售及服务。经过多年的发展，公司产品已形成包括智能电动平衡车、智能电动 滑板车、智能服务机器人等品类丰富的产品线。截至 2018 年年底，公司智能电动平衡车、智能电动滑板车等核心产品销售区域覆盖全球 100 多个国家和地区，其中在美国、德国等地区具备限制性竞争优势。凭借持续的技术创新优势、稳定可靠的品质优势以及良好的售后技术支持服务，公司赢得了客户和广大消费者的认可和信赖，与国内外出行领域众多知名企业建立了合作关系，如 BIRD、Uber 等。

九号机器人进行 A 轮融资时搭建了 VIE 架构，此后又进行了多轮融资。2019 年 4 月 17 日，公司首次申报上市。作为全球智能短交通和服务类机器人

1 案例信息来源：九号机器人有限公司公开发行存托凭证并在科创板上市招股说明书（申报稿）。

领域的创新企业，九号机器人集“首家发行 CDR”“红筹架构”“小米生态链企业”“智能出行独角兽”等多个标签为一体。其中最为引人注目的是带着红筹架构（不拆除 VIE 结构）申请境内上市，公司在招股书的风险提示部分也就 VIE 结构的风险做了说明：

（1）目前中国法律法规尚未明确允许外商投资企业通过协议控制架构控制境内实体，且存在类似的协议控制架构被法院或仲裁庭认定为无效的先例，因此，如中国法律法规发生变化使得司法机构明确判定公司控制 VIE 架构无效，则公司可能面临无法继续通过协议控制结构控制 VIE 公司，导致公司需要调整相关 VIE 架构及 VIE 公司因此被处罚的风险，进而可能对公司的经营业绩有不利影响。

（2）如果 VIE 公司或其工商登记的股东未能履行其各自 VIE 协议下的义务与责任，则发行人可能须花费巨额费用及资源以执行该等 VIE 协议，以及诉诸于诉讼或仲裁，并依赖于中国法律下的法律救济。如果公司无法执行该等 VIE 协议或在执行过程中遭到重大延误或遭遇其他困难，公司可能无法对该等 VIE 公司（及其下属公司）的股权及拥有的资产实施有效控制，从而可能会对公司的经营业务及财务状况产生重大不利影响。

尽管如此，公司仍于 2019 年 4 月 2 日召开董事会及股东大会，审议通过了《关于公司申请公开发行存托凭证并在上海证券交易所科创板上市的议案》，拟发行不超过 7,040,917 股 A 类普通股股票，作为发行 CDR 的基础股票，占 CDR 发行后公司总股本的比例不低于 10%，基础股票与 CDR 之间的转换比例按照 1 股 /10 份 CDR 的比例进行转换，拟公开发行不超过 70,409,170 份 CDR，最终以有关监管机构同意注册的发行数量为准。

2020 年 6 月 12 日，上海证券交易所科创板股票上市委员会审议通过了九号机器人的上市申请。截至申报发行文件时，公司的股权架构如图 2–11 所示。

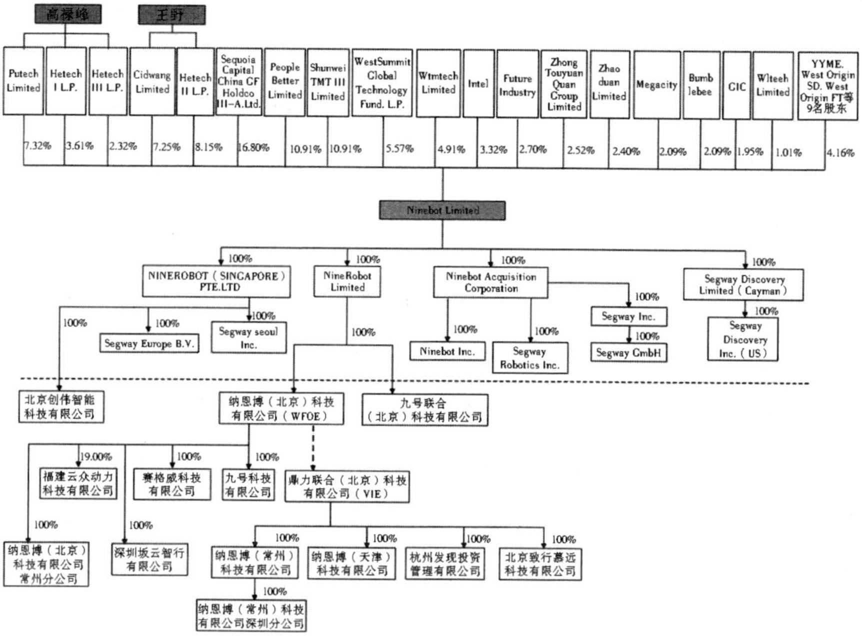

图 2-11　九号机器人公司股权架构

【案件评析】

九号机器人的成功上市，为国内众多带有 VIE 架构的公司回归境内上市进行了非常有益的一次尝试。VIE 这种原本是美国会计准则下的财务处理方式，目前并没有获得中国财政部相关规范性文件的认可，其曾经给那些外商投资受到限制的行业公司在境外上市做出了重大贡献，但现在在境内仍然面临一定的挑战。随着中国证监会的制度创新，《存托凭证发行与交易管理办法》及之后一系列有关 CDR 的规范性文件的出台，为境外的中概股企业回归境内上市开辟了一条新的路径。不过，在外汇监管、税收缴纳等方面，红筹企业仍可能面临一些监管压力，期望监管部门尽快出台操作细则便于后期落地实施。

2.4.5　BVI 及开曼经济实质法对 VIE 架构的影响

自 2019 年起，开曼政府及 BVI 政府实施经济实质法案，要求在当地注册成立从事特定活动的公司、合伙企业等实体应具备充足的商业实质，否则面临罚款甚至注销。

根据经济实质法的规定，VIE 架构下的 BVI 公司一般会被认定为“纯控股实体”，满足低标准经济实质测试，经济实质法对这类主体几乎没有影响。但 VIE 架构下的开曼公司作为拟上市主体，通常会被认定为开展“总部业务”或“融资业务”，将被认定为“非纯控股业务实体”。如果开曼公司被认定为“非纯控股业务实体”，则其需符合相对复杂的经济实质测试；其中最关键的要求是“总部业务”下的核心创收活动（core income generating activities）必须在开曼发生，包括管理决策行为、为集团内其他主体承担费用开销的行为，以及统筹协调集团的业务活动行为等。本质上，这将可能要求该开曼控股公司的相关股东会或董事会在开曼召开，相关决策行为真的在岛上发生，或者相关董事真的在岛上常驻。对许多境内公司来说，这些要求的实现成本显然是很高的。

为了解决这个问题，VIE 架构下的开曼公司可以结合其自身情况（如集团目前股东股权情况、投资架构情况、业务收入源泉比重情况以及实际核心管理地点情况等），通过个性化的税务安排，获取并申报为对集团整体税务最优的国家（地区）之税收居民身份（如作为香港特别行政区税收居民身份进行申报）；或者直接将 BVI、开曼公司变更为香港公司，从而完全避免在 BVI、开曼上注入经济实质的需要。或者，也可以跟当地的代理机构合作，通过个性化的安排满足“经济实质”的要求，使开曼公司具备商业实质，从而避免被罚款或注销。

2.4.6 VIE 结构的最新监管趋势

（1）立法及政策的最新趋势

自从 VIE 模式首创以来，避开了许多投资限制，一直游走在立法和政策的边缘，处于灰色监管地带。从 2019 年开始，VIE 模式在法律法规层面受到了更多挑战。具体而言：

2019 年开曼和英属维京群岛（British Virgin Islands, BVI）完成对实质性活动要求的国内立法，并先后出台经济实质法实施细则和条例，要求从事“相关业务”的“相关实体”必须满足经济实质（ES）测试，否则要受到相应制裁。

2019 年 1 月 1 日，新《个人所得税法》正式实施，该法增加了反避税条款，新增独立交易原则、个人受控外国公司、一般反避税条款。从 2019 年开始，我国建立了居民个人领域的反避税立法框架。在新个税反避税条款及 CRS 的背景下，中国税务机关将掌握中国居民在开曼、BVI 等地设立壳公司的相关资料，并对是否属于新个税反避税条款规定的情况进行核查及征税。

2019 年 10 月 25 日，国家外汇管理局发布《关于进一步促进跨境贸易投资便利化的通知》（汇发〔2019〕28 号），取消了非投资性外商投资企业资本金境内股权投资限制，进一步放宽了外债登记管理政策，跨境融资渠道进一步放开。

2020 年 1 月 1 日，《外商投资法》正式实施。同日，《外商投资法实施条例》作为配套行政法规，在前者的基础上作了进一步细致的规定并正式实施。

（2）VIE 模式还能走多远

在原有法律体系下，对外商投资企业的界定是以一家公司的直接股东是境内还是境外来判断的。一个中国自然人在境外设立的 A 公司返程投资到中国设立 B 公司，仍然被认为是一家外商投资企业，从而受到外商投资准入负面清单的规制。

另外，作为境内公司境外上市经常选择的香港，近年来对 VIE 模式的应用也开始趋严。香港联合交易所有限公司（联交所）对 VIE 架构的态度是在充分披露原则的基础上对 VIE 架构的合法性、必要性及可行性进行个案审核。在联交所发布的 2018 年 4 月修订后的 HKEX-LD43-33（VIE 新指引）中，对 VIE 架构赴港上市提出了核心规则“严格限定”（Narrowly Tailored）——VIE 架构须在外资限制范围内适用，即属于中国外商限制 / 禁止类企业的拟上市企业才能搭建 VIE 架构，且上市申请人必须在提交上市申请前按照外资可持最大权益取得监管批准。根据联交所这一监管规则，VIE 架构的红筹企业在联交所上市时，对采取 VIE 架构的必要性可能会产生影响。所以，目前联交所的总体审核趋势是“VIE 最小化”原则，即采用这一架构的公司，需要充分说明 VIE 架构的必要性，如果非必要，不得采用 VIE 架构。

第三章

交易动机

交易动机是一个十分复杂的命题，多数时候参与股权交易的各方诉求是对立的，也有时候交易各方又有共同的动机诉求，比如共同应对监管要求、规避有关限制等。探讨交易动机有助于深刻理解交易实质，准确把握各方诉求，是交易结构设计过程中非常重要的环节。不同交易主体在不同时期，他们的交易动机也是不同的。实践中常见的股权交易主体可以分为三大类：大股东/创始股东、外部投资人、管理层，这三类主体的交易动机典型地代表了股权交易大多数场景下的背景和诉求。站在公司角度，由于身份重叠关系，大股东/创始股东可能同时也是管理层，或者大股东/创始股东直接或间接地通过公司可能同时也是其他公司的外部投资人，或者外部投资人也委派了管理层，这些综合因素叠加在一起，导致对交易动机的探讨很难直接分割清楚到底是哪一类主体的交易动机。不过，本部分仍然尝试从上述三类主体的维度对股权交易动机进行讨论，并试图涵盖其中某一类主体在有身份重叠关系时，可能涉及的其他相关动机。

3.1 大股东 / 创始股东的交易动机

由于大股东 / 创始股东的意志在某种程度上就是公司的意志，因此，大股东 / 创始股东除了自身的交易利益诉求外，他们的交易动机实质上也能够代表公司的交易动机。

3.1.1 功利性动机

（1）获取收益

公司是盈利性组织，对于民营企业来说，绝大多数投资的目的都是赚钱，这是大股东 / 创始股东创立公司的初衷。因此，当公司发展到一定阶段，大股东 / 创始股东除了日常分红以外，也必然有动力通过公司上市或者被第三方并购，将个人持有的股份套现。所以，作为大股东 / 创始股东来说，股权交易的直接动机就是实现收益。

实现收益的直接动机有时候表现的不那么明显，比如，大股东 / 创始股东通过股权交易，收购或控制了与主营业务相关的其他业务，这些业务从本身来看可能是不赚钱的，甚至是亏损的，但是，此业务单元可能作为大股东 / 创始股东拥有的整体业务中的一个环节，从生态协同上能够带来价值。因此，从最终意义上看，大股东 / 创始股东进行股权交易的目的仍然是为了经济利益。

（2）盈余管理

传统公司治理理论认为，公司代理问题的主要矛盾是外部投资者和管理层之间的利益冲突，其被称为“贝利 – 米恩斯命题”(Bede 和 Means,1932;Jensen 和 Meckling,1976)。而 Shleifer 和 Vishny(1997) 和 La Port 等 (1998,1999) 的研究发现现代公司的所有权结构完全不同于被广泛接受的“贝利 – 米恩斯命题”，当股权集中达到一定程度时，控股股东能够对企业实施有效的控制，最基本的代理问题将从投资者和经理人之间的冲突转移到控股股东和小股东之间的冲突，从而导致控股股东具有以小股东为代价来掠夺公司财富的强烈动机和能力。

在这种背景下，通过实施股权交易，获取对超出其持股比例对应部分的盈余的管理能力，是大股东 / 创始股东的又一个交易动机。拥有这种盈余管理能力之后，大股东 / 创始股东可以获取“超额利益”，从而拥有更大收益。实践中，这种“超额收益”的表现形式多种多样，如操作或者控制定价权、不公允的关联交易 / 担保等，小股东是没有办法享受到这些收益的。

3.1.2 战略性动机

在公司发展的不同阶段，公司的战略目标会有不同，并且，随着公司的不断发展，战略目标会不断进行调整。作为大股东 / 创始股东来说，战略性动机可以结合企业发展的战略目标进行解释。考虑到企业的发展阶段或生命周期划分并非有十分严格明确的界限，战略目标也可能是持续动态变化，因此本部分对战略性动机的讨论，相关描述可能并不十分恰当，下面的讨论仅供读者参考。

（1）初创阶段的公司

“活下去”是初创阶段公司的核心诉求。绝大多数的创业公司，在成立之初，商业模式还没有十分成熟，产品研发也处在投入阶段，人员成本、租金、各种开支带来的财务压力，再加上收入还十分薄弱甚至没有什么收入，导致创业公司的现金流压力一般都很大，都恨不得一块钱当十块钱使用。因此，在这个阶段的公司，靠创始人的初期投入（好一点的会有天使投资人提供资助），往往不能支撑很长时间，许多公司在经过一段时间的投入之后，都会寻求外部股权融资，希望借助投资人的资金注入，协助公司持续发展。然而，对于一家刚刚成立不久的公司而言，在产品、技术、商业模式等还没有看到明确的希望之前，投资人也会很谨慎。除了少数激进风格的投资人之外，单纯从创始人准备的 BP（商业计划书）角度，很难对投资人产生吸引力。

因此，在这个阶段，大股东 / 创始股东释放股权进行股权交易的目的，一般就是为了融资。同时，新公司出于对各种相关资源的渴望，大股东 / 创始股东为了能够成功获取融资或者为了引进人才（融智），有时也会释放一些股权给相关的关键人员，这些都是初创阶段的公司在进行股权交易时，可能会面临的战略性动机。不过，需要注意的是，大股东 / 创始股东在进行相关操作时，一定要注意合法合规，不能为了获取融资而不择手段，饮鸩止渴最终会为公司日后的发展埋下重大隐患。

从财务成本角度考虑，初创阶段公司释放股权进行融资，相比于债权融资，其成本是很高的。虽然暂时来看，股权融资不需要付出成本，但从长期来看，特别是公司前景良好，将来也有极大概率成功实现资本运作的情况下，大股东 / 创始股东通过释放股权，未来出让的利益是极大的。但是，作为一家初创公司来说，尤其是民企企业，在没有足额担保的情况下，能够拿到债权融资的可能性，实践中也不大。这就会在实质上造成一种困境，即初创的民营公司不得不通过股权进行融资，也几乎是唯一可行的一条路。

（2）成长阶段的公司

在度过了生死存亡的初创阶段以后，公司在成长过程中，也会一直面临规模扩张的问题。大股东 / 创始股东在这个阶段进行的股权交易，其战略性动机与初创阶段又有所不同。

第一，募集资金。

“缺钱”是规模扩张的公司面临的普遍性问题。通过战略性融资募集公司发展需要的资金，仍然是这一阶段的公司进行股权交易的首要战略性动机。

第二，宁缺毋滥。

大股东 / 创始股东代表公司在与外部投资者洽谈合作时，对投资人的类型、投资动机也需要严格把关。这个阶段的公司需要的可能仅仅是现金（倾向于财务投资者），也可能不仅仅是现金（倾向于能够带来行业资源和经验的战略投资者），无论哪种类型的投资人，即使最后没有达到公司的预期，也至少不能是“引狼入室”。这是大股东 / 创始股东在引进投资人时作出决策的另一个战略性动机。

第三，向团队让利。

创业之路是艰辛的，不是所有创业团队都能白头到老。在一路同行的过程中，有创业伙伴退出公司是很正常的。在这种情况下，退出公司的股东，他们的股权大概率会由大股东 / 创始股东受让，或者在引入外部投资者过程中一并将老股转让给投资人。这时，大股东 / 创始股东通过股权交易要解决的问题是保持创业团队的稳定，使一部分人通过合理途径和合理对价离开，在向现有团队成员继续“画饼”和合理对待准备离开的老搭档之间，寻求恰当的平衡。这也是大股东 / 创始股东进行股权交易的战略性动机。

（3）成熟阶段的公司

应当说，这一阶段的公司，商业模式稳定、现金流充沛，公司业务稳步开展，公司对“融资”的需求已经不再那么迫切。大股东 / 创始股东在这个阶段进行股权交易的初衷和动机，相比成长期的公司也表现出一些明显的变化。

第一，与团队共享收益。

大股东 / 创始股东带领公司团队从创业阶段一路走来，实属不易，在公司各方面都已踏入正轨后，许多大股东 / 创始股东从个人角度而言可能已经实现财富自由，但团队未必。出于感恩之心或者凝聚人心的目的，很多大股东 / 创始股东倾向于与团队共享收益。比如，带领公司完成 IPO，或者通过 M&A 将公司出售给上市公司或其他战略投资者。共享收益的方式一般是在此之前已经通过公司的股权激励计划，将部分股权分配给了管理团队，通过股权交易实现这些激励股权的价值增值，从而使团队获益。

第二，多元化备份。

有些成熟阶段的公司有很强的风险和危机意识，通过对产业政策的研读以及行业趋势的研判，大股东 / 创始股东经常会未雨绸缪地进行多元化布局，一来分散经营风险；二来可以孵化出更多的投资价值增长点。无论是相关行业的多元化还是非相关行业的多元化，都是成熟阶段的公司大股东 / 创始股东在进行股权交易时，会认真考虑的战略性动机。

第三，从公司退出。

对于一些民营企业家来说，将一个公司从无到有、从小到大地培养成熟，是一件十分不易的事情。某种程度上讲，他们花在公司的时间有时甚至超过与家人共处的时间。所以，将公司做大后再卖掉，有时对于大股东/创始股东而言是一个很艰难的决择。然而，从制度层面讲，公司的生命周期在法律上是可以永续的，但大股东/创始股东的生命却是有限的，他们迟早要面临从公司退出的问题。与其等到公司开始衰落之后再考虑退出的问题，还不如在公司如日中天的时候可以卖个好价钱。这种考虑也是大股东/创始股东进行股权交易的又一个重要战略性动机。

（4）衰退阶段的公司

受限于外部经济环境的变化，几乎可以肯定的是，没有一家公司可以永葆常青。走入衰退阶段的公司，如果未能咸鱼翻身，清盘结束是它的正常归宿。总体来说，在这个阶段的公司，可能是主动清盘结束，也可能是被动清盘结束（比如，因债务缠身，被债权人接管或清算组接管等）。如果是被动清盘，大股东/创始股东在这时没有太多的主动权，谈不上规划自己的战略性动机；如果是主动清盘，大股东/创始股东的动机往往就是给公司找个接盘侠，自己全身而退。比如，常见的借壳上市，壳公司大股东/创始股东会跟意向接盘人进行谈判，争取一笔壳费，负责清空公司的资产、债务、业务和人员，然后另起炉灶开展业务，或者干脆就处置完相关资产后选择退休。这些都是衰退阶段的公司大股东/创始股东在进行股权交易时，根据公司处境要考虑的战略性动机。

3.2 投资人的交易动机及其落地载体

相比于大股东/创始股东，纯粹投资人的交易动机要简单得多，他们的投资基本上就是为了获利，大股东 / 创始股东对公司而言所抱有的战略性动机，在这类投资人中基本上是不存在的。

3.2.1 功利性动机

无论是自有资金投资，还是通过募集资金以基金、信托、资管产品等形式进行的投资，最终目的都是赚钱。各种类型的投资人，因各自的资金成本不同，在选择投资标的、确定投资条件方面有很大的差别。

一般而言，产业资本多用自有资金投资的形式，对资金成本的敏感性没有募集资金那么明显，虽然投资也是为了赚钱，但相比而言他们能够忍受更长周期的退出以及不太高的回报。并且，有的产业投资目的是进行生态布局，为自身主业进行多元化布局，虽然短期的投资回报率要求不明显，但从整体来看，也能够获取经济利益。

基金、信托、资管产品等形式的财务投资者，因受到资金募集成本的限制，对退出期限、收益率甚至本金和收益的安全性保障等方面，都有明确的条款要求。这些投资者的唯一投资目的，就是获取约定的收益，无他。

3.2.2 行业基本面分析

为了满足投资人的功利性动机，投资人在作出投资决策之前，至少需要就行业基本面进行分析，基本面分析是功利性动机的支撑点和基本保障。

行业基本面分析是使用收入、收益、未来增长、股本回报率、利润率和其他宏观数据来确定公司的基本价值和未来增长潜力的一种分析方法。投资人在作出投资决策之前，对目标公司进行行业基本面分析的最终的目的，是找出公司的“内在价值”，看是否具有长期股权投资价值。关于股票的内在价值，巴菲特有个很经典的比喻：他说股价就像一只跟着主人散步的小狗，主人沿着马路前进，小狗一会儿跑到主人前面，一会儿又落后于主人。但最终主人到目的地时，小狗也会到，这里的主人便是股票的内在价值。

对二级市场投资人而言，通过基本面分析，找出好行业、好公司，计算出公司“内在价值”，等待好价格，买入股权，坐等收益即可。但是对于一级市场投资人而言，行业基本面分析在不同的投资阶段，对投资人的价值及参考意义是不同的。从种子轮 / 天使轮到 A 轮、B 轮、C 轮等，再到 Pre-IPO 轮，行业基本面分析扮演的角色越来越重要。

投资者在行业基本面分析中要研究分析的主要项目和内容如下：

（1）公司所在行业的分析

行业分析主要包括两个方面的内容：一是公司所在行业的整体分析；二是公司所在行业的地位分析。

1）行业整体分析

在我国的国民经济发展中，行业划分有自己独特的特点，它是按第一、第二和第三产业划分的。

第一产业主要是农、林、牧、副、渔和农业人口发展的产业，统称农业。

第二产业主要是制造业、电力、纺织、石化、采矿、钢铁、建筑、造纸、印刷等，统称工业。

第三产业主要是金融保险、交通运输、通信邮政、商业、教育文化、广播电视、餐饮旅馆等，统称服务业。

公司所在行业的分析对长线投资相当重要。行业的当前状况和未来的发展趋势对该行业公司的影响巨大。当某个行业处于整体增长期间，未来的发展空间很大，该行业的所有公司都有较好的表现和较大的发展空间。

每一个行业都有四个发展时期：形成时期、成长时期、稳定时期和衰退时期。处在下降衰退时期的行业称为夕阳行业；处在形成和成长时期的行业称为朝阳行业。朝阳行业和夕阳行业的划分是相对的，并有时间和地域的限制。某一个国家的夕阳行业可能是其他国家的朝阳行业，如美国的高速公路建设，几年前已决定不再新建，与高速公路建设有关的行业也处在夕阳时期，但高速公路建设在中国却处在朝阳时期。又如美国的汽车工业已处在下降的夕阳时期，而中国的汽车工业仍处在上升朝阳时期。某一个时期是朝阳行业，而在另一个时期可能就变成夕阳行业。五十年前中国的纺织和钢铁行业处在上升朝阳时期，现在却处在下降夕阳时期。

每一个行业内部也有处在上升朝阳时期企业和下降夕阳时期企业之分。如纺织行业在中国处在下降夕阳时期，而采用新技术、新工艺和新材料的企业却处在上升朝阳时期。例如，采用纳米技术的纺织企业却处在形成时期，一旦纳米技术首先在我国的纺织行业应用，中国的纺织行业可能又会处在上升朝阳时期。新技术、新工艺和新材料的应用不仅可以改变企业本身的状况，也可能改变整个行业的状况。

2）行业地位分析

确定了公司所处行业的整体情况后，要看一下公司在该行业中所处的行业地位，比如，是头部企业、中间规模还是末端企业。这是投资者在选择投资目标公司时一个非常重要的参考指标，与投资成本、成长潜力、投资收益等都有很大关系。

（2）公司产品和市场的分析

对目标公司产品和市场的分析通常关注以下四个方面：

1）市场占有分析

产品的市场占有应包括两方面的内容：一是产品的市场占有率，这是指该公司的产品在同类产品市场中所占有的份额；二是指产品的市场覆盖率，也指产品在各个地区的覆盖和分布。两者的组合分析可得到以下四种情况：

➢ 市场占有率和市场覆盖率都比较高。这说明该公司的产品销售和分布在同行业中占有优势地位，产品的竞争能力强。

➢ 市场占有率高而市场覆盖率低。这说明公司的产品在某个地区受欢迎，有竞争能力，但大面积推广缺乏销售网络。

➢ 市场占有率低而市场覆盖率高。这说明公司的销售网络强，但产品的竞争能力较弱。

➢ 市场占有率和市场覆盖率都低。这说明公司的产品缺乏竞争力，产品的前途有问题。

2）品种分析

公司产品的品种分析是指公司的产品种类是否齐全、在同行业生产的品种中持有的品种数、这些品种在市场的生命周期和各品种的市场占有分析。例如电视行业，模拟电视品种已在走下坡路，大屏幕的数字电视和壁挂式电视将要取代模拟电视。一个没有新品种的电视生产公司将成为“明日黄花”。

3）产品价格分析

产品价格分析是指公司生产的产品和其他公司生产的同类产品的价格比较。如产品价格是高还是低，产品是否有竞争力等。同时还应分析产品的价位和消费者的承受能力，产品价位变化所引起的供需变化和市场变化等。

4）产品的销售能力

主要考察公司的销售渠道、销售网络、销售人员、销售策略、销售成本和销售业绩。销售环节的成本极大地影响公司的利润。虽然公司在建立销售网络的初期将投入巨资，但在以后的经营中可减少中间环节的费用，从而增加企业的利润，但同时管理费用又将大大增加。如果借助另一个公司的网络销售产品，又必须让出一定的利润空间给销售公司，但使管理费用大大降低。这两种销售方法各有利弊，要进行综合比较分析。

5）产品的自主知识产权分析

公司产品所需用的知识产权是否自主研发，在判断产品竞争力和持续力时需要重点关注。如果一家公司的产品需要靠获取其他公司的授权许可才能生产，或者完全是替其他公司进行代加工，或与其他公司合作才能生产，这样的产品可能就会受到许多不可自主控制的因素干扰，在产品的持续力和更新迭代能力方面，存在一定的不确定风险。相反，如果公司拥有自主研发的核心知识产权，无论这种知识产权是否经过注册登记，对于一个产品的持续力而言，是非常重要的判断指标，特别是公司有独立的研发团队，能够持续不断地进行技术升级、产品换代，这是公司拥有核心竞争能力的重要表现。

（3）公司财务指标的分析[1]

目前，许多公司尤其是民营企业的财务报表，受到税务、监管等多方面因素的影响，可信性存疑，一家公司有两套以上报表的做法并不是一件罕见的事情。虽然如此，根据公司提供的财务尽职调查报表数据进行财务分析，仍然是投资人作出投资决策的重要依据。

在投资决策中，为了衡量项目的投资收益，通常分析投资回收期、净现值、内部收益率、净现值率等财务指标，注重现金流量分析，并考虑货币的时间价值等因素，综合选择确定投资方案。下面简要介绍这几种财务分析指标：

1）投资回收期

投资回收期也叫投资还本年限，是指企业从一个项目的净现金流入抵偿初期投资的现金流出所需要的时间。它的数学计算公式如下：

$$\sum_{t=0}^{p} Yt=0$$

该公式中，Y 是指在投资回收期内每年流入项目或流出项目的净现金流，即净现金流 = 现金流入 – 现金流出，p 是计算的投资回收期。可以看出，投资回收期是用现金形式补偿原始投资所需“时间”的尺度。假设项目周期已经确定，并且为均匀的现金流，则还本周期越短，项目的盈利能力越强。但大多数情况下，在项目周期内其现金流是不稳定的，采用投资回收期并不能准确地测定盈利能力，只能大概估算多长时间可以偿还投资。

这一指标的主要缺陷在于，它未能考虑货币的时间价值因素，忽略了回收期以后的现金流，还本期间的现金流时间分布也没有考虑。因此，投资回收期通常不能准确反映项目本身的盈利能力大小，不是一个十分可靠的标准。所以一般情况下，它仅被用作决策的辅助性参考工具。

投资回收期比较适用于以下两种情况：第一，由于投资项目多，对估计盈利性不要求十分精确，可以用此指标进行初步筛分；第二，现金短缺或信用形

1　占秉英：《投资决策财务分析的几个主要指标及应用》，载 https://wenku.baidu.com/view/1be5a6e6b7360b4c2f3f640c.html，最后访问日期：2020 年 1 月 26 日。

势不好，可用回收期指标选择最短的回收期，要求能够尽快收回投资。

2）净现值（NPV）

净现值是最直截了当地衡量项目价值的现金流量贴现法，常缩写为NPV。通常是逐年从现金流入扣除现金流出得出净现金流量后加以贴现，也可以用计算现金流入现值和现金流出现值之差求得。它的数学计算公式如下：

$$NPV=\sum_{t=0}^{p} Nt（1+i）-t$$

或者

$$NPV=\sum_{t=0}^{p}（\mathrm{Bt-Ct}）t（1+i）-t$$

T= 项目周期（投资期和生产经营期）=0，1，2，···n

Nt= t 年末的净现金流量

Bt= t 年末的年现金流入

Ct= t 年末的年现金流出

i= 折现率

从上述计算公式可以看出，NPV 假定绝对肯定能够按照指定时间取得预测的现金流，并且假定原投资金额可以看成按规定的资金机会成本即折现率借入或借出资金。

对于独立项目，NPV 的选择标准是：按照资金机会成本（折现率 i）贴现，NPV 大于等于零时是可以接受的；但是对于互相排斥的项目，NPV 的选择标准是：按照资金机会成本（折现率 i）贴现，选择净现值最大的项目。因此，采用净现值的方法可以方便地用来作为独立项目或者相互排斥项目的选择标准。

这一指标的主要问题在于：第一，对于若干个可选的投资项目难以据此评定其优劣等级，因为它是一个绝对而非相对的衡量标准。比如，一个小型但是非常有吸引力的项目（投资额小、收益率高）的项目可能比一个大型而勉强合格（投资额大、收益率不高）的项目净现值要小得多。第二，除非对资金的机会成本即贴现率有一个令人非常满意的估算，否则就不能用这种标准进行测算。

3）内部收益率（IRR）

内部收益率与净现值有密切的关系，它不选用任何事先假定的利率，而是在项目周期内找出一个事先并不知道的利率，其方法是通过计算得出使项目现金流的净现值为零的利率。这个利率在项目周期的末尾，使最后的投资余额为零（完全收回投资）。例如，某一项目的净现值为零的利率是12%，则表明在12%的利率时，该项目刚好收支相抵。因此，IRR所代表的利率i最终使NPV（i）为零。它的数学计算公式如下：

$$NPV(i)=\sum_{t=0}^{p} Nt(1+i)-t=0$$

IRR用于独立项目的投资决策，如果它等于或者超过资金的机会成本（折现率），那么这项目在财务上被认为是可以接受的；但是，如果将两个相互排斥的项目进行比较时，应该避免使用IRR指标。首先，IRR高的项目不一定是NPV最高的项目，因而不一定是最好的项目；其次，在将周期不同的项目进行比较时，IRR可能也是一个很差的比较基础，这种比较内含地假定周期较短的项目NPV能够按类似的收益率重新进行投资；最后，将一个项目的盈利能力与本部门其他项目的盈利能力进行比较时，IRR是有用的，而跨部门、跨行业则没有可比基础，因为它们的基准收益率不同。

IRR是一个由项目本身的现金流出和现金流入确定的函数值，它被称为内部收益率是完全根据项目本身的参数，这对有些情况是对的。但IRR在数学上不总是一个单一的实数，IRR可能无解，也可能有一个以上的解，出现这种情况时，就不能用IRR作为项目的选择标准进行使用。

4）净现值率

净现值法有一个缺点，就是如果不同方案的投资金额不同，单纯地看NPV的绝对值并不能正确地评价一个方案的优劣等级。在这种情况下，不同方案的NPV实际上没有可比性，净现值率可以弥补这一缺陷。

净现值率又称为现值指数、超现值指数，通常是指项目周期内现金流入量现值同现金流出量现值之比，或者是项目周期内净现金流现值同投资期内初始现金流出之比。该比率用以说明项目周期内每单位的现金流出可以获得多少现金流入，或是每单位投资可以获得多少净现值。净现值率指标是一个相对指标，使不同的投资方案具有共同的可比基础。

前面介绍的四种方法是投资分析的常用方式，除此以外还有其他方法综合运用于投资决策。但无论采用什么样的投资分析方法，最终作出投资决定时仍如需要投资人结合自身的投资能力、风险偏好、投资目的等要素，进行全面衡量，没有哪一种分析方法能够准确地为投资人提供确切依据。投资交易的原始动机仍然是投资人需要始终牢记的方向和准则。

（4）公司文化和管理层素质的分析

公司文化也是投资人在进行决策时要考虑的重要因素之一。它是指公司全体职工在长期的生产和经营活动中逐渐形成的共同遵循的价值观、理念和自身的行为规范准则。对公司文化的分析，应着重了解公司文化对全体员工的指导作用、凝聚作用、激励功能和约束作用。对国内大多数的民营企业来说，某种程度上可以认为，公司文化就是老板文化，即老板是一个什么样的人，有什么样的偏好，他所带领的公司及其员工大概率也会倾向于遵循这样的偏好。

投资人在选择投资项目时，对管理层的考察是一个非常重要的维度，尤其是在进行早期投资时更是如此（如种子轮、天使轮）。所以，在投资行业内有一个通行的说法，即“投资 = 投人”。对管理层素质的分析至少应包括：公司管理层的文化素质和专业水平，内部协调和沟通能力，个人经历、工作经历及文化水平，以及开拓精神等。一个好的管理层在管理公司时，每一年公司都应有很大的变化，最终的结果应从公司的成长性、主营收入、主营利润和每股收益的变化中体现出来。此外，责任心强、有强烈的成功欲望，也是在判断一个管理层是否优劣时的重要标志。

（5）尽职调查

本书将在第四章介绍尽职调查，这是投资人作出投资决策的重要依据，甚至在调查中发现的问题以及对应解决方案，都是投资人未来谈判时的关注要点。尽职调查可粗可细，取决于项目的进展程度，但一般都不外乎财务尽调、业务尽调、法律尽调三个方面，鉴于后续将详细介绍，此处不再赘述。

3.3 管理层的交易动机及其防御策略

在涉及并购的股权交易中，管理层的交易动机与大股东 / 创始股东、投资人都不同。他们在很大程度上控制着公司的决策经营权，尤其是在股权分散的大型上市公司中，管理层几乎享有公司经营管理和发展的一切决策权。对于他们来讲，主要目标是谋求公司的快速发展，而并非获得利润的最大化。他们的交易动机更为直接和短期，有时会通过一些法律文件（如公司章程）进行事先确认。

3.3.1 功利性动机

（1）掌控更多资源

股权并购扩大了企业规模，提高了企业发展速度，扩大了企业资源，管理层能控制更大范围的资产、更多的职工、更多的产供销渠道，从而扩大了他们的权利空间，巩固了自己的宝座，获得更多的工资报酬，以及自我价值的实现。而发展迅速的公司，是最有可能进行兼并收购的，同时规模庞大的公司也不易被别人兼并收购。这是管理层在主观上有动力推动股权并购交易的非常重要的个人原因。

（2）得到一定补偿

管理层在主观上积极主动配合股权并购交易有一个重要前提，即他们在公司的去留不会受到威胁。如果股权并购交易的发生，导致他们失去在公司的地位，甚至由于大股东的更换不得不离开公司时，他们对待股权交易的动机，就剩下能够获得合理补偿了。是否能够获得合理补偿甚至超额补偿，取决于相关补偿机制是否在事先就已经做了准备。如果没有事先设计，在不得不离开公司时，他们的处境选择与普通员工一样，适用《劳动合同法》及相关法律法规的规定获取补偿金；但是如果事先进行了相关防御，就可能获得超额补偿，甚至因为高额补偿，会击退潜在的收购方，从而保住了自己的位子不受威胁。

3.3.2 几种常见的防御策略

为了满足管理层的功利性动机，需要事先设置一些防御策略。这里讨论的防御策略，是指公司在遇到恶意股权并购时，管理层采用的策略。不过，大部分策略需要在股东的支持下才能完成。

（1）财务性重组

这是一种常用的反收购措施，目的是提高收购者的潜在成本，降低目标公司的收购价值。具体做法包括：

➢ 如果目标公司的股票价值被低估，公司可以决定多发股利、回购股份或者采取其他措施提高公司股价；

➢ 如果资产负债率偏低，可考虑提高公司负债率和财务杠杆比率，充分发挥债务的避税作用；

➢ 如果公司拥有大量剩余现金流和高流通性的有价证券，可以考虑出售目标公司的有价证券，向股东发放额外的红利；

➢ 如果公司有不影响经营的分支机构及附属机构，可以考虑通过分拆、剥离、出售等方式全面收回现金流，提升公司的主营业务竞争力。

（2）焦土策略

焦土策略（Scorched-earth Policy）是当目标公司面临被收购威胁，而又无力反击时，采取措施恶化公司的资产状况和经营业绩，从而降低公司吸引力的一种两败俱伤的反收购策略。常见的焦土策略包括：

➢ 售卖“冠珠”

在并购行当里，人们习惯性地把一个公司里富于吸引力和具收购价值的部分称为“冠珠”。它可能是某个子公司、分公司或某个部门，可能是某项资产，可能是一种营业许可或业务，可能是一种技术秘密、专利权或关键人才，更可能是这些项目的组合。冠珠由于富于吸引力，诱发收购行动，因此它是收购者收购该公司的真正用意所在，而将冠珠售卖或抵押出去，可以消除收购的诱因，粉碎收购者的初衷。

➢ 虚胖战术

一个公司如果财务状况好，资产质量高，业务结构又合理，那么就具有相当的吸引力，往往诱发收购行动。在这种情况下，一旦遭到收购袭击，它往往采用虚胖战术，作为反收购的策略。其做法有多种，或者是购置大量资产，该种资产多半与经营无关或盈利能力差，令公司包袱沉重，资产质量下降；或者是大量增加公司负债，恶化财务状况，加大经营风险；或者是故作一些长时间才能见效的投资，使公司在短时间内资产收益率大减。所有这些，使公司从精干变得臃肿，收购之后，买方将不堪其负累。这如同苗条迷人的姑娘，陡然虚胖起来，原有的魅力不复存在，追求者只好望而却步。

（3）金色降落伞

金色降落伞（Golden Parachute），是指一旦因为公司被并购或收购而导致董事、总裁等高级管理人员被解雇或主动辞职，公司将提供丰厚的补偿费（如解职费、股票期权收入和额外津贴等）。这种策略能够促使管理层接受可以为股东带来利益的公司控制权变动，从而减少管理层与股东之间因此产生的利益冲突，以及管理层为抵制这种变动造成的交易成本。“金色”意味着补偿是丰厚的，“降落伞”则意味着高管可以在并购的变动中平稳过渡。由于这种策略势必让收购者“大出血”，因此也被看作反收购的利器之一。

这种制度安排实际上是一种特殊的雇佣契约，以此构成敌意收购的壁垒，使收购变得不那么有利可图，或是给收购者带来现金支付上的沉重负担。在美国，每年排名在一千以内的大型企业中约有 20% 的企业与其高层经营管理人员签订了这种契约，这也是企业留住人才的有效方法之一。比如，2012 年摩托罗拉移动被谷歌收购后，时任公司 CEO 桑杰·贾卸任，获得离职金高达 6600 万美元。2013 年 9 月初，诺基亚官方突然宣布微软将以 72 亿美元收购自己的设备与服务部门，其中就包括手机业务。据《华尔街日报》报道，一份由诺基亚提交给监管机构的文件中显示，埃洛普将在离开诺基亚时获得一笔 1880 万欧元（约合 1.6 亿元人民币）的巨款，其中除了 1460 万欧元（约合 1.21 亿元人民币）的股权奖励之外，还有工资及各种奖金总计 420 万欧元（约合 3500 万元人民币）。

国内已有上市公司对管理层设置了金色降落伞式的保护性安排，如万科 A（000002）在其首份限制性股票激励计划（草案修订稿）第 39 条中规定："当公司控制权发生变更时，控制权变更前的半数以上法定高级管理人员在控制权变更之日起的三十日内有权书面要求信托机构将本计划项下信托财产立刻全部归属。"伊利股份（600887）则在 2006 年 5 月的股票期权激励计划（草案）中授予总裁潘刚等 33 人合计 5000 万份股票期权，在一般情况下，激励对象首次行权不得超过获授股票期权的 25%，剩余获授股票期权可以在首次行权的 1 年以后、股票期权的有效期内选择分次或一次行权。但当市场中出现收购本公司的行动时，激励对象首次行权比例最高可达到获授期权总数的 90%，且剩余期权可在首次行权后 3 日内行权。

不过，这种制度一直以来也饱受争议。由于管理层得到的经济补偿有时可达到一个天文数字,因此这种补偿反而可能成为管理层急于出售公司的动机，甚至是以很低的价格出售。如果是这样，很显然，股东的利益就将遭受极大的损害。

（4）管理层收购

管理层收购（Management Buy-out, MBO）是"白衣骑士"策略的一种变更形式。当公司成为其他企业的并购目标后（一般为恶意收购），公司管理层为阻碍恶意接管的发生，去寻找一家“友好”公司进行合并，而这家“友好”公司被称为“白衣骑士”。一般来说，受到管理层支持的“白衣骑士”的收购行动成功可能性很大，并且公司的管理层在取得机构投资者的支持下，甚至可以自己成为“白衣骑士”，实行管理层收购。

由于管理层收购在激励内部人员积极性、降低代理成本、改善企业经营状况等方面起到了积极的作用，因而它成为20世纪七八十年代流行于欧美国家的一种企业收购方式。国际上对管理层收购目标公司设立的条件是：企业具有比较强且稳定的现金流生产能力，企业经营管理层在企业管理岗位上工作年限较长、经验丰富，企业债务比较低，企业具有较大的成本下降、提高经营利润的潜力空间和能力。

在MBO操作过程中，管理层只付出收购价格中很小一部分，其他资金通过债务融资筹措。其中所需资金的大部分(50%~60%)通过以公司资产为抵押向银行申请抵押收购贷款。这部分资金也可以由保险公司或专门进行风险资本投资或杠杆收购的有限责任公司来提供。其他资金以各级别的次等债券形式，通过私募(针对养老基金、保险公司、风险资本投资企业等)或公开发行高收益率债券来筹措。

（5）章程保护

这种反收购措施的核心在于，在章程中设置各种障碍增加外部收购者入主公司董事会和股东会的难度，使敌意收购者即使成功收购公司足够股票获取控制权后，也无法真正掌握目标公司的控制权。常见的章程障碍条款包括：

➢ 董事会轮选制

公司每次只能改选很小比例的董事（如1/3或1/4），即使收购者已经取得了多数控股权，也难以在短时间内改选公司董事会或委任管理层，实现了对公司董事会的控制，从而进一步阻止其操纵目标公司的行为。

➢ 超级多数权

凡是涉及公司的控制权变化等重大事宜时，需要股东大会中至少2/3甚至

90% 的票数同意才能通过，这就使即使外部收购者掌控了 50% 以上的股票，也难以保证在投票中取得胜利，从而提高了外部收购者控制目标公司的难度。

➢ 公平价格条款

这类条款是指在超级多数权条款上再叠加一条，如果所有购买的股权都得到了公平价格，就放弃超级多数权的要求。这个公平价格可以定义为某一特定期间的要约支付最高价格，或者必须要超过一个确定的关于目标公司会计收入或账目价值的金额，以此来降低敌意收购者的收购动力。

（6）提起诉讼

在成熟的证券市场中，公司管理层可以通过提起诉讼拖延收购时间，延缓收购进度，同时也可以争取时间采取其他反收购措施。有时候收购者为了避免陷入法律麻烦或支付数额不菲的诉讼费，往往选择支付较高的收购价格，或者干脆鸣金收兵放弃收购。提起诉讼的理由包括三种情况：收购行为违反反垄断法规定、违反收购程序或证券交易法、收购目的不在于取得公司经营权而在于操纵市场或哄抬物价。诉讼程序可以在一定程度上使公司管理层取得主动权。

第四章

尽职调查

在法学院读书期间极少有老师教我们怎样做尽职调查，工作之后尤其是刚刚步入律师行业的新人，一般也不会有资深律师专门传授尽职调查的具体套路和方法。所以关于尽职调查的基本技能，现状是既没人教也没人带，大多数都是要靠自己通过阅读现成的尽职调查报告,跟随有经验的律师一起出差调查，通过反复观察和实践，不断摸索出来的。与诉讼业务不同，尽职调查是非诉业务律师的一项重要核心技能，熟练掌握了尽职调查的方法和技巧，才能为非诉业务的开展奠定坚实的基础。

4.1 尽职调查概览

4.1.1 尽职调查的价值

在股权交易实践中，一些初涉投资的投资者或者目标公司，对于尽职调查的认识往往不够，有的投资者仅凭自己的直觉就作出投资决策，结果步入地雷阵；有的目标公司管理层不了解尽职调查对于投资者的重要性，也不理解尽职调查对于促成交易的重要性，采取抵制或消极不配合的态度，导致交易流产。因此，理解并领悟到尽职调查的重要性和价值，对于股权交易是至关重要的。尽职调查的核心价值如下：

1. 有助于风险评估

尽职调查的首要目的是发现风险，掌握交易对方的主体资格、资产权属、债权债务等重大事项的法律状态，了解可能给投资人带来的责任和风险，判断风险的类型、性质，并根据风险发生的可能性、风险发生后带来的损失大小两个维度进行风险评估，再依据评估结果制定相应的对策和解决方案。

2. 消除信息不对称

很多情况下，交易双方虽然互称合作伙伴，但在交易条件的谈判上依然是同床异梦、各怀心机。一方依靠信息优势，使另一方在信息不对称的情况下作出的决定，往往对己方是有利的。尽职调查的作用，就是通过各种形式的调查，包括书面资料审阅、人员访谈、客户走访、政府相关部门查证等，确认对方提交的信息是否准确，是否存在虚假记载、误导性陈述、重大遗漏等，从而为后续的交易谈判、文件起草等工作奠定基础。

3. 确保交易合规性

尽职调查主要解决两方面的合规性问题：其一，通过调查要查清楚交易对象历史上存在的纠纷及各种处罚（如税务欠款处罚、社保处罚、外汇处罚、行业主管部门处罚等），以及预测是否有潜在的纠纷及处罚，以此判断是否存在重大违法行为，在一些特定交易中，如果交易对方存在重大违法行为，可能会影响交易的顺利进行；其二，要确保交易过程符合法律法规及内部公司章程的规定，包括是否取得各种必要的批准和授权，如果完成交易，还需要哪些政府部门批准，以及取得此类批准的难度和障碍等。

4. 有利于交易谈判

尽职调查是一个持续的过程，甚至直到谈判结束、准备签署股权交易文件的那一刻为止，尽职调查也不应该停止（形式不限），通过调查发现的风险、问题及障碍，都是谈判中的重要问题，有时甚至是一方换取有利交易条件的砝码。因而，尽职调查的阶段性成果，可能会对决定交易是否要继续进行，以及争取怎样的谈判条件有着重要的作用。

【案例 4-1】

德国安联集团并购德累斯顿银行案[1]

【基本案情】

2001 年 7 月，德国安联集团和德累斯顿银行缔结了混业“联姻”：安联集团以 240 亿欧元收购了德累斯顿银行大部分股份，使其总资产达到了 1 万亿欧元。安联集团 CEO 舒尔特・诺勒曾满怀信心地对公众表示：“我们期望双方全面合作的第 1 年就能创造出增长收益。安联与德累斯顿银行合并的优势将在 5 年内完全体现出来。我们的客户、雇员和股东们将会从中获得长期的收益。”

并购德累斯顿银行后，安联集团却发现，银行的经营风险对自己来说是一个全新的课题。德累斯顿银行授信的许多小公司在当时不景气的国际环境中纷纷宣告破产，安联保险不得不用其自有资金去弥补银行经营中的亏损，从而导致自有资本金下降，信用等级也随之被下调。另外，分属于保险和银行的两类客户互相渗透的方式也没有得到德国法律的支持。

就在诺勒还在执迷于他那伟大的交易计划时，作为安联集团核心业务的保险业务遭遇到了前所未有的打击。受世界经济疲软和突然下滑的国际投资市场及全球性债务拖欠浪潮的影响，2001 年国际股市普遍大跌，同时安联保险集团应得的保险佣金、手续费等收入明显减少，导致安联保险集团自身的股价一年中也下跌了 60% 以上。不利的经济环境不但给保险业务造成了沉重的负担，也严重打击了安联集团的资产管理业务。让诺勒悔之晚矣的是，本来拥有庞大资产的安联集团，在并购之后将资金的 30% 都用作了资产投资，另外大部分资

1 本案例由多处互联网公开信息整理而成。

金更是花在了流通渠道的建立上，这样，一旦市场不景气，可自由支配的现金便捉襟见肘，根本无法抵御重创，这家欧洲巨型保险公司由此进入了自第二次世界大战以来最困难的时期。

在天灾与自身错误的双重打击下，安联保险主宰德国金融的计划濒临破灭，集团也陷入进退两难的境况中。2002 年，安联公司共亏损 25 亿欧元，其中 9.72 亿欧元来自德累斯顿银行。2002 年前 9 个月售出的 51 万份养老保险合同中，只有 7.4 万份是通过德累斯顿银行售出的。由于德累斯顿银行持续亏损，安联集团背上了沉重的包袱。

【案件简评】

德累斯顿银行和安联集团都是优秀的企业，但双方的并购交易却没有达到预期的效果，其中可能存在多方面的因素影响。因时间久远，无法通过一些渠道查证当时的尽职调查情况，不过有两点是可以确定的：第一，混业经营本身即需要具备跨界思维和良好的管理能力，安联集团当时的 CEO 看到更多的是机会，对跨行业经营的风险评估可能不足；第二，在决策是否实施并购交易时，除了充分调查了解交易对手的情况，也需要对自身现金流状况、抗风险能力进行综合评估，寅吃卯粮、盲目乐观最后导致的结果就是措手不及。

4.1.2 尽职调查的局限性

很显然，尽职调查做得越详细，发现的问题就越多。但在股权交易实践中，尤其在遇到一些体量较大的项目时，尽职调查就会遇到一些局限性。对于一些经营多年的公司来说，尽职调查无论怎么做，都不可能发现所有问题。对于影响股权交易的重点问题、重大风险不能放过，但对于细枝末节的问题、对交易影响可以忽略不计的，实务中一般抓大放小，以促成交易为主要目的。

1. 时间和费用的限制

对于一个股权交易项目来说，项目时间和项目预算的费用不可能支持无限详尽的尽职调查。实际上，每一次交易都是在有限的时间和有限的费用条件下，对交易风险进行尽可能详细的调查和了解。所以，投资人或者目标公司可以要求一个合理的尽职调查，但不能要求一个绝对的尽职调查。律师在调查完成后出具尽职调查报告时，也都会在报告的前言部分进行限制性声明，比如，本次调查仅限于获取的某些资料和信息，被调查方承诺所提交的资料是真实、准确、完整的；由于受时间、天气、地理条件的约束，本次尽职调查是以目标公司提供的资料为主进行调查，全面性和完整性会受到获取资料的制约，本律师事务所不对资料之外的事实以及可能出现的法律关系进行调查和评价等。

2. 调查人员水平的限制

前面讲过，高校的法学院没有尽职调查这门课，参与调查的律师或律师助理都是依靠自身积累，就客户需求开展尽职调查。这就难免在实践中出现一个现象，有的律师开展的尽职调查效果非常好，该发现的问题全都能够发现，效率也高；而有的律师开展的调查效果一般，未能抓住问题的根本，细枝末节的问题倒是发现了一大推。所以，参与尽职调查的人员水平及能力，也对尽职调查的结果有一定的限制。

3. 被调查对象的规模和声誉

如果被调查对象是上市公司，或者具有良好声誉和行业影响力的非上市企业，尽职调查的效果可能会比较好。因为这些公司要么受到证监会、交易所的监管，披露的信息质量较高；要么爱惜自己的羽毛，为了维护良好的声誉和行业地位，不会轻易造假，这些都对尽职调查有很好的帮助。相反，如果被调查对象无论在规模、信息透明度还是在公司治理或内部控制上都不太理想时，尽职调查的难度就会加大，调查的结果也会受到影响。

4. 股权交易比例对调查的限制

购买交易对手的全部股权和部分股权，尽职调查的程度和范围也是不同的。一般来说，购买全部股权的交易，意味着交易对手完全退出公司，为了获取更好的交易条件，他们有动力隐瞒对交易不利的信息；而购买部分股权的交易，由于交易对手仍然是公司股东，与投资人有共同的利益，因而在股权交易中有动力尽量充分地披露信息，如果他们有意隐瞒信息，投资人也有途径获得合理形式的补偿。所以，投资人购买的股权比例，即最后结果是全资控股还是部分参股，对于尽职调查来说也有不同的局限性。

4.1.3 尽职调查的流程

不同项目不同交易目的，法律尽职调查的方法虽然多样，但流程基本是一致的。一般要经过四个阶段：

1. 签署保密协议。在开展正式尽职调查之前，交易双方首先要签署保密协议，或者由律师事务所出具保密承诺函，然后再开始尽职调查。

2. 收集材料。律师发送尽职调查清单，亲自收集或者通过目标公司组织收集相关材料、安排访谈公司相关人员及客户、亲自走访有关主管部门等方式获取相关资料，通常会根据尽职调查进展情况有多轮补充清单，持续时间也会很长。

3. 分析材料。律师通过研读收集的资料、进行专家论证等多种渠道和方式，对目标公司的信息资料进行分析，查证目标公司的主体资格、资产状态、负债情况、业务合规性风险、持续盈利能力等，查找可能对股权交易带来影响及潜在影响的各种风险。

4. 出具报告。经过前期的工作，律师就掌握的法律事实及调查结论起草尽职调查报告，后续再按照客户的要求就重大问题出具专项法律意见。

在一个完整的股权交易项目中，需要进行多次尽职调查，一般是前一次尽职调查未能收集到的信息资料或查证属实的问题，在下一次补充尽职调查中继续查实和收集，直到律师认为信息已经足够支撑作出结论，或者认为信息不重要，可以通过其他途径佐证或干脆可以忽略，或者敞口的问题在最后交易文件的承诺和保证条款中，由交易对方进行兜底担保的，尽职调查的使命才算最终完成。在这一过程中，尽职调查的流程是穿插进行的，不一定区分得那么明确，目标导向查清问题即可。

4.1.4 尽职调查的方法

尽职调查要做到“三勤”，即手勤、腿勤、嘴勤，具体如下：

1. 手勤。对照尽职调查清单，仔细收集清单材料，及时整理总结，并补充相关材料。同时，也要借助网络渠道，如行业监管网站、证监会 / 交易所信息披露平台、中国人民银行征信中心、全国法院被执行人信息查询网、国家企业信用信息公示系统等网站，充分查询、检索目标公司的相关信息。

2. 腿勤。包括但不限于：实地查看目标公司的房地产、生产线等，走访相关登记备案部门，如市场监督管理局、房地产中心、社保中心、住房公积金中心、国土资源局等，从外围多角度调查核实收集的资料及获取的信息。需要注意的是，根据中国证券监督管理委员会、司法部《律师事务所证券法律业务执业规则（试行）》第 24 条规定，采用实地调查方式进行查验时，应当将实地调查情况作成笔录，由调查律师、被调查事项相关的自然人或者单位负责人签名，否则将构成违规。北京市天元律师事务所在九好集团借壳上市项目中的尽职调查违规事项，即涉及了这条规定。

3. 嘴勤。包括但不限于：与目标公司相关部门负责人面谈，交流调查中的疑点问题；与其他中介机构沟通，如审计机构、评估机构、财务顾问等，从法律之外的角度核实目标公司的出资情况、债权债务情况等，增加调查结果的可靠性；如果经目标公司同意和协助，也可以访谈目标公司的客户或其他合作伙伴。

在尽职调查过程中应当学会随机应变。比如，许多公司事先将本公司的档案资料、交易数据、资质证照、重大合同等信息，专门设立线上或线下的 Dataroom，对于在线下设立的 Dataroom，所有的阅读工作需要在目标公司指定的现场完成，有的不允许复印，只能摘录，这时调查人员应当抓住重点，在有限的时间内完成主要问题的了解和调查。

4.1.5 尽职调查的范围与程度

关于尽职调查的范围及程度，取决于很多因素，包括交易类型、交易对方的规范性、交易目的是取得控股权 / 参股权等。通常来说，法律尽职调查应当包括：目标公司的主体资格（合法设立、有效存续等），主要财产和财产权利，目标公司的重大债权债务情况，目标公司的诉讼、仲裁和处罚情况，目标公司的税务、环保、产品质量、技术标准等内容。律师在制定尽职调查清单时，需要在这些常规问题的基础上，结合目标公司所处的行业特点、最终的交易目的等实际需求，将问题清单进行有针对性的修订。"一招打天下"的标准清单文本不仅起不到风险核查的作用，也是不负责任的表现。正如前面所述，尽职调查的范围不是越全越好，程度也不是越详细越好，而是需要在有限的时间和费用预算内，尽最大可能查清与本次交易相关的、影响本次交易决策及交易条件的风险和问题。

如果是初次对目标公司进行尽职调查，关注的法律问题主要是以下几类：

1. 基本情况。这部分内容主要涉及公司历史沿革、股东情况、公司治理文件（"三会文件"）、对外投资情况和现行有效的基本证照（如营业执照、组织机构代码证、税务登记证、社会保险登记证、统计登记证等，有的地方已经实行"五证合一"，上述证照合并为一个证）。本部分材料的目的是调查确定目标公司主体的合法有效性。

2. 公司资质和管理体系。这部分内容需要根据公司所处行业的不同，确定相应的资质文件。如医药生产企业需要提供药品生产许可证、GMP 资质认证、药品注册批件等，第三方支付企业需要提供支付业务许可证、非金融机构支付业务设施技术认证、ISCCC 认证等。另外，也需要收集公司的各项规章管理制度。本部分材料的目的是调查确定目标公司从事经营业务的资格以及内部管理的规范性。

3. 公司重大资产。包括目标公司的固定资产（如土地、房产、设备等）及无形资产（如专利、商标、版权、专有技术等），确定其是否存在抵押、质押、租赁、无效等情形，判断权属的完整性及其或有权利负担。

4. 公司重大合同。公司历年积累的合同一般比较多，不可能全部调查，调查时需设定一个金额标准作为判断重大合同的依据，如金额在100万元以上或者性质上属于权益投资类合同的可认定为重大合同。本部分材料的目的是通过调查大额的业务合同，判断确定目标公司可能存在的重大业务风险类型及其严重程度。

5. 财务资料。如公司最近三年的审计报告、最近一年的资产评估报告、税务审核报告以及目标公司的负债合同（如贷款、委托贷款、目标公司对外担保等）。本部分材料虽然会计师、审计师也会调查，但法律调查的目的是确定目标公司有无重大的可能影响股东权益的法律风险，尤其是交割后可能继续存在的或有风险，这部分内容对股权收购可能会有重大影响，有时甚至决定收购的成败。

6. 关联交易及同业竞争。本部分材料是在公司准备IPO或重组时关注的重点，需要调查目标公司及其关联方之间的关联交易审批程序、定价原则是否合规，是否存在同业竞争，并依据调查结果确定后续处理方式。

7. 劳动关系和社会保险。包括目标公司的员工数量、员工构成（合同关系/劳务派遣）、劳动合同、保密协议、竞业限制协议、劳务派遣协议、社会保险登记及缴纳情况、高管及关键人员名单及其简历、离退休人员/内退人员数量、养老金支付方式等。本部分材料的目的是调查确定目标公司在用人方面的规范性及其或有法律风险，在境外收购股权时本调查项目往往对收购有重大影响。

8. 诉讼和仲裁。包括目标公司已经发生的、正在进行的、潜在的民事、行政、刑事法律案件，调查相应的判决书、裁定书、调解书、行政处罚决定等。本部分材料的目的是调查确定目标公司后续可能承担的民事赔偿数额、罚款数额及刑事责任形式等，判断已有及或有法律风险的严重程度。

9. 其他事项。需要根据目标公司所处的行业特性、交易的目的，查找可能会对目标公司的业务、财务或经营造成重大影响的材料。

第一轮尽职调查清单材料收集完毕后，经验丰富的项目负责人可以归纳和总结出项目的关键问题，围绕这些问题再继续进行补充调查，直到查明为止。对于无关痛痒的问题，查看基本情况，点到为止即可，无须过多纠缠浪费时间。

所以，对于尽职调查的范围和程度可以总结为一句话：无须面面俱到，但关键问题一定要查得水落石出。

4.1.6 尽职调查怎样做才算“尽职”

尽职调查工作对律师而言，最需要也是最重要的就是责任心，要对客户负责、对专业负责、对自己的职业生涯负责，做到了这三个负责，就是“尽职”，否则就是不尽职。

1. 资料收集的过程要尽职。对目标公司提供的材料复印件，需要请目标公司同时提供原件进行核对，并逐项查看复印件内容与原件是否一致，复印件不清晰的地方，要补填清楚，同时也要查看原件印章及签字等关键要素的真实性。目标公司无法提供原件的，也要盖章证明复印件的真实性。更谨慎的做法是，请目标公司对提供的所有资料均予盖章确认。

2. 资料阅读的过程要尽职。对于收集的尽职调查材料，条件允许的情况下要详细阅读，如果时间紧迫不能逐字逐句地阅读，也要掌握阅读方法抓住关键要素。如证照类要逐字审核，贷款合同要看权利义务条款中对股权并购的限制，判决书可以只看裁决结果，有疑问的再看“本院认为”以后的部分等。不能因时间不够就草草了事导致疏漏重要信息。

3. 报告出具的过程要尽职。资料收集阅读完毕后，进入起草尽职调查报告的关键环节。起草报告时，对于调查发现的关键问题要描述到位，根据调查事实，依据相关法律法规，审慎发表法律意见。既不可大包大揽地发表意见，也不可如履薄冰地不发表意见，对于所表述的意见要有明确的事实和法律依据，这样既是对客户负责，也是对自己负责。

4. 工作底稿的整理要尽职。对于收集的尽职调查资料，要分门别类地整理、编号、装订，并交由负责档案管理的同事专门保管。需要保密的，应当专门予以加密处理，并严格遵守保密义务的要求。

4.2 尽职调查的实务要点

4.2.1 尽职调查准备工作很重要

为了保证尽职调查的效果，在正式开展尽职调查之前需要做一系列的准备工作，包括：

1. 签署保密协议。一般是对保密信息接收方提出保密要求，保密期限有短有长，如三年、五年或者直到保密信息成为公开信息为止。

2. 签署合作意向书。有的股权并购项目要求合作各方签署意向书，其中包含合作主体信息、合作方式、排他期、保密义务等条款。由于合作尚未正式开始，意向书的条款除了排他期和保密义务条款外，其他条款一般没有约束力，因而在起草此类文件时，对其他条款的描述尽量宏观或简化。也有少数项目双方已经对股权比例、董事监事委派等关键条款事先已经谈妥，这种情况下在文件中可以列明，不过应注意后期更改难度较大。

3. 制作尽职调查清单、资料真实性承诺函等文件。开始调查之前，项目负责人应主导制作收集尽职调查材料所必需的各种清单、表单、承诺函等文件，便于现场工作及保证材料收集的质量。

4. 工作团队组建及分工。在股权并购项目周期短、地域广、工作量大的时候，调查团队的成员构成及合理分工尤为重要。根据项目的不同特点，法律尽职调查团队的成员可以由若干名资深律师、律师、助理等构成，确定项目的现场负责人，由负责人总体安排工作计划，进行合理的工作分工，如企业现场收集材料、外围主管部门调查核实、后台服务支持等，确保有效衔接、高效配合。

5. 参加项目协调会，明确项目的总体进度安排，并与项目方及相关中介机构建立初步联系，保证工作节奏的同步性。

4.2.2 尽职调查清单的注意事项

尽职调查的时间都是有限的，要保证短时间内收集到能够支撑决策的关键信息，调查清单的内容设计就尤其关键。在制作清单时，应注意以下细节：

1. 忌照抄照搬

专门从事 M&A 业务的律师一般都有许多类型的调查清单版本，企业所属的行业不同，调查侧重点也会有所不同，如房地产行业侧重于开发资质、五证、土地权属及其抵押情况、在建工程、工程款及安全事故纠纷等问题，互联网支付行业侧重于牌照业务范围、央行监管政策、支付系统的运维与开发能力、支付产品应用场景的合规性及“二清”等问题。因此，所属行业不同，业务风险差别很大，为节省工作量而照抄照搬其他企业的调查清单，不仅不能发现影响并购的关键要素，也是不负责任的行为。所以，制定尽职调查清单时，需要针对并购股权所处的行业要做足功课，找准关键点，这样的调查清单才有针对性。

2. 忌贪多求全

制作调查清单时，能够尽可能多地获取信息是必要的。但是，企业经过几年、几十年的积累，沉淀了大量数据和资料，要想在有限的几周甚至几个月时间内把所有细节都完全调查清楚是不可能的事情。因此，突出重点就特别重要。并且，对每个或每类问题都需要清晰地知晓调查目的是解决哪方面困惑，清单上每个问题都不是可有可无的。否则，既增加被调查目标公司的工作量，也增加自己的工作量，降低工作效率。

3. 要审慎把关

尽职调查清单制作完成后，项目的现场负责人要仔细把关。调查清单的起草，也应当采取如同出具正式法律文件一样的严谨和谨慎态度仔细完成。一份格式完美、条理清晰、问题明确的尽职调查清单，代表的不仅仅是律师的专业态度，也代表其敬业精神。笔者曾见过国内知名的某红圈律所出具的尽职调查清单，在序号排布上前后颠倒，多处存在明显瑕疵。这不禁让人对调查团队在尽职程度和内部风控质量方面存在担忧，也会损坏律师事务所的品牌形象。

4. 要及时复盘

尽职调查的任务往往比较繁重，一轮尽职调查完成后，项目负责人要及时安排整理问题的收集和资料缺失情况，对查验计划落实程度进行总结，经逐项核对后，就剩余未决问题再出具下一轮补充清单，以此反复，直到所有问题调查清楚或者落实解决方案方可结束。对调查过程中存在的调查范围、调查方法、调查程度、交流沟通等问题及时梳理总结经验和教训，以备后续尽职调查时改进之用。

4.2.3 目标公司的内部调查

目标公司是尽职调查的主战场，是最主要的信息来源。内部调查时需要注意以下四个方面：

1. 核对资料原件

尽职调查清单发出后，收回的纸质资料一般是复印件。现场律师要逐页核对复印件内容是否与原件一致，复印件不清楚的地方要对照原件补充清楚。尤其要注意印章、签字等对文件效力有影响的页面，核对是否有缺失、前后是否一致等。现在通过扫描、拍照等方式收集书面资料的方式也很普遍，但要注意不是所有文件都适合这种方式，诸如资质证照、各种证件等，能够通过第三方验证的，可以电子方式收集和存档；但是对于目标公司对某些事项的专项书面说明等，就需要目标公司提供盖章的原件了。驻场律师注意在核对完原件后，要及时归还目标公司，不能将原件带离公司，以免出现意外丢失后影响声誉。

文件核对后，及时针对每一项材料制作资料清单，列明文件内容名称、主要内容、数量等特征描述，对收到的每一批材料由驻场律师和目标公司代表

（一般是公司的法务人员或董秘办公室人员）进行签字确认。有些远程传递的尽职调查文件，双方无法当面清点的，也可以通过邮件方式就收到的资料明细进行确认。

2. 阅读资料

尽职调查的过程就是给公司画像的过程，通过清单资料的阅读，搞清楚目标公司的历史沿革、公司现状、期间公司的变更事项、是否存在重大违法违规行为、是否有潜在的债务风险及处罚风险等。不过，对于一些体量很大的公司，如存续多年的全国性国有企业，收集到的资料可能会堆积如山，对这些资料如果逐字逐句地阅读，需要花费的时间和人力都是海量的。所以，阅读材料也有一些技巧，不仅要快而且要能抓住核心问题，我们举例看一下资料怎么审阅。

（1）资质证照

需要逐字逐句看，搞清楚哪个部门、什么时间、针对什么事项给谁颁发的，有效期多长，要维持这些资质证照，需要具备什么样的条件等。

（2）“三会”决议

即股东会、董事会、监事会的历次决议文件。首先看程序性问题：召集和表决程序有无问题，签字是否齐全，如果是授权代表人签字，代表人是否具备合法有效的授权委托书等；其次看实体性问题：决议的内容是否合法，有无违背公司法、公司章程规定的事项内容等。

（3）公司章程

一些存续时间比较久的公司，早期的公司章程基本都是各地工商局给出的标准范本，通过填空完成的，很少反映公司的实际治理结构；近些年来，这一状况有所改善，新修订后的公司法留给公司章程很多意思自治的空间，公司股东可以自主决定章程内容。阅读章程时，主要就是看看股东情况、出资情况、公司治理安排、利润分配的特殊安排、有无设定股东的特殊权利安排等。

（4）验资报告

2014 年 3 月 1 日以后，股东投资设立公司，除了特殊行业外不再要求强制验资；对于2014年3月1日以前设立的公司以及特殊行业的公司，查看验资报告时，关注《本期注册资本实收情况明细表》及《累计注册资本实收情况明细表》即可，如果还有事项不清楚，再去查阅《验资事项说明》。

（5）审计报告

阅读审计报告是为了确定股东向公司投了多少钱，以及投资后至今会计处理是否规范，关注审计师的意见类型（无保留意见、保留意见、无法发表意见、否定意见），从而确定公司的财务处理是否规范、报表是否可信。会计报表附注中的“重大会计事项披露”“企业合并及合并财务报表”中的《资产负债表》一定要看。《财务报表》和会计报表附注中的“会计报表项目注释”需要结合起来看，关注价值大的资产是什么、有没有无形资产、负债有多大、大额负债是怎样产生的、实收资本与注册资本是否一致、长期股权投资和目标公司披露的子公司情况是否一致、有无未分配利润、收入是否主要来自主营业务收入、关联方交易情况、对外担保情况等。

（6）评估报告

评估报告只需看评估方法、评估结果即可，因为股权交易一般不会直接以评估结果作为交易价格，只是作为一个参考。如果需要对某项资产进行特殊调查时，再直接查阅评估报告中对该项资产的描述就会更加简单、高效。

（7）贷款合同

一般是格式合同，查阅一下贷款方、金额、期限、利率、用途、还款时、担保方式等合同关键条款，再重点关注一下合同中是否存在类似借款人一旦出现控制权变动，应当提前还款之类的描述。如有该等描述，还需要通过公司与贷款方确认，是否会执行此类条款，贷款方对本次股权交易的态度如何，并列为后续重点关注事项。

（8）担保协议

一般也是格式合同，查阅一下对应的主借款合同、担保方、金额、期限、担保方式等，关注一下担保方与目标公司大股东的关系等。

（9）业务合同

业务合同一般是抽查，关注金额较大的合同。审阅时，要关注是否涵盖了目标公司的全部业务类型，与业务人员询问履行情况如何，是否发生过违约及其违约原因，后续的处理措施及结果等；还要看一下业务合同的签署流程，内部程序是否规范，有无公司法务人员或外部律师参与过审核等。

（10）判决书或仲裁裁决书

看判决或者裁决部分即可，如有疑问，再查阅判决书中的“本院认为”或者仲裁裁决书中的“仲裁庭意见”部分，无须花费太多时间。

（11）规章制度

每个企业都有自己的规章制度，有的甚至还挺多。对规章制度的审阅，不要求每项制度都仔细阅读（有些技术类的公司制度，读了也不一定懂），主要看作为某一特定类型的企业，该有的规章制度是否都有，如制造业企业，有无安全生产规章制度、操作规程等，知识技术型的企业，有无知识产权相关的制度、技术人员的竞业限制和保密制度等。对特别关注的一些风险，如员工关系管理，再看一下员工手册包含的制度内容是否齐全，在劳动合同中是否有体现等。

（12）税收优惠

对于享受税收优惠的企业，关注给与税收优惠的文件层级，是否与国家税收征管的法律法规相违背，企业的经营业绩对税收优惠返还的依赖程度等。

3. 补充调查

第一轮的尽职调查通常能够查清的事实有限，材料初步翻阅后，应及时整理出调查未能发现的问题，或者需要进一步澄清的问题，继续进行补充调查。为此需要关注四个方面：第一，对需要继续调查的问题列出清单，供下一轮尽职调查时再收集资料之用；第二，对初步发现的问题需要目标公司说明或者承诺的，制作相应模板发送目标公司；第三，对无法通过材料说明的问题，列出人员访谈需求和访谈大纲；第四，对无法通过内部调查摸清的问题，列出走访计划，访谈外部相关政府部门或者其他第三方机构。

4. 统筹利用时间

尽职调查项目一般都是时间紧、任务重，在现场的时间短，而后期撰写尽职调查报告时，又不能随时随地跟目标公司交流任何大小问题，所以驻场律师在目标公司工作期间，应尽可能地统筹利用好时间。经验丰富的律师一般都会边看材料边写报告，将事实部分提前录入，不清楚的地方当场澄清，剩下的法律分析部分可以回到律师事务所再完成。一来可以防止看材料时走马观花、看了前面的忘了后面的，有助于集中注意力；二来也可以防止离开公司后，因其他项目缠身，无法集中精力撰写报告。

4.2.4 目标公司的外围调查

进行外围调查一般是出于两个目的：其一，初步尽职调查中未能查清的问题，需要继续进行外围调查；其二，初步尽职调查中收集的材料信息，即使已经齐全，也需要进行外部查证核实，如果律师轻信收集到的所有资料，因未能核实真实性，导致出具严重失察的尽职调查报告时，不仅可能导致客户巨额损失，也可能给自己带来严重的信誉损害甚至大额罚款。律师进行外围调查，并非对目标公司不信任，或者怀疑目标公司不诚实，而是作为一名专业的执业律师，应当依据职业操守，全方位地、尽职尽责地完成工作任务，尤其不能简单依赖第三方的陈述就轻易作出结论。

【案例 4-2】

北京市嘉华律师事务所提供法律服务被处罚案 [1]

【案情简介】

2001 年 7 月，河北三河燕化公司准备与北京金晟房地产开发有限公司合作开发紫宸苑住宅小区项目。为查清对方底细，燕化公司聘请北京市嘉华律师

1 周垂坤：《从律师失职被判赔 800 万谈律师执业风险》，载 https://www.66law.cn/laws/120220.aspx，最后访问日期：2020 年 2 月 14 日。

所作为法律顾问展开调查。在一番审查之后，嘉华律师所作出了结论：项目确实在金晟公司名下。燕化公司这才放心地向金晟公司支付了1亿元项目转让费，买下了紫宸苑住宅小区项目。作为对法律顾问的回报，燕化公司向嘉华律师所支付了100万元的律师费。可到了2002年5月，燕化公司惊讶地发现在紫宸苑住宅小区项目的土地上，另一家公司已开始施工建设。燕化公司展开了紧急调查，结果让他们震惊不已：金晟公司根本不是紫宸苑项目的所有人，燕化公司的1亿项目转让费被骗走。

燕化公司报警后，真相被揭开：原来金晟公司的一个股东确实签订过紫宸苑项目的转让协议，还私自上报立项申请，骗取了该项目的批复。但因为一直没支付转让款，金晟公司的3个股东最终退出了项目。紫宸苑项目被转让给了其他人。可在此情况下，金晟公司还打着紫宸苑项目的名义，凭借失效的规划文件，与蒙在鼓里的燕化公司签订继续开发紫宸苑项目的协议，诈骗燕化公司人民币1亿元。有关涉案人员因涉嫌合同诈骗罪，已被北京市公安局立案侦查。

受骗的燕化公司认为，嘉华律师所的律师在法律服务工作中，敷衍了事，造成巨额损失，已构成严重违约。因为嘉华律师所已向北京市司法局主动申请注销，燕化公司一纸诉状将原嘉华律师所的3名合伙人告上法庭，要求返还律师费100万元并赔偿经济损失900万元。但被诉的合伙人仍认为自己没有过错，他们表示受委托后到金晟公司了解情况、审查大量的文件，做了大量艰苦的工作，已经履行了《委托协议》。

法院最终支持了燕化公司的诉求，认定嘉华律师所提供法律服务时存在重大过错，履行《委托协议》义务不符合约定，对燕化公司支付1000万元定金的经济损失应承担赔偿的违约责任。考虑到燕化公司自身也有失察之责，法院一审判决3名合伙人共同赔偿燕化公司800万元，并返还100万元律师费。

【案件简评】

非诉类的法律服务项目，律师尽职调查工作的质量直接影响工作的成果，尽职调查的作用非常关键。本案中，北京市嘉华律师所对紫宸苑项目用地的土地使用权状况、金晟公司是否具有相应的资质等级及主体资格、金晟公司的原股东情况等进行的尽职调查不充分、不彻底，是导致双方出现纠纷的主要原因。如果律师在开展尽职调查工作时，更加全面地从外围调查项目的主体资格、项目现状等问题，并结合公司的历史沿革进行分析，可能就会避免给自身及所在律师事务所带来大额损失。

4.2.5 善于与其他中介机构协同作战

一个股权交易项目有时需要由很多中介机构参与，诸如投行、律师事务所、会计师事务所、评估事务所、税务审计事务所、精算机构等，一些复杂的跨境项目，还会涉及境内、境外多家投行和律师事务所同时参与。从事律师尽职调查的驻场律师，可以多与这些机构交流、互相共享资料（当然，前提是获得被调查的目标公司许可），互通有无，一方面能够提高调查的效率；另一方面也可以从其他中介机构的视角，发现自己没有关注或者关注不够的问题。

4.2.6 做尽职调查离不开“三心二意”

律师做尽职调查最重要的就是“三心二意”。“三心”即细心、耐心、责任心，细心是指收集材料的过程要细心，不放过资料中能够看到的每一个细节，留意访谈时被访谈人员的每一句话（无论正式访谈还是非正式访谈）；耐心是指在调查过程中经常会遇到被调查公司不配合的情况，他们不配合的原因可能有多种，包括额外增加了他们的工作负担、故意隐瞒事实真相、沟通方式不融洽等，但作为调查人员，必须要有耐心与他们进行沟通，并想办法消除双方之间的障碍，始终围绕查清事实真相不放松；责任心是每一名从事调查的律师应当具备的基本素质，不能马马虎虎、似是而非、得过且过，只要存在疑点，就要尽一切努力进行合理排除，像对待自己的事情一样对待调查工作，事实上，律师的口碑和个人品牌也是通过日积月累的这些敬业细节逐渐打造起来的。“二意”

即积极主动的意识、准确理解交易意图。作为从事法律尽职调查的驻场律师，应当准确理解委托方及交易对手对本次股权交易的意图，积极主动地开展调查，无论自己的委托方在本次交易中占有主动优势还是被动劣势，都应当严守职业准则，积极地、主动地与被调查公司进行沟通交流，展现出专业、职业的律师形象，充当好委托方的守门人。

4.2.7 撰写尽职调查报告的注意事项

1. 报告的结构。尽职调查报告包括程序性内容、实体性内容两部分。程序性内容包括：委托方（收购方）对尽职调查的要求、律师审查过的文件及其他工作、尽职调查的各种假设、出具报告的责任限制或声明等；实体性内容包括：核查资料及事实的总结、所涉及关键问题的评价及法律意见等。

2. 报告的撰写。调查报告是法律文件，不是文学作品，客观、准确、层次清晰即可，无须华丽的辞藻及丰富的修饰。描述事实时，要尊重原貌，凡是调查过的事实，写得越详细越好，未查清的可写明原因，不可依据项目经验想当然地描述，更不可凭空捏造，徒增职业风险。阐述法律意见时，要清晰、明确，不可模棱两可，需要有明确的结论性意见；有的律师出于自我风险保护的需要，经常洋洋洒洒而避重就轻，或者顾左右而言他，这种方式可能暂时保护了自我，但长期会损害自身的品牌形象，没有企业家会愿意支付高额律师费却得到像白开水一样的服务（纯粹以律师作为独立第三方进行信用背书的除外）。对于目标公司存在的法律问题，都要一一列举，不过对于细枝末节的问题，如未及时办理工商变更登记、小额劳动争议仲裁等，可以一带而过。而真正对股权收购具有风险或可能造成实质性障碍的问题，要依据法律规定仔细分析，并提出解决方案，重大问题可能要出具专项法律意见。

律师的职业本能是首先考虑风险，但笔者认为一个高水平的律师，不仅仅是提出风险，而且要依据实际操作场景，在不违规的前提下提出如何达成交易目的、实现双方交易诉求的解决方案，即所谓的“接地气”。一项并购可能有众多法律风险，但从风险发展为危机，中间有一系列的因素共同影响，绝不是一个孤立的事件，也并非所有风险都会现实发生并造成损失。因此，这中间的“取舍”问题虽然不是律师的工作范围，更多是收购方企业家的平衡艺术，但律师的参谋作用是不可忽视的。不过，对于收购方向律师提出的无理要求，律师也要秉承职业操守，严防底线，该拒绝时就拒绝，防止给收购方和自身带来衍生风险。所以，律师在底线意识的基础上也要进行“平衡”，如此，方才可能成为大律师。

4.2.8 尽职调查过程中与相关各方的交流与沟通

1. 调查团队内部的交流

尽职调查是一项团队作战的劳动密集型、技术密集型工作，团队内部的有效配合对保证尽职调查结果的价值非常重要。调查过程中，笔者赞同采用“日清周结”的模式，当日结清当日的工作，每周进行总结，内部就过程中存在的问题及时互动，有助于纠正低效或无效劳动，提高工作效率。同时，现场负责人就项目存在的问题及时向主管合伙人汇报，避免在各方高层沟通时出现信息不对称的问题。

2. 调查团队之间的交流

一个股权收购项目往往有多家团队共同参与，如券商、律师、会计师、评估师、精算师等，收购方委派的中介团队，虽然角度不同，但很多资料可以共用。尤其是关于事实部分的描述，可以相互印证，如果各团队对同一事实的阐述存在差异，就会显得很不专业。并且，通过团队之间的交流，也可以发现一些从本专业角度不能发现的问题。如注册资本，2014 年公司法修改之后，股东投资不再要求验资，要核查股东的投资形式及其价值，就可以通过审计师查账进行佐证。

3. 与委托方及目标公司的交流

调查过程中，律师会跟委托方及项目公司有大量的沟通交流工作，在交流时应注意：

（1）保持友好的合作态度。律师是受委托方的委托进行调查，是商业合作关系，不能以纠错、审计的心态面对目标公司，再加上由于调查在客观上将增加目标公司额外的工作量，在工作执行层面很容易产生不配合或消极应对的情况。此时，律师情商就显得非常重要，尽量避免直接冲突，疑难问题可以通过中介机构的牵头方券商，或者收购方与目标公司交流。如果能够跟目标公司打成一片，消除顾虑，往往可以取得意外的收获效果。

（2）关于交流的方式。重要问题不要直接电话或当面口头交流，尽量用发邮件的形式通报相关方。这样一来可以留存书面交流证据，另外也可以更加有条理，也给各方留下反应答复的时间，并方便日后随时查询。

（3）重视协调会前的预沟通。尽职调查过程中，收购方或目标公司会定期或不定期组织各中介机构召开协调会，就有关问题讨论解决方案或提出下一步要求。律师在会前最好与各中介机构进行预沟通，确定讨论问题的范围和口径，知晓各机构对有关问题的立场，避免在会上出现无谓争执。同时，也要跟目标公司或收购方进行交流，同步有关信息，提高会议效率。

【案例 4-3】

北京市天元律师事务所提供法律服务违法违规案[1]

【案情简介】

根据中国证监会行政处罚决定书〔2017〕56 号披露，北京市天元律师事务所（以下简称天元所）在向九好集团提供借壳上市法律服务过程中，因存在违法违规行为，依法进行了处罚。

经查明，当事人存在以下违法事实：

1 案例信息来源：http://www.csrc.gov.cn/pub/zjhpublic/G00306212/201706/t20170602_317822.htm，最后访问日期：2020 年 7 月 5 日。

（一）天元所未按规定对九好集团银行存款进行查验

九好集团分别于2015年9月22日、23日在兴业银行股份有限公司（以下简称兴业银行）杭州分行购买1.5亿元半年期定期存款，购买当日以该定期存款为杭州煊隼贸易有限公司1.5亿元承兑汇票提供担保。2015年12月31日，九好集团上述3亿元定期存款处于质押状态。该3亿元定期存款占九好集团2015年期末合并报表披露资产总额的32.49%，占披露所有者权益的44.33%，系九好集团的主要资产。

天元所在为鞍重股份与九好集团提供法律服务过程中，对九好集团上述3亿元定期存款既未查验存单原件，也未向开户银行进行书面查询、函证，其行为违反了《律师事务所证券法律业务执业规则（试行）》（以下简称《执业规则》）第24条关于“对银行存款的查验，律师应当查验银行出具的存款证明原件;不能提供委托查验期银行存款证明的，应当会同委托人（存款人）向委托人的开户银行进行书面查询、函证”的规定，导致未能发现该3亿元定期存款处于质押状态。

（二）天元所未按规定将实地调查情况作成笔录

天元所对九好集团业务关联单位杭州黑石金融服务外包有限公司（以下简称黑石金融）等11家公司的走访，未按规定制作笔录。其行为违反了《执业规则》第15条关于“律师采用实地调查方式进行查验的，应当将实地调查情况作成笔录，由调查律师、被调查事项相关的自然人或者单位负责人签名”的规定。

（三）天元所未按规定对查验计划的落实情况进行评估和总结，查验计划未完全落实或不能实现查验目的，也未说明原因或者采取其他查验措施和方法

杭州厚达自动化系统有限公司（以下简称杭州厚达）、天安财产保险股份有限公司浙江省分公司（以下简称天安保险）在九好集团平台业务中的角色既是供应商，又是客户。天元所在走访杭州厚达时，仅将其作为供应商进行现场调查；走访天安保险时，仅将其作为客户进行现场调查。

杭州煜升科技有限公司总经理江某华既是九好集团供应商杭州金川文化创意有限公司的法定代表人，又是九好集团供应商威富通科技有限公司的业务联系人，天元所走访人员在核查和访谈过程中均未发现并充分关注这一异常现象。

天元所上述行为违反了《执业规则》第 9 条“律师事务所及其指派的律师应当对查验计划的落实情况进行评估和总结，查验计划未完全落实的，应当说明原因或者采取其他查验措施”和第 10 条“在有关查验方法不能实现验证目的时，应当对相关情况进行评判，以确定是否采取替代的查验方法”的规定。

（四）天元所出具的《法律意见》存在虚假记载及重大遗漏

天元所《法律意见》的结论性意见认为：“本次交易构成借壳上市，上市公司购买的交易对方持有的九好集团 100% 股权对应的经营实体为有限责任公司，且符合《首次公开发行股票并上市管理办法》规定的其他发行条件，本次交易符合《上市公司重大资产重组管理办法》、《首次公开发行股票并上市管理办法》和相关规范性文件规定的原则及实质性条件。”而九好集团在本次重大资产重组过程中存在严重财务造假及虚假信息披露行为，不符合《上市公司重大资产重组管理办法》《首次公开发行股票并上市管理办法》规定的发行条件，《法律意见》存在虚假记载。

天元所在《法律意见》中未说明九好集团 2015 年 12 月 31 日 3 亿元银行定期存款处于质押状态，也未按要求对此发表意见；吴某曾于 2014 年 4 月前持有黑石金融 80% 股权并担任法定代表人，于 2014 年 2 月起担任九好集团的副总裁，黑石金融与九好集团构成关联关系，天元所会同证券公司进行关联方核查时，未关注到上述关联关系，《法律意见》未披露黑石金融与九好集团之间 2014 年存在关联关系。综上所述，天元所《法律意见》存在重大遗漏。

经查明，天元所为鞍重股份和九好集团重大资产重组事项担任专项法律顾问，合计收费为 150 万元。

以上事实，有天元所出具的《法律意见》、天元所工作底稿、相关人员询问笔录、收费说明等证据证明，足以认定。

中国证监会认为，天元所未勤勉尽责，出具的《法律意见》等文件存在虚假记载及重大遗漏，违反了《证券法》第 20 条第 2 款、第 173 条有关规定，构成《证券法》第 223 条、第 226 条第 3 款所述情形。史某某等三名经办律师是对上述行为直接负责的主管人员。

根据当事人违法行为的事实、性质、情节与社会危害程度，依据《证券法》第 223 条的规定，中国证监会决定：

1. 没收天元所业务收入 150 万元，并处以 750 万元罚款。

2. 对史某某等 3 名经办律师给予警告，并分别处以 10 万元罚款。

【案件评析】

尽职调查是律师出具法律意见的主要信息渠道来源，律师的调查是否“尽职”，不仅关系到法律意见的可靠性、真实性，也关系自身的法律执业风险。天元所在此次尽职调查违规事件中，主要是在四个方面存在疏漏，导致了证监会的行政处罚：未充分核查原件、未就实地调查情况制作笔录、未按规定对查验计划落实情况进行评估和总结、出具的《法律意见》存在虚假记载及重大遗漏。根据前面的实务要点提示，这些问题如果调查律师能够在调查过程中细心地花费时间进行整理、总结，在出具法律意见时审慎论证，就不会出现问题。实务中，如果律师同时操作多个项目，往往会因为人员调配不及时、不充分、赶工期等问题导致工作粗糙，从而可能引发调查风险。这一方面给客户带来了麻烦，另一方面也给自身带来不利影响。所以，尽职调查无小事，只有时时刻刻秉承高度的责任心，周密计划、仔细落实、及时复盘，才能避免造成不良影响，甚至被行政处罚。

第五章

交易形式

5.1 交易形式的选择应当考虑的因素

在选择交易形式时，需要考虑的因素至少要包括以下六个方面：

5.1.1 交易动机

本书第三章讨论的交易动机，是选择交易形式的基本前提。通过初步的尽职调查和了解，交易各方对通过何种方式实现交易目的已经有一个大致的初步判断。例如，作为产业投资人来说，交易动机和投资目的是完成与主业相关的多元化布局，对于目标公司的投资，最好要达到能够控制的程度，或者如果暂时不能控股，要保留将来能够继续增持从而最终能够实现控制的目的。这种情况下，投资人与目标公司及其大股东/创始股东之间的交易，可以围绕增资、转股、购买股份加期权等形式展开讨论和谈判。当然，最终采取哪种交易形式，可能还受限于交易成本的控制和筹划、监管要求、支付路径等主客观因素。再如，一般的财务投资人选择投资标的时，主要交易动机还是希望能够以相对公允优惠的价格进入，以尽可能高的价格退出，同时把投资和退出的时间间隔控制得越短越好。并且，在可能的范围内，投资收益的确定性尽可能地要有保障，比如由大股东或者目标公司提供回购退出的担保等。这些情况下，交易形式要考虑的就是增资或转股加担保。

交易动机是相对的，站在不同的交易主体角度，动机会有不同甚至对立。从最终促成交易的角度看，基于各自交易动机，通过不同形式的取舍，来确定各方一致同意的交易形式，是一个不断磨合、此消彼长的过程，也是一个利益平衡的过程，需要各方交易主体的互相理解和配合。

5.1.2 股权收购与资产收购

选择交易形式时首先要考虑的因素就是是否要确定采用股权收购，资产收购能否解决交易需求？或者,股权收购和资产收购是否需要搭配使用？等等。我们先简单回顾一下股权收购和资产收购的区别及各自的优缺点。

股权收购是指收购方通过购买目标公司股东的股权或认购增资，获得目标公司的股权，以实现对目标公司实施控制的交易。这种收购方式往往伴随股东权益的变动。资产收购是指一家企业购买另一家企业实质经营性资产，通过购买资产并运营该收购资产，从而获得利润创造能力的交易行为。这种收购方式不涉及股东权益的变动，只涉及资产权属的转移。

股权收购和资产收购的主要差异如下：

（1）交易主体

股权收购的交易主体是投资人与目标公司股东；而资产收购的交易主体是收购方和目标公司，除非涉及目标公司股东承担补充责任，一般情况下目标公司股东不是交易主体。

（2）交易标的

股权收购的交易标的是目标公司的股权，交易过程中一般不直接影响目标公司的日常运营，但会导致目标公司股权架构的变动；资产收购的交易标的是目标公司的资产，例如设备、房产、土地等有形资产以及专利、商标等无形资产，资产收购将导致该目标公司资产的流动，交易过程中对目标公司的资产运营也有一定影响，但并不导致目标公司股权架构的变动。

（3）交易性质

股权收购的交易性质为目标公司的股权转让，权利和义务只在收购方和目标公司股东之间发生，目标公司本身的资产并没有变化，因此收购方可能更加关注公司的经营状况以及发展前景；而资产收购的交易性质为一般的资产买卖，涉及的是买卖双方有关资产转让的合同权利和义务，通常不会影响目标公司的股东。需要注意的是，实践中有的资产由于是在公司名下（以项目公司名义持有资产，如探矿权/采矿权、土地等，本身并无其他业务），收购方仅以获得该资产为目的，因此在交易形式上最终也可能呈现为以股权转让方式进行交易。

（4）前置程序

股权收购中，影响最大的是目标公司的股东，因此交易要首先获得股东的支持和同意，比如有限公司需要股东过半数同意并且放弃优先购买权、合营公司需要合营他方同意等；资产收购中，影响最大的是对该资产享有权利的人，如担保人、抵押权人、商标权人、专利权人、租赁权人等，对于资产的转让，必须要先得到相关权利人的同意或者必须履行对相关权利人的义务，否则交易可能无法进行。

（5）变更方式

股权收购因为股东发生变动，必须在公司住所地的市场监督管理部门办理股权变更登记手续；而部分资产收购一般不需要办理此类变更手续，但需要对各类资产的权属、资质进行变更，变更程序较股权变更来说更为复杂，变更时间周期更长，成本更高。

（6）或有债务

股权收购后，收购方成为目标公司股东，收购方作为新股东将以出资额或认购的股份为限对目标公司承担责任，目标公司的原有债务仍然由目标公司承担，因此，股权收购存在一定的或有负债风险；而资产收购中，通常资产相关的债权债务状况比较清晰，或有负债风险较小，收购方购买的是纯粹的资产，即使存在或有负债，也由原资产公司承担。

（7）税收差异

股权收购纳税义务人是收购方和目标公司股东，而与目标公司无关，股东是自然人时，收购方一般承担代扣代缴义务；股权收购主要涉及所得税及印花税；资产收购的纳税义务人是收购方和目标公司本身，根据目标资产的不同，纳税义务人需要缴纳不同的税种，主要有增值税、所得税、契税和印花税等。

（8）监管审批

股权收购中，因目标公司性质不同，所涉及的监管部门和审批事项亦有所不同：

➢ 收购不涉及国有股权、上市公司股权并购，仅涉及普通有限责任公司或非上市股份有限公司股权的，通常只需到市场监督管理部门办理股权变更登记；

➢ 收购涉及外资的，通常情况下需要经有管辖权的商务部门审批并经市场监督管理部门变更登记，审批要点主要是外商投资是否符合我国利用外资的政策；

➢ 涉及国有股权并购的，还需要经过国有资产管理部门的审批，并且经过资产评估、备案、进场交易等程序，审批要点是股权转让价格是否公允、是否可能导致国有资产流失；

➢ 涉及上市公司股权的，并购交易还需要经过证监会的审批，审批要点是上市公司是否仍符合上市条件、是否损害其他股东利益、是否履行信息披露义务等；

➢ 如并购使市场竞争份额达到国务院规定的标准，根据《反垄断法》等相关规定，并购交易可能还需要经过省级或者国家反垄断审查机构的审批，否则不得实施并购。

资产收购中，需要根据拟转让资产所属目标公司的性质决定完成何种审批。通常包括下述四种情况：

➢ 不涉及国有资产、上市公司资产的，通常不需要相关政府部门的审批或登记；

➢ 涉及国有资产的，还需要经过资产评估、备案、产权交易中心挂牌转让等手续；

➢ 涉及上市公司重大资产变动的，上市公司还应报证监会批准；

➢ 对于外商投资企业，如标的资产属于曾经享受过进口设备减免税优惠待遇并仍在海关监管年限内的机器设备，根据海关总署《对外商投资企业进出口货物监管和征税办法》的规定，必须首先得到海关的许可并且补缴关税后才能转让。

由上述差别可以看出，股权收购和资产收购有着很明显的差异，其中最核心的区别在于风险。股权收购不改变目标公司的主体资格和经营连续性，收购完成前和收购完成后对公司的业务独立性而言是无差异的，这对于稳定公司的经营管理和团队士气具有重要作用；并且，恰恰是由于这种连续性，也会使得目标公司原有的债务及各种处罚等风险持续延续，投资人要做好这方面的应对措施准备。资产收购在这方面就干净许多，收购人不用担心风险包袱。所以，具体采用哪种交易形式，需要投资人结合上述差异进行综合判断。

5.1.3 增资与转股及实务要点

在中国公司法框架下，能够导致公司股权变动的方式只有两种：增加注册资本和股权转让。一项股权交易可能采取增资的形式，也可能采取股权转让的形式，还可能同时采用这两种形式。每一种股权变动方式都有自身的特点，股权交易需要结合交易目的、各方需求等因素确定具体的交易形式。在决定采用何种交易形式前，我们先来回顾一下每种股权变动方式的特性。

（1）增资

1）增资的缴纳方式

在公司出资形式中，现金也是最常用的一种方式，操作简单，不存在价值评估问题。大多数的增资也是采取缴纳现金的方式完成，也可以用知识产权、土地使用权等无形资产作价出资。如果用无形资产出资，必须先进行评估作价，同时需对目标公司资产作出审计。2018 年公司法修改后，取消了原来针对无形资产出资比例的限制（最高不超过 70%），目前可以 100% 用无形资产出资，这对于促进科技成果产业化具有极大的推动作用。

2）同比例增资

在不引进新投资人的情况下，目标公司原股东可以按照原股权结构的持股比例，进行同比例的增资。增资完成后，所有股东的股权不会被稀释，权益份额保持不变。这是一种最常见的增资形式。

3）不同比例增资

如果部分原股东不同意继续增资，或者公司为了融资引入外部投资者，为了增强投资人的信心只有小部分股东同意继续跟投的，公司增资过程中，部分原股东的股权比例将被稀释，这种增资即为不同比例增资。虽然从每个被稀释股东的权益绝对值来看，他们的权益没有受到影响，但从未来公司整体市值来看，他们的份额是下降的。因此，不同比例的增资，需要股东事先有内部共识和心理准备。

4）增资的程序性要求

增资是公司股权架构变动的核心事件，必须要合规地完成相关程序，才能不给后续的公司资本运作埋下隐患。合规程序通常如下：

➢ 公司全体股东作出决议，同意公司进行增资；不认缴增资的股东放弃本次增资的优先认缴权；

➢ 签署交易文件；

➢ 修改或补充公司章程，可以采取公司章程修正案的形式，也可以更新公司章程；

➢ 认缴增资的股东 / 投资人投入增资资金，以实物 / 无形资产形式认缴公司增资的，需要聘请评估公司进行实物 / 无形资产的评估，按评估值入账；

➢ 特殊行业的公司，如商业银行、资产管理公司、财务公司等，仍需要聘请会计师事务所出具验资报告；一般行业的公司无须进行验资；

➢ 到主管税务部门办理税务变更登记；

➢ 到市场监督管理部门办理股权变更登记。

需要注意的是，按照中国公司法规定，公司增资属于法定重大事项，应当经过 2/3 以上表决权的股东通过方可办理。但是在实际操作中，各地市场监督管理部门出于防范股权纠纷的考虑，经常会要求全体股东一致同意公司增资，股东会决议上必须由所有股东签字。这给公司增资增加了很多工作，如果有部分股东不同意增资，股权变更手续将遇到障碍，也给权力寻租留下了空间。股权变更只要符合公司法的规定，应当办理变更登记手续。不过，作为两全之策，也可以由同意增资的股东在股东会决议中作出说明，或者单独以承诺函的形式向市场监督管理部门作出说明，将来由此产生的纠纷由股东内部解决，不会涉及登记主管部门。因为，从法律效力上看，公司的变更登记仅具有公示效力，股权变动的法律后果仍然可以结合股东或股东与投资人之间的投资协议、股东名册、实际分红记录等进行判断。

（2）转股

转股是继受取得股权的主要方式，也是公司股权变动的重要形式之一。转股相关的问题很多，也比较容易发生争议。常见的注意事项如下：

1）主体的适格性。关注某些情况下相关主体不得直接持股，或者需要满足一定条件后才能持股，避免出现交易障碍。

2）内部决策程序。目标公司内部需要就股权转让进行决议，不同意股权转让也不购买拟转让股权的内部股东，要放弃同等条件下的优先购买权，防止未来出现股权纠纷，尤其要关注导致交易被撤销的情形。

3）签署交易文件。就股权转让的相关细节，如股权作价、价款支付、过渡期安排、过户登记、或有风险承担、保证和承诺等先决条件进行约定。

4）外部审批程序。关注交易各方在股权的持有、对外转让方面的限制，特别是涉及国有股权、外商投资股权、特殊行业公司的股权等方面，需要满足特定的审批 / 备案要求才可以进行交易。

5）股权交割及交割后管理。按照交易文件约定完成股权交割，同时，也要避免重谈判轻履行的做法，倾注精力加强股权的投后管理。

（3）实务要点解析

从目标公司和股东角度，增资和转股仍然有很大区别，各方交易主体在考虑股权交易的形式时，应当注意以下因素对股权交易形式的影响：

1）实际收款主体：增资缴纳的款项直接进入目标公司的实收资本，而转股的价款直接支付给出让方股东，如果目标公司目的是融资，显然不能采取股权转让的交易形式。

2）或有出资风险：根据最高人民法院《关于适用〈中华人民共和国公司法〉若干问题的规定（三）》第 19 条规定，有限责任公司的股东未履行或者未全面履行出资义务即转让股权，受让人对此知道或者应当知道，公司请求该股东履行出资义务、受让人对此承担连带责任的，人民法院应予支持；据此，转股应当注意的一项重要风险是，交易股权如果在此前没有完成实际出资，即使股权转让完成后，受让方股东也可能会承担补缴出资义务；而增资购买的是目标公司的新股权，不存在这个问题。

3）共同绑定：首先，从投资人角度看，肯定希望所投资金用于公司的业务运营，不希望原股东借此机会套现走人，因而他们更希望采用增资的形式完成股权投资；但是，在某些情况下，也可能是为了清理原股东中因与公司价值观、理念不一致而退出公司的股东，投资人愿意进行配合，一般情况下投资人不会倾向于让原股东套现。其次，从博弈论角度看，转股是一次性博弈，出让方股东套现离场；而增资是多次重复性博弈，投资方与目标公司及其股东的利益绑定在一起。因此，增资方式更能避免套现股东的短期行为和信息不对称可能给投资方造成的损害。

4）特殊情况下的增资处理：考虑到增资需要完成的一系列程序，而目标公司又面临资金严重短缺时，公司的大股东/创始股东有时会跟投资人商量，先借一笔资金用于救急，后续再转为增资价款。后续增资时，对这笔资金可以有两种处理方式：第一，投资人的债权转为股权，目标公司无须再偿还借款；第二，增资文件签署后，投资人再向公司投入一笔资金，目标公司收到资金后用该笔资金偿还先期的投资人借款。从与股权变更登记主管部门的沟通及操作的便利性来看，实践中采用第二种处理方式的做法比较常见。

5.1.4 交易主体的风险承受能力

股权交易的环节多，程序复杂，周期也不短，交易过程中面临一系列的风险因素。这些风险因素与风险投资不同，风险投资会带来潜在的大额回报，而这些风险因素是纯粹的技术环节风险，除了可能的缩短交易周期、尽快取得股东身份等利好以外，一般不会带来潜在更多的回报。因此，交易的首要因素是要考虑如何将这些不确定性降到最低，尽快完成股权交易。

各相关股权交易主体应当对交易过程中的风险进行定性或定量评估，结合自身的风险偏好和风险承受度，作出相应的风险决策，确定采用哪一种股权交易形式。一般来说决定股权交易形式时需要考虑的风险要素包括但不限于以下几个方面：

- 投资者的投资目的；
- 投资者对管理层的期望；
- 股权的估值作价；
- 股权对价的支付形式、支付周期；
- 股权交易的审批风险；
- 税收成本及可能的税务筹划考虑；
- 投资人未来退出的渠道。

5.1.5 交易主体的支付能力

交易主体的支付能力对交易形式也有一定的影响。从投资人角度来看，如果缴纳增资价款有财务压力，可以充分利用增资可以认缴的法律规定，分期分批缴纳增资。虽然股权转让价款也可以分期支付，但出让方一般不太能接受在数年的时间里分期收到支付价款，增资在这方面相比股权转让就具有明显优势。

5.1.6 交易成本影响交易形式

这里所说的交易成本主要是指税务成本，许多情况下，税务成本会直接决定交易能否进行以及交易的具体形式。比如，在股权收购中，如果能够达到适用财政部、国家税务总局《关于企业重组业务企业所得税处理若干问题的通知》（财税〔2009〕59 号）（以下简称 59 号文）的特殊性税务处理条件，可以缓解很大的财务成本压力。按照 59 号文规定，如果收购方以股份方式支付的对价，其比例超过总体对价的 85%，并且收购的目标公司股权超过其全部股权的 50%，就可以进行特殊性税务处理，实质上可以取得递延纳税的效果。所以，各方交易主体在设计交易结构、确定股权交易形式时，尽量创造条件（主要是要达到收购的股份比例、支付形式中以股份支付并要达到规定的比例等）能够适用 59 号文，减轻被收购方股东的当期纳税压力。

另外，在公司内部重组中，如果被重组公司的股权当期价值比初始价值高出很多，将会带来高额的重组所得税成本甚至可能使重组无法进行，这种情况下将不得不采取其他交易形式完成重组。

购买股权

购买股权是最常见的继受取得股权的方式，也是最容易产生争议和纠纷的股权变动形式。下文将择取股权转让过程中的常见焦点问题进行简要分析，供大家参考。

5.2.1 拟购买股权的转让限制

1. 有限公司的转让限制

有限公司股东在内部转让股权是完全自由的，无任何限制。如果要向外部投资人转让股权，则要遵守一系列程序要求。如图 5–1 所示：

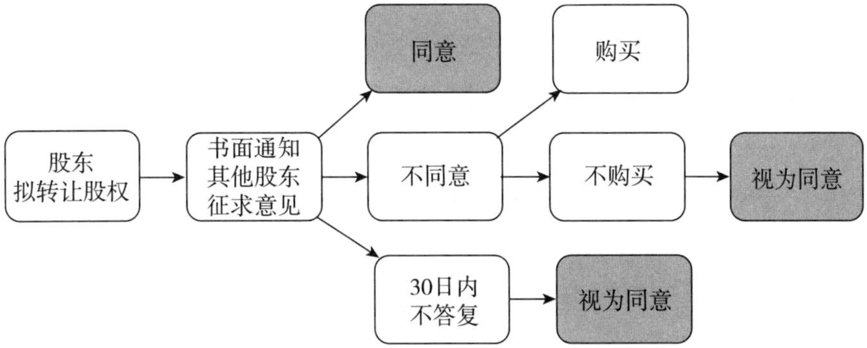

图 5–1　有限公司转让股权流程

图5–1中标注颜色的方框所标明的三种情况，无论“同意”还是“视为同意”，股东都享有在同等条件下的优先购买权。如果公司章程中对股权转让设置了其他条件，则应当按照公司章程的规定执行。

2. 股份公司的转让限制

第一，转让主体及期限限制。

（1）发起人股份转让限制。发起人持有的本公司股份，自公司成立之日起 1 年内不得转让。公司公开发行股份前已发行的股份，自公司股票在证券交易所上市交易之日起一年内不得转让。

（2）董事、监事、高级管理人员股份转让限制。公司 IPO 成功后，董事、监事、高级管理人员应当向公司申报所持有的本公司的股份及其变动情况，在任职期间每年转让的股份不得超过其所持有本公司股份总数的 25%；所持本公司股份自公司股票上市交易之日起 1 年内不得转让。特殊情况下锁定期延长至少 6 个月（特殊情况指上市后 6 个月内公司股票连续 20 个交易日收盘价均低于发行价，或者期末收盘价低于发行价）。上述人员离职后半年内，不得转让其所持有的本公司股份。另外，根据《证券法》规定，上述人员将其持有的公司股票在买入后 6 个月内又卖出，或者卖出后 6 个月内又买入，由此所得收益归该公司所有，董事会应当收回其所得收益。

（3）普通股股东（控股股东、实际控制人以外的股东）股份转让限制。公司 A 股 IPO 时，普通股股东持有的股票自上市交易之日起 1 年内不得转让。

（4）持股比例超过 5% 的股东股权转让限制。根据《证券法》规定，持股比例超过 5% 的股东将其持有的公司股票在买入后 6 个月内又卖出，或者卖出后 6 个月内又买入，由此所得收益归该公司所有，董事会应当收回其所得收益。

（5）控股股东、实际控制人（包括关联方）股份转让限制。一般情况下自上市之日起三年内不得转让股票，特殊情况下锁定期延长至少 6 个月。上市公司非公开发行的股份的，控股股东、实际控制人（包括关联方）的股份锁定期 36 个月。

（6）公司无控股股东、实际控制人时的股份转让限制。公司 IPO 时，根据证监会的窗口指导意见，将比照控股股东、实际控制人的股份锁定期规定，对持股比例较大的股东规定锁定期限制。将股东按持股比例从高到低（比例不低于发行前股份总额的 51%），自发行上市之日起锁定 36 个月。

（7）突击入股的股份转让限制。主板、中小板的上市公司，刊登招股说明书之前 12 个月增资扩股引入的股东，锁定期 36 个月；如果股份是从控股股东、实际控制人处受让取得，锁定期 36 个月；如果是从非控股股东、实际控制人处取得，锁定期 12 个月。在创业板上市的公司，提交 IPO 申请材料前 6 个月增资引入的股东，锁定期 36 个月。如果股份是从控股股东、实际控制人处受让取得，锁定期 36 个月；如果是从非控股股东、实际控制人处取得，锁定期 12 个月。

（8）上市公司非公开发行的情况下，新取得公司控制权的投资者，股份锁定期 36 个月，境内外战略投资者取得的股份锁定期 36 个月，一般投资者股份锁定期 12 个月。

（9）上市公司发行股份购买资产时，如果不构成借壳上市，则控股股东、实际控制人（包括关联方）、新取得公司控制权的投资者以及用于认购股份的资产持续拥有权益的时间不足 12 个月的投资者，锁定期 36 个月；其他投资者锁定期 12 个月。如果构成借壳上市，则原控股股东、实际控制人（包括关联方）锁定期 36 个月；除收购人及其关联人以外的其他投资者锁定期 24 个月。

（10）收购上市公司的，收购人股份锁定期 18 个月。

（11）公司收购自己股份的限制。根据《公司法》第 142 条规定，公司不得收购本公司股份，但有下列情形之一的除外：减少公司注册资本、与持有本公司股份的其他公司合并、将股份奖励给本公司职工、股东因对股东大会作出的公司合并或分立决议有异议而要求公司收购其股份等。公司收购本公司股份后，属于减少公司注册资本的，应当自收购之日起 10 日内注销；属于与其他公司合并、收购异议股东股份的，应当在 6 个月内转让或者注销；属于将股份奖励给本公司职工的，应当将所收购的股份在 1 年内转让给职工。

第二，转让方式的限制。

有限责任公司的股权转让方式无特殊限制，一般由买卖双方认可就可以。股份有限公司的股份转让，记名股票由股东以背书方式或者法律、行政法规规定的其他方式转让，转让后由公司将受让人的姓名或者名称及住所记载于股东名册；无记名股票的转让，由股东将该股票交付给受让人后即发生转让的效力。

第三，转让场所的限制。

有限责任公司的股权转让方式无特殊限制，一般由买卖双方认可就可以。股份有限公司的股份转让，应当在依法设立的证券交易场所进行或者按照国务院规定的其他方式进行。证券交易场所包括场内市场、场外市场。其中场内市场指证券交易所，如我国的上海证券交易所、深圳证券交易所，美国的纽约证券交易所等。场外市场即业界所称的 OTC 市场，又称柜台交易市场或店头市场，是指在证券交易所外进行证券买卖的市场。它主要由柜台交易市场、第三市场、第四市场组成。场外交易市场是一个分散的无形市场。它没有固定的、集中的交易场所，而是由许多各自独立经营的证券经营机构分别进行交易的，并且主要是依靠电话、电报、传真和计算机网络联系成交的。

5.2.2 控股与参股

从投资人角度，通过股权交易要么取得控股权，要么仅是简单参股。两种不同的交易结果对投资人的后续义务要求也不同。对于某些行业，取得控股权的股东对目标公司承担很多后续义务，如原中国保险监督管理委员会 2012 年 7 月 25 日发布的《保险公司控股股东管理办法》第 18 条规定，对偿付能力不足的保险公司，保监会依法责令其增加资本金时，保险公司控股股东应当积极协调保险公司其他股东或者采取其他有效措施，促使保险公司资本金达到保险监管的要求。即控股股东承担保险公司资本金充足的义务。而参股则要简单的多，只要投资人完成对应的出资义务，后续不再有其他负担。但相应地，股东话语权也很弱，“搭便车”的情形普遍存在。不过，也有一些产业投资人，在初期孵化投资项目时，对不了解的行业先参后控，也是合理的选择。

5.2.3 股权转让协议的生效

股权转让协议的生效遵循《民法典》规定的合同生效的一般规则，即合同依法成立时生效。如果当事人约定了合同附有生效条件、期限，或者法律行政法规规定需要办理批准、登记手续的，依照其约定或规定生效。在我国当前法律体系下，以《民法典》作为审查股权转让协议效力的基本依据，以《公司法》《证券法》《企业国有资产法》《外商投资企业法》等法律法规的特别规定作为补充，是审查股权转让协议效力的主要方法。

1. 股权转让合同的效力类型

（1）合同成立即生效。此种类型属于普通的股权转让合同。

（2）合同成立待生效。如果股权转让合同中约定了交割生效条件，或者附有期限，或者约定需经过国有资产管理部门、外商投资主管部门等批准才能生效的，则在这些条件成就或期限届满时合同才能生效。

（3）合同生效待撤销。有限公司股东如果未经其他股东同意及放弃优先购买权，即与外部投资人签署股权转让合同的，此类合同为可撤销合同[1]。

2. 股权转让合同的无效

在确认股权转让合同无效时，应谨慎把握《民法典》第153条的规定，“违反法律、行政法规的强制性规定的民事法律行为无效”。按照《合同法解释（一）》第4条，“合同法实施以后，人民法院确认合同无效，应当以全国人大及其常委会制定的法律和国务院制定的行政法规为依据，不得以地方性法规、行政规章为依据。”

审判实践中，最高人民法院公布的判决认为，法律规范未明确规定违者无效而且认定合同无效有害于交易安全的话，该规范就不应认定为“效力强制性规定”。同时也要注意，审判实践在对待国有股权转让时，似乎又从严把握“效力强制性规定”的口径。如在巴菲特投资有限公司诉上海自来水投资建设有限公司股权转让纠纷案中，《上海市产权交易市场管理办法》虽然是地方性规定，但其要求上海市范围内国有产权应当进场交易的规定，由于符合上位法规定的精神和公共利益，应当与行政法规同等对待。[2]

5.2.4 股权的无权处分和善意取得

善意取得是物权法上的制度，是指无处分权人处分他人的动产或不动产，接受动产或办理不动产登记的善意受让人依法取得物权，原权利人不得请求其返还或否定其取得物权的制度。善意取得的前提是无权处分，只有在行为人无处分权而处分他人财产的情况下才适用善意取得制度。

《公司法解释（三）》第28条规定的股权善意取得制度是参照物权善意

1 刘俊海：《现代公司法》（第3版），法律出版社2015年版，第476页。

2 巴菲特投资有限公司诉上海自来水投资建设有限公司股权转让纠纷案，载《最高人民法院公报》2010年第4期。

取得适用的，其适用条件包括四项：

1. 行为人无处分权却处置了他人股权，包括股权转让、质押等；

2. 股权受让人已经支付了对价；

3. 股权受让人主观上存在善意；

4. 公司已经为受让人办理了股权变更登记手续。

司法实践中常见的股权善意取得情形包括：

1. 一股二卖。即股权转让后未进行工商变更登记前，出让方股东再次将股权转让给其他人的行为。此时受让方可以主张适用善意取得制度，不能取得股权的受让方有权根据股权转让合同追究出让方股东的违约责任。此种情形下，公司是否进行工商变更登记决定了是否可以适用善意取得制度，因此意味着公司有权选择最终受让人，本质上是赋予公司享有反悔权。[1]

2. 伪造签字下的股权转让。伪造股东签字转让股权的情形大致可以包含三种情况：

（1）登记申请人伪造签字造成工商登记错误下的股权处分，依据登记的公示公信效力，在满足善意取得适用条件时，可适用善意取得制度。

（2）伪造股东签字转让股权构成无权处分，如果原权利人无过错，则对其利益的保护不应低于第三人，此时善意取得制度不能适用。[2]

（3）伪造股东签字转让股权后的再转让构成无权处分，适用善意取得制度。

3. 夫妻双方共同出资设立公司，并分别登记为股东的，在一方伪造另一方签字时，无论家庭财产是否分割，基于“夫妻家务代理权”理论，受让人均有权善意取得股权。

---

1 王涌：《股权如何善意取得？——关于〈公司法〉司法解释三第 28 条的疑问》，载《暨南学报》（哲学社会科学版）2012 年第 12 期。

2 白慧林：《股权转让热点问题——规则与实践的考量》，法律出版社 2014 年版，第 103 页。

【案例 5-1】

张某宇、庞某男股权转让纠纷案[1]

【基本案情】

2013 年 12 月 16 日，张某宇、庞某男向云南省昆明市盘龙区人民法院起诉请求：

1. 依法确认戴某学、王某仙将尊良公司 95% 的股权转让给王某仙无效；

2. 依法确认戴某学、王某仙、王某喜将尊良公司 95% 的股权转让给王某喜无效；

3. 依法确认戴某学、王某仙、王某喜、国恒公司、尹某将尊良公司 96% 股权分别转让给国恒公司（76%）和尹某（20%）无效；

4. 依法判令戴某学、王某仙、王某喜、国恒公司、尹某承担本案诉讼费用。

一审法院经审理查明：

2009 年 8 月 31 日，张某宇、庞某男及戴某学三人共同商议虚拟黄某股东身份，以四人作为股东的名义签署尊良公司章程，委托昆明鸿雅信息咨询服务部员工朱某垫付验资款 1000 万元，以黄某出资 550 万元、张某宇、庞某男、戴某学各出资 150 万元的名义存入验资账户，取得验资报告和 9 月 1 日尊良公司营业执照后，1000 万元验资款被全部转走，四人均未按公司章程缴纳其认缴的出资款项。

2009 年 12 月 24 日，戴某学在未召开股东大会且张某宇、庞某男、案外人黄某不知情的情况下，委托代办机构将尊良公司 95% 的股权转让给王某仙，并办理了变更登记手续。转让完成后公司股权结构为：王某仙出资 950 万元，占 95%；戴某学出资 50 万元，占 5%。（第一次股权转让）

2011 年 1 月 11 日王某仙、王某喜、戴某学签署尊良公司股东会决议，

1 案例信息来源：https://susong.tianyancha.com/3a98fc149fb211e788a5008cfaf8725a，最后访问日期：2020 年 5 月 8 日。

同意公司注册资本由原 1000 万元增加为 5000 万元；新增股东王某喜投入资金 4000 万元，出资时间为 2011 年 1 月 14 日。2012 年 1 月 8 日尊良公司出具股权转让协议，王某仙将其 15% 股权按 750 万元的价格转让给王某喜，并于 2012 年 2 月 2 日办理股权变更登记，公司法定代表人变更为王某喜。转让及增资完成后公司股权结构为：王某喜出资 4750 万元，占 95%；王某仙出资 200 万元，占 4%；戴某学出资 50 万元，占 1%。（第二次股权转让）

2012 年 2 月 13 日尊良公司作出股东会决议，同意王某喜将其 50% 的股权按 2500 万元向云南国恒投资有限公司（以下简称国恒公司）转让，国恒公司支付 2500 万元给王某喜，变更公司法定代表人为高某国，并办理变更登记手续。转让完成后股权结构为：国恒公司出资 2500 万元，占 50%；王某喜出资 2250 万元，占 45%；王某仙出资 200 万元，占 4%；戴某学出资 50 万元，占 1%。（第三次股权转让）

2012 年 7 月 28 日尊良公司出具股权转让协议，由王某喜将其在公司的股权按 1250 万元转让给国恒公司，由戴某学将在其公司的全部股权按 50 万元转让给国恒公司，由王某喜将其在公司的股权按 1000 万元转让给尹某，并于同日出具股东会决议，确认上述股权转让，明确股权转让完成后，尊良公司股东会由国恒公司、尹某、王某仙组成。公司股权结构为：国恒公司出资 3800 万元，占 76%，尹某出资 1000 万元，占 20%，王某仙出资 200 万元，占 4%。（第四、五、六次股权转让）

昆明市中级人民法院二审查明：2009 年 12 月 24 日王某仙受让尊良公司 95% 股权时支付了 150 万元的对价。国恒公司及尹某在 2012 年 2 月 13 日和 2012 年 7 月 28 日受让王某喜 95% 股权、戴某学 1% 股权时，均足额支付了对价。2012 年 10 月 30 日尊良公司注册资本由 5000 万元增加到 1 亿元。2013 年 9 月 2 日尊良公司注册资本由 1 亿元增加到 2 亿元。截至本案审理之日，尊良公司的在册股东依然是国恒公司、尹某和王某仙。二审经审理确认的其余事实与一审认定事实一致。

云南省高级人民法院再审查明：2013 年 9 月 3 日，昆明尊良房地产开发有限公司进行实收资本变更，注册资本增加为 2 个亿，登记股东是云南国恒投资有限公司、尹某和王某仙，分别出资 1.58 亿元、4000 万元、200 万元，各占比例是 79%、20%、1%。2016 年 6 月 28 日，国恒公司受让王某仙 1% 的股权，国恒公司出资 1.6 亿元，尹某出资 4000 万元，各占比例是 80%、20%。其余事实与一审、二审认定事实一致。

【法院判决】

一审法院判决：（1）确认被告王某仙、戴某学于 2009 年 12 月 24 日将昆明尊良房地产开发有限公司 95% 的股权转让给予被告王某仙无效；（2）确认被告王某仙、戴某学、王某喜于 2011 年 1 月 14 日和 2012 年 1 月 8 日将昆明尊良房地产开发有限公司 95% 的股权转让给予被告王某喜无效；（3）驳回原告张某宇、庞某男的其他诉讼请求。

二审法院认为，第一，张某宇、庞某男瑕疵出资并不必然导致股东资格的丧失，在公司股东会没有作出明确的除名决议前，其二人仍然享有公司股东资格。第二，戴某学处置张某宇、庞某男和黄某名下 85% 股权的转让行为，属于无权处分，该转让行为无效；戴某学转让自己持有的 10% 股权的行为，张某宇、庞某男未同时作出购买的意思表示，其二人不购买，则视为同意转让，故戴某学处置其自己股权的行为应为有效；王某喜增资入股成为公司股东在先，受让王某仙股权在后，前后间隔一年之久，没有其他证据证明王某喜增资之前对于公司股权存在争议的事实是明知的，因此双方之间不存在恶意串通转移股权的情形，王某仙于 2012 年 1 月 8 日转让股权给王某喜的行为应为合法有效；国恒公司和尹某基于对工商登记股东的信赖而受让股权，均足额支付了对价、已经办理了股权变更登记，符合股权善意取得的条件，受让人国恒公司和尹某依法应当取得尊良公司的股权。国恒公司和尹某基于善意取得的公司股权已经无法再回转给张某宇和庞某男，张某宇、庞某男可以通过其他途径向实际侵权人主张赔偿责任。二审判决：（1）撤销昆明市盘龙区人民法院（2014）盘法民三初字第10号《民事判决书》第一项、第二项，即确认被告王某仙、戴某学于2009年12月24日将昆明尊良房地产开发有限公司95%的股权转让给予被告王某仙无效；确认被告王某仙、戴某学、王某喜于2011年1月14日和2012年1月8日将昆明尊良房地产开发有限公司95%的股权转让给予王某喜无效。（2）确认2009年12月24日戴某学转让张某宇、庞某男及黄某所有的昆明尊良房地产开发有限公司的股权合计85%给王某仙的行为无效。

再审法院认为，本案争议的法律问题及其分析如下：

1. 关于张某宇、庞某男的原始股东资格是否已经丧失的问题

本院再审认为，根据《公司法》规定，我国公司法为促进经济发展，将注册资本由一次足额实缴制改为分期认缴制，在公司章程签名盖章、记载于股东名册、经工商登记的股东应被认定为公司股东，张某宇、庞某男是公司发起时登记在册的股东，其出资瑕疵不必然导致股东资格的丧失，二审判决认定“二人仍然享有公司的股东资格”正确。

2. 关于第一次股权转让的效力问题

本院再审认为，首先，2009年12月24日戴某学第一次将尊良公司95%股权转让给王某仙的行为，未依照《公司法》第71条第2款的规定就其股权转让事项向张某宇、庞某男两位股东发出书面通知征求同意，二审判决认定“视为二人同意转让”缺乏适用的前提，应当予以纠正。其次，戴某学2009年12月24日提交给登记机关的股权转让协议、股东会决议、公司章程修正案、指定代表的证明、公司变更登记申请书均为虚假材料，已经于2011年1月24日在工商局的行政处罚决定书中给予了否定性的评价，在行政机关已经认定整个转让属于提交虚假材料的违法行为的前提下，第一次股权转让全部应当认定为无效行为，抗诉机关提出二审判决认定“戴某学转让自己持有的10%的股权

行为有效”属于法律适用不当的抗诉意见正确，应当予以采纳。

3. 关于第二次股权转让的效力问题

本院再审认为，基于王某仙、王某喜的姐妹身份，王某仙、王某喜对第一次王某仙受让的 95% 股权来源是明知的，抗诉机关提出“王某仙与王某喜就王某仙违法取得的股权进行转让，王某仙进行股权转让的行为属无权处分，王某喜不具备主观上的善意，二审判决认定王某喜构成善意取得属于法律适用不当”的抗诉理由成立，二审判决认定“王某仙于 2012 年 1 月 8 日转让股权给王某喜的行为属于合法有效的行为”不当，应当予以改判 2012 年 1 月 8 日第二次股权转让无效。

4. 关于第三、四、五、六次股权转让的效力问题

本院再审认为，关于第三至六次的股权转让，均是在王某仙、王某喜、戴某学登记为公司股东的前提下经股东同意进行的股权转让，当事人意思表示真实，支付了相应的对价并办理了股权变更登记，符合《公司法》第 71 条关于有限责任公司股权转让的条件和第 73 条规定的程序，没有违反法律、行政法规的强制性规定，二审判决确认“云南国恒投资有限公司和尹某依法应当取得尊良公司的股权”正确，第三次至第六次股权转让有效。

综上所述，判决如下：

（1）撤销云南省昆明市中级人民法院（2014）昆民五终字第 25 号民事判决和云南省昆明市盘龙区人民法院（2014）盘法民三初字第 10 号民事判决；

（2）确认 2009 年 12 月 24 日戴某学将昆明尊良房地产开发有限公司 95% 的股权转让给王某仙无效；

（3）确认 2012 年 1 月 8 日王某仙将昆明尊良房地产开发有限公司 15% 的股权转让给王某喜无效；

（4）驳回张某宇、庞某男的其他诉讼请求。

【案件评析】

本案集合了出资瑕疵、无权处分、善意取得等问题，是一个典型的股东资格纠纷案件，案件中反映出的下列问题值得关注：

1. 出资瑕疵对股东资格的影响

股东违反出资义务将产生两方面的后果：

（1）股东权利将被限制或解除。《公司法解释（三）》第 16 条规定，股东未履行或者未全面履行出资义务，公司根据公司章程或者股东会决议有权对其利润分配请求权、新股优先认购权、剩余财产分配请求权等股东权利作出相应的合理限制；第 17 条规定，有限责任公司的股东未履行出资义务，经公司催告缴纳或者返还，其在合理期间内仍未缴纳或者返还出资，公司以股东会决议解除该股东的股东资格。

（2）根据违反出资义务的责任体系，瑕疵出资的股东可能依据情形承担民事责任、行政责任、刑事责任（新公司法实施后限于实行注册资本实缴制的公司）。

本案中原告股东在公司设立时通过第三方垫资的方式缴纳注册资本，公司成立后再将资金转出，这种行为客观上造成了公司注册资本不实。尊良公司在章程中没有设置限制或解除股东资格的措施，股东会也未作出相关决议限制股东权利，因而，本案中的瑕疵出资除了按照《公司法》规定承担民事责任及行政责任外，两名原告的股东资格仍合法存续。

2. 出资瑕疵的股权可以转让

股东未履行或未完全履行出资义务的股权，是可以转让的。《公司法解释（三）》第 18 条规定，有限责任公司的股东未履行或者未全面履行出资义务即转让股权，受让人对此知道或者应当知道，公司请求该股东履行出资义务、受让人对此承担连带责任的，人民法院应予支持；公司债权人向该股东提起诉讼，同时请求前述受让人对此承担连带责任的，人民法院应予支持。受让人根据前款规定承担责任后，向该未履行或者未全面履行出资义务的股东追偿的，人民法院应予支持。因而，剔除本案前两次股权无权处分的影响，假如是正常转让瑕疵股权，也是符合规定的。

3. 关于善意取得的适用条件

前述股权善意取得的四个条件，必须同时具备方可适用。案件中第一次股权转让和第二次股权转让，当事人构成无权处分（且处于持续状态），但主观上均非善意，因而不能适用善意取得。对第三、四、五、六次股权转让，如果要求受让人对此前交易进行审查是不现实的，由于转让方是工商登记公示的股东，当事人意思表示真实，受让人也支付了相应对价并办理了股权变更登记，主观上是善意的，完全符合股权善意取得的适用条件，因而股权转让是有效的。

5.2.5 侵害股东优先购买权的合同效力

在有限责任公司的场景下，股东向外部投资者转让股权时，必须尊重其他非转让股东的同意权及优先购买权。股东在未经其他股东同意放弃优先购买权的情况下，与外部投资者签署的股权转让合同，在效力上应为可撤销合同。原因有三点：

1. 此种合同不是绝对有效的合同。否则，其余股东的优先购买权将被架空，有限公司的人合性将不能得到有效保护。

2. 此种合同不是绝对无效的合同。因为转让方不是无权处分，其余股东是否有意愿、有财力行使优先购买权也存在不确定性，若将此类合同一律认定无效，则不利于维护交易安全及提高交易效率。

3. 此种合同也并非效力待定的合同。效力待定的合同指合同虽然已经成立，但因其不完全符合有关生效要件的规定，因此其效力能否发生，尚未确定，一般须经有权人表示承认才能生效。如股权转让合同除了欠缺优先购买权程序外，其他方面若都符合成立及生效的一般要件和特殊要件，则其效力是确定的，当事人可以据此取得股权变动的法律效果。

为了尽快确定股权交易秩序，任何享有优先购买权的股东，可参照《合同法》第55条有关撤销权除斥期间的规定，请求人民法院或仲裁机构撤销该合同。

外商投资企业股权转让中侵犯优先购买权的，依据最高人民法院《关于审理外商投资企业纠纷案件若干问题的规定（一）》第12条规定，“外商投资企业一方股东将股权全部或部分转让给股东之外的第三人，其他股东以该股权转让侵害了其优先购买权为由请求撤销股权转让合同的，人民法院应予支持。其他股东在知道或者应当知道股权转让合同签订之日起一年内未主张优先购买权的除外。”该规定明确赋予了权利人一年的行权期限，超过一年的不得再继续行使。

【案例5-2】

中国华融资产管理公司与北京新奥特集团有限公司等股权转让纠纷案[1]

【基本案情】

中国华融资产管理公司（以下简称华融公司）因与北京新奥特集团有限公司（以下简称新奥特集团）、比特科技控股股份有限公司（以下简称比特科技）签订的股权转让协议未能继续履行，新奥特集团向一审法院提起诉讼，请求判令华融公司继续履行股权转让协议；赔偿因违反股权转让协议造成的损失。

2002年6月28日，华融公司与比特科技、新奥特集团签订关于北京北广电子集团有限责任公司（以下简称北广集团）的股权转让协议，约定：比特科技、新奥特集团共同组成收购团收购华融公司持有的北广集团55.081%的股

1　案例信息来源：http://www.maxlaw.cn/p-njgsfw-cn/artview/865004130213，最后访问日期：2020年5月8日。

权。在协议签订起 3 日内，比特科技、新奥特集团支付股权转让款 1 亿元，余款在协议签订起 3 个月内或评估报告经国家主管部门备案之日起 7 日内付清。比特科技、新奥特集团依约支付 1 亿元后，华融公司协助办理股权转让的过户手续。受让方完全知悉其他股东不配合办理股权变更工商登记手续的风险，并承诺不为此向出让方提出任何抗辩，不影响受让方支付股权转让价款，出让方已经收到的股权转让价款不予返还。

同年 6 月 28 日，北广集团召开股东会会议，就华融公司将其持有的北广集团全部股权转让给比特科技和新奥特集团的相关事项作出决议。北广集团的另一股东北京电子控股有限公司(以下简称电子公司)未在相关决议上签章认可。

同年 9 月 27 日，华融公司与新疆国际信托投资有限责任公司(以下简称新疆国投)、新奥特集团、比特科技；华融公司与新奥特集团、比特科技分别签订《关于股权转让相关问题的协议书》(一)、(二)，协议书确认：新奥特集团、比特科技共向华融公司交付股权转让款 1 亿元。新疆国投同意以信托方式对新奥特集团、比特科技给予融资 2 亿元的支持。因北广集团的另一股东已经以华融公司侵犯其优先购买权为由提起仲裁程序，新奥特集团、比特科技对继续履行 6 月 28 日的股权转让协议作出承诺。即如华融公司在仲裁案件中败诉，造成转让的股权不能过户，股权转让协议不能继续履行时，新奥特集团、比特科技不得追究华融公司因此而产生的相关责任。

同年 12 月 10 日，新疆国投、新奥特集团、比特科技共同致函华融公司，要求华融公司在相关期限前，与新疆国投办理自资金共管账户取回相当于 2 亿元的一切手续；自新奥特集团向华融公司支付的 1 亿元资金中，向新疆国投支付 500 万元。华融公司已依此函执行。后华融公司于 2003 年 4 月 16 日将新奥特集团、比特科技支付的股权转让款 9550 万元退回新奥特集团的账户。

2002 年 9 月 23 日，电子公司以华融公司为被申请人，向北京仲裁委员会申请就电子公司作为北广集团股东有权享有优先购买权作出相关裁决。北京仲裁委员会裁决："2002 年 12 月 31 日前，电子公司有权行使作为北广集团股东所享有的同等条件对华融公司拟转让的北广集团 55%股权的优先购买权。2002 年 12 月 31 日前一次性将转让的总价款 3 亿元付给华融公司。"依据上述裁决，12 月 20 日，电子公司与华融公司签约；12 月 23 日，电子公司向华融公司付款。

二审法院查明：2002 年 6 月 12 日，新奥特集团委托律师向华融公司出具律师函称，新奥特集团与华融公司签订《股权转让框架协议》后，在致电子公司的"通知函"中就拟转让股权比例、转让价格等情况向电子公司进行了正式通报，并要求电子公司在同年 4 月 24 日前就是否行使优先权作出明确答复，若电子公司未能在此之前明确表示收购，则丧失优先购买权。电子公司回函表示不放弃优先购买权。该律师函认为，电子公司不放弃优先购买权的表示，未满足华融公司"明确表示收购与否"的要求，同时提出对转让条件的反要求，是对同等条件的拒绝，电子公司已丧失优先购买权。同年 6 月 13 日，华融公司通过公证向电子公司发出"通知函"，再次通报了其与新奥特集团等达成的转让股权的条件，要求电子公司于同年 6 月 28 日上午 9：00 前书面承诺是否以同等条件行使优先购买权；如承诺行使，则应于同日签订股权转让协议，否则视为放弃优先权。电子公司没有对此进行答复。华融公司于同年 6 月 28 日上午 11：30 与新奥特集团、比特科技签订股权转让协议。该协议约定：如果北广集团及北广集团其他股东不配合受让方办理股权变更工商登记手续，可能造成迟延变更工商登记，不能及时将出让方的股权过户到受让方的名下，受让方完全知悉前述风险，出让方对由此可能发生的风险不承担任何责任。协议还约定：华融公司保证对其持有的北广集团股权享有完全的、排他的权利；至本协议生效之日止，该股权未设置任何质押及其他第三者权益。

【法院判决】

一审法院认为：因北京仲裁委员会先于本案的生效裁决书裁决北广集团的

另一股东电子公司对华融公司拟转让的股权享有同等条件的优先购买权，且电子公司与华融公司已就此在仲裁裁决指定的时间内，签订了协议并给付款项，故华融公司与比特科技、新奥特集团股权转让协议目的已不能实现、基础条件不具备，该合同应终止履行。故对新奥特集团要求继续履行股权转让协议的诉讼请求不予支持。华融公司在电子公司明确表示不同意转让该股权，亦未明确表示放弃购买权，且未在相关股东决议上签字认可转让股权行为的情况下，明知股权转让协议可能发生履行不能的后果，仍与新奥特集团签订股权转让协议及多项附属协议，并于电子公司申请仲裁后，仍收取 2 亿元股权转让款，其对造成该案纠纷负有主要责任，应为此承担相应后果。新奥特集团在与华融公司签约过程中对其所购股权处于不确定状态及风险已经知悉，亦应对因股权转让协议不能履行而形成的部分损失承担相应责任。新奥特集团为实现合同目的，促成双方协议的履行所支付的款项而形成的部分损失，应由华融公司予以赔偿。鉴于双方对此未有具体约定，且亦不能达成一致意见，酌情确定华融公司赔偿新奥特集团的损失数额为 300 万元。一审法院据此判决：华融公司与比特科技、新奥特集团签订的关于北京北广电子集团有限责任公司股权转让协议及相关协议终止履行；华融公司赔偿新奥特集团损失 300 万元。

二审法院认为：华融公司与新奥特集团、比特科技签订的股权转让协议是有效合同。股权转让协议未能继续履行的原因在于北京仲裁委员会生效的裁决书裁决案外人电子公司对华融公司拟转让的股权享有同等条件的优先购买权，且电子公司与华融公司已在仲裁裁决指定的时间内，签订协议并向华融公司给付了 3 亿元股权转让款。电子公司实际行使优先权的行为，使华融公司与新奥特集团签订的股权转让协议的标的不复存在，继续履行已不可能。一审判令该股权转让协议终止履行并无不当，双方当事人也未对此提起上诉，故法院对该项判决予以维持。

案件争议的焦点之一是，股权转让协议终止履行后，给新奥特集团造成的损失如何承担。华融公司和新奥特集团在签订股权转让协议时，均知悉公司法规定的其他股东在同等条件下享有优先购买权，也知悉电子公司不放弃优先权的态度。由于法律对股东行使优先权的方式、期限等没有明确规定，华融公司采取通知函的形式，限期电子公司行使优先权，逾期视为放弃。新奥特集团完全认同华融公司已经以此方式排除了电子公司行使优先权的权利。双方在认为电子公司已丧失优先权的情况下签订了股权转让协议。此后的仲裁裁决电子公司有权行使优先权。电子公司实际行使优先权的行为，最终导致股权转让协议终止履行。由于华融公司与新奥特集团在签约时，应当预见该合同可能因电子公司行使优先权而终止，但没有预见，造成合同终止履行，对此双方均有过错。新奥特集团因准备合同履行及实际履行中产生的损失应由华融公司、新奥特集团各自承担 50%。华融公司认为其履行生效的仲裁裁决而无法继续履行与新奥特集团的股权转让协议，没有过错，不应承担新奥特集团的损失，其理由与事实不符，不予支持。华融公司以协议约定股权不能过户的风险由新奥特集团承担为由，要求不承担协议终止履行造成的损失，因华融公司与新奥特集团在协议中，只约定了股权迟延过户的风险，并没有约定不能过户风险的承担问题，故华融公司的该上诉理由也不能成立，不予支持。优先购买权是法律规定股东在同等条件下对其他股东拟对外转让的股份享有的优先购买的权利，是一种为保证有限责任公司的人合性而赋予股东的权利。优先权的规定并不是对拟转让股份的股东股权的限制或其自由转让股份的限制。电子公司依法行使优先权，并不能证明华融公司对其持有的股权不享有完全的、排他的权利。新奥特集团以华融公司违反协议约定为由，要求其承担全部赔偿责任的上诉请求，没有事实和法律依据，不予支持。二审法院据此判决：维持一审判决主文第一项华融公司与比特科技、新奥特集团签订的关于北京北广电子集团有限责任公司股权转让协议及相关协议终止履行；变更一审判决第二项：中国华融资产管理公司赔偿北京新奥特集团有限公司损失 1,844,877.88 元及占用 1 亿元资金的利息损失的 50%。

【案件评析】

未经其他股东同意即与外部投资者签署股权转让合同，在实践中较为常见。由此类合同引发的争议，常常给一方或多方当事人带来损失。结合本案的处理结果，笔者认为需要关注下面几个问题：

1. 关于股权转让合同的生效条件。有限公司未召开股东会就股权转让事项作出决议，或者未通知其他股东的情况下，拟转让股权的股东在与外部投资人签署股权转让协议时，尽量附加生效条件，如“本合同的生效以取得非转让股东同意函及放弃优先购买权的承诺函为条件，在条件成就之前，本股权转让合同对交易各方不具有约束力”等，以避免转让方产生违约责任。

2. 如果交易各方无法在合同中约定取得放弃优先购买权的承诺函作为条件，则应当将免责条款设计到位。如本案中双方约定“受让方完全知悉其他股东不配合办理股权变更工商登记手续的风险，并承诺不为此向出让方提出任何抗辩”即是。并且，要将其他非转让股东是否同意放弃优先购买权的可能性予以充分披露，以减轻转让方可能的违约责任。

3. 本案因为仲裁裁决导致股权转让协议无法履行，客观上给股权转让中的受让方也带来了风险，即如果转让方由于各种原因导致不能继续履行原转让协议的，受让人除了充足的合同条款外，没有其他救济措施。如果合同条款也不充足，就会像本案的新奥特集团一样被动。这里需要注意另一个相关的问题，依据《公司法解释（四）》第 20 条，转让股东在其他股东主张优先购买后又反悔，不同意转让股权的，对其他股东优先购买的主张，人民法院将不予支持，但其他股东主张转让股东赔偿其损失合理的，人民法院应当给予支持。

5.2.6 违反公司章程规定转让股权的效力

《公司法》第 71 条第 4 款规定“公司章程对股权转让另有规定的，从其规定”，赋予了公司章程对股权转让进行特殊规定的空间。公司章程对股权转让的特殊规定主要包括三种类型：

第一，禁止转让规定，指在实体上或程序上能够产生禁止转让后果的章程规定，如“公司股份须经股东会一致同意方可转让”“股东入股后不得对外转让股权”等；

第二，强制转让规定，指股东在一定条件下必须转让股权的规定，如“股东在离职、退休、调离等情况下必须将股份转让给公司或其他股东”等；

第三，其他限制转让规定，比如“公司高管转让股份的比例和时间限制”“征求其他股东同意及放弃优先购买权的方式、时间”等。

实践中因违反公司章程的规定而引起的股权转让纠纷，由于相关法规文件规定的欠缺，导致存在较大的解释空间。在判断公司章程对股权转让特殊规定的效力时，一方面要考虑公司章程的性质；另一方面也要考虑该项条款的属性，综合对其效力进行认定。具体而言：

1. 关于公司章程的性质。一般认为，初始章程是全体投资人的一致意思表示，对全体投资人有约束力，不仅具有公司自治规范的性质，也具有合同的性质（瑕疵出资股东的违约责任即源于此）；而公司成立后经资本多数决原则通过的修订章程，本质上已经不完全是合同，异议股东的意思表示没有在修订章程中体现，虽然有关组织行为的规范仍然适用于全体股东，但涉及私权处分的条款不应对异议股东有约束力，否则，就相当于给股东设定了新义务。此时，公司章程更多体现的是内部自治规范的性质，合同性相比较初始章程已经弱化，但对于原始股东仍具有强合同性。因此，初始章程和修订章程的区分，是确定章程限制性规定的效力时需要遵循的主线。

2. 关于禁止转让条款的效力。股权转让权是私权，股东有处分的自由，如果公司设立之初，全体股东为了维持公司的人合性，在初始章程中规定禁止转让股权，笔者认为是有效的，此种情况下投资者若不认同这种规则，可以选择不参与公司设立，没有影响第三方利益或者公序良俗，当事人之间的约定应当被尊重。但是公司设立后，考虑到资本多数决原则对公司章程修订的影响，表决结果体现的是团体意思，异议股东的意见可能得不到尊重，因此禁止转让股权条款对异议股东应是无效的，但对同意章程修改的股东应当有效，否则有违诚实信用原则。

3. 关于强制转让条款的效力。此类条款在司法实践中争议很大，不同地区不同级别法院的理解大相径庭。股权转让权是固有权，除股东本人外，其他第三方包括公司都不得剥夺。本书认为，认定此类条款的效力应当遵循与禁止转让条款相同的原则，即初始章程可以有效，修改后的章程只对同意章程修改的股东有效，对异议股东无效。另外，还要考虑此类条款是否充当了大股东排挤小股东的工具、股东转让股权是否将从根本上改变公司存续的能力和基础、是否违背公序良序原则等，综合判断强制转让条款的效力。

4. 关于股权转让价格规定条款的效力。如果公司章程中规定，股东转让股权时应当按照注册资本确定转让价格，此类规定是否有效？对此，我国《公司法》及相关规定目前未作明确，从公平的角度讲，似乎应认定该规定“显失公平”，从而认定其可撤销更符合公平原则。但在不存在欺诈、胁迫、乘人之危等导致结果显失公平的情况下，不应认定关于股权转让价格的强制性规定显失公平。[1]除了存在显失公平导致合同撤销的情形以外，公司章程对股权转让价格的规定，即使存在股权转让价格偏低的问题，如果是初始章程的约定，股东也应当遵守，但如果是修订章程的规定，且转让股东在对章程修正案进行表决时没有提出异议的，也应当遵守。此处的判断逻辑与上述禁止转让条款是一致的。

1 范健、王建文：《公司法》（第 4 版），法律出版社 2015 年版，第 307 页。

【案例 5-3】

奇虎三六零软件（北京）有限公司变更公司登记纠纷案[1]

【基本案情】

上诉人奇虎三六零软件（北京）有限公司（以下简称奇虎三六零公司）因与被上诉人蒋学文、被上诉人上海老友计网络科技有限公司（以下简称老友计公司）、被上诉人胡喆请求变更公司登记纠纷一案，不服上海市杨浦区人民法院民事判决，向法院提起上诉，要求撤销一审判决。

经一审法院审理查明：老友计公司于 2011 年 3 月 21 日经上海市工商行政管理局杨浦分局注册成立，注册及实收资本为人民币 100,000 元，其中：胡喆认缴并实缴 60,000 元、李某认缴并实缴 40,000 元，公司法定代表人为胡喆。

同年 6 月，奇虎三六零公司作为甲方、老友计公司作为乙方、胡喆及案外人李某作为丙方，三方共同签订《投资协议书》，约定：奇虎三六零公司以现金方式出资 3,500,000 元认购公司新增注册资本，占增资后公司注册资本的 38%，其中 61,290 元进入公司注册资本，其余进入公司资本公积金；增资扩股完成后，公司注册资本为 161,290 元；甲方对乙方从事以下行为享有一票否决权：公司的融资计划、重组……以及任何股份的出售、转让、质押或股东以任何方式处置其持有的公司股权的部分或全部；任何一方违反本协议的约定，或未履行其在本协议中的承诺保证，或其在本协议中的承诺、保证不真实，均属违约。

嗣后，老友计公司办理了工商变更登记手续，公司的注册及实收资本均为 161,290 元，现公司的登记股东及持股情况为：胡喆（持股 37.2%）、奇虎三六零公司（持股 38%）、李某（持股 24.8%）。

老友计公司 2011 年 6 月 13 日的《上海老友计网络科技有限公司章程》（以

1 案例信息来源：https://susong.tianyancha.com/6e94f43f1cb711e6b554008cfae40dc0，最后访问日期：2020 年 5 月 8 日。

下简称《章程》)第 16 条规定：董事会对所议事项作出的决定由 1/2 以上的董事表决通过方为有效，并应作为会议记录，出席会议的董事应当在会议记录上签名；但以下事项的表决还需取得股东奇虎三六零公司委派的董事的书面同意方能通过：(根据协议添加至此处)；董事会决议的表决，实行一人一票；同时，该章程第 24 条规定：股东向股东以外的人转让股权，应当经其他股东过半数同意。股东应就其股权转让事项书面通知其他股东征求同意，其他股东自接到书面通知之日起满 30 日未答复的，视为同意转让。其他股东半数以上不同意转让的，不同意的股东应当购买该转让的股权；不购买的，视为同意转让。

2013 年 8 月 12 日，胡喆分别向奇虎三六零公司及案外人李某发出《股权转让通知书》，载明："本出资人拟将拥有上海老友计网络科技有限公司 37.2% 的股权以壹拾万元的价格转让给蒋学文。请各股东自收到本通知书之日起三十日给予书面答复，确定是否需要使用优先购买权以同等价格购买本出资人出让的股权；逾期未予答复的视为同意转让。"奇虎三六零公司及李某均未向胡喆作出书面回复。

同年 9 月 27 日，胡喆作为出让方、蒋学文作为受让方签订《股权转让协议》，约定：出让方与受让方一致同意，出让方向受让方转让其合法拥有的老友计公司 37.2% 之股权，对价为 100,000 元；协议签订后 7 日内，受让方支付出让方股权转让款 100,000 元整；受让方支付全部股权转让款后 10 日内，出让方及公司必须为受让方办理工商注册变更登记手续。次日，蒋学文向胡喆支付 100,000 元。

经二审法院审理查明：原审法院查明的事实属实，本院予以确认。

【法院判决】

一审法院认为，根据我国《公司法》的相关规定，有限责任公司股东可以依照法定条件转让其股权，但公司章程对转让有约定的，以优先适用公司章程为原则。2011 年 6 月，奇虎三六零公司作为投资方与老友计公司、胡喆及李某签订《投资协议书》，为保障投资方利益，各方约定奇虎三六零公司对于老友计公司包括任何股权的出售与转让等经营重大事项上享有“一票否决权”，该协议书经老友计公司全体股东同意，依法以书面形式制定，用以规范公司组织及股东行为，系协议各方的真实意思表示，体现的是公司意思自治的法治精神，应该得到维护和尊重，但协议不能违反《公司法》的强制性规定。在工商行政管理部门备案且形成时间在后的《章程》第24条关于股权转让的内容中并未对股东向股东以外的人转让股权作出有异于公司法的特殊规定，亦未提及奇虎三六零公司享有“一票否决权”。据此，可以认定《章程》并未确认《投资协议书》中关于奇虎三六零公司对于股东股权转让享有“一票否决权”的约定。据此判决：老友计公司应于判决生效之日起20个工作日内至上海市工商行政管理局杨浦分局办理将胡喆持有的老友计公司37.2%的股权变更登记至蒋学文名下的工商变更登记手续，胡喆及奇虎三六零公司应予协助。

二审法院认为，本案争议焦点有三个：（1）《投资协议书》中关于一票否决权的约定是否已被纳入老友计公司的章程内容；（2）关于其他股东转让股权须经奇虎三六零公司同意且该公司对此拥有否决权的规定是否合理；（3）老友计公司所作出的上述规定是否可以对抗善意受让人，系争《股权转让协议》是否应予继续履行。

关于争议焦点一。《投资协议书》中约定：奇虎三六零公司对老友计公司从事包括“任何股份的出售、转让、质押或股东以任何方式处置其持有的公司股权的部分或全部”等行为均享有一票否决权。之后，老友计公司于同年6月13日制定的章程第16条规定：董事会对所议事项作出的决定由1/2以上的董事表决通过方为有效，并应作会议记录，出席会议的董事应当在会议记录上签名；但以下事项的表决还需取得股东奇虎三六零公司委派的董事的书面同意方能通过：（根据协议添加至此处）。由于各方在投资成立老友计公司过程中仅形成过《投资协议书》，并无其他协议，故章程第16条中“根据协议添加至此处”应理解为将《投资协议书》的内容添加至该条款处。对于所涉《投资协议书》具体内容的认定，本院认为，《章程》中规定该部分事项应取得奇虎三六零公司委派董事的书面同意方能通过，反言之如董事不同意则不能通过。故就老友计公司原股东之间而言，章程中“根据协议添加至此处”的内容能理解为奇虎三六零公司可行使一票否决权的相关内容，《投资协议书》的相关内容已纳入老友计公司的章程；但从老友计公司外部人员角度来看，由于并不知晓《投资协议书》的内容，因此很难理解“根据协议添加至此处”的具体内容。

关于争议焦点二。关于章程能否对股权转让设定限制条款问题，我国《公司法》对有限责任公司和股份有限公司作了不同规定，其中，涉及有限责任公司股权转让部分的原《公司法》第 72 条第 4 款规定：“公司章程对股权转让另有规定的，从其规定”，即有限责任公司的章程可以约定对股份转让的限制。为维护股东之间的关系及公司自身的稳定性，章程可以对有限公司的股权转让作出相应的限制和要求，这是公司自治及人合性的重要体现，同时也是诚实信用原则和当事人意思自治原则的体现。故公司章程中对股权转让所作的特别规定，各方均应遵守。本案中，赋予奇虎三六零公司对一些事项，包括股权转让的一票否决权，系奇虎三六零公司认购新增资本的重要条件，这种限制是各方出于各自利益需求协商的结果，符合当时股东的真实意思表示，未违反《公司法》的强制性规定，应认定符合公司股东意思自治的精神，其效力应得到认可。

关于争议焦点三。胡喆在转让股权之前于 2013 年 8 月 12 日分别向股东奇虎三六零公司及李某发出关于行使优先购买权的通知，虽然该通知未询问奇虎三六零公司是否行使一票否决权，但奇虎三六零公司在知道胡喆拟转让股权以及转让对象的情况下，未予回复，亦未对此提出异议，怠于行使自己的权利。因老友计公司章程中关于一票否决权的内容并不明晰，在工商行政管理部门登记备案的信息中对此也未有反映，胡喆并无证据证明其在上述过程中已向蒋学文告知过奇虎三六零公司对于股权转让事项拥有否决权，也无证据证明蒋学文与胡喆存在恶意串通的情形，从维护商事交易安全考虑，应遵循商事外观主义原则，对善意第三人的信赖利益应予保护，老友计公司股东之间的内部约定不能对抗善意第三人。因此，对于系争股权转让协议的效力应予认可，蒋学文要求继续履行协议办理工商变更登记的诉请应予以支持。据此判决：驳回上诉，维持原判。

【案件评析】

本案涉及了股权转让中的两个重要问题：章程对股权转让的限制规定是否有效、非转让股东是否丧失优先购买权。

1. 章程对股权转让的限制规定是否有效。本案各方虽然在《投资协议书》中约定了奇虎三六零公司对股权转让享有一票否决权，但由于老友计公司章程中未作明确记载，导致不能直接援引该项约定。假如《投资协议书》的该等内容完全写入公司章程，情况则会完全不同。关于这种规定的效力，根据前文分析，老友计公司是在引入奇虎三六零公司作为投资者时对章程进行的修订，当时全体股东没有对此提出异议，因此，虽然属于修订章程，但也集合了全体股东的一致意思表示，如同初始章程一样，对全体股东应当具有约束力。

2. 非转让股东是否丧失优先购买权。当事人胡喆在转让股权之前已经向股东奇虎三六零公司及李某发出关于行使优先购买权的通知，但奇虎三六零公司在知道胡喆拟转让股权以及转让对象的情况下，未予回复，亦未对此提出异议，怠于行使自己的权利，因而丧失了对转让股权的优先购买权。在受让人与转让人之间不存在恶意串通的情况下，所签署的股权转让协议是合法有效、不可撤销的，这也是本案上诉人奇虎三六零公司最终败诉的原因之一。

5.2.7 过渡期的权利义务安排

过渡期一般由交易双方约定，通常是股权转让协议确定的定价基准日（审计 / 评估基准日）到股权交割日之间的期间。从定价基准日开始，到满足全部交割条件完成股权交割，中间有时经历很长时间，而公司的资产、负债情况每时每刻都在发生变化，对应的股权价值也在变化，如何确定拟交易股权在过渡期间损益的归属及其调整方式，是股权收购协议中必须要解决的问题。本质上而言，过渡期损益归属及其调整是基于公平交易原则确立的股权定价的一种调整机制。对有限公司而言，交易双方遵循意思自治原则，就此达成一致即可实施。对上市公司而言，特别是涉及重大资产重组时，不仅要各方达成一致，还要满足监管规则的要求才能实施。

根据中国证券监督管理委员会《上市公司收购管理办法》（2020年修正）以及《上市公司重大资产重组管理办法》（2020年修正）等规定，以协议方式进行上市公司收购的，自签订收购协议起至相关股份完成过户的期间为上市公司收购过渡期。

过渡期一般涉及两类问题：第一，期间损益归属及其调整；第二，遵守特定的行为规则。如上市公司改选董事会的，来自收购人的董事不得超过董事会成员的1/3；被收购公司不得为收购人及其关联方提供担保；被收购公司不得公开发行股份募集资金，不得进行重大购买、出售资产及重大投资行为或者与收购人及其关联方进行其他关联交易，但收购人为挽救陷入危机或者面临严重财务困难的上市公司的情形除外。

关于过渡期损益归属及其调整，应当注意以下三个方面：

1. 注意评估方法带来的差异

评估方法不同，过渡期间损益的归属要求不同。上市公司购买资产时，如拟购买资产基于成本法评估定价，监管认为交易定价跟盈利没有必然联系，过渡期间损益可以由双方约定。但是对于收益法估值定价的，监管认为过渡期间的盈利已经包含于资产估值作价之中，即拟购买的资产已经是含权的概念，要求过渡期间损益归购买方所有。对于非上市公司的股权交易，也可以参照这种思路对过渡期间损益进行调整和确认。

2. 是否发股支付的区别

若上市公司以发行股份购买资产的方式进行重组，相当于交易对方以资产估值作价进行实物出资，若基准日评估作价后在过渡期间发生亏损，会被认为最终实物出资的价值减少，就会存在出资是否到位的问题，故此要求发股购买资产过渡期间亏损的，交易对方需要另行现金补足，保证出资到位。

3. 满足监管取向的安排

为了满足监管对于上市公司中小股东利益的保护原则，迎合上市公司在交易中尽最大可能的保护中小投资者利益的监管取向，很多案例在过渡期间损益归属上完全倾斜于上市公司。上市公司购买资产的，无论估值作价方式是否采用收益法，也无论是否采用股份方式进行支付，均约定过渡期间的收益归上市公司，若亏损则由交易对方补足。上市公司出售资产的，过渡期间盈利归属上市公司，亏损由交易对方承担。

【案例 5-4】

交割延迟引发的某外资并购内资股权争议案

【案情简介】

内资公司 A，原有法人股东甲、乙及自然人股东丙，分别持有 A 公司 49%、46%、5% 的股权。2009 年 12 月 1 日，股东甲通过在上海联合产权交易所挂牌交易的方式与一家港资公司丁签订了《产权交易合同》。《产权交易合同》约定，甲将其持有的 49% 股权以人民币 6.9 亿元的对价转让给丁，丁在合同签署后 10 日内应一次性将股权转让款缴入产权交易所的银行账户内，由产权交易所支付给甲；甲应当在合同签订后两个月内完成产权转让的交割，且评估基准日 2008 年 9 月 30 日至股权交割日期间的损益和资产增加值，由甲按持股比例享有或承担。

《产权交易合同》签署后，丁于 2009 年 12 月 7 日将与约定人民币等额的港币股权转让款汇入了产权交易所。但是，产权交割存在迟延的情况。直到 2010 年 10 月，乙才配合丁签署了中外合资经营企业合同及章程。商务部门审批及工商变更登记直至 2011 年 3 月 20 日才全部完成。

根据现行外汇管理政策，境内机构向外国投资者转让所持境内公司股份而收取的外汇，只有在股权转让办理完毕工商变更登记手续后才能结汇。因此，甲于 2011 年 6 月 20 日才办理完毕结汇。但由于汇率的波动，丁于 2009 年 12 月 7 日汇入产权交易所与人民币等额的港币转让价款至甲办理完毕结汇时已产生了汇兑损失人民币 3800 万元。此外，在股权转让完成前的过渡期间，A 公司利润已增长了人民币 6000 余万元。

产权转让完成后，甲要求丁承担全部汇兑损失，并要求按甲在 A 公司的原 49% 持股比例向其支付 A 公司过渡期间增长的利润。对此，丁不予认可。因此，甲提起仲裁，以解决甲、丁双方之间的争议。

在仲裁过程中，股权转让方甲认为，《产权交易合同》应于商务部门审批后方生效，故尽管丁支付股权转让价款的时间早于商务部门的批准日，但仍应当被认定为其于合同生效日后方履行完毕支付义务。因此，丁应承担价款支付义务完成前的汇兑损失。就此，股权受让方丁认为，依据现有法律及法规规定，中外合资经营企业需经审批的仅限于中外合资企业合同、章程等文件，并不包括属于外资并购性质的《产权交易合同》。由此，《产权交易合同》自合同约定的生效条件满足之日起即生效。根据已生效的《产权交易合同》的约定，丁已于 2009 年 12 月 7 日向产权交易所汇付了与约定价款等额的港币，其行为应视为已履行完毕支付股权转让价款的义务，故不应承担任何汇兑损失的赔偿责任。

另查明，《产权交易合同》只约定过渡期为两个月且该期间的损益由出让方甲按持股比例享有或承担，却并未细化约定因任何一方原因或无法归责于任何一方的原因导致过渡期延长情形下的损益处理。基于上述约定，甲主张只要是过渡期间的利润，该股东就有权依原 49% 的持股比例享有。但丁主张约定的过渡期只有两个月，故甲只享有约定之两个月过渡期间的利润，而对延长的过渡期间的利润无权主张。

【案件评析】

本案是比较典型的因过渡期损益归属引发的纠纷。综合来看，案件有以下两点值得总结和反思：

1. 过渡期的约定

本案中，股权转让过渡期应当是指《产权交易合同》签订之日起至 A 公司原有股东配合完成股权转让之政府审批及工商变更登记的这段时间。但《产权交易合同》只约定过渡期为两个月，未约定因各种原因可能导致的过渡期延长的处理，这种固定不变的方式给后续双方纠纷埋下了隐患。因此，在实践操作中，对影响过渡期长短的起点和终点要慎重把握。起点一般不会有问题，多采用定价基准日或协议签署日，对作为终点的股权交割日则要权衡考虑，如果股权交割存在某些不可控的外在条件（如政府审批），不宜采用固定期限，多采用任务清单的方式进行确认往往能够给交易各方带来灵活性。

2. 损益归属的约定

案件中对股权出让方影响较大的是两部分：汇兑损失、过渡期间的利润分配。从客观来讲，交易双方没有就此进行详细约定的原因，可能在于对过渡期间进行了过于乐观的约定（两个月），一般认为如此短的时间内的确不会产生太大差异，但双方没有充分预估到内部股东配合因素和外部审批因素的潜在影响，都会现实地导致股权过户迟延。但归根结底还是在于，双方对过渡期的约定不够科学，对由于期限延长造成的一系列后果及责任也未充分估计，导致纠纷发生后双方各执一词。

5.2.8 股权交割

股权交割完成，就意味着股东权利完成从出让方到受让方的最终转移，股权交割的这一时点通常被称为股权交割日。股权交割日的确定通常有以下几种方式：

1. 以股权转让协议约定的股东权益转移时点作为股权交割日

双方通常在股权转让合同中约定交割的一系列前提条件，这些条件满足后，股权完成交割。交割后，受让人开始享有股东权益，出让人不应再享有股东权益，我们可以对此称之为交易层面的股权交割。

2. 以有权主管机关的批准或备案作为股权交割日

如果股权交易的目标公司属于特殊管制行业（如烟草、金融等），股权交易需要进行审批或者备案的，交易各方有时会约定以完成该等审批或备案的日期作为交割日，因为从该时刻起，股权受让人的受让行为确定发生法律效力，成为目标公司股东一般不存在法律障碍。

3. 以股权变更登记完成日作为股权交割日

对于一项股权转让而言，市场监督管理机构的股权变更登记具有的只是公示效力，但实践中许多交易仍然愿意采用变更登记完成之日作为股权交割日。采用这种方式的好处是，简单明了、公信力强，不像第一种方式那么复杂，还要满足一系列的约定条件，并且这些条件还要经各方确认才能作为交割日。

在大额股权交易中，股权交割日的确定经常是很复杂的，有时涵盖了上面所列的各种确定方式，并根据交易实际及风控需求设置许多前置条件，条件满足后才能视为完成交割，这也是交易双方的谈判焦点之一。

如果股权交易金额较大，目标公司待解决事项多且复杂，为了控制投资风险，投资人一般会要求出让方在股权交割前达到双方约定的条件，方可完成投资并实施交割。交割前承诺事项需要依据双方的交易目的、尽职调查发现的问题等进行协商确定，不同项目差别较大。交割前承诺事项举例如下：

集团公司及创建人在此连带地向投资人承诺，自协议签署之日起至交割日：

➢ 集团公司现有的经营业务将在正常经营过程中保持经营的连贯性，其性质、范围或方式不应发生任何实质性改变。

➢ 集团公司采取一切合理的措施保存和保护其全部资产，包括知识产权和固定资产。

➢ 现有股东不得将其在集团公司中的股权转让或质押给第三方，征得投资人事先书面同意的除外。

➢ 集团公司不会宣布、支付任何利润或进行其他分配；除投资人已知悉的其他投资方的投资及集团公司拟进行的注册资本 / 股本增加外，集团公司亦不会发行或同意发行任何股本或债券。

➢ 集团公司不得对任何公司或其他实体投资，收购或处置任何重大业务或重大资产，向银行或其他机构进行借贷，或订立从事上述行为的合同，征得投资人事先同意或集团公司日常经营范围内的前述情形除外。

➢ 除正常经营外，集团公司不会出售、出租或以任何方式处置任何账面价值（以体现在经审计账目上的金额为准）超过集团公司总资产的5%或人民币贰仟万元（RMB20,000,000）（以较高金额为准）的资产或发生任何单笔超过集团公司总资产的5%或人民币贰仟万元（RMB20,000,000）（以较高金额为准）的支出。

➢ 集团公司进行或决定进行现行正常的员工报酬分配机制外的员工奖金和福利分配的，应当经过投资人事先书面同意。

➢ 除非经投资人事先书面同意，集团公司和 / 或创建人不得与其他任何投资方就集团公司增资等相关事宜进行任何接洽、谈判或签署文件。

➢ 除在一般正常经营过程中或为完成本协议前提条件订立的外，集团公司不会订立任何其他将会或可能影响投资人权益的协议、合同、安排或交易。

➢ 集团公司及现有股东均不得从事、允许或促使任何将构成或导致违反任何陈述和保证的作为或不作为。

➢ 在国家及地方法律、法规和有关主管部门执行的政策允许的情况下，促使集团公司尽合理努力逐步规范集团公司员工的社会保险及住房公积金缴纳。

➢ 如集团公司发生依法及依公司章程应由全体股东或全体董事一致表决

同意的事宜，公司应立即通知投资人。

如果交易对方或目标公司的某些事项暂不影响股权交割，但对投后公司治理、公司上市等最终投资目的有影响的，可以由相关方在协议中就交割完成后的事项进行承诺。交割后承诺事项举例如下：

集团公司及创建人在此连带地向投资人承诺，交割日后应尽最大努力完成如下事项：

➢ 遵守法律规定和协议约定。

➢ 不竞争。创建人承诺，且创建人与集团公司承诺确保各核心员工，应全力从事集团主营业务并尽最大努力发展集团主营业务，保护公司利益，不得在与公司业务存在竞争关系的其他任何公司兼职或以直接或间接的方式投资经营该类公司。创建人及核心员工应遵守其签署的不竞争协议，未取得投资人事先书面同意，创建人及核心员工不得直接或间接得拥有、管理、从事、经营、咨询、提供服务、参与任何与集团主营业务存在直接或间接竞争关系的实体。

➢ 合规整改。集团公司及创建人承诺，集团公司在递交 IPO 申请前，完成集团公司的合规整改并使投资人满意。

➢ 目标公司上市。各方同意并确认，各方将努力推进目标公司上市进程。集团公司应，且创建人应促使集团公司尽最大努力于本协议签署之日起 36 个月内实现合格 IPO 并上市。

➢ 股权转让个人所得税申报。各方同意，就创建人本次转股相关的个人所得税申报及税费，由创建人自行承担。

➢ 集团公司完成必要的重组，包括但不限于按照《关于 ××× 有限公司拆除 VIE 架构的框架协议》，于 ×××× 年 × 月 × 日前完成公司 VIE 架构的拆除。

➢ 公司设立监事会的，投资人有权提名并委派一名监事。公司应及时召开股东会，并有义务确保公司全体股东就投资人委派的该名监事的任命作出有效的决议。

如果承诺人对部分承诺事项确实无法完成，又不想因此构成违约的，可以与投资人协商，豁免其中的个别承诺事项。只要各方合作顺畅，承诺事项也不影响投资目的或对投资人权益造成重大影响时，一般投资人会出具该等豁免函。

5.3 购买可转换的权益凭证

投资人除了直接购买股权以外，根据投资风险偏好，有时还会选择对准备交易的股权进行一些变通。常见的包括可转换优先股、可转换债券、分离交易的可转换债券、可交换债券四种。

5.3.1 可转换优先股

可转换优先股（convertible preferred stock），是指股东有权在一定期限内或某个条件成就时，按照约定的价格和比例，将优先股转换为普通股的股权。反之即为不可转换优先股。其中可转换优先股又可以分为任意转换优先股、强制转换优先股。任意转换优先股是指股东有权在任何时候将其持有的优先股要求公司转换为普通股，公司则必须按照其要求发行相应数量的普通股。强制转换优先股是指当达到某一条件时，持有优先股的股东必须将其优先股转换为普通股。比如，公司章程中规定当公司申报 IPO 时，优先股股东必须将其股份转换为普通股。

1. 可转换优先股票的优势

（1）股份公司在其股票发行遇到困难时，可以给予优先股票认购者以转换请求权，来吸引更多的人购买。同时，可转换优先股票的股息率往往略低于其他种类的优先股票，也有利于减轻公司负担。

（2）投资者投资于可转换优先股票，实际上多了一个选择余地和改变资产种类的机会。比如，投资者认购该种股票后，在公司盈利较少时，可以不行使转换请求权，而继续持有优先股票以保证获取固定股息；而当公司盈利较高时，可行使转换请求权，转换成普通股票以分享丰厚的盈利。

2. 发行可转换优先股需要关注的问题

（1）可转换优先股主要在境外离岸公司使用较多，境外投资人在向目标离岸公司投资时，大多倾向于使用这种权益投资工具，因为它一方面可以保证投资者具有相比普通股持有人更优先的权利（如优先分红权、优先清算权、回售权等），同时也能够对公司的重大事项进行控制（有时是一票否决权），因而在境外融资时经常被使用。

（2）可转换优先股在境内投融资实践中使用较少，《优先股试点管理办法》、国务院《关于开展优先股试点的指导意见》、银监会、证监会相关负责人就《关于商业银行发行优先股补充一级资本的指导意见》答记者问等一系列文件对优先股制度有一些规定，但对可转换优先股在制度层面涉及不多。《优先股试点管理办法》仅在第 33 条规定，“上市公司不得发行可转换为普通股的优先股。但商业银行可根据商业银行资本监管规定，非公开发行触发事件发生时强制转换为普通股的优先股，并遵守有关规定。”

（3）对于寻求境外上市的中国公司来说，可转换优先股的会计处理方式可能会扭曲财务报表。比如，US GAAP 下优先股计入夹层权益，每年按 10% 的利率计提利息，利息计入其他综合收益。如果将可转换优先股拆分成权益部分和负债部分的话，理论上没问题，但现实中遇到的问题令人十分头疼，其中之一就是权益部分和负债部分如何定价，如果像可转债那样先把负债部分现值算出来，由于它需要偿还的计息利率很高，超过市场利率，则负债部分现值将超过发行价，从而使转股权价值为负数，显然是不合理的。比如美图、美团、易鑫集团等具有类似条款的都全部确认为负债，公允价值计入当期损益，从而使公司出现巨亏。公开资料显示，美团 2018 年亏损 1,154.93 亿元，其中优先股确认负债 1046 亿元，并非实际亏损。如果将优先股负债不计入财务报表，经过调整后美团的实际亏损并不大。因此，可转换优先股的会计处理方式扭曲了财务报表，在阅读这类公司的财务报表时需要剔除这些因素。

5.3.2 可转换债券

可转换债券（convertible bond）又简称可转债，是一种可以在特定时间、按特定条件转换为普通股票的特殊企业债券。可转换债券兼具债权和期权的特征，既有债权性，又有股权性，对企业和投资者都具有吸引力。由于可转债对投资人而言相对比较安全，因而在投资界可转债也被称为“能够保证本金的股票”。

可转换债券的融资成本低，融资规模大，操作灵活；发行可转债使股本的增加有一个缓冲期，业绩指标的摊薄压力可大为缓解；当可转债转股的可能性提高时，公司还本的风险得以降低。可转债融资的灵活性以及对投资者的吸引力使公司融资变得更加便利。作为我国证券市场上一种灵活而富有吸引力的速效筹资工具，可转债无疑是上市公司融资的主要渠道之一。

1. 可转债的主要条款

（1）有效期限和转换期限

就可转换债券而言，其有效期限与一般债券相同，指债券从发行之日起至偿清本息之日止的存续期间。转换期限是指可转换债券转换为普通股票的起始日至结束日的期间。大多数情况下，发行人都规定一个特定的转换期限，在该期限内，允许可转换债券的持有人按转换比例或转换价格转换成发行人的股票。我国《上市公司证券发行管理办法》规定，可转换公司债券的期限最短为1年，最长为6年，自发行结束之日起6个月方可转换为公司股票。

（2）股票利率或股息率

可转换公司债券的票面利率（或可转换优先股票的股息率）是指可转换债券作为一种债券时的票面利率（或优先股股息率），发行人根据当前市场利率水平、公司债券资信等级和发行条款确定，一般低于相同条件的不可转换债券（或不可转换优先股票）。可转换公司债券应半年或1年付息1次，到期后

5 个工作日内应偿还未转股债券的本金及最后 1 期利息。

（3）转换比例或转换价格

转换比例，是指一定面额可转换债券可转换成普通股票的股数。用公式表示为：转换比例 = 可转换债券面值 / 转换价格

转换价格，是指可转换债券转换为每股普通股份所支付的价格。用公式表示为：转换价格 = 可转换债券面值 / 转换比例

（4）赎回条款与回售条款

赎回，是指发行人在发行一段时间后，可以提前赎回未到期的发行在外的可转换公司债券。赎回条件一般是当公司股票在一段时间内连续高于转换价格达到一定幅度时，公司可按照事先约定的赎回价格买回发行在外尚未转股的可转换公司债券。

回售，是指公司股票在一段时间内连续低于转换价格达到某一幅度时，可转换公司债券持有人按事先约定的价格将所持可转换债券卖给发行人的行为。赎回条款和回售条款是可转换债券在发行时规定的赎回行为和回售行为发生的具体市场条件。

（5）转换价格修正条款

转换价格修正，是指发行公司在发行可转换债券后，由于公司尚未送股、配股、增发股票、分立、合并、拆细及其他原因导致发行人股份发生变动，引起公司股票名义价格下降时而对转换价格所做的必要调整。

2. 发行可转换优先股需要关注的问题

（1）可转债仍有一定的风险

可转债并非是免费的午餐，发行人在关注它为公司所带来的利益的同时，必须注意到可转债发行带来的债券和股票的风险。如果转股不成功，发行公司的财务杠杆不但不能降低，而且可转债的集中偿付有可能给公司形成财务压力，发行人必须承担因经营不善而带来的不能按期偿还债权人本息所导致的公司破产的风险；而在可转债转换时，导致公司股权被稀释，存在引起公司股价下降

的风险。因此，在决定发行可转债时，发行人应首先衡量自身的具体状况，将可转债与公司的发展和融资目标结合起来，尽量减小公司的财务风险和信用风险。

（2）并非所有公司都适合发行可转债

可转债不是所有公司融资的最佳渠道，不是所有公司都适合发行可转债。公司利用可转债融资的必要条件是：公司应有未来股本扩张的实际需要，公司适合负债融资。监管机构的发行标准并不是发行可转债的公司的标准，上市公司绝不可只要符合《管理办法》规定的条件，就急于发行可转债，导致公司价值未能提高，甚至陷入财务危机，给公司带来负面影响。

（3）要妥善选择发行时机

发行时机的选择不仅涉及公司能否顺利足额筹到急需的资金以及融资成本的高低，还关系公司的市场形象和日后再融资的公司信用。选择有利的发行时机是可转债发行与转股成功的重要因素。如当年“深宝安”可转债在发行时机上的失误是最终导致其转股失败的根本性原因。

从内部时机来看，发行公司应处于成长阶段，有比较可靠的业绩增长；公司财务结构比较稳健，能够承受新增债务。发行公司应该有适宜的投资项目，这些投资项目必须结合我国产业结构的调整方向、金融改革的趋势及市场利率的变化等考虑投资项目的市场风险，保证未来投资项目的营利性，降低公司风险。

从外部时机来看，应选择股价位于历史上中偏下的次低区域作为发行可转债的时段较为适宜。一般来说，当股市处于由低迷趋于上升的时期有利于可转债的发行与转换，市场利率下降时也更有助于投资者对可转债的认同。因此，发行时机的选择，既要考虑发行的顺利，更要考虑日后转股的成功，在兼顾债权人、股权人和发行人三方利益的基础上，作出最佳的综合判断。

（4）可转债的具体条款设计要恰当

目前我国许多可转债的发行人公告了近乎雷同的发行条款，这对于发行和后期转股都可能带来一些问题。不同的上市公司所处的行业及所处生命周期不同，对资金需求的大小与时间各异，其股价变动趋势与震荡幅度也有很大区别，条款应具有差异性。比如，利率条款，可转债票面利率的大小对发行公司和投资者的收益和风险都有重要影响。在其他条件相同的情形下，较高的票面利率对投资者吸引力较大，易于成功发行；但转换前需支付的利息相对较多，较高的票面利率也会对可转债的转股形成压力。较低的票面利率使债券的吸引力下降，发行风险加大；优点在于转换前需支付的利率相对少，在股价持续上扬的情况下，低利率更有利于债券的转换。

5.3.3 分离交易的可转换债券

分离交易可转债（Bond with Warrants）的全称是“认股权和债券分离交易的可转换公司债券”，它是债券和股票的混合融资品种。分离交易可转债由两大部分组成，一是可转换债券；二是股票权证。股票权证是指在未来规定的期限内，按照规定的协议价买卖股票的选择权证明，根据买或卖的不同权利，可分为认购权证和认沽权证。因此，对于分离交易可转债业已简单地理解成“买债券送权证”的创新品种。

1. 普通可转债与分离交易可转债的区别

（1）分离交易可转债对于发行人而言是发行两种有价证券；而发行普通可转债就是一种有价证券。普通可转债的发行成本通常较分离交易可转债要低。

（2）分离交易可转债与普通可转债的本质区别在于债券与期权可分离交易。传统的可转债兼有债性和股性，而分离交易可转债的特点就是实现了债性和股性的分离，其流动性比普通可转债更强。分离交易可转债的投资者在行使了认股权利后，其债权依然存在，仍可持有到期归还本金并获得利息；而普通可转债的投资者一旦行使了认股权利，则其债权就不复存在了。

（3）分离交易可转债不设重设和赎回条款，避免了普通可转债发行人往往不是通过提高公司经营业绩，而是以不断向下修正转股价或强制赎回方式促成转股的发生。

（4）普通可转债中的认股权一般是与债券同步到期的，分离交易可转债则不同。分离交易可转债认股权证的存续期间不超过公司债券的期限，自发行结束之日起不少于6个月。发行后，公司债券和认股权证分别在交易所债券市场和权证市场交易，债券到期偿还本金和支付约定的利息；认股权证可以出售，也可以到期行权。

（5）股性与债性的重心不同。我国可转债的条款设计使其更近似于股权融资，而可分离交易可转债对公司的还本付息存在刚性压力，传递的债券融资信息更为明显。

2. 发行分离交易可转债需要关注的问题

（1）从投资者角度看，由于认股权证市值较小，并且在现阶段缺乏合理的定价机制，价格容易受到操纵，有可能大幅偏离合理区间。另外，权证本身具有“时效性”，其时间价值会随着到期日的临近而迅速递减。到期后如不行使，则没有价值。对于设定了交易时间的认股权证，投资人必须等到指定时间才可行权，此段期间的持续也带来了很大的风险。特别是在二级市场上，权证的涨跌幅度都很大，其风险相对高于股票本身。

（2）从发行者角度看，分离交易的可转债存在行权风险。在权证存续期间股价不可预测，而行权价又不能修正，所以发行公司不能保证行权。假如到期时股价在行权价之上，投资者就会行权，上市公司拿到这笔收入进行还本付息；假如股价在行权价之下，投资者就不会行权，上市公司将自行还本付息。

5.3.4 可交换债券

可交换债券（Exchangeable Bond）全称为“可交换他公司股票的债券”，是指上市公司股份的持有者通过质押其持有的股票给托管机构进而发行的公司债券，该债券的持有人在将来的某个时期内，能按照债券发行时约定的条件用持有的债券换取发债人质押的上市公司股权。可交换债券是一种内嵌期权的金融衍生品。可交换债券还可以为发行人获取低利息成本融资的机会，由于债券赋予了持有人标的股票的看涨期权，因此发行利率通常低于其他信用评级相当的固定收益品种。

2015 年 1 月 15 日，中国证券监督管理委员会令第 113 号公布了《公司债券发行与交易管理办法》（以下简称《管理办法》），进一步明确了可交换公司债券的法律地位，明确了上市公司及股票公开转让的非上市公众公司股东可以发行附可交换成上市公司或非上市公司股票条款的公司债券（以下简称可交换债）。作为股债结合的创新品种，可交换债的主要特点是以上市公司股票质押的方式为债券增信，并内嵌投资者换股的权利。按发行方式划分，可交换债可以分为公开发行的可交换债（以下简称公募可交换债）和非公开发行的可交换债（以下简称私募可交换债），公募可交换债又可以按发行对象的不同，细分为同时面向公众投资者和合格投资者发行的公募可交换债，和仅面向合格投资者发行的公募可交换债。

普通可转债与可交换债券的区别如下：

（1）发行主体不同

可转换债券的发行主体是上市公司本身，而可交换债券是指上市公司股份的持有者通过抵押其持有的股票给托管机构进而发行的公司债券，其发行主体是上市公司的股东。

（2）对股本的影响不同

可转换债券将会增加公司的总股数，从而降低每股的收益率；可交换债券的股本总数不变，从而每股收益不变。

（3）转成股票的期限不同

可转换债券一般转换成股票的时间为 6 个月，可交换债券转换成股票的日期更长，一般为 12 个月。

（4）股价的确定方式不同

可转换债券在转换成股票时，价格不低于公告前 20 个交易日该股票的交易均价和前一交易日均价，而可交换债券在转换成股票时，其股价不低于公告前 30 交易日该股票均价的 90%。

（5）担保方式不同

可交换债券以持有用于交换上市公司的股票作为担保品，可转换债券需要第三方作为担保者。

（6）转换的股票来源不同

可交换债券所换的股票为其他公司的股票，可转换债券所换取的股票为发行人未来发行的股票。

（7）发行目的不同

可转换债券一般用于投资项目，而可交换债券不一定用于投资项目，可用于流动资产管理、市值管理等。

另外，与普通可转债相比，可交换债券融资方式还具有风险分散的优点，这使得可交换债券在发行时更容易受到投资者青睐。由于债券发行人和转股标的的发行人不同，债券价值和股票价值并无直接关系。债券发行公司的业绩下降、财务状况恶化并不会同时导致债券价值或普通股价格的下跌，特别是当债券发行人和股票发行人分散于两个不同的行业时，投资者的风险就更为分散。由于市场不完善，信息不对称，在其他条件不变的情况下，风险分散的特征可使可交换债券的价值大大高于可转债价值。

5.4 利润分享结构

利润分享结构在股权交易中的使用频率不高，主要在我国早期一些国有企业并购中存在类似形式的使用。这是一种分期付款的购买结构，此种结构安排主要是：双方首先对基础价格达成共识，并于成交时支付这部分基础款项，对于使用不同假设条件而产生的分歧部分，采用与实际经营业绩挂钩并在后期分期付款的方式完成交易。

这种交易形式存在的原因是两个：第一，由于买卖双方所处地位不同，对企业的现状和未来作出的评价与判断会存在很大差别。买方多持保守态度，卖方则偏于乐观。由此导致买卖双方对企业的价值认定相去甚远，此时宜采用利润分成的购买方式来解决双方的分歧。第二，买方的支付能力有限，卖方对买方的整合能力及经营管理能力有信心，可以容忍分期支付交易款项。

采用这种交易形式需要注意的问题如下：

（1）交易对价的计算基础要事前界定清楚，一般而言，不宜采取以税后利润作为基数。这是因为并购交易后企业资本结构、资本状况、企业历史上存留的其他支付义务负担，乃至固定资产折旧计提基数、方式都发生了变化，相应地税后利润也会有很大变动。因此，多采用息税前盈利（Earn Before Interest & tax）。若企业达到约定的盈利水平，则卖方可分享其中的一定比例。

（2）处理好交易涉及的税务问题。采用这种形式进行支付，在税务上存在比较复杂的问题，比如如何将支付的对价计入股权原始成本，怎样抵扣等。买方若将其作为购买价格的一部分，要经过税务当局批准，否则只能以税后利润支付，而用税后利润支付的话，收购成本显然大幅度增加。

我国公司并购实践中存在一种类似利润分享结构的企业并购方式，即效益补偿式兼并。其做法是，买方以某一基础价格收购地方国有企业，在承担被收购方债权债务的同时，对地方政府给予被收购企业的投入，按双方约定数额，用被收购企业未来实现的利润逐年偿还，偿完为止。例如，中国第一汽车集团公司（以下简称一汽）曾经采用这种方式收购整合了吉林轻型车厂、长春轻型车厂、长春轻型发动机厂、长春齿轮厂等四家企业。一汽在承担这些被兼并企业全部债权债务的同时，对地方政府前期给予被兼并企业的投入，由一汽用经营被兼并企业实现的利润，按双方商定的基数，逐年递增比例直到全部偿还。按照这种方式，一汽实现了集团范围内资产经营的一体化，使企业原有的财政隶属关系被打破，进而得以在更大的范围配置资源；也使一汽与地方企业的联系，由产品、技术协作转向了资本重组。通过注入资金和技术，上述四个被收购的企业分别生产新开发出来的轻型车系列产品，很快形成了专业化大批量生产格局，为一汽轻型车生产基地奠定了基础。据当时测算，兼并比新建四个同类别的企业节省投资约 5 亿元，缩短建设周期 2~3 年，取得了明显的经济效益。

5.5 承债式收购

所谓承债式收购，即受让方通过清偿转让方或目标公司的全部或部分债务，从而以较低价格（甚至零价格）取得目标公司的资产或股权的一种交易形式。承债式收购中主要涉及的交易主体为：目标公司、转让方、受让方和相关的债权、债务人。为方便描述，目标公司就是被收购的公司，转让方也称目标公司老股东，受让方也称收购方或目标公司新股东。一般情况下，这种收购方式只有债权债务关系清晰的企业才会采用。

5.5.1 承债式收购的常见类型

（1）承债式资产收购

即收购方与老股东约定，通过收购目标公司的资产并承担目标公司债务的方式，取得对目标公司的控制权。

（2）承债式股权收购

即收购方与老股东约定，通过收购目标公司股权并承担目标公司股东债务的形式取得对目标公司的控制权，或者收购目标公司股权并承担目标公司债务的方式取得控制权。承债式股权收购是本书讨论的重点。

如果通过承担目标公司的债务进行收购，又可以细分为两种具体的收购方式：

第一，债务承担型收购。

债务承担型收购，是指收购方承担目标公司的债务作为其购买股权的对价，待将来达到一定条件时，收购方才对目标企业的债权人实际进行清偿，承担债务方式可以为收购方与目标公司签订债务转移协议、收购方与债权人签订担保协议、收购方债务加入与目标公司成为并列的债务人（包括并存的债务承担、免责的债务承担）等。

这种收购模式缓解了收购企业时应付收购资金的投入。收购方可将收购资金直接用于被收购企业作为生产启动资金。收购企业时所承担的债务可从企业所获利润逐年偿还，缓解了收购企业时所需巨额资金的压力。同时这也有利于企业控制权变更时平稳过渡，企业不会出现大的波动及群体性事件。其弊端在于短期内并未改善目标公司的资产负债率状况。

第二，实际支付型收购。

实际支付型收购，是指收购方实际清偿目标公司的债务作为其购买股权对价的部分或全部。即在股权转让完成前，收购方已经对目标企业的债权人进行了清偿。其又分为直接清偿式、收购债权式、增资减债式。直接清偿式是指收购方直接向目标公司的债权人清偿作为购买股权的对价；收购债权式是指目标公司的债权人将债权转让于收购方，从而使收购方获得用于支付收购成本的对价；增资减债式是指，交易价格分为股权收购款和增资款两部分，收购方在向转让方支付股权收购款并办理标的企业股权变更后，各股东以现金方式按照各自持股比例向标的企业增资用于清偿。

这种收购模式主要用于目标公司债务已经逾期，且债权人（如银行等金融债权人）在借款协议中曾约定“如目标企业控制权发生变更，需获得债权人同意或提前清偿债务”的情形。对于资金实力不足的收购方而言，这种模式增加了其收购时的资金负担，可能导致后续启动生产经营时资金不足。但实际支付式有助于改善目标企业的资产负债率状况，有助于目标企业获得再融资。通过实际支付式承债式并购，有助于收购完成后，收购方自由调整目标企业财务结构。

5.5.2 承债式收购的主要风险

因涉及大量债务或资产及股权的交易，承债式收购中最主要的风险就是税务风险。归纳起来，主要是收购方、老股东、目标公司在资产的会计处理及股权成本确认方面，会面临一些税务风险，需要进行合理的税务筹划。不过，从商业角度来看，正如本书第三章《交易动机》部分所述，一项股权收购可能有复杂的交易背景和动机，以及在某些情况下对股东 / 投资人具有特殊的战略意义，是否进行税务筹划及怎样筹划需要结合交易动机进行决定，不能为了筹划而筹划。实践操作中，承债式收购的主要风险是税务风险，有关这方面的内容请参阅第八章“8.1.2 股权并购”第“3. 承债式支付”。

5.6 债权转股权模式

理论上讲，债权转股权有两个层面的含义：狭义上的债权转股权，是指债权人将其对债务人所享有的合法债权依法转变为对债务人的投资，成为债务人企业股东之一，增加债务人注册资本的行为，是债务重组的一种方式；更加广义上的债转股，还包括债权人将其持有的对其他债务人的债权，转为目标公司股权，这种情况下的债转股，实质是以债权作为资产进行的出资行为。本部分讨论的债权转股权，主要针对狭义上的债权转股权。

我国现有债转股主要是两种：政策性债转股、商业性债转股。1999 年政府主导实施的大规模政策性债转股，主要是通过组建金融资产管理公司（包括处理建设银行不良债权的信达资产管理公司、处理工商银行的不良资产的华融公司、处理农业银行不良资产的长城公司和处理中国银行不良资产的东方公司），承接处置国有商业银行的不良信贷资产，解决历史包袱。当前商业性债转股的主要目的是实现高负债企业去杠杆，化解企业财务困境和金融风险。

商业性债转股可以分为三类：

其一，以货币给付方式形成的债权转为股权的；

其二，以非货币给付方式形成的债权转为股权的；

其三，其他商业性债转股，例如依据《上市公司发行可转换公司债券实施办法》（已失效）实施的债转股。

5.6.1 债转股的法律规定

自中国信达资产管理公司在北京实施全国首例债转股（北京水泥厂）起，在很长一段时间内，债转股是作为国有企业脱困，为国有银行处置不良贷款的一种方式存在的。相关的直接规定主要是停留在政策层面，还没有上升到法律法规或政府部门规章的效力。到 2011 年 11 月 23 日，国家工商行政管理总局令第 57 号公布《公司债权转股权登记管理办法》，债权转股权第一次有了系统、全面的文件规定。但该规定的存续时间不长，2014 年 2 月 20 日，国家工商行政管理总局令第 64 号公布了《公司注册资本登记管理规定》，该文件废止了《公司债权转股权登记管理办法》。因此，目前实务中债权转股权的法律依据，主要是《公司法》中有关股东出资形式的规定，《民法典》中有关债权转让、债务承担的相关规定。

2016 年 9 月 22 日，国务院发布了《关于积极稳妥降低企业杠杆率的意见》（国发〔2016〕54 号），提出了通过“有序开展市场化银行债权转股权”的方式降低企业杠杆率、推进供给侧结构性改革，并将《关于市场化银行债权转股权的指导意见》作为附件对债转股进行了详细规定。

5.6.2 债转股的程序

（1）债转股的评估

为了防止虚构债权和虚增资本，交易各方应当聘请具有资质的评估师事务所对债权进行评估作价，且作价出资的金额不得高于该债权的评估值。

（2）会议决议

目标公司的股东（大）会应当作出决议，确认债权作价出资的金额。同时，由于债转股的实施结果相当于对目标公司进行了增资，股东（大）会还需要就公司增资、其他股东放弃本次增资的优先认缴权等事项作出决议。

（3）协议签署

债权人、目标公司应当签署《债权转股权协议》、《增资协议》、债权人免除目标公司对应债务的《承诺函》等法律文件，完成债权放弃、股东履行出资义务的程序。

（4）验资程序

2013 年《公司法》修改之后，除了特殊行业外，不再强制要求验资。但是对债权转股权而言，考虑到作价出资的价值确认，以债权形式缴纳的股权出资最好还是要进行验资，以便后续如果公司进行资本运营，可以很方便地证明公司注册资本的充足性。

债转股验资时，验资机构出具的验资证明应当至少包括下列内容：

1）债权的基本情况，包括债权发生时间及原因、合同当事人姓名或者名称、合同标的、债权对应义务的履行情况；

2）债权的评估情况，包括评估机构的名称、评估报告的文号、评估基准日、评估值；

3）债权转股权的完成情况，包括已签订债权转股权协议、债权人免除公司对应债务、公司相关会计处理；

4）债权转股权依法须报经批准的，其批准的情况等。

（5）股权变更登记手续

债权转为股权的，公司应当依法向注册地公司登记机关申请办理注册资本和实收资本变更登记。涉及公司其他登记事项变更的，公司应当一并申请办理变更登记。

企业至少应准备以下资料：

1）债转股合同；

2）股东会审议债转股决议；

3）股东会确认债权作价出资金额决议；

4）验资报告；

5）修改后的《公司章程》；

6）股东的主体资格证明；

7）债权转股权承诺书 / 裁判文书 / 和解文书；

8）各地市场监督管理机构要求的其他资料等。

公司登记机关应当将债权转股权对应出资的出资方式登记为“债权转股权出资”。

5.6.3 债转股的实务要点

债权是一种特殊形式的资产，在转股过程中有一些特殊的要求，同时也具有一般无形资产不具备的特点。实践中应当注意以下几方面的问题：

（1）能够进行债转股的债权类型

《公司债权转股权登记管理办法》虽然已经失效，但实践中可以用于债转股的债权仍是以下三类：

➢ 合同之债：公司经营中债权人与公司之间产生的合同之债转为公司股权，债权人已经履行债权所对应的合同义务，且不违反法律、行政法规、国务院决定或者公司章程的禁止性规；

➢ 裁定之债：人民法院生效裁判确认的债权转为公司股权；

➢ 破产之债：公司破产重整或者和解期间，列入经人民法院批准的重整计划或者裁定认可的和解协议的债权转为公司股权。

（2）对债权的基本要求

➢ 债权应当基于合法、有效的双务合同产生；

➢ 同一债权涉及两个以上债权人的，应当经该债权的全体债权人一致同意。

（3）对债权人的基本要求

➢ 债权人如果同时是目标公司债务人的，该债权人实施债权转股权的金额不得超过其所享有的债权抵销所承担债务后的余额；

➢ 债权人为国有及国有控股企业或者其他国有性质单位的，应当按照国有资产管理的有关规定执行。

（4）目标公司股东（大）会的决议要求

目标公司属于有限责任公司的，债权作价出资的金额应当经代表 2/3 以上表决权的股东通过；目标公司属于股份有限公司的，债权作价出资的金额应当经出席公司股东大会的股东所持表决权的 2/3 以上通过；目标公司属于外商投资企业的，债权作价出资的金额应当经公司董事会表决通过。

（5）债转股的税务处理

59 号文第 4 条第（2）项规定，企业发生债权转股权的，应当分解为债务清偿和股权投资两项业务，确认有关债务清偿所得或损失，债务人的相关所得税纳税事项原则上保持不变。在企业发生债务重组时，如果债务重组符合上述 59 号文关于特殊性税务处理规定的条件，对债务清偿和股权投资两项业务暂不确认有关债务清偿所得或损失，股权投资的计税基础以原债权的计税基础确定。企业的其他相关所得税事项保持不变。例如，乙企业债务 100 万元，同债权人甲签订债转股协议，约定转为公允价值 90 万元的股权偿债。乙公司债转股前实收资本 50 万元，合同约定甲债转股后占公司股份比例为 50%，增加乙公司实收资本 50 万元，40 万元作为资本公积——资本溢价。

（6）债转股的实务操作变通方式

在实务操作中，为了避免有些地方的市场监督管理局对这种形式的股权变更登记的顾虑，以及应对税务变更登记时对债权价值评估报告的质疑，加快股权变更登记的办理进度，实际操作时，如果债权金额合适，往往由债权人另行签署独立的增资协议，并实际缴纳增资价款，金额与债权数额相等。目标公司收到债权人的增资价款后，再将该笔款项偿还给债权人。这样操作最终达到的效果与债权转股权是一样的,但是这种形式省去了无形资产出资的评估程序，也比较能够获得登记机关的认可，操作简便，因而经常被许多公司采用。

（7）债转股不意味着债务人完全解脱

实施债转股之后，公司免去了还本付息义务，财务风险降低，对债务人而言是否意味着完全解脱了呢？其实不是。原因有两点：

其一，从投资角度看，股权投资风险远高于债权投资，因而股东要求的回报率要远高于债权人的要求，公司仍需努力提高业绩以满足股东的要求。

其二，债转股可能改变债务人的法人治理结构。对债权人而言，债转股意味着放弃债权收益及相关求偿权，换取股权收益，为了保证该等收益的实现，债权人可能要通过委派董事、监事等人员实质性介入债务人的公司治理，参与重大事项的决策。

（8）债权出资的评估

根据《公司债权转股权登记管理办法》第7条规定，“用以转为股权的债权，应当经依法设立的资产评估机构评估。”该文件被废止后，现行《公司注册资本登记管理规定》并未对债权是否应当评估作出明确规定。实际操作中，工商登记机关在办理企业债转股增资业务时，一般不强制要求提供债权评估报告，如四联智能（430758）和天源热能（833986）均涉及债权转股权未经评估的情形。只要债权真实、债转股程序合法合规，监管部门一般是认可的。

笔者认为，2014年3月1日《公司注册资本登记管理规定》生效后发生的债转股，只有符合“投资方将其对被投资企业的债权作为出资投入被投资企业”和“以货币给付方式形成的债权转为股权的”两个条件，才可以不经评估，而以非货币给付方式形成的债转股仍然需要进行评估。对于拟申请挂牌/上市的公司，主办券商和律师应当核查借款协议、债转股协议、股东会决议、验资报告、银行进账单、转账凭证、对账单、银行征询函等材料，并对债权真实性、程序合法合规性发表意见。如发现有瑕疵，建议股东以货币置换该部分债权出资，以免影响挂牌 / 上市。

（9）“股转债”的合法性问题

与“债转股”相对应，实践中亦存在“股转债”的操作。按照中国公司法，不得抽逃出资是股东的一项基本义务，股东向公司出资后，出资财产即变为公司的法人财产，其独立于股东个人的财产而构成公司法人人格的物质基础。无论是出资股东主动要求公司将其出资转变为借款，还是公司主动向出资人出具借条并将出资款作为借款予以偿还，抑或是出资人与公司协商一致将出资款转变为借款，本质上都是改变出资性质的抽逃行为，违背了公司法的资本维持原则，应属无效。例如，在万家裕等诉丽江宏瑞水电开发有限公司股东资格确认纠纷案中，[1] 最高人民法院即认为，借款系股东从公司抽回出资的行为，会减少公司资本，动摇公司的独立法人地位，侵害公司、其他股东和公司债权人的利益，应当为法律所严禁。

实践中，如果股东的确想从公司收回投资，可以通过公司回购、减资、股权转让等程序实现，以“股转债”的方式收回投资将不能得到法律的支持。

【案例 5-5】

武汉钢铁（集团）公司债转股 [2]

2016 年 10 月 11 日，武汉钢铁（集团）公司与建设银行共同设立的武汉武钢转型发展基金（合伙制）出资到位，基金规模 120 亿元，用于直接投资武钢集团子公司股权及承接武钢集团到期债务（债转股）。其中涉及的债转股要素如下：

1 详见云南省高级人民法院（2012）云高民二终字第 89 号民事判决书、最高人民法院（2014）民提字第 00054 号民事判决书。

2 案例信息来源：https://xueshu.baidu.com/usercenter/paper/show?paperid=88beb6f80039975b98beaa5c2399402b&site=xueshu_se，最后访问日期：2020 年 7 月 5 日。

（一）实施主体：武汉武钢转型发展基金

基金共两只，将分阶段设立，总规模 240 亿元， 用途主要是帮助武钢集团降低杠杆率，降低财务成本。首期武汉武钢转型发展基金（合伙制）由建行与武钢集团共同设立。该基金的合伙人结构是，建银国际与武钢下属基金公司做双 GP，LP 则是建行理财资金和武钢集团自有资金。LP 的出资比例为 1 ：5，武钢出资 20 亿元，建行出资 100 亿元。GP 的出资比例约 1 ：2，武钢为 100 万元，建行出资 49 万元。建行采用“子公司设立基金”模式，这样一方面可以风险隔离，另一方面也可以更好地将债转股的利益保留在本行体系内。

（二）债转股企业：高负债率的钢铁行业央企，也是上一轮债转股企业

截至 2016 年上半年，武钢集团资产总额 1724 亿元，总负债为 1272 亿元，其中流动负债高达 1067 亿元，资产负债率为 73.7%。预计通过基金降杠杆措施后，资产负债率降低约 10 个百分点至行业平均 65% 的负债率。集团旗下有上市公司武钢股份，集团将与宝钢集团合并。

（三）资金来源：自有资金与社会资金相结合，社会资金为主

武钢和建行出资比例为 1 ：5，即武钢集团出资 20 亿元，建行募集社会化资金 100 亿元，通过分阶段设立两只总规模 240 亿元的转型发展基金。基金 LP 预期收益率 5%，强调不刚性兑付。

（四）债转股范围：银行正常类贷款

转型发展基金资金用途包括部分直接投资武钢集团子公司股权，也包括承接武钢集团到期债务，也就是说，基金的用途之一是进行债转股，据悉债转股的债权是银行贷款。

（五）定价：债权方面，基金以 1 ：1 的企业账面价值承接债务；股权方面，非上市公司的股权经过评估按市场价转股；上市公司的股权参照二级市场价格做安排。

（六）股权退出机制：预期二级市场为主，附带回购条款

武钢集团的债转股主要是通过股权基金化实现的，因此退出方式主要是投资的子公司未来上市或者装入主板的上市公司中，通过二级市场退出或者通过新三板、区域股权交易上市等方式退出。此外，建行与武钢签订远期回购协议，双方约定，如果未来管理层业绩达不到预期，国企集团将对股权进行回购，建行方面由此退出。

【案件评析】

本案例是国务院《关于积极稳妥降低企业杠杆率的意见》（国发〔2016〕54 号）生效后首单央企市场化债转股落地的尝试，其中有两个点值得关注：

1. 实施主体不再是传统的 AMC（资产管理公司），而是引入社会资本的武汉武钢转型发展基金，资金募集形式更加灵活。未来，债转股的参与主体更加多元化。2017 年 7 月 15 日生效的国家发展改革委办公厅《关于发挥政府出资产业投资基金引导作用推进市场化银行债权转股权相关工作的通知》（发改办财金〔2017〕1238 号），也鼓励政府出资产业投资基金参与市场化债转股项目。

2. 退出方式是转股企业上市后通过二级市场退出或者通过新三板、区域股权交易上市、远期回购等方式退出，与以前的债转股没有太大区别。但如果债转股完成后，新股东能够有效协助转股公司提升公司治理水平，改善公司的经营管理，切实帮助企业在去杠杆的同时能够提升盈利能力，那么债转股的意义方才真正落到实处。

第六章

交易估值

股权交易的估值是股权投融资决策环节的核心问题，有关交易谈判、收益测算、投后权利义务安排等交易事项，主线都是基于估值而展开的。不过也应当注意到，估值是一门大致准确的学问，它的准确性取决于若干的前置假设，每一项假设数据的变化都可能影响最终评估结果。估值的作用更多是提供一个参考价值区间，供交易各方商讨交易条件，有时候还要配合使用一些价值调整机制，才能相对准确地反映各方的交易是否公允。

6.1 估值是一门艺术

价值评估不是一门精准的科学，只有一部分是依靠科学方法，其余的部分靠的还是经验和判断力，或者说是单纯的幸运。从这个角度来说，交易估值是基于实现特定目的需求的一门艺术。无论谁出于任何目的对公司的股权进行估值时，评估中都暗含着评估者主观的想法和认知。

6.1.1 估值的价值

估值输出的结果，既可能是一个准确的数字，也可能是一个数值区间，无论哪种形式的结果输出，在股权交易中估值所起到的作用是不可替代的。一方面，通过估值的过程，可以对目标公司的资产状况、经营情况、盈利能力等进行全面了解，有助于综合判断目标公司的投资价值；另一方面，通过估值的结果，可以为交易确定谈判空间，聚焦谈判焦点，提高谈判效率。

不过，受制于估值自身方法的局限性以及估值人员的差异，通过估值得出的结论只是交易的参考（国有企业比较特殊，交易一般结果不能低于评估价值），不能绝对化理解估值的价值。因此，在理解和开展估值工作时，以下三点是特别重要的：

第一，所有的股权价值评估都是主观的，并非客观的数学计算。任何评估模型都依赖于输入的数据，而这些数据不少是基于评估者对公司本身、公司所属行业以及整个社会环境的看法而决定的。

第二，不同的利益主体对股权估值的关注点也不同。无论采用哪一种评估模型，通常至少会有两个持完全相反意见的主体，比如买方和卖方。每个交易主体会出于有利自身的考虑，倾向于对自己最有利的模型及关注点。

第三，估值结果是交易的核心，也是争论最激烈的环节。不同的估值假设，无论采用哪种估值模型最终都会得出不同的估值结果，因此，对评估所使用的假设条件必须要经得起推敲。

在对股权交易进行估值时，我们的关注点在于股权公司未来可能实现的财务业绩，进行估值的目的是基于分析者本人的知识，对股权公司未来的收益以及公司产生正现金流量的能力进行评估，并由此来决定投资者为购买或者部分购买该公司的股权所应当支付的价格。所以，从根本上来说，估值是在一定科学性的基础上（使用数据及模型），基于交易各方的谈判地位、交易目的、市场环境等因素，由相关各方最终博弈达成的结果，既有科学性，又有艺术性，是一件十足的艺术品，将科学与艺术相结合，这就是估值的魅力所在，也是估值的核心价值所在。

6.1.2 估值的场景

一家公司自创立开始，到发展壮大和成熟的过程中，都要经历一次甚至多次需要进行估值的需求，可能有的公司没有用估值的思维去思考，但估值这件事，已经切切实实地与公司的发展密不可分。在公司的发展过程中，将涉及估值需求的场景大概可以分为六类：

1. 创立初期的融资

公司从创立开始，只要寻求发展壮大，就一直是缺钱的。特别是对于初创期的公司而言，还没有产生净利润，或者没有正现金流，对于公司何时能够扭亏为盈也不确定，这时候怎么融资？怎样跟投资者谈估值？不同于成长期的企业，他们更侧重于行业价值驱动因素和销售收入水平；也不同于成熟期的企业，他们会倾向于公司的现金流状况。初创期的公司，重点会聚焦于商业模式、市场机遇和管理团队的水平、信誉、历史业绩等，在某些情况下，创始团队的谈判技巧可能也起到很重要的作用。这时候，估值高低更多的是创始团队展现给投资人的信心，不过，有三个因素在谈估值的时候不能忽略：

（1）公司要想清楚愿意对外出让多少股份，出让多了会大幅度稀释原有股权比例，出让少了会影响融资谈判，核心还是一方面必须保持创始人对公司的控制权，同时要为后续融资留下空间。

（2）要有清晰的商业计划书，实事求是地将公司优势、差异化、盈利能力、市场前景、投资价值、投资人未来可能的收益方式等，进行详细描述，并尽量减少后续调整。

（3）公司通过本次融资，想获得何种资源，对投资者有什么期望，与公司的发展需求是否匹配等，通过对上述问题的考量，明白一个事实，即不是单纯地为了融资而融资，有些钱是不能要的，宁缺毋滥，而不能饮鸩止渴。

2. 实施股权激励

创业公司经过几年的发展后，面临的一个问题是，如何留住优秀的员工，并吸引到更多优秀的人才加入公司。应对此问题最简单的方法就是大幅度提高薪酬，但是这样必然会导致员工薪酬在公司固定成本中所占的比重日益增大。因此，在不进一步增加固定成本或者影响公司经营流动性的前提下实施股权激励应当是公司的首选。

在制订股权激励计划时，也需要对本公司的股权进行估值，主要原因是：其一，出于会计处理的需要，在中国税法环境下，公允价值和授予成本之间的差额要作为股份支付的费用，冲减当期损益；其二，便于计算出激励的具体数额，明确激励的力度，有利于员工的预期管理。

常见的员工股权激励方式包括：

（1）虚拟股权：不是真正的股权，是指公司授予员工的一种具有股权某些特征的虚拟化的股权。持有这种股权的人，不在股东名册上登记，不是法律意义上的公司股东，无表决权，仅在持有期间享受分红，并且在离开公司时自动失效。

（2）股票期权：是目前国际上使用最为广泛、最为经典的股权激励模式。它是指企业所有者授予激励对象（如高管人员、技术骨干等）购买本公司股票的选择权，具有这种选择权的人，可以在规定的期限届满时（锁定期），以事先约定好的价格（行权价）从公司购买一定数量的股票（此过程称为行权），也可以放弃购买股票的权利，但股票期权本身不能转让。

（3）限制性股票：是指公司按照预先确定的条件（无偿或低价）事先授予激励对象一定数量的公司股票，激励对象只有在预先确定的条件成熟后，才可以真正享有被授予的股票并通过出售从中获益；如果预先确定的条件没有达成，公司有权将授予的股票收回。这种激励方式在非上市公司中适用时，也可以称为限制性股权。限制性股票持有人的收益主要来自两方面：第一，持股期间的分红；第二，股票转让的增值所得。

（4）员工持股计划：是指通过向员工配发本公司股票和期权而使其享有相应的管理权，成为公司股东，并因此获得长期激励的一种绩效奖励制度。在实践中，员工持股计划往往是由企业内部员工出资认购本公司的部分股票，并委托员工持股会管理运作，员工持股会代表持股员工进入董事会参与表决，并行使分红权。

（5）股票增值权：是指上市公司授予激励对象在未来一定时期和约定条件下，获得规定数量的股票价格上升所带来的收益的权利。这是一种虚拟的股权激励工具，激励标的仅仅是公司支付的行权日二级市场股价和激励对象行权价格之间的差价，激励对象不能获得企业的股票。

（6）业绩股票：指在年初确定一个较为合理的业绩目标，如果激励对象到年末时达到预定的目标，则公司授予其一定数量的股票或提取一定的奖励基金购买本公司股票。激励对象在以后的若干年内经业绩考核通过后可以获准兑现规定比例的业绩股票，如果未能通过业绩考核或出现有损公司的行为、非正常离任等情况，则其未兑现部分的业绩股票将被取消。

（7）直接向选定的员工发售新股：既可以有偿，也可以无偿。但出于税务筹划的考虑，建议有偿，哪怕是象征性对价亦可。

3. 公司对外并购

并购包括合并和收购。无论是吸收式合并，还是新设式合并，抑或单一的取得控制权的股权收购，都离不开股权的估值。估值是并购交易的核心和关键，它决定着交易各方的利益分配以及最终股权架构的安排。本书讨论的股权交易结构设计，很大程度上是围绕并购交易展开的。并购估值的意义在于合理确定交易各方的价值，估值结果为最终成交价格的谈判提供重要的参考数据。交易过程中通常至少采用两种估值方法进行评估，以便验证估值的相对准确性。

4. 公司内部重组

通常情况下，为了公司资本运营的考虑，比如减低关联交易的数量、规避同业竞争、剥离非相关主业、重新搭建上市主体等情况下，公司需要进行内部重组。这时，也需要对股权价值进行评估，进而确定交易股权的价值以及重组后公司的股权架构安排，特别是在有外部投资者参与的情况下，估值就显得更为重要。

5. 涉及诉讼赔款

公司涉及诉讼时，也可能会存在股权估值的问题。在国内环境下，主要是发生股东之间的纠纷诉讼和夫妻之间的离婚程序时，需要对公司以及股权的价值进行评估。这种情况下的估值，不是估值的常规应用场景，但在出现这些情形时，也需要根据估值的基本原理和方法，确定价值数字作为谈判的参考。

6. 公司首发上市

首次公开发行股票并上市（IPO）的重要准备工作之一就是确定发行价格。毫无疑问，公司股票的发行价格取决于公司整体的市值。由于公司股票面向的投资者包括个人投资者和机构投资者，他们对公司的情况并不十分了解，因此，对于想要实现 IPO 的公司而言，聘请具有良好声誉的投资银行 / 券商来帮助公司进行估值，并为其公允性提供合理担保是非常重要的。只有这样，才能激起投资者对公司的兴趣，增强对公司的信心，公司的股票也才能以合理的价格卖出去。

6.1.3 估值的流程

股权交易中的股权估值，多数情况下先以简单的市场法进行相对估值，获得大致的价值区间，各方有初步合作意向后，再通过收益法进行详细估值，获取相对比较准确的股权价值，少数情况下也会选择资产基础法进行价值的评估分析。需要说明的是，这种情况下的股权估值，主要是基于目标公司提的财务数据及相关信息进行评估，因此估值结果的准确性很大程度上依赖于这些数据信息的真实性、准确性。有关估值方法的介绍，请详见下文第“6.2 估值的主要方法”的介绍。

二级市场股票分析师或其他有估值需求的专业人士，通常按照以下流程方式进行估值（见图 6–1）。

图 6-1 估值流程

1. 了解公司业务

估值的第一步是了解目标公司业务。首先要熟悉公司所处的行业以及在行业中的地位和影响力，公司的战略规划和战略定力，以往的财务表现、财务业绩等，一般通过以下方面获取相关信息：

（1）行业和竞争力分析

相似的经济技术因素往往会影响一个行业里的所有企业，所以行业知识十分有助于评估目标公司所在市场的特征和公司的经济状况。同时，行业内在的盈利性是决定公司盈利能力的一个重要因素，也就是通常所谓的“大河有水小河满，大河无水小河干”。在进行行业分析时，理解行业结构和影响行业结构的变动趋势是非常重要的。并且，需要时常关注公司所处行业的新闻和变动趋势，包括管理、技术或财务等方面的新进展。

曾经对行业特征进行了精辟归纳的“波特五力模型”，在五种竞争力量如何影响行业盈利性方面做了很好的解释：

第一，行业内竞争。行业参与者之间竞争较少时，可以提高行业的潜在营利性。

第二，新进入者。如果某行业具有相对较高的进入成本（或有其他进入的壁垒限制），则会导致较少的新进入者和较少的竞争，从而提高行业的潜在营利性。

第三，替代品。如果内有替代品，或者专用替代品的成本很高时，行业参与者提价的限制较少，从而能够提高行业的潜在营利性。

第四，供应商力量。当行业参与者需要的物品存在大量的供应商时，供应商提价的能力就会受到限制，从而不会影响行业的潜在营利性。

第五，购买者力量。当行业的产品有大量买家时，顾客讨价还价的能力受到限制，从而不会影响行业的潜在营利性。

另外，公司所占市场份额的大小和变动趋势也可以说明它在行业中的相对竞争地位。一般来说，公司价值的高低取决于它能够创造和维持多大程度的竞争优势。波特指出了获得优于平均业绩水平的三种基本公司战略：

第一，成本领先。做低成本的生产商，提供与其他公司相似的产品并按行业平均价格或接近于平均价格的水平进行定价。

第二，差异化。公司在某些方面能够为客户提供独一无二的产品或服务，并可以因此收取较高的价格。

第三，集中目标。公司能够在目标领域或行业领域内，集中寻求基于成本领先或差异化的竞争优势，并坚持下去。

光有战略还不够，还需要观察目标公司对战略的执行力度如何，或者说战略定力如何。笔者见过国内一些大型的民营企业，每年从年初到年末，战略规划要修改四五次。虽然战略调整是正常事件，但是像这样频繁更改战略的公司，要么是因为占据了某个行业的先机（如医药类公司），不为公司生存发愁，经常调调战略或许还可能带来新的契机；要么是在迷途中还没有找到方向，但因缺乏战略定力，很难说市场会一直给它机会等待它进行调整。

（2）财务报告分析

财务报告反映了公司当前的资产状况、赢利能力和现金流情况，是快速了解目标公司的最直接的途径。同时，通过阅读审计报告，还会对公司财务报告的真实性、可靠性、风险因素以及会计政策的恰当性等，依据审计师的意见作出判断。不过，对于一些刚创立的新公司，或者刚开创新产品、新市场的公司，财务数据及报告可能不那么诱人，甚至有些难看，这时，非财务指标对准确预测公司的前景可能更重要。例如，对于生物科技类医药公司，他们的自主IP或者临床试验结果会对估值结果有很大影响；再如互联网支付公司，它们成立后多年可能都达不到盈亏平衡，前几年一直是烧钱的，对这类公司的估值而言，它们掌控的交易场景、客户数量及黏性、市场对互联网支付的需求等因素，对最后的估值结果就有重大影响。

（3）多渠道获取信息

除上述途径以外，估值分析师还可以从其他渠道获取估值所需要的信息。包括：目标公司依据监管规定公开披露的定期报告（如美国 SEC 规定，公司应当在 10-K 表或 20-F 表的业务描述和管理层讨论与分析部分提供行业信息和竞争信息）、业绩预测、新闻公告、投资者关系资料等，以及行业组织、监管机构（如目标公司上市所在地的证券监督管理机构、证券交易所等）、行业分析师等提供的信息。对于非上市公司而言，因为它们不是公众公司，没有信息披露义务，能够获取信息的来源比较少，即使可以从一些来源查到信息，如市场监督管理机关的公司年报，但可信度不高，一般没有参考价值。对这类公司的估值，可公开获取信息的来源一般是舆情监测、新闻报道、同行业分析师的相关报告等。

2. 预测公司业绩

在收集了相关信息资料的基础上，结合目标公司所处的经济环境和自身财务经营现状，开始对目标公司进行估值分析。常见的有两种预测分析方法：

（1）自上而下的预测方法

首先对国际、国内的宏观经济进行预测，其次再进行行业预测，最后再对目标企业的资产和价值情况进行预测。例如，对一家大型医药生产商的销售收入预测可以从基于国内生产总值（GDP）预测的行业销售量预测开始。企业的销售量等于行业的预计销售量乘以该医药企业的预计市场份额，收入预测将取决于预计的销售量和销售价格。

（2）自下而上的预测方法

这种方式与前一种方式相反，它通过对目标公司设定一些假设条件，从微观层面开始预测，最后综合为更大范围的结果预测。例如，一家快消品零售商有几间正在经营和五间即将开业的店铺。利用现有店铺每平方米销售额的信息，分析师能够预测新店的每平方米销售额。加上对现有店铺的类似预测，分析师就能得到对整个公司的预测。沿着这个思路继续，可能就能够预测出该类快消品的行业销售额结果。

在进行估值预测时，分析师通常需要定量分析与定性分析相结合，综合判断目标公司的价值。在行业和竞争力分析、财务报告分析、其他渠道信息分析的基础上，分析师可能还会对目标企业管理层的商业敏感度、诚信度、会计信息的质量等方面有自己的看法，这些看法也不可避免地会对最后的估值结果带来一定的影响。

3. 选择估值模型

在前两步的基础上，进入估值的关键环节——选择估值模型。从类别上来看，估值模型可以分为绝对估值模型和相对估值模型，每种模型下又包含若干类模型。通常情况下，分析师会选择多种模型进行估值，以评估和验证估值的相对准确性。无论采用哪种估值模型，都是基于目标企业在未来若干年内将会持续经营的基本假设,这也是股权估值区别于其他类别估值的最明显的地方。鉴于下文将专设一节讨论估值方法，这里就不再展开讨论。

选择估值模型时应当遵循三个基本的原则：

（1）模型应当与被评估的企业特征相一致；例如，银行资产大部分是由市场化或可以市场化的资产和证券组成的，因此，基于资产的相对估值法就比较符合银行的估值特征。

（2）数据的可获得性及质量适合拟选择的模型；例如，一家从未发放过股利的企业，就可能没有足够的信息支持分析师预测未来的股利。

（3）模型应当与估值目的相一致。比如，打算获得控股权的投资者会选择预期自由现金流模型，而不是预期股利为基础，因为这些现金流可以被投资人重新分配而不影响收购价值。

4. 预测转化估值

将预测转化为估值一方面需要在选定的模型中输入预测值，然后得到对公司或股权的估值；另一方面，也需要在此基础上进行敏感性分析和情景调整。

（1）敏感性分析

这是投资项目的经济评估中常用的分析不确定性的方法之一。这种方法从多个不确定性因素中逐一找出对投资项目经济效益指标有重要影响的敏感性因素，并分析、测算其对项目经济效益指标的影响程度和敏感性程度，进而判断项目承受风险的能力。若某参数的小幅度变化能导致经济效益指标的较大变化，则称此参数为敏感性因素，反之则称其为非敏感性因素。在估值实践中，绝大多数的估值会进行敏感性分析。比如，目标企业的竞争对手计划推出一个竞争性产品，考虑到目标企业竞争性回应的不确定性（企业可能降低价格保住市场份额，给经销商折扣，增加广告或改变产品的特点等），分析师可能会作出一个基本的预测，然后分析不同的竞争性回应将怎样影响预测的财务数据，进而影响估值，以列表方式进行比较。

（2）情景调整

在某些特殊情况下，通过模型估算出来的股权价值，需要剔除一些非正常因素的影响。常见的特殊因素包括两类：

1）控制权溢价

拥有控股权的股东，将会控制公司的董事会，决定资产的重新配置或者改变公司的资本结构，在某些情况下还会给控股股东带来好处，比如关联交易、借款担保等，这些能够给控股股东带来好处的股权，其价值通常会反映了控制权溢价。考虑了控制权溢价的估值通常会比没有考虑控制权溢价的估值要高。

2）流动性折价

普通有限公司或者未上市股份有限公司的股权，比上市公司股权的流动性要差很多，股东或投资人要变现手中的股权，难度是很大的。这种情况下的股权估值，要考虑股权缺少流动性所带来的流动性折价。考虑了流动性折价的估值通常会比没有考虑流动性折价的估值要低。

5. 应用估值结论

经过收集和分析信息、预测公司业绩、选择估值模型等工作后，得出的估值结论，可以帮助交易双方作出更加理性的买卖决定，使交易股权的价格更加准确地反映股权的价值，使各方获益，从而协助实现交易目标。

6.1.4 估值相关的几个主要概念

在讨论估值方法之前，我们先熟悉几个跟估值密切相关的两个基本概念：价值类型、回报率，它们各自又包含了若干细分概念，理解这些概念有助于准确掌握估值的含义以及影响估值的关键要素。

1. 价值类型

价值有多个类型，它是选择估值模型的基础。

（1）投资价值 / 市场价值

这是一个相对的概念，某公司的股权对投资者而言是否具有投资价值，要结合投资者的交易目的来看，比如是否反映了投资者的要求和预期，是否对投资者具有潜在的经营协同效应等。

（2）公允价值

公允市场价值（fair market value）是资产 / 负债在自愿的买方和卖方之间交易的价格，买方没有受到任何强迫要买，卖方也没有受到任何强迫要卖。并且,公允价值的概念通常包含了买卖双方都熟悉所有重要投资相关信息的假设。公允价值是在税务估算、会计处理中常用的一个概念。

（3）持续经营价值

持续经营价值（going-concern value）是假设企业在可以预见的未来都一直维持生产、销售产品或提供服务的情况下，经计算得出的企业价值。本章讨论的估值都是在假定企业持续经营的情况下估算的价值，相关的模型也是基于企业持续经营的基本前提，如果公司处于财务困境或可能破产清算，就不能使用这些估值模型。

（4）清算价值

在企业面临财务困境，持续经营存疑时，代替持续经营价值的概念是企业立即解散并将资产单独销售后实现的价值，即清算价值（liquidation value）。对于持续亏损的企业来说，立即解散清算能够实现的价值可能高于持续经营价值，但是对于其中一些企业而言，如果将资产组合起来并恰当地管理和运营这些资产，估值计算的持续经营价值可能还高于清算价值。

2. 回报率

回报率是评估投资效果的一个基本要素。投资者在评价一项投资时，会用预期的回报率与他们认为公平的回报率水平比较，后者取决于投资者所能够知晓的所有相关投资信息。

（1）加权平均资本成本

公司获取资金的来源主要有两种，即股本和举债，因此一个公司的资本结构主要由股权和债权组成。这些资本的所有者对公司所要求的总体回报率通常被称为公司的资本成本。

加权平均资本成本（Weighted Average Cost of Capital, WACC）是与股权估值密切相关的一个概念，股权和债权的预期未来现金流用资本成本折现，估算出这些权益的价值，然后减去债务的市场价值，余下部分就是股权估值。在许多国家的税法中，允许公司税前扣除利息费用，但是不可以扣除支付给股东的股利。加权平均资本成本就是一家企业税后的加权平均资本成本，即考虑税收抵扣影响的各种资本来源要求回报率的加权平均值，这是资本成本最常见的一种估计。

如果公司资本源于股东和债权人，WACC 的公式如下：

$$WACC=MVD/(MVD+MVCE)\ rd\ (1-\text{税率})+MVCE/(MVD+MVCE)\ r$$

公式的含义为：债权和股权在当前市场条件下的税后要求回报率，分别乘以两者在公司资本结构中的比例，得出公司的加权平均资本成本。公式中，MVD 和 MVCE 分别表示债务和股权的市场价值，而不是账面价值。这里所说的税后，仅指公司所得税，rd 是债权的税前要求回报率，再乘以（1– 税率），反映了公司的债权利息费用可以在税前扣除。r 是股东要求的回报率，因不能税前扣除，所以不作调整。

（2）持有期回报率

是指投资者在持有该项投资期间所实际获得的回报率，此项投资期间可能是 1 个月、6 个月、1 年或其他更长的时间。假设持有 1 年获得的回报是 10%，我们可以说“1 年的持有期回报率是 10%”。持有期回报率分为已经实现的持有期回报率和预期的持有期回报率。

（3）要求回报率

要求回报率是投资者考虑了资产的风险后，在一段时间内对资产投资所要求的最低限度的预期回报率。它代表了资产投资的机会成本，即在其他地方进行风险水平相似的投资可以获得的最高水平的预期回报率。要求回报率是合理补偿资产风险的价值门槛，在数值上它等于无风险利率加上风险溢价。如果投资者的预期回报率高于要求回报率，资产就会显得被低估，因为它的预期回报超过了补偿资产风险的要求；相反，如果预期回报率低于要求回报率，资产就会显得被高估。

（4）内部回报率

内部回报率（Internal Rate of Ruturn, IRR）是估值和交易谈判经常用的一个概念，是指使预期未来现金流的现值等于资产价格的折现率。资产价格就是现在购买标的股权所要支付的金额，如果资产被正确定价，资产的市场价值应当等于内在价值。IRR 相关的详细描述可以参考第三章《交易动机》的第“3.2.2 行业基本面分析”章节。

（5）股权风险溢价

股权风险溢价是股票二级市场估值常用的一个概念，它是指持有股票的投资者要求的、相对于无风险资产的增量回报率（溢价）。由于投资者的回报仅仅取决于投资的未来现金流，所以股权风险溢价和要求回报率一样，非常依赖对未来的预期。无风险利率是指将资金投资于某一项没有任何风险的投资对象而能得到的利息率，这是一种理想的投资收益。股权风险溢价对于股权估值很重要，但是由于风险溢价水平很难估算，这也是导致分析师的估值结论不同的一个重要原因。

股权风险溢价的公式如下：

股权风险溢价 = 股票要求回报率 - 预期的无风险利率

（6）折现率

折现率 (discount rate)，是指将未来预期收益折算成等值现值的比率。例如：因货币具有时间价值，一年后的 110 元，等于年初的 100 元，那么将年末 110 元折现到年初 100 元的比率就是折现率。110/(1+i)=100 元，i = 10% 就是折现率。用于估值的现金流类型不同，折现率具有不同的含义。如果折现的是股权现金流（优先满足较高级求偿权后的现金流就是股权现金流，较高级求偿权有多种，包括债务支付承诺、税款、员工工资等），股权要求回报率就是合适的折现率；如果折现的是企业现金流（满足公司所有资本提供者求偿权的现金流），企业的资本成本就是合适的折现率。

在股权估值中，最常用的是两种折现率：股权的名义要求回报率（对应股东可以得到的现金流），名义税后加权平均资本成本（对应企业的所有资本提供者可以得到的现金流）。根据估值需求的不同，选择使用不同的折现率。

6.2 估值的主要方法

本章讨论的估值，是在公司持续经营假设下的估值，在这种假设下，股权估值方法主要包括两类：绝对估值模型、相对估值模型，每一类模型包含多种具体的估值模型。在估值实践中，一般采用绝对估值模型计算评估对象的价值，然后再用相对估值模型进行验证，两种估值方式同时采用是比较常见的做法。

绝对估值模型是一种明确指出资产内在价值的模型，使用这种模型是为了得到能够与资产的市场价格相比较的一种估值，常见模型是现值模型、资产基础模型。现值模型的逻辑是：资产对投资者的价值一定与投资者持有该项资产的预期回报有关，预期回报被称为资产的现金流，相应地，现值模型也被称为现金流折现模型。目前，公司层面的两种主要现金流是自由现金流和剩余收益，自由现金流是在考虑了固定资产再投资和持续经营所需营运资本后的经营性现金流。用权责发生制的收益（净利润）扣除投资的机会成本后的剩余收益（扣除所有资本成本后剩余的利润），则是剩余收益估值模型的基础。用现值模型进行股权估值的最大问题是，模型中的两个关键数据（现金流和贴现率）会对估值有重大影响，现金流的预测和贴现率的选择都有很大的主观性、不确定性，因此会影响到估值结果。资产基础模型相对简单，它以企业拥有的资产或控制的资源的市场价值为基础对公司进行估值。基于现值模型的收益法估值和基于资产基础模型的资产基础法估值将在下文进行详细讲述。

相对估值模型是用于评估一种资产相对其他类型资产价值的一种模型。相对估值的逻辑基础是：相似的资产应该以相似的价格出售。相对估值的应用通常涉及价格乘数，如市盈率、市净率、市销率等，或者企业乘数，如企业价值对比EBITDA（息税折旧及摊销前利润）。受限于估值模型本身参数的精确性，采用相对估值模型估算出的结果偏离内在价值的幅度更大。

绝对估值模型和相对估值模型的估值基础是不同的。例如，在基于现金流折现的估值模型中，估值的基础既可以是针对股东的自由现金流（或者称为股息分红，dividends），也可以是针对所有股东和债权人的自由现金流；在基于剩余收益的估值模型中，估值基础是公司利润扣除股权资本成本和债权资本成本后的余额（超额利润）；在基于资产的估值模型中，估值基础是公司资产的总价值；在某些情况下，还可以使用一些诸如消费者数量或者生产经营能力方面的变量作为估值的基础。

6.2.1 收益法估值

采用收益法进行估值是最常用的估值方法。本部分内容我们介绍收益法估值中四种常见的估值模型。

1. 现金流折现模型

在收益法估值中，现金流折现（Discounted cash flow，DCF）是专业评估师使用最多、最常用并且可以独立使用的估值模型。这种模型下又有很多种不同的类型，其中最常用的一种叫作麦肯锡模型，它最早是由 Tom Copeland、Tim Koller、Jack Murrin 于 1990 年在《公司价值的衡量和管理》（*Valuation-Measuring and Managing the Value of Companies*）一书中提出的。这本著作在现金流折现估值中已经被视为圣经般的存在，对估值实践产生了深远的影响。

（1）DCF 模型为什么如此受欢迎

在估值实践中 DCF 模型大受欢迎是有原因的，主要是以下四点：

➢ 这一模型在理论上是正确的，并且与财务理论和其他资本市场模型，如资本资产定价模型（CAMP）和货币的时间价值，是相互匹配的；

➢ 这一模型对所有公司都适用，无论是小公司还是跨国公司；

➢ 这一模型的使用，要求评估者必须对目标企业和所处的行业有深入了解，必须掌握能够给公司创造价值的基础因素，因此估值偏差相对比较小，这与我们上面讲的相对估值法有很大区别，相对估值法（比如市盈率法）不需要对目标公司进行非常深入的调查；

➢ DCF 模型不受所谓的财务报表粉饰的影响，只关注现金流量，任何不影响现金流量的会计准则都不会对该模型造成影响，利润相对容易操控，而现金流操控的难度极大。而且，利润和现金流之间也没有很直接的关系（如表 6-1 所示）。

表 6-1　四公司利润与现金流统计

会计年度 2009	H&M	可口可乐	IBM	阿斯利康
每股收益（EPS）	19.8	2.95	10.01	5.19
每股现金流（FCF）	11.14	1.75	10.55	7.28
FCF/EPS	56%	59%	105%	140%

（2）DCF 模型的逻辑

公司当前的价值，等于将未来所有现金流用一个可以反映折现现金流内在风险水平的折现率（WACC）折现后的总额。如果折现后的价值高于股权当前价格，则有利可图，可以买入，如果低于当前价格，则说明当前价格高估。DCF 模型下，公司价值由两部分组成：其一，明确的预测期内，对每年的自由现金流和 WACC 进行预测，进行折现计算，各年的总和即为明确预测期内的公司价值；其二，从明确的预测期之后的第一年，在此后的整个终值期内，假定现金流和 WACC 按照一定的增长率保持不变，将各年度折现后加总计算的总额。

该模型的计算公式如下：

$$EV=\frac{FCF}{(1+WACC)}+\frac{FCF_2}{(1+WACC)^2}+\cdots+\frac{FCF_n}{(1+WACC)^n}+\frac{TV}{(1+WACC)^n}$$

$$TV=\frac{FCF_{n+1}}{(WACC-g)}$$

式中：EV 表示公司价值（Enterprise Value）；FCF 表示未来特定某年的自由现金流（Free Cash Flow）；WACC 表示加权平均资本成本（Weighted Average Cost of Capital）；TV 表示终值（Terminal Value）；g 表示 n 年后自由现金流的增长率（growth rate）；n 表示明确的预测期的年数。

（3）DCF 模型的估值过程

总体上，DCF 模型的估值包含下述四个步骤，我们按顺序分别简要说明。

1）估算资本成本

估值的第一件事就是计算未来现金流量折现所需要的资本成本，也是所谓的折现率，折现率要能够反映预测的未来现金流量的内在风险。计算公司资本成本的方式有很多种，最常用的就是 WACC（公式请见前述 6.1.4“加权平均资本成本”）。WACC 的计算步骤分为三步：

第一步，分析目标公司的资本结构。

资本结构是指公司筹集经营资本的途径及其比例，通常来说，经营资本由自有现金、股本和对外债务构成。分析资本结构的核心在于研究目标公司的负债权益比率。管理层和股东在决定资本结构时，一方面要考虑债务成本及风险，如果债务成本低于股本成本，则倾向于多进行债务融资，而且这种方式下支付的债务利益还可以抵税，所以债务越多股本回报率越高；另一方面还要考虑平衡经营风险和财务风险，大量举债会显著增加财务风险，必须要与经营风险相平衡，比如房地产公司，杠杆率一般很高，与此对应的就是它们的经营风险要相对不高，否则就会带来整体风险。衡量财务分析的一个重要指标是利息保障倍数（企业生产经营所获得的息税前利润与利息费用之比），倍数越高，债务违约的风险就越大。一个良好的资本结构，应当既能使 WACC 达到最低，又能享受足够多的利息抵税，并同时保证经营风险与财务风险的平衡。

第二步，计算股权融资的成本。

股权融资的成本又称为股本成本，是指公司从股东 / 投资人那里拿到资金所要支付的成本，对应股东要求的投资回报率。股本成本由两部分组成：其一，投资者在无风险投资中所获得的无风险利息（无风险投资通常参照同期政府债券或国库券投资）；其二，股权风险溢价，该溢价可以参照市场调查给出的同期可比数据然后再进行一定的系数调整，即可得出数值区间。

第三步，计算非股权融资的成本。

非股权融资的成本是指目标公司支付给外部债权人的利息成本，外部债权人既可以是银行，也可以是其他具有资质的贷款机构。这些利息成本可以税前扣除，具有一定的抵税效应。需要注意的是，资本成本是按照债务成本的市场价值计算出来的，不是简单地将利息费用除以资产负债表里负债的账面成本计算出来的。非股权融资的成本由两部分组成：其一，无风险回报率；其二，合理的风险溢价。如果公司的资本结构相对复杂，比如公司使用了更复杂的利率结构、外币贷款、可转债或者夹层融资等，还要使用一些其他的计算方法。

2）计算自由现金流

自由现金流（Free Cash Flow to the Firm,FCFF），是指公司支付所有经营费用（包括所得税）、必须的营运资本（如存货）和固定资本（如设备）投资已经完成后，企业资本提供者可以得到的现金流。它是可以满足股东和债权人要求的现金流量，与净利润不同，净利润考虑了一些会计科目的影响，如折旧、递延税负债，而这些科目不会影响公司的自由现金流。在持续经营的假设前提下，有的经营活动现金流是“不自由”的，而是必须用于资产的更新和新资产的投资，自由现金流概念反映的就是这种实际情况。在计算自由现金流时，通常需要将公司的未来分成两个阶段：明确的预测期阶段、终值期阶段，后者也常被称为隐性预测价值期。在明确的预测期阶段的少数几年中，现金流预测具有一定的准确性，而且是逐年预测；在终值期阶段，逐年预测现金流很难，所以通常会计算一个终值的现值，它等同于明确的预测期阶段后到无穷期间的自由现金流的现值。明确的预测期阶段长短，取决于公司自身、行业状况、整体的经济形势，以及对成长率的估计。随着预测期的增加，时间越久，预测的准确度就越低。

只要目标公司增长率高于 WACC，就可以进行明确的价值预测估算，当增长率趋于稳定时，即可开始进行终值期的预测。例如，假定目标公司的增长率在 6 年内都处于无规律状态，那么明确预测期就需要从第 1 年一直持续到第 6 年，从第 7 年开始，就可以用稳定的增长率（或称永续增长率）持续计算到期末，这段时间的价值就是终值。

明确预测期内，在逐年计算现金流时，要从该年度的资产负债表和损益表数据开始，然后根据需要调整账面数据，使其变成“真实的”数据来反映公司的现金流量状况。特定年度的自由现金流量的计算步骤如图 6–2 所示：

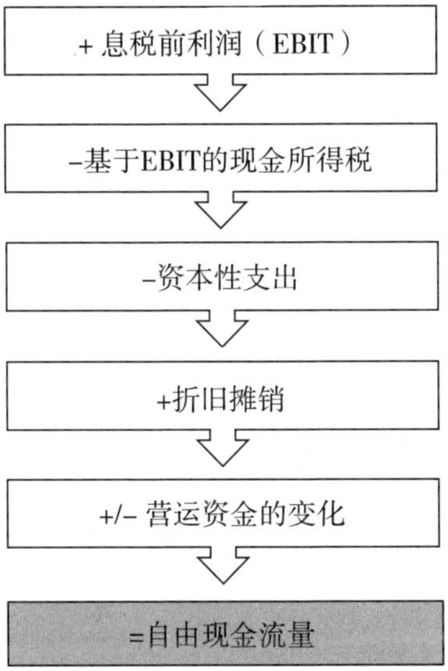

图 6–2　特定年度自由现金流计算步骤示意

上述数据都可以在特定年份的资产负债表和损益表中找到，因此不需要任何计算或者分析。最终，我们通过计算得到逐年的自由现金流量，用下面的公式将这些现金流折现到当前即可。

可明确预测期内 FCF 的现值：

$$FCF = \frac{FCF_1}{(1+WACC)^1} - \frac{FCF_2}{(1+WACC)^2} + \cdots + \frac{FCF_t}{(1+WACC)^t}$$

式中：FCF_1 表示第一年的现金流量； FCF_t 表示未来第 t 年的现金流量；WACC 表示加权平均资本成本； t 表示可明确预测期间的年数。

3）计算终值

明确预测期最后一年开始，到无穷期的自由现金流量，折现到当前的价值就是终值。通常情况下，终值占公司价值的很大一部分，占到 70%~80% 也是常见的。

终值的计算分为三步：

第一步，估算从终值开始的第一年期到之后无穷年间的持续增长率 g；

第二步，使用估算的可明确预测期最后一年的自有现金流乘以持续增长率（1+g）；

第三步，使用恰当的折现率并减去持续增长率。

公式如下所示：

$$TV = \frac{FCF_{t+1}}{WACC - g}$$

式中：FCF_{t+1} 表示可明确预测期后第一年的自由现金流量； t 表示可明确预测期的年数； WACC 表示加权平均资本成本；g 表示未来期间自由现金流量的期望增长率。

按照这个公式计算出来的终值，是可明确预测期的最后一年的价值，而不是当前的价值，要能计算出当前的终值，还需要从可明确预测期期末折现到当前，所适用的公式如下：

$$TV_0 = \frac{TV_1}{(1 + WACC)^t}$$

这样计算出的终值，就是所谓的终值的现值，相当于从可明确预测期之后到无限期的所有自由现金流合计的现时价值。

4）折现并计算公司价值

将上述第②步计算得出的预测期自由现金流现值和第③步终值的现值相加，再进行必要的调整之后，即可以计算出所有自由现金流的现值，也即公司价值，步骤如图 6-3 所示。

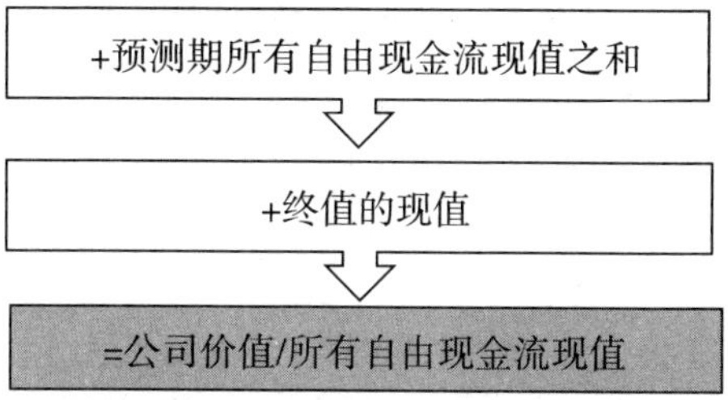

图 6-3　公司价值计算步骤示意

公司估值的目的一般是为了计算股东的股权价值，也就是说计算出来的公司价值要进行调整，减去公司债务的市场价值后，剩余部分才是股权价值。计算过程如图 6-4 所示：

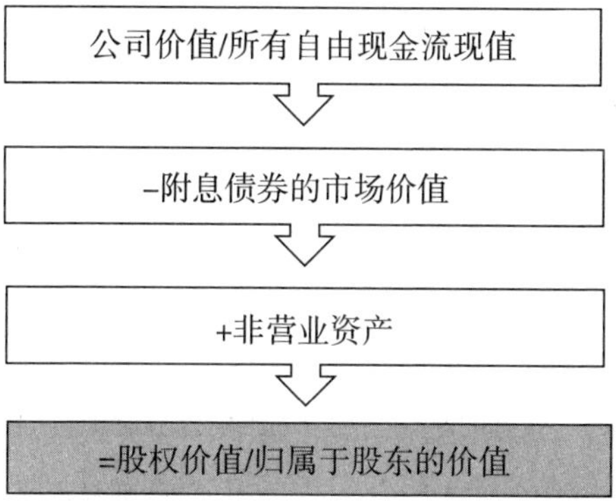

图 6-4　股权价值计算步骤示意

股权交易的各方可以以此作为初步参照，确定交易结构中的股权比例及股权交易价格等谈判要点。

至此，我们已经完成了一个完整的 DCF 估值模型。从估值过程可以看出，最后输出的股权价值结果，是建立在合理的假设和预测指标的基础上，其中，对估值结果影响最大的指标包括：资本性支出、税收、折旧、营运资本的变化以及 EBIT（息税前利润），尤其是 EBIT，本质上与目标公司的销售收入相关，与预测公司的销售收入相比，预测成本会更加准确、可控。所以说，某种程度上讲，DCF 估值模型仅仅是一个计算工具，通过模型得到的数值完全取决于我们输入的变量，对这些变量进行的基础性研究和分析，才是估值工作的核心，也是决定估值是否准确的核心。

变量对估值结果影响的敏感性分析可以从表 6–2 中比较清晰地得到结论：

表 6–2 变量对估值结果影响的敏感性分析

	WACC（%）	FCFt	FCFg（%）	终值	占基本方案价值比例（%）
基本方案	15	40,822	5	408,220	100
方案 1	15	45,000	5	450,000	110
方案 2	15	35,000	5	350,000	86
方案 3	20	40,822	5	272,147	67
方案 4	10	40,822	5	816,440	200
方案 5	15	40,822	10	816,440	200
方案 6	15	40,822	3	340,183	83

估值实践中，为了验证估值结果，大多数分析师还要通过其他方式（比如相对乘数法）进行估值的二次校验。所有估值模型从数学角度讲都有相关性，只要前提假设相同，不同模型推算出的结果应该是相同的。

2. 股利折现模型

股利折现模型（Dividend Discount Model，DDM）是股票估值中最简单和最古老的现值模型。它是指股票的价值应当等于目标公司未来所有股利（股息分红）折现后的现值，即 DDM 模型是通过预测目标公司未来的股东分红并将其折算为现值来估算公司当前的股权价值。

一般来说，适用 DDM 模型需要具备三个条件：

第一，目标公司一直在向股东支付股利（分析师有股利记录可分析）；

第二，董事会确立了股利政策，而且股利政策与企业的盈利状况有明显的稳定联系；

第三，股票持有人对目标公司不拥有控制权。

DDM模型以两个部分之和计算出股票的价值：持有期内预期股利的现值、持有期末的预期股票价格。每增加一年的持有期，就会有多一期的预期股利，在极限情况下，如果持有期向未来无限延伸（永久持有），股票的价值就是所有预期未来股利的现值。根据约翰·伯尔·威廉姆斯（1938）提出的观点，即使投资者选择有限投资年限，股票的价值仍然取决于所有未来的股利。对该投资者来说，股票目前的价值直接取决于投资者预期在股票销售以前可以获得的股利，并间接取决于股票销售以后的预期股利，因为未来股利会决定股票的预期销售价格。但是，如果将股票价值定义为未来无限期预期股利的限制，将会对估值工作带来巨大挑战。要有效适用DDM模型，就必须将预测工作简化。为了解决这个问题，估值实践中的通常做法是：预测某个终点以前的有限期内每一期的股利（通常为3~10年），然后再预测在终点以后目标公司按照某种永续的固定增长率增长的股利，或者直接用某种方法估计股利预测终点的股票价格。最终，股票的DDM价值通过将股利（如果有预测销售价格就加上此销售价格）折现后得出。

如果投资者打算购买股票并持有一年，股票当前的价值应该等于预期股利的现值加上预期一年后股票销售价格的现值，公式如下：

$$V_0=\frac{D_1}{(1+r)^1}+\frac{P_1}{(1+r)^1}=\frac{D_1+P_1}{(1+r)^1}$$

式中：D_1 表示第1年的预期每股股利，假设在年末 t=1 时支付；r 表示股票的要求回报率。

如果投资者打算购买股票并持有两年，股票的价值等于第1年和第2年的预期股利的现值，加上第2年年末的预期销售股票价格的现值，公式如下：

$$V_0=\frac{D_1}{(1+r)^1}+\frac{D_2}{(1+r)^2}+\frac{P_2}{(1+r)^2}=\frac{D_1}{(1+r)^1}+\frac{D_2+P_2}{(1+r)^2}$$

相应地，我们可以很容易地将上述公式扩展成任何持有年限的 DDM 估值，例如持有期是 n 年，则估值公式如下：

$$V_0=\frac{D_1}{(1+r)^1}+\cdots+\frac{D_n}{(1+r)^n}+\frac{P_n}{(1+r)^n}$$

如果投资者永久持有股票（理论假设），估值公式如下：

$$MV=\frac{D_1}{(1+K)}+\frac{D_2}{(1+K)^2}+\cdots+\frac{D_n}{(1+K)^n}+\frac{TV}{(1+K)^n}$$

$$TV=\frac{D_{n+1}}{C_E-g}$$

式中：MV 表示股本的市场价值（Market Value）；D 表示特定年份的年股利额（dividend）；K 表示资本成本（cost of capital）；C_E 表示股本成本（cost of equity）；g 表示 n 年后股利的永续固定增长率；TV 表示终值（Terminal Value）；n 表示明确预测期的年数。

在上面 DDM 模型估值的实践中，最大难点在于为股票未来的股利选择恰当的输入变量，包括预测的明确年限数，每年发放股利的数额，明确年限结束后股利的永续增长率、资本的成本等，每一个数值的变化都会对估值的最终结果带来影响。所以，选择和应用估值模型简单，真正难的是进行基础分析后如何选择变量参数。

3. 剩余收益折现模型

传统的财务报表，特别是利润表，是为反映所有者的盈利而编制的。净利润扣除了债务资本的成本（利息），而没有扣除股权资本的成本（股利）。剩余收益这一经济概念明确地扣除了估算的股权资本成本，相对于会计利润而言，是一家公司创造的真正利润。剩余收益折现模型（Residual Income valuation Model, RIM）的隐含意义在于，公司不仅需要达到盈亏平衡点，还需要创造出足够的价值来弥补股东 / 投资人的资本成本。剩余收益的计算公式如下：

$$RI=（R_E-C_E）\times BV_t$$

式中：RI 表示剩余收益；R_E 表示股本回报率；C_E 表示股本成本率；BV_t 表示 t 年初时股本的账面价值。

RIM 模型使用公司股本权益的账面价值和预期剩余收益的现值来估算公司价值。公式如下：

$$公司价值=BV+RI/（1+C_E）^1+RI/（1+C_E）^2+\cdots+RI/（1+C_E）^t+TV/（1+C_E）^t$$

式中：BV 表示公司当前股本的账面价值；RI 表示公司未来剩余收益，剩余收益是公司净利润与股东要求回报率之间的差额；C_E 表示股本成本率；t 表示预测期内的年数；TV 表示预测期后剩余收益的终值。

上面公式中，TV 的计算公式如下：

$$TV=BV_t\times RI_t/（C_E-g）$$

式中：BV_t 表示 t 年时股本的账面价值；RI_t 表示 t 年时的剩余收益；C_E 表示股本成本率；g 表示从 t 年起直到之后无穷年剩余收益的增长率。

【案例 6-1】

剩余收益估值模型的应用

BAKE 房地产公司未来三年的预期 EPS 分别为 2.00 美元、2.50 美元和 4.00 美元。分析师预计 BAKE 公司未来三年会分别发放 1.00 美元、1.25 美元和 12.25 美元的股利。最后一年的股利预计为清算股利，分析师估计 BAKE 公司在第三年会终止营业。BAKE 公司的当期账面价值为每股 6.00 美元，股权要求回报率为 10%。

1. 请计算未来三年的每股账面价值和剩余收益；
2. 用剩余收益估值模型计算股票的价值；
3. 用股利折现模型对剩余收益模型计算出的结果进行确认。

问题 1 的解答如表 6-3 所示：

表 6-3　BAKE 房地产公司未来三年每股账面价值和剩余收益统计

单位：美元

年度	1	2	3
期初每股账面价值	6	7	8.25
每股净利润（EPS）	2	2.5	4
减：每股红利（D）	1	1.25	12.25
留存收益变动（EPS-D）	1	1.25	-8.25
期末每股账面价值	7	8.25	0
每股净利润（EPS）	2	2.5	4
减：每股股权费用	0.6	0.7	0.825
剩余收益（EPS- 股权费用）	1.4	1.8	3.175

问题 2 用剩余收益估值模型计算股票的价值：

$$V_0 = 6.00 + \frac{1.40}{(1.10)} + \frac{1.80}{(1.10)^2} + \frac{3.175}{(1.10)^3} = 6.00 + 1.2727 + 1.4876 + 2.3854 = 11.15(\text{美元})$$

问题 3 用股利折现模型计算的股票价值：

$$V_0 = \frac{1.10}{(1.10)} + \frac{1.25}{(1.10)^2} + \frac{12.25}{(1.10)^3} = 0.9091 + 1.0331 + 9.2036 = 11.15(\text{美元})$$

RIM 模型不同于股利折现模型和自由现金流折现模型，其终值在总估值结果中占的比重很小。这种模型用到的数值多数都是近期或未来几年的估值，因为公式中重要组成部分是股本的账面价值。在估算终值时，多数情况下时间越长必然导致误差越大，RIM 模型在很多时候将终值考虑为 0，这也是剩余收益模型的一个明显优势。但是这个模型也有一个缺点，就是计算中用到的数据都是基于标准的会计报表科目获取的，数据本身不能准确体现公司资本和现金流量的真实经济价值，所以在模型使用时需要注意这一点。

4. 经济增加值折现模型

经济增加值模型 (Economic Value Added，EVA)，是 Stern Stewart 咨询公司开发的一种新型的价值分析工具和业绩评价指标。EVA 是基于剩余收益估值模型稍作改动而成的新型价值模型。EVA 模型认为，公司价值等于公司当前权益资本与所有未来经济增加值折现后的现值之和。指定年份的经济增加值等于公司收入减去其运营成本和资本成本后所获得的超额收益。其算法为，用年初资本总额乘以投入资本回报率和资本成本的差额。WACC、资本回报率与价值创造之间的关系如图 6–5 所示：

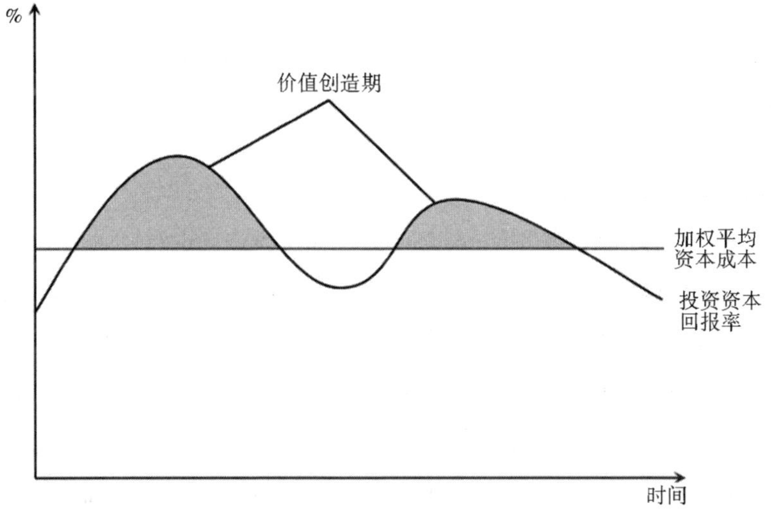

图 6–5 WACC、资本回报率、价值创造关系

经济增加值是对剩余收益和经济利润微调后的变量，对财务报表中的一些数据进行调整使其转化为可供估值的统计数据。具体来说，就是要对税后净营业利润（net operating profit after taxes, NOPAT）和年初资本总额进行调整。通常来说，需要调整的项目可以归类如下：

➢ 将权责发生制转换为收付实现制；

➢ 从清算观念转换为持续经营观念；

➢ 剔除非正常状态下的损失或收入。

年经济增加值的计算公式为：

$$EVA=NOPAT-(WACC\times K)$$

式中：EVA 表示经济增加值；NOPAT 表示税后净营业利润，即不包括融资成本和除折旧外的非现金支出科目；WACC 是加权平均资本成本；K 表示年初资本总额，通常为股本账面价值加上有息负债之和。

EVA 模型的使用具有非常广泛的意义，它的主要用途在于当现金流折现模型不能很好发挥作用时，EVA 指标可以作为公司各个时期经营状况的衡量标准。由于 EVA 指标可以独立用于计算不同的企业、部门、生产线或者同一个企业内不同地区分公司的经营状况，其在薪酬管理方面也能够发挥很大作用。

6.2.2 资产基础法估值

按照《国际评估准则》(International Valuation Standards，IVs) 的《指南 6——企业价值评估指南》（以下简称《指南 6》），企业价值评估中的资产基础法类似于其他资产类型评估中使用的成本法，其主要思路是将以历史成本编制的企业资产负债表替换成以市场价值或其他适当现行价值编制的资产负债表，反映所有有形和无形资产和负债的价值。《指南 6》明确规定除非是基于买方和卖方通常惯例的需要，资产基础法不得作为评估持续经营企业的唯一评估方法。

按照国内评估准则，企业价值评估中的资产基础法又称为成本法，是指在合理评估企业各项资产价值和负债的基础上确定评估对象价值的评估思路。

1. 资产基础法估值的实质

无论是确定市场公允价值还是清算价值，资产基础法的实质是通过调整公司资产负债表中的相关科目，把基于会计准则计算的账面价值调整到市场价值。在这些科目调整的过程中，要包括加上不在资产负债表上的资产，删除所有资产负债表中缺乏市场价值的资产，通过调整最终得出资产的价值估值。这种调整背后的原因是：通过账面反映的净资产值，仅仅是一种会计记录的简单加减，与企业的未来收益能力或内在真实价值不相干，通过修正账面净资产值，能够相对准确地反映资产的真实价值。

2. 资产基础法估值的场景

对于缺乏经营价值的资产密集型目标公司，通常采用资产基础法或成本法进行估值。但是应当注意，这种方法更适合评估控股权益，因为它有权促成为股东创造现金利益的股权出售行为。无论是采用账面价值调整法确定“在岗”资产的价值，还是使用清偿价值法确定它们的价值（在有序清偿或强制清算条件下），总之，这些方法都涉及把资产负债表的相关科目，从账面价值调整到市场价值。

3. 账面价值调整的步骤

在目标公司持续经营假设下，一般采用以下步骤调整账面价值：

（1）获取原始信息。首先收集目标公司截至评估日的资产负债表或在此之前尽可能最近日期的资产负债表，从报表质量来看，经审计的报表要优于未经审计的报表，权责发生制的报表要优于收付实现制的报表。

（2）调整报表项目。把报表中的每项资产、负债和权益科目，从账面价值调整到评估的市场价值。

（3）调整不在资产负债表中的项目。评估并增加在资产负债表上列出的特殊有形资产、无形资产和负债。

（4）税收影响。考虑税收对资产负债表调整影响的合适性，同时，也要考虑是否应该取消资产负债表上的递延税收。

（5）获取结论。从调整的角度出发，编制以市场价值反映所有科目的资产负债表，以这种金额为基础，确定已投资本或股本的调整价值。

鉴于账面价值调整涉及的科目繁多，方法各异，有兴趣的读者朋友可以参考这方面的专业书籍，这里不再赘述。

4. 资产基础法估值的利弊分析

作为国内股权交易中经常使用的估值方法，资产基础法有利也有弊，在使用时需要多加注意：

（1）优势

➢ 成本法和账面净资产值直观、确定、容易理解，数据容易获取，对于熟悉财务报表的人来说容易把握。

➢ 资产基础法在评估过程中，分别对每一种资产估算其价值，将每一种资产对企业价值的贡献全面地反映出来，便于交易后评估各项资产对公司的价值贡献。

➢ 这种方法对于作为诉讼依据和争议解决是有用的。该方法便于解决企业解体和重大资产分割产生的纠纷。

➢ 这种方法获得的评估结果便于进行账务处理。

（2）劣势

➢ 采用成本加和法模糊了单项资产与整体资产的区别。

凡整体性资产都具有综合获利能力，它由单项资产构成，却不是单项资产的简单加总，而是经过企业有效配置后作为一项独立的获利能力而存在。用成本加和法来评估，只能根据单项资产加总的价格而定，而不是评估它的获利能力。实际上，企业的各单项资产，需投入大量的人力资产以及规范的组织结构来进行正常的生产经营，成本加和法显然无法反映这种单项资产组织起来的无形增值，最终会产生遗漏。可以说，采用成本加和法确定的企业评估值，只包含了有形资产和可确指无形资产价值，作为不可确指的无形资产——商誉，却无法体现和反映出来。

➢ 采用成本加和法难以真实反映资产的经营效果，不能很好地体现资产评估的评价功能。

资产评估可以通过对资产未来的经营情况、收益能力的预测来评价资产的价值。而成本加和法是从投入的角度，即从资产构建的角度，而没有考虑资产的实际效能和企业运行效率。在这种情况下，无论其效益好坏，同类企业中只要原始投资额相同，则其评估值趋向一致。而且，效益差的企业的资产可能不是满负荷运转，甚至是不使用，其损耗低，成新率高，可能导致效益差的企业的评估值还会高于效益好的企业，违背客观事实。

➢ 表外资产难以完整、准确反映。

会计上确认资产的标准与评估确认资产标准的差异，是评估现实性原则产生的基础，但往往由于现实性原则体现得不充分，使不能完整体现企业资产。在评估师的眼里，会计上的费用性支出，是应当通过现实性处理原则体现的；对收益贡献的所有有形、无形资源，都应体现为企业的价值。但因会计核算原则的限制，而形成评估赖以估值的资产负债表，表外资产难以完整、准确反映。

➢ 难以全面地估算资产的经济性贬值。

以资产为基础的价值评估法及其使用的价值类型无法在以财务决策为目的的企业价值评估中运用：它缺乏资产未来收益的前瞻性，无法准确把握一个持续经营企业价值的整合效应。

基于上述原因，在以持续经营为前提对企业进行价值评估时，资产基础法一般不应当作为唯一使用的评估方法。资产评估师对同一评估对象采用多种评估方法时，应当对形成的各种初步价值结论进行分析，在综合考虑不同评估方法和初步价值结论的合理性及所使用数据的质量和数量的基础上，形成合理评估结论，避免产生评估价值与交易价格的过度分离。

6.2.3 市场法估值

市场法估值的根基是“替代原则”，即人们为一项资产所支付的价格，不应该超过购买同样理想替代品的成本。因此，对于市场法而言，价值的确定是基于一种相关价格：一种已经在相关市场上支付给了类似资产的可比价格。不过，对于怎样才算是“类似”，是否“可比”的理解，则需要专家级的判断。

市场法估值主要应用在涉及购买目标公司控股权时如何支付价格的场景（一般指并购交易）。在这些交易中，数据比较容易获取的是上市公司，而对于非上市公司的并购交易，因其不公开披露财务信息，所以比较难获取。对于此类交易来说，它们往往是战略性的，买方收购的是处在相同行业或类似行业的目标企业，目的是获取各种协同收益或者叫规模效益。因此，绝大多数时候，这类交易价格传递的信息是：被收购的目标企业对于特定买家所具有的战略价值，而不是公允的市场价值。

要找到合理的、可以比较的基础，交易数据必须是来自与目标公司非常相似的公司，比如，行业相同/相似，规模相似，盈利能力相似，交易日期相近，购买的股权都是控股权等。并且，要想有一组可以用于对比分析的数值，就需要有足够数量的交易案例汇总，而不是仅仅有一两例个案。其实，从本质来看，由于公司自身价值可以通过估值模型得出，在财务数据相似的情况下，得出的估值结果应该也相差不远，可比交易重点关注的还是控制权溢价部分，即除去公司基本价值以外，收购方愿意为超过基本价值的控制权支付多少溢价。在企业评估术语国际词汇表中，控制权溢价是指，与非控制权性权益按比例的价值相比，一个企业控制性权益的价值按比例超出的金额或百分比，溢价反映了控制权。不过，控制权问题也很难有统一的答案，尤其在国内并购市场这种特殊环境下，买家愿意支付多少溢价，更多取决于自身的交易需求、交易种类（属于战略交易还是普通财务交易）、支付能力等个性化因素，可比交易提供的仅仅是一个参考的标准而已。

1. 相对乘数法

我们可以在各类文章和著作中看到各种各样的乘数，但在估值实践中仅有少数几个得到了广泛认可和使用。

（1）P/E（市盈率）

这是最受欢迎的估值乘数，通过市盈率倍数与每股收益的乘积，可以计算出每股价格。它适用于大多数盈利的公司，要求被估值公司不仅有稳定的资本结构，而且与所选类比公司的资本结构也要具有相似性。

在用 P/E 法进行估值时，比较难处理的是分母中每股收益的计算。通常要关注两个问题：其一，利润时间跨度的选择对应着不同类型的市盈率（动态 / 静态）；其二，为了使不同公司之间的市盈率可以比较，分析师可能会对会计利润进行调整。因此，深入了解市盈率的类型对 P/E 法估值十分重要。

1）静态市盈率（trailing P/E）：有时也称为当期市盈率，是当前的市场价格除以最近一年的每股收益，计算得出的市盈率；

2）动态市盈率（forward P/E）：有时也称为预期市盈率，是股票的当前价格除以下一年的预期收益，计算得出的市盈率。

估值是预测未来的过程，因此分析师在预测利润可行的情况下，常常关注动态市盈率。对于大型上市公司而言，分析师能够预测利润并从一些公开的数据库中获取其他信息；但是当信息获取渠道受限或利润根本无法预测时，静态市盈率就比较合适。静态和动态市盈率都是基于一年的每股收益，如果这个数字是负数或者无法反映企业的盈利能力时，分析师可能会以更长时间段的预期平均每股收益计算市盈率。

（2）MVIC/EBIT 或 MVIC/EBITDA

即已投资本的市场价值除以息税前利润，或已投资本的市场价值除以息税折旧摊销前利润，这个相对乘数被广泛应用在股权并购领域。由于这些回报指标包括了债务持有人的利息支出回报，所以，分子必须是股权和债权的市场价格。EBIT 和 EBITDA 都是公司税前和债前利润的倍数，因此，反映了可以用来还债和给付股东的利润，而且在 EBITDA 的情况下，还包括了资本支出（假设折旧和摊销反映了资产支出的基本水平）。就其本身而言，它们衡量的利润仅仅体现了公司的经营业绩水平，因而，虽然这些倍数是从类比公司推导出来的，但在与类比公司进行比较时，被估值的公司在资本结构或者税负水平上是否与它们存在差异，就无关紧要了。

2. 风险投资估值模型

这是一种比较简单的估值方法，通常适用于对初期的公司进行估值。风险投资估值法与其他方法的不同之处在于，其估值始于先估算一个期末的退出价值，再根据当前投资者的投资回报率计算目标公司当前的价值。这个模型的公式如下：

$$PV = TV_n / \text{required ROI}$$

式中：PV 即 Post-money Valuation，表示投资后的公司估值，其等于投资前估值加上本次投资总额；TV_n 表示未来第 n 年时投资者所期望的退出价值；required ROI 表示投资者在特定时期对于特定公司投资所期望的回报率。

其中，退出价值是指公司从现在起到未来几年内，当公司想要结束此次投资时（如上市或者被并购），投资者所期望的公司最终价值。但在估值实践中，通常会简单地使用一个或多个相对乘数计算得出最终价值。举例如下：

A 公司期望三年后的销售额能达到 5000 万元，同行业中管理完善的企业净利润率可以达到 15%。如果我们假设 A 公司可以维持相同的利润率，这样就可以在三年后实现每年 750 万元的净利润。如果相似的公司市盈率乘数（P/E）是 20 倍，那么将这一乘数应用在 A 公司，我们就可以估算得出 A 公司三年后的价值为 15,000 万元。如果投资者期望在退出的时候回报率是原始投资的 10 倍，套用上面的计算公式，A 公司目前的投后估值为：15,000/10=1500 万元。假如目标公司想要募集 500 万元，并满足投资者期望的投资回报率，那么投资者本次投资完成后将持有公司 33.34% 的股权（500/1500）。

早期投资通常都有很大的风险，相应地，投资人期望的回报率也很高。但大多数情况下，投资人很难拿到预期的回报，有的甚至血本无归。所以，用这种估值模型计算得出的价值数据，对投资人而言仍有一定的模糊性。并且，公司仅靠一轮融资就可以支撑到投资人退出的情况也很少见。实践中，公司往往要进行若干轮次的融资才能持续更久的经营时间。每一次融资都或多或少地稀释现有股东 / 投资人的权益。此外，公司为了吸引优秀员工和优化公司治理结构，还会进行股权激励，这将会进一步稀释股权。所有这些因素都对风险投资的估值有一定的影响，但该模型背后的估值理念是不变的。

6.3 估值的溢价和折价

通过上面的介绍我们可以发现，每种估值方法都是建立在不同的标准之上，被评估的股权是否含有控制权、可变现程度、参数的选取是否合理等因素都会影响股权的最终评估价值。所以，估值的结果需要进行溢价或折价调整，才能相对接近目标股权的真实价值。我们可以对上述三种估值方法进行列表回顾一下（如表 6–4 所示）：

表 6–4 收益法、市场法、成本法一览

收益法	市场法	成本法
公司的大部价值源自它的经营业绩	有足够数量的与目标公司类似的可比公司	公司拥有大量的有形资产
有正向收益或现金流	对标公司与目标公司所处环境类似，有可比性	公司经营几乎无法带来价值
无形资产价值很大	能够获得充足的可比公司数据	资产负债表包括了它的大部分有形资产
公司风险可以通过回报率精确计量	估值倍数能够充分反映截至评估基准日的市场条件和价格	有可能准确评估公司资产的价值
通过预测，可以准确评估公司未来业绩	目标公司规模足够大，能更好地与市场法中所用的类比公司进行比较	所评估的所有者权益拥有控制权或能获得相关资产的价值

对表 6–4 进行简单总结就是：收益法的估值基础是未来回报率的贴现；市场法的估值基础是公开市场、公平交易中为取得股权权益而支付的价格；成本法的估值基础是假设目标公司会出售各项资产所能带来的公允市场价值。因此，在使用每种方法进行评估时，需要特别关注每种方法是如何考量评估所需的关键变量，要识别因被某种方法忽视或者考虑不当而给股权估值带来影响的重要因素。这里我们简单讨论三个会对估值结果带来影响的因素。

6.3.1 控制权溢价

股东权益的价值并不必然等于股东全部权益价值与股权比例的乘积，应当考虑由于控股权和少数股权等因素产生的溢价或折价。控制权不仅指持股比例超过 50% 以上时的绝对控制权，也包括虽然未超过 50%，但在所有权益结构中属于最大份额股东情况下，对公司拥有的某些控制权（重大决策、影响董事会及其人选等）。无论是哪种类型的控制权，都会给控股股东带来一些收益，包括货币性收益和非货币性收益。前者比如控制上市公司进行过度融资、关联交易等，后者比如控制公司进行灵活的经营安排等。正常的股权估值结果，不能反映因控制权利益而带来的上述价值增值，因此，需要增加一个控制权溢价来反映这个增值部分。在美国，有一项每年都要做的研究，内容是上市公司股价的比较研究，即收购公告发布之前上市公司股票的非控制权价格，与上市公司控制权收购后的股票价格的比较研究——这种比较研究的结果就是控制权溢价的推导来源。因为上市公司必须向 SEC（美国证券交易委员会）报告这类交易的结果，所以，可以得到用于查阅和分析的相关数据。国内股权交易中，有关控制权溢价的比较，数据来源相对较少，尤其对于非上市公司，更多情况下是依据交易双方的谈判地位、购买方的战略需要等因素进行确定。

6.3.2 非控制权折价

根据控制权溢价的研究结论或者谈判结果，就可以推导出缺乏控制权的折价率。在没有公开市场数据时，需要谈判双方直接计算折价率，该折价率反映了因缺乏控制权而导致的股权价值减值。这一折价通常用于缺乏控制权的少数股东权益的交易。

6.3.3 流动性折价

流动性折价反映了因不能将所有者权益快速变现而导致的价值减损。通常情况下，这种折价也与缺乏控制权有关。对于流动性折价的研究，通常也是来自于市场公开数据，在没有公开数据的情况下，大多数是由交易双方依据各自的交易目的谈判而得出折价率。对于因流动性而折价的公开数据，最常见的来源是限售股研究报告。限售股是根据监管要求，在一定期限内不得公开上市流通的股票，限售期限因不同类型股票、不同国家的证券市场而有差异。这类股票虽然不能公开交易，但不妨碍通过变通形式进行私下交易，但买家仍然面临一定期限内的限售问题，因此，他们只愿意为无法及时变现的股票支付一个折扣后的价格。研究结果和实践操作表明，因缺乏流动性而给与的折价幅度，将随着限售期的缩短而降低，直至为零。这一事实也表明：市场对可变现具有强烈的需求，变现相关的流动性也跟持有风险相关，因此，在股权估值结果的基础上，给予相应的流动性折价对交易各方而言也是公平的。

对于上述溢价和折价调整，在某些情况下将会产生乘数效应，而不是简单相加的过程。例如，如果最初确定的具有控制权的某项股权，其可变现价值是 1000 万元，因缺乏控制权而给与的折价率是 20%，因缺乏流动性而给与的折价率是 30%，那么最终的估值调整结论将会有不同的调整。如表 6–5 所示：

表 6–5 非控制权折价与流动性折价对估值影响统计

最初确定的包含控制权的可变现价值	1000 万元
20% 缺乏控制权折价率的运用	（1%~20%）
	800 万元
30% 流动性折价率的运用	（1%~30%）
调整后非控制权的可变现价值	560 万元

6.4 估值实务问题探析

上面花很大篇幅介绍了估值的基本理念和方法，但正如本章开始所提到的，估值是一门艺术，科学的计算方法不必然推导出公正的评估结果，交易各方的谈判地位和博弈在达成交易的过程中，也扮演着非常重要的角色。为了更加深刻地理解和运用估值，这里再简单介绍一下与估值相关的四类实务问题，供读者在估值及谈判过程中参考。

6.4.1 投前估值和投后估值

这两个概念是创业者和投资人在投融资谈判中使用频率很高的术语。投前估值，顾名思义指的是指目标公司在接受投资、实施股权激励计划（ESOP或RSU等）和债转股（针对可转债）之前的估值，而投后估值则是投前估值加上本次投资金额。用公式简单表示如下：

投后估值（PostMoney）= 投前估值（PreMoney）+ 投资金额

当然，这只是一个简单的算式，严格来讲投后估值还要将实施股权激励计划和债转股的影响因素考虑进去（稀释效应）。

（1）要区分目标公司估值的投前和投后

这对投资人股权比例有很大影响，创始人在谈判时尤其需要注意。举例来说，假设某PE机构A给某公司B估值2亿元人民币，准备投资2000万元，此时A指的是投后估值2亿元，即机构A希望用2000万元买下B公司10%的股份。但是若B公司认为2亿元的估值是投前估值，那么对应的投后估值就是2.2亿元，A投资2000万只能买到B公司2000/22,000=9.1%的股份。可见，目标公司投前估值和投后估值带来接近1%的股权比例差异。在多数情况下，PE给出的估值若没有进行特别说明，一般均指投后估值。

（2）要区分市盈率的投前和投后

在采用市场法中的P/E倍数进行估值谈判时，也要注意区分投前和投后的概念，这对最后的股权比例也有很大影响。例如，某公司B每年的净利润是 2000 万元人民币，假设某 PE 机构 A 给公司 B 投资 4000 万元，公司估值是按照投后 10 倍计算，则 B 公司的价值为 2 亿元人民币，A 持股比例为 4000/20,000=20%；但是如果 A 给 B 的估值是按照投前 10 倍市盈率计算，则 B 公司投后价值为 2000 × 10+4000=24,000 万元，A 持股比例为 4000/24,000=16.7%。可见，在投前市盈率和投后市盈率的不同假设下，PE 机构 A 的持股比例相差 3.3%，影响了股权比例。

6.4.2 估值和股权稀释

股权稀释这个词语在估值和股权交易过程中，作为一种结果性的存在，对交易各方都有重要的意义。股权稀释描述的是一种状态，即股东的股权比例降低，这意味着股权中最重要的两项权利，即分红权和表决权，它们的份额也随之下降，但是这并不必然意味着股东权益的绝对值下降，要判断绝对值是否下降主要还是看公司价值在融资完成后，投前估值水平是否下降。

（1）对股权稀释的深入理解

股权稀释有三个层面上的含义：

第一，企业增发股份，导致原持股股东手里的股份占比降低，股权被稀释，原持股股东一般指的是创始人团队。

第二，当公司追加投资时，后期投资者的股票价格低于前期投资者（产生了所谓的降价融资），或者产生配股，转增红股而没有相应的资产注入，前期投资者的股票所包含的资产价值就被稀释。

第三，公司发放的员工期权到期，员工决定行权获得普通股票，或者公司之前发行的可转换公司债券或认股权证到期，债权人或权证持有人决定行使转换权取得股票。这些情况下都会导致公司股权被稀释。

（2）基本每股收益和稀释每股收益

我们在阅读上市公司年报时会经常看到基本每股收益和稀释每股收益这两个概念，它们的含义是：基本每股收益指企业应当按照属于普通股股东的当期净利润，除以发行在外普通股的加权平均数从而计算出的每股收益，如果企业有合并财务报表，企业应当以合并财务报表为基础计算和列报每股收益；稀释每股收益是以基本每股收益为基础，假设企业所有发行在外的稀释性潜在普通股（可转债、优先股等）均已转换为普通股，从而分别调整归属于普通股股东的当期净利润以及发行在外普通股的加权平均数计算而得的每股收益。

基本每股收益和稀释每股收益会影响对 P/E 的计算，在每股市场价格相同的情况下，采用基本每股收益和稀释每股收益计算得出的 P/E 倍数将会不同，从而会影响采用市场法进行估值时计算的股权价值。

（3）短期稀释和长期稀释

所谓短期股权稀释，是指单位股利的暂时性下降。当企业并购溢价小于或等于企业并购带来的协同效应时，虽然从理论上或长期来说，是不会导致股权稀释的，但短期单位股利摊薄依然不可避免。这是因为，企业并购协同效应的实现主要取决于目标企业潜在价值的挖掘，而挖掘目标企业潜在价值，则不仅需要具备特定条件（资金、技术、高效管理等），而且需要一定的整合时间。由于在目标企业潜在价值没有完全挖掘出来之前，企业并购增值额肯定会小于并购溢价，从而会出现收购方企业股东的股权稀释现象。只要未来某个时间点协同效应超过并购溢价，股权稀释现象就会消失。

所谓长期股权稀释，是指单位股利的永久性下降。造成这种股权稀释的根本原因是，并购溢价大于企业并购带来的协同效应。在这种情况下，即使并购协同效应完全得以实现，企业并购增值额依然不能弥补并购溢价，从而单位股利摊薄现象无法自动消失。

（4）完全稀释和现实稀释

完全稀释是将全部尚未转变为股票的“潜在股票”作为计算对象参与每股盈利的计算，如可转换公司债券、认股权证等；现实稀释是将“潜在股票”中已变成为现实股票的股票数量参与计算每股盈利，前者比后者计算的每股盈利要小，因为它包括了尚未转换的债券和尚未认购的股票。

讨论以上各种不同类型的稀释，不仅可以更清楚地认识稀释对股权估值的影响，而且也可以帮助创始人在融资时与投资人更好地进行谈判，尤其是在涉及员工期权池的设立和融资工作并行时，更是如此。还是以上面案例为例，公司 B 投前估值是 1.8 亿元，B 计划预留占全部流通股 10% 比例的期权池，但投资人 A 希望 B 能够预留 20% 的期权池，这时候增加期权池所需要的 10% 股份就需要从投前估值中分割，也就是说实际的投前估值减少了 1800 万元，只剩下 1.62 亿元。可见，增加期权池所需要的 10% 股份是直接从创始团队的股权中分割出来的，投资人的股份不受影响。所以，创业者在寻求融资的过程中需要注意员工期权的变动对于自己的股权可能带来什么影响。当然，如果确认当前的期权池规模足够后续发放给核心员工，也可以和投资人沟通，承诺后续融资如果扩大期权池，会设置相应的反稀释条款来充分保障投资人的权益。

6.4.3 对赌条款及其执行

“对赌条款”是实务中的通俗说法，比较正式的描述是“估值调整条款”。正如以上各部分就估值方法所做的介绍，估值之所以需要进行调整，主要是因为两方面的原因：其一，是因为估值模型本身存在诸多假设，包括持续经营假设、参数假设等，一旦某个假设条件发生变化，估值模型输出的结果就会发生变化。从理论上讲，在假设条件相同的情况下，不同的估值模型输出的结果不会有大的差异。其二，某些情况下，靠估值模型仍然无法准确衡量股权的价值，比如，控制权的溢价和折价、股权流动性的折价，以及交易各方自身的交易目的和战略考量等，都会对股权价值产生影响。股权交易完成后的一定期间，如果交易各方发现与初始的预期有一定差距时，就需要对股权当初的估值进行重新调整，以达到公平交易之目的。

关于估值调整条款的具体内容，以及达到各方约定条件后而触发的回购条款，笔者已经在《股权架构解决之道》一书第六章“6.6.6 估值调整条款”部分和本书第十章“10.4.1 回购权的法理依据及现实困惑”部分作了详细阐述，为了节省篇幅，读者可以另行查阅，此处不再赘述。

6.4.4 交易股权比例

作为交易结构的一个重要组成部分，股权比例与估值是密不可分的。无论通过增资方式还是转股方式，投资人通过交易取得的股权，要么是控股，要么是简单的参股。控股权除了本身的正常股权价值外，还包含了控制利益，在产业并购或战略并购中，投资人往往会考虑投资控股；参股权是简单的财务投资，股东的权益份额小，话语权（表决权）也不大，一般是普通跟投或者为了进入新行业而投石问路。参股 / 控股与估值的关系主要是在估值的溢价和折价环节，鉴于前述“6.3 估值的溢价和折价”部分对此已经有相关描述，这里主要想提醒的是，股权比例是股权交易的主线之一，它牵动着整个股权交易的结构设计：

1. 股权比例影响交易主体的权利义务安排，尤其是在公司治理结构体系中，对各方如何委派董事和其他高管人员、权限范围如何、会议的表决要求等都有重大影响；投融资双方在交易中关注一些敏感的控制权数字是非常有必要的（如 67%、51%、34%、30%、10%、5% 等），因为这直接决定了投资人在交易完成后在公司治理结构中的影响力。

2. 在一些情况下，股权比例决定着在股东退出环节是否具有主动性，持股比例很低的小股东，在退出环节往往是比较被动的，多数寄希望于公司顺利上市或者被第三方并购后退出，一般不能主宰自己的“命运”；除非小股东在入资时，通过交易文件约定了对目标公司某些事项的控制权（如分类表决时，本类别股东对某些特定交易事项的一票否决权等），才有可能在退出环节与大股东或者创始股东叫板；但是否能够拿到这样的权利，也取决于融资时双方的谈判地位是否对等和其他一些相关因素。

3. 股权比例会影响税收筹划的效果。我们国家对某些特定类型的重组或交易有一些特殊的税收优惠政策，但这些政策往往针对股权比例符合规定要求的那些交易。因此，为了能够适用这些税收优惠政策，实践中就需要进行结构化的安排和设计，比如，创造条件使股权重组能够符合 59 号文规定的特殊商业目的，使股权收购比例超过 50%，用于支付的全部对价中股权部分超过 85%，等等，从而达到能够适用特殊性税务处理的目的。

【案例 6-2】

哔哩哔哩公司（B 站）估值分析[1]

哔哩哔哩（英文名称：bilibili，简称 B 站）现为中国年轻一代高度聚集的文化社区和视频平台，该网站于 2009 年 6 月 26 日创建，被粉丝们亲切的称为“B 站”。B 站早期是一个 ACG（动画、漫画、游戏）内容创作与分享的视频网站。经过十年多的发展，围绕用户、创作者和内容，构建了一个源源不断产生优质内容的生态系统，B 站已经涵盖 7000 多个兴趣圈层的多元文化社区。2018 年 3 月 28 日，哔哩哔哩在美国纳斯达克上市。

根据自由现金流模型，B 站的股票估值分析过程如下：

第一步：评估公司现行状况

根据哔哩哔哩在 2018 年 1 月 26 日提交给美国证券交易委员会的招股说明书，由于哔哩哔哩上一财务年度收入不到 10.7 亿美元，因此哔哩哔哩是一家新兴成长型公司。哔哩哔哩处于业务的早期阶段，盈利模式正在不断发展。哔哩哔哩主要通过为用户提供有价值的内容（如手机游戏和直播）来创造收入。哔哩哔哩还通过广告和其他服务产生收入。作为 B 站目前的主营收业务，游戏业务收入在 2018 年四季度实现稳健同比增长的同时，非游戏业务收入占比从 2017 年同期的 16% 上升至 38%，推动哔哩哔哩营收结构进一步优化。2018 年 12 月 1 日，恒大集团首席经济学家兼恒大经济研究院院长任泽平预言 2027 年前后，中国有望取代美国成为世界第一大经济体，因此本次评估选取 2027

1 梁涵书：《基于自由现金流模型的哔哩哔哩股票估值案例分析》，载《商讯》2020 年第 4 期。

年作为终端年份。

第二步：估算销售额增长率

哔哩哔哩公司在 2015 年营业收入只有 1.31 亿元人民币，经过 2016 年、2017 年 299% 和 371% 的增长，2018 年的营业收入为 41.2893 亿元人民币。哔哩哔哩致力于手机游戏开发、视频发布和直播等娱乐服务，行业潜在市场巨大，预计它在未来能够继续保持强劲的增长势头。我们预期 9 年后，其营业收入的增长率会逐渐线性下降至新常态下国家 GDP 的增长水平，即 6%。统计其从 2019 年至 2027 年每一年的预期销售额增长率和销售额。我们预测在 2027 年营业收入能够达到 304.8199 亿元人民币，但是哔哩哔哩仍然属于中小规模的企业。

第三步：估算可持续经营利润率

分析认为，哔哩哔哩公司自 2015 年来营业利润一直处于亏损状态，2018 年营业利润率为 −17.66%。由于哔哩哔哩公司是一个新兴成长型公司，处在一个新兴成长型行业，因此其在开拓业务中造成负的利润率也可以理解。为了估计哔哩哔哩进入稳定状态后的经营利润率，我们考察了美国市场（11 家）和沪深股市（10 家）同行业公司在 2016~2018 年的营业利润率。我们在整理数据后发现，2018 年美国市场和沪深市场营业利润率的中位值分别为 13.47% 和 12.57%。由于哔哩哔哩是在中国经营但在美国上市的企业，因此我们采取两个市场的均值——13.02% 作为我们终端年份的目标利润率。假设随着营业规模的不断扩大，营业利润率也会随之逐渐上升，据此统计我们对于营业利润率和营业收入的预测值。从中可以发现，营业利润的亏损近两年会进一步加大，一直到 2024 年开始才转而为正。在税务方面，由于哔哩哔哩的注册地为开曼群岛，因此所得税只包含了管辖范围内执行的文书的印花税。我们假设所得税、利息、折旧与摊销都线性的上升，就可以估算出未来 9 年的息税前利润 EBIT、税后经营性收入 EBIT(1 − t) 和作为关键财务指标的 EBITDA。

第四步：估算再投资率

伴随增长，哔哩哔哩公司需要巨额的再投资。为了估算再投资，需要使用“销售额 - 资本”比率。由于哔哩哔哩财务数据的局限，通过观察行业数据来选定销售额 - 资本比率。本次评估利用负债和股权账面价值、资本化研发支出、现金计算出投入资本，结合营业收入得到了美国市场（11家）和沪深股市（10家）同行业公司在2018年的销售额 - 资本比率。由于哔哩哔哩是一家国内公司，因此采用沪深股市中位值1.68作为终端年份的销售额 - 资本比率，并且因为收入状况逐渐变好，销售额 - 资本比率也逐渐线性上升。这意味着，想要营业收入增加1.68元人民币，就必须追加投资1元人民币，分析哔哩哔哩在每一年的预测再投资额。我们利用哔哩哔哩历年年报数据计算出投入资本，再根据预测的营业收入和销售额 - 资本比率计算出再投资额，逐年累加到投入资本中。结合前面计算得到的EBIT(1 − t)，就可以计算出未来9年的预计资本报酬率，可以观察到资本报酬率增速逐渐放缓。最后再将税后经营性收入和再投资相结合，就可以得到未来9年每一年的自由现金流。在未来7年，公司的自由现金流仍然为负值，直到2026年才会转为正值，在此期间哔哩哔哩需要261.8879亿人元民币的新资本。

第五步：估算风险参数和贴现率

毋庸置疑，哔哩哔哩目前面临着巨大的风险而且处在经营亏损的状态，但是仍是国内最知名的视频网站。根据wind数据我们可以得到哔哩哔哩近100周的β值为1.52。我们假设4年内哔哩哔哩的风险没有出现重大变化，因此β值保持不变。2023年后企业经营利润转而为正，因此企业风险逐渐下降，β值也逐渐下降。由于哔哩哔哩在美国纳斯达克上市，受到的市场风险主要还是美国股市的风险，因此我们以美国股市β值的中位值1.19作为终端年份的β值，并逐年下降。结合财通证券在2019年3月为猫眼娱乐估价过程中使用的无风险报酬率3%和风险补偿率8%，我们计算得到未来9年的股权成本。

由于哔哩哔哩尚未获得信用评级，因此债务成本的估计也存在一定的困难。哔哩哔哩和猫眼娱乐都属于新兴成长公司，获得信用评级的水平应该没有较大差距，因此我们参考财通证券在 2019 年 3 月为猫眼娱乐估价过程中使用的债务成本 4.68%。由于哔哩哔哩不需要缴纳所得税，因此其债务减免税务的能力也不需要考虑。我们通过哔哩哔哩历年财报计算出 2015~2018 年的债务比率。由于哔哩哔哩是一家在美国上市的中国互联网企业，因此我们参考同样在美国上市的中国互联网企业——百度、网易，它们 2018 年的债务比率均为 69% 左右，因此我们采用 69% 作为终端年份的债务比率，并且逐年线性上升。结合股权成本、债券成本和债务比率，就可以计算出未来 9 年的平均资本成本。我们预测，在 9 年后哔哩哔哩的资本成本会达到 7% 左右的稳定性水平。

第六步：估算公司价值

为了估算哔哩哔哩的公司价值，我们先利用累计资本成本对估算的自由现金流进行贴现，得到的历年自由现金流的现值总和为 −132.9323 亿元人民币。为了估算哔哩哔哩的资本报酬率，我们利用税后经营利润率和资本周转率来进行估计。我们运用货币资金、短期投资、应收票据与长期负债的比值可以计算出预计的资本周转率，乘预计的税后经营利润率，就可以得到资本报酬率。根据预测的结果，我们预测稳定期资本报酬率 ROC 为 30%。由此可以结合资本成本，计算出稳定期的再投资率为稳定增长率和稳定期 ROC 的比值，计算结果为 16.67%。运用 2027 年的经营性收入，我们可以计算出终端年份的企业价值。再利用累计资本成本对计算出来的终端价值进行贴现，再加到未来 9 年自由现金流现值上，我们就可以得到公司的经营性资产价值为 396.1466 亿元人民币，再加上 2018 年的货币资金 35.4 亿元，就可以得到公司价值为 431.5469 亿元人民币。

第七步：估算股权价值和每股价值

为了从公司价值得到每股价值，我们首先减去债权，可以得到股权价值为 398.5586 亿元人民币。根据 2018 年哔哩哔哩年报，我们可以得到公司共有已发行普通股 311,687,889 股，并且不存在未实施期权。因此，我们可以直接使用股权价值和普通股数量计算得到估计的每股股价为 127.87 元 / 股；结合 6.8717 的人民币汇率（2019 年 7 月 25 日汇率），我们可以得到估计的每股估价为 18.61 美元 / 股；结合当时市价 16.34 美元 / 股（2019 年 7 月），市场对于哔哩哔哩股票的估价略微偏低。

【案件评析】

哔哩哔哩公司股票的上述估值分析过程，比较典型地代表了以自由现金流方式进行估值的通行做法。通过估值的每个步骤我们可以看出：

1. 终端年份的选择对估值结果的确定具有结构性影响，如本次评估中选择的终端年份 2027 年，在估值模型中就起到十分关键的作用。在前面“6.2.1 收益法估值”部分讨论 DCF 模型时我们提到，计算自由现金流通常需要将公司的未来分成两个阶段：明确的预测期阶段、终值期阶段。在明确的预测期阶段的少数几年中，现金流预测具有一定的准确性，而在终值期阶段，逐年预测现金流很难，所以通常会计算一个终值的现值。明确的预测期阶段长短，取决于公司自身、行业状况、整体的经济形势，以及对成长率的估计。随着预测期的增加，时间越久，预测的准确度就越低。本次评估的明确预测期是自评估之日到 2027 年，在此期间的每年现金流对最终估值结果的影响是比较大的。

2. FCF 模型中需要的数据，需要评估人员基于可收集的财务数据及行业报告数据等进行预测。如本次评估涉及的销售额增长率、可持续经营利润率、再投资率、贴现率等都需要评估人员结合经验进行判断，评估参数的假设将会直接影响最终输出的估值结果。所以，要使估值结果相对接近于真实价值，就要在这些参数的计算和选择过程中投入更多精力。但是，应当看到，无论怎样选择，许多前提数据都只具有逻辑上的正确性，它们在数学模型中是能够闭环的。实际应用这些估值结果的时候，需要注意到它们自身的局限性，并且，尽可能地多尝试其他方式进行评估，以便验证和降低估值结果的偏差。

第七章

支付结构

支付结构是股权交易中非常重要的履行安排，它是指交易各方商定的交易价格、支付手段及支付进度等支付要素的综合构成。支付结构影响股权定价，股权定价有时也会反过来影响支付结构，因此，支付结构在整体的股权交易中，扮演着极其重要的角色，它在实质上象征着股权交易已接近尾声。

7.1 交易价格

价格围绕价值上下波动是价值规律作用的表现形式，股权交易也不例外。我们在第六章讨论的股权估值，就是试图用科学的方法及弹性的博弈要素去发现或者逼近股权的真实价值，从而为股权定价找到依据。但在实践中，受限于各种交易环境的影响，股权交易价格的确定仍然是十分困难的。下面我们再讨论一下股权定价的几种常见模式，以及在确定交易价格时，哪些因素在起重要作用。

7.1.1 定价的六种模式

当前公司实务中，除了对国有股权的转让定价作了限制性规定以外，对一般公司的股权转让，依据当事人意思自治原则，只要不违反法律的禁止性规定，不损害国家和第三人的合法权益，法律允许股东自由确定股权转让价格。实务中股权交易价格的确定主要有以下几种方法：

1. 以出资额进行作价

出资额作价，是指以目标公司登记的注册资本额作为股权转让价格的方法。这种方法的优点是简单明了、操作方便，缺点是此种方法确定的股权价格可能并未准确反映股权的真实价值。因为公司设立完成后在经营过程中，资产、债务一直处于动态变化的状态，并且时间越久原始出资额与股权真实价值的偏离度越大。特别是在公司经营良好、净资产值远大于出资额的情况下，以出资额作价还可能带来低价转让股权的税务风险，税务机关可能会认定股权转让作价不公允，并按照同类股权转让作价或类似股权转让作价的平均值或目标公司的净资产值等方法重新核定股权价值并征收所得税。

2. 以净资产值进行作价

即以目标公司资产减去负债后的净资产额作为股权转让作价的方法。此种方法避免了出资额作价的缺点，将股权的实际价值与公司账面净资产挂钩，具有一定的准确性，因而在实践中被广泛采用，相对而言也能被税务机关接受。但是，这种方法反映的只是公司历史沉淀的价值，没有考虑公司未来的成长性因素，是一个静态的概念，也具有一定的局限性。在以净资产值作为股权作价基准时，通常采用两种方法确定最终价格：

（1）固定价格。即在审计确定的净资产基础上，双方商定一个固定价格，并且除非出现双方约定的调整情形，此价格不得改变。

（2）预约价格。即在审计确定的净资产基础上，双方仅商定初步价格，同时约定最终价格的计算公式，并在转让协议中进行明确。

相较而言，预约价格更具有灵活性，更能够反映接近交割时点股权的真实价值，因而在实践中应用较多。

3. 通过评估进行作价

即对目标公司的资产和负债进行评估，并根据评估值确定股权价格的方法。第六章介绍的几种估值方法，在实践中针对不同类型企业具体应用时，评估方法也不同，比如：重资产型企业（如钢铁、水泥、煤炭等传统制造业），应当以成本法为主，收益法为辅；轻资产型企业（如文化、教育等服务业），应当以收益法为主，成本法为辅；互联网企业（如BATJ、美团、今日头条等），应当以用户数、点击数和市场份额为远景考量，以市销率为主；新兴行业和高科技企业，应当以市场份额为远景考量，以市销率为主等。需要注意的是，评估方法的不同可能对股权交易带来以下影响：

（1）采用成本法评估的，在股权转让协议签署后至交割完成前的过渡期间，目标公司股权产生的收益一般归股权转让方所有；采用收益法评估的，过渡期间目标公司股权收益一般归股权受让方所有（上市公司重组亦同），因为通过此方法确定的股权价格包含了股权未来的收益，对受让方而言是一个含权的概念。

（2）在上市公司重大资产重组中，采用收益法评估的，应当对标的资产进行业绩承诺，采用成本法评估的，可以不用承诺业绩。

4. 通过拍卖进行作价

即依据拍卖法对目标公司股权进行作价的一种方法。一般而言，采用拍卖进行作价的往往是处于法院执行程序中的股权，或者为了某些特殊目的进行的交易。这种方法在一般股权交易中采用较少。根据最高人民法院《关于冻结、拍卖上市公司国有股和社会法人股若干问题的规定》（法释〔2001〕28 号）第 13 条规定，股权拍卖的保留价，应当按照评估值确定。第一次拍卖最高应价未达到保留价时，应当继续进行拍卖，每次拍卖的保留价应当不低于前次保留价的 90%。经三次拍卖仍不能成交时，人民法院应当将所拍卖的股权按第三次拍卖的保留价折价抵偿给债权人。人民法院可以在每次拍卖未成交后主持调解，将所拍卖的股权参照该次拍卖保留价折价抵偿给债权人。

5. 通过协商进行作价

协商作价是实践中运用广泛的一种方法，以上各种方法中都会涉及协商的内容，诸如净资产溢价倍数、可比市盈率、市净率等，协商经常与其他方法结合使用。有时候，协商也可以是不基于任何标准的协商，实践中经常有企业家出于各种目的或直觉拍脑袋决定价格，似乎没有直接的理论依据，但是从股权交易效果来看，也很难评判孰对孰错。企业每时每刻都在发生变化，通过理论模型计算得出的股权价值往往有许多假定的前提条件，但这些条件在经济现实中又不可能一成不变，所以某种程度上讲，股权价值是谈出来的，而不是算出来的。

另外，需要注意的是，集团公司内部进行股权重组时，有时为了操作便利，可能会安排股权无偿在成员公司之间划转。这样操作可能会给受让方股东带来税务负担，因为按照法律规定，无偿划转即为赠与，受赠人需要依据税法缴纳所得税。这种情况通常的处理方法是，将股权按照 1 元的象征性价格进行转让，尽管价格可以忽略不计，但在法律上构成有偿转让，可避免按照接受赠与的税率缴纳所得税，即使对将来股权再次转让时的计税基础有影响，但也取得了递延纳税的效果。

6. 国有企业股权转让作价的特殊性

国有资产的管理有独立的法律法规体系，比普通民营企业的管理更加严格、规范。按照《中华人民共和国企业国有资产法》、国有资产监督管理委员会、财政部《企业国有资产交易监督管理办法》等法律法规，转让国有股权时，必须进行评估和审计，股权转让作价一般不低于评估和审计确定的股权价值，并由国资监管机构负责审核。因股权转让致使国家不再拥有所出资企业控股权的，须由国资监管机构报本级人民政府批准。因此，在处理涉及国有股权交易的定价时，一定注意不能违反有关国有资产管理的法律、法规和规范性文件的规定。

【案例 7-1】

关联方股权转让价格过低被税务机关核定征缴案

【案情简介】

中国境内 A 公司成立于 1999 年 11 月，注册资本 500 万美元，为香港 B 公司 100% 持股，主要生产销售塑料包装袋制品。2009 年 4 月，B 公司将其持有的 A 公司 75% 的股权以 375 万美元的价格转让给中国境内的关联公司 C 公司，并取得有关部门的批复，公司类型由外商投资企业变更为中外合资经营企业。

税务机关在税务稽核中发现了本次交易的异常，并对本案的股权转让行为进行了调查分析，通过研究 A 公司 2007~2008 年各类财务报表及相关数据后发现：A 公司经过近十年的发展，注册资本和资产规模均有了较大幅度的增长，企业销售毛利率、营业利润率、净资产收益率等各项经济指标也实现了平稳增长，所以企业具有较高的经营水平和较强的获利能力。B 公司从该企业获得了丰厚的投资回报，已经累计分回投资利润 569 万元。截至 2008 年 12 月 31 日，A 公司净资产为 5279 万元，75% 股权对应的净资产约为 3959.25 万元，约合 579 万美元。

根据上述调查结果，税务机关认为，在 A 公司具有良好发展能力和成长性的情况下，B 公司股权转让价格明显偏低，明显不符合商业常理。根据《企业所得税法》、《税收征收管理法》、国税函［2009］698 号文以及《内地和香港特别行政区关于对所得避免双重征税和防止偷漏税的安排》，该项所得应在中国境内按照 10% 的税率交税，税务机关有权对不符合独立交易原则的股权转让价格进行调整。

经过多次协商，确定了以 2008 年年末 A 公司净资产为股权转让的作价基础，同时计算出企业 2006~2008 年净利润增长率的平均水平，并以此来预测企业未来 3 年的收益，最后将 2008 年末公司净资产与企业预计未来 3 年收益相加得出公司价值为 7330 万元。在此基础上，综合考虑企业面临的汇率因素、政策因素，再对股权价值作出适当调整后，最终确定企业股权转让所得 1156 万元，缴纳企业所得税 115.6 万元。

【案件评析】

关联方之间的股权转让价格需要遵循独立交易原则，即需要采用合适的股权价值评估方法对股权转让价格进行合理的评估，税务机关在这方面拥有对股权价值进行调整的权力。通常情况下，企业委托第三方评估机构进行股权价值评估时，虽然在理论上有多种股权估值方法，但在具体案例中，需要结合企业自身实际情况选择一种恰当的估值方法。例如在本案中，目标企业 A 公司具有良好的发展能力和成长性，根据其经营和收益的稳定状况、未来收益的可预测性及其他条件，收益法就是适合评估其股权价值的合理方法。

进行股权估值，并且按照合理方法对股权转让价格进行调整的前提是关联交易本身的合理性，即在本案中，B 公司向 C 公司转让 A 公司股权的行为是符合合理商业目的的，这一点需要结合交易涉及各方的经营状况、风险承担以及资产情况来把握。

7.1.2 影响交易价格的若干因素

股权交易的场景不同，影响股权交易定价的因素会有很多，除了一些技术性因素以外，还有许多非技术性因素（比如心理因素、供需关系等）都会对最终的交易定价带来影响。本部分将主要选取影响定价的四个技术性因素进行介绍，不讨论非技术性因素。

1. 流动性

在我们国家公司法环境下，无论是有限公司还是股份有限公司，股权的流动性都是交易定价时需要考虑的重要因素。流动性差的股权，因持有期的不确定性风险因素影响，在交易定价时一般会考虑折价，折价幅度的大小与流动性的强弱有关。

有限公司受到的证券监管较少，股权转让的限制主要体现在公司章程及股东投资协议等法律文件中；股份公司因涉及公众投资者的利益，有关流动性的法律法规及政策性文件规定较多。目前，对股权流动性有影响的因素主要体现在三个方面：转让主体和期限（锁定期 / 限售期）、转让方式、转让场所。

2. 控股 / 参股

通过股权交易取得对目标公司控股权的，相比仅取得参股权将取得更多的、超出按比例持股的额外收益。比如在取得控股权的情况下，此项股权交易还可以为购买方带来协同效应、规模效应，可以对目标公司施加更灵活的运营管控、实施关联交易等，即取得了所谓的“控制利益”；而参股权则没有这些额外收益，只能老老实实地等待按持股比例分红。鉴于这些差别，在股权交易定价时，取得控股权和取得参股权在每股定价上就会有所区别，反映在股权估值环节，就是会考虑控股权溢价和非控股权折价带来的影响。本书在第六章“交易估值”部分已经对此作了介绍，这里就不再重复了。

3. 支付方式

股权交易对价的支付方式有很多，包括货币支付、股权支付、承担债务式支付等（下文第 7.2 部分将会详细介绍），不同支付方式对于股权购买方来说，意味着不同的成本和风险，因此反映在股权交易定价中，必然会考虑这种成本和风险带来的影响。比如，货币支付的成本是最高的，股权支付对收购方的压力较小，承债式支付在利用重组税收优惠政策方面灵活性差一些。考虑到各种支付方式在交易中都各有利弊，在确定具体的支付方式时，交易各方会求同存异，寻求最佳的某一种支付方式或者某几种支付方式的组合，完成最终的股权交易。

4. 支付进度

支付进度也会影响交易价格。对支付进度的谈判，通常主要围绕着交易风险的控制和资金成本的计算等进行考虑。不同于普通的商品交易，股权交易的周期一般不短，股权对应的目标公司在最终交割完成之前一直处于动态的变化之中，价值也在变化，尤其是购买方通过前期尽职调查如果发现一些问题，还需要时间进行观察和消化。如此一来，从签署股权转让协议到最后完成股权变更登记，可能会经历少则几周，多则几年的交易周期。在这个过程中，能够控制交易节奏的方式，唯有支付最有效。但是问题总是相对的，一方控制了风险等于另一方承担了风险，在二者之间进行平衡的工具，就是支付进度的安排。通过谈判，交易各方最终达成一致的支付进度，反映了各方在承担交易风险方面的妥协。当然，交易是由一系列条件构成的，支付进度也必然随着各方设置的一些前提条件，如交易过渡期间的权益归属安排、交易完成后的保证期设置、交易价格的增减、支付方式中现金部分的占比等。

7.2 支付手段

7.2.1 货币支付

货币支付是股权交易中使用频率较高的支付方式，指股权购买方通过向目标公司缴付增资价款，或者向目标公司股东支付一定数额的货币，以取得目标公司股权的支付方式。货币支付可以用自有资金，也可以通过融资进行。按照支付速度不同，货币支付可以分为一次性支付与分期支付。货币支付比较灵活，但相关的风险也不容忽视。

1. 货币支付的优点

（1）操作简单，计量方式准确；

（2）股权出售方能够尽快获得流动性；

（3）股权购买方可以在交易的其他条件上获得谈判优势；

（4）货币支付可迅速直接达到并购目的，确保并购公司控制权固化；

（5）现金是一种支付价值稳定的支付工具。

2. 货币支付的缺点

虽然有诸多优点，货币支付的缺点也很明显：

（1）股权购买方短期内现金流的压力较大；

（2）股权出售方取得收益后面临即时付税的问题；

（3）货币支付使卖方可以迅速“套现走人”，和股权支付方式相比，不利于形成后续的交易效果监控，购买方对出售方失去了抓手；

（4）在跨国投资并购中，采用货币支付方式，还会面临货币的可兑换性风险、汇率风险以及外汇监管出境的风险，有时甚至会因为资金出境困难导致交易搁浅，或者不得不采取其他违规的支付方式。

鉴于上述情形，在决定采用现金方式支付股权价款时，股权收购方要结合自身状况充分评估，尤其是通过融资获得资金完成货币支付的，要避免由此带来的财务风险。不过，与一般的战略投资者不同，私募股权投资基金（PE）收购股权时，更多地采用货币支付方式。这一方面取决于PE业务的性质，另一方面是因为PE可以灵活地运用杠杆收购，资金的成本和风险已经通过结构化设计进行了转移和分散。

7.2.2 股份支付

这种支付方式在股权并购的实践操作中较多地采用，尤其是在上市公司股权收购中更为常见。非上市的股份有限公司和普通有限责任公司的股权收购中或重组中，有时候也采用股份支付的方式完成股权价款的支付。由于这种方式从形式上来看，是用收购方持有的股权 / 股票换取目标公司股东的股权 / 股票，所以有时这种方式也被称为“换股交易”。在换股交易中，用于支付的股份，既可以是普通股，也可以是优先股，还可以是认股权证。

1. 操作方式和常见类型

“换股交易”的具体操作方式是：如果股权购买方采用的是股权兼并方式，

那么由购买方出资购买目标公司的全部股权，而目标公司的股东在取得资金后用这部分资金再认购购买方发行的现金增资股，因此双方的股东不需另行筹集资金就可以将资本予以集中。在中国，“换股交易”通常有两种方式，一种是发行人发行股份购买资产，以股换股；另一种是发行人以现金购买子公司小股东股权，小股东收到现金后，再通过认购发行人增资的方式成为发行人股东。

2. 换股的优点

（1）采用换股支付方式，购买方不需要筹集大量的资金，免受还本付息的压力；

（2）目标公司的股东将会获得税收利益，因为现金收入必须在本年度内申报所得，而如果以股票支付，则只有在出售时才对所得进行征税，从而取得递延纳税的好处；

（3）如果收购方公司有成长潜力，业绩优良，目标公司股东将能够获得比货币支付更大的获利机会。

3. 换股的缺点

换股支付方式也有明显弊端，表现在：

（1）标价方式不如货币支付方式直观，需要进行换算。

（2）实施过程复杂，目标公司股权的持有者必须考虑并购方公司股票目前的市价与未来潜力，并购方公司也要对目标公司的价值进行评估，并通过艰难的谈判来确定换股率，如果双方不能就换股率达成一致，换股支付便无法进行。

（3）如果并购方公司用发行的新股与目标公司股权持有者进行互换支付，也会对目标公司的所有者造成一定损害，因为，并购方公司新股发行后必然稀释其现有股票的每股盈余，从而会导致目标公司所有者所换取股票价格的下跌。

4. 换股的财务处理

作为收购方来说，换股时一般按以下方式进行会计处理：

一般换股，应按照《企业会计准则第 2 号——长期股权投资》的规定进行账务处理：按换入股权的约定价格或公允价值，借记“长期股权投资”(成本法)、“长期股权投资——成本”(权益法)、“可供出售金融资产——成本”等科目，按换出股权的账面价值，贷记“长期股权投资”(成本法)科目，贷(或借)记“长期股权投资——成本、损益调整、其他权益变动”“可供出售金融资产——成本、公允价值变动”科目，按支付的相关税费，贷记“银行存款”等科目，按其差额，贷记或借记“投资收益”科目。

作为被收购方来说，换股时一般按以下方式进行会计处理：

按换入股权协议作价或公允价值，借记“长期股权投资”或“长期股权投资——成本”、“可供出售金融资产——成本”等科目，按定向发行用于换股的股票面值总额或约定计入实收资本的金额，贷记“股本”或“实收资本”科目，按其差额，贷记“资本公积(股本溢价或资本溢价)”科目；如果为借方差额，则依次借记“资本公积(股本溢价或资本溢价)”、“盈余公积”“利润分配——未分配利润”科目。

5. 换股支付的注意事项

换股支付的交易过程比较复杂，这里提示几个需要注意的核心事项：

（1）交易双方对收购方股票的价值估计是否一致是交易能否成功的关键。价值的估计并不仅仅局限于目前股票价格的估计，更重要的是在收购方发行新股后，股价的下降幅度将有多大，因为股票总额的增加会稀释每股盈余（EPS）而使股价下降。在这个问题上，双方的一致程度将决定换股支付方式能否成功，因此，收购方应当利用一切方式增强目标公司股东对自己股票的信心。

（2）用股份进行支付应高度关注对自身控制权的稀释。在某些股权交易中，特别是资产数额较小的公司兼并规模远大于自己的公司时，在采用换股支付后兼并方最大的顾虑就是自身所有权的稀释，担心会失去对公司的控制权。在这种情况下，兼并方在发行新股时可以选择发行没有表决权的优先股来支付价款，这样就不用担心公司控制权的丧失。当然，由于优先股没有表决权，如果想得到目标公司股东的同意就必须在股息偿付上作出一定的让步。

（3）在集团内部换股重组时，要对子公司的外部股东进行分类和预判。因为，换股完成后，子公司的外部股东将在更上一级甚至顶层母公司的层面持股，如果个别股东不能与集团母公司现有股东在经营理念方面达成一致，尽量考虑不对他们进行换股，即他们仍然保持在子公司层面持股不变。以防将来母公司在进行资本运营时，股东之间出现分歧或纠纷。

（4）上市公司以换股方式吸收合并其他上市公司时，交易价格以双方股票市价、独立财务顾问估值、净资产账面价值等为定价依据，中国证监会审核时主要关注以下内容：

①申请人是否提供独立财务顾问对交易定价的意见；

②交易价格是否充分考虑合并双方的股票市价、公司估值（资产和盈利能力）、盈利预测以及隐含资产价值（土地、无形资产）等因素；

③是否充分考虑市盈率、市净率的市场平均值等参数；

④是否充分揭示交易价格的影响和风险并确保投资者在知悉该风险的情况下，严格履行法定表决程序。

【案例 7-2】

重庆长江造型材料（集团）股份有限公司换股重组[1]

【案情简介】

2017 年 11 月 3 日，重庆长江造型材料（集团）股份有限公司（以下简称长江材料）在招股书（申报稿）“第五节　发行人基本情况之三、本公司设立以来的股本形成及其变化和重大资产重组情况之（二）股本的形成及其变化和重大资产重组情况之 20、2015 年 12 月，公司增发股票”中，对母公司长江材料以换股方式重组子公司股权作了以下信息披露：

1　案例信息来源：重庆长江造型材料（集团）股份有限公司首次公开发行股票招股说明书（申报稿 2017 年 11 月 3 日报送）。

（1）换股交易的内部决策

2015 年 11 月，公司决定聘请 Zhuang Xiong、舒某宗先生担任公司高级管理人员。但由于 Zhuang Xiong 先生持有发行人子公司成都长江、昆山长江少数股权，同时也是发行人实际控制人熊甲、熊乙的亲兄弟，舒某宗先生在子公司凯米尔持有股份，上述事项导致可能存在利益输送嫌疑。

为解决上述问题，同时也便于公司对各子公司的股权管理，经公司管理层充分沟通，并与 Zhuang Xiong 先生、舒某宗先生协商一致后，发行人决定：用现金方式收购 Zhuang Xiong 先生所持有的成都长江和昆山长江少数股权以及舒某宗先生所持凯米尔的少数股权；同时 Zhuang Xiong 先生、舒某宗先生再将前述取得的股权出让价款以现金方式认购发行人新增股份，使 Zhuang Xiong 先生、舒某宗先生由发行人控股子公司少数股东变更为发行人的股东。最终实现公司股权结构的优化，彻底解决上述两个问题。

2015 年 11 月 18 日，公司召开第一届董事会第十九次会议。2015 年 12 月 5 日，公司召开了 2015 年第二次临时股东大会，审议通过以 8.05 元 / 股的价格新增发行股份 3,559,520 股。其中，由美籍自然人 Zhuang Xiong 认购 3,380,893 股，境内自然人舒某宗认购 178,627 股。新股发行后，公司股份总数由原来的 58,089,890 股增加至 61,649,410 股。本次股票发行的价格综合考虑发行人所处行业、经营管理团队建设、公司未来盈利能力、成长性、市盈率、每股净资产，以及同期收购 Zhuang Xiong、舒某宗所持成都长江、昆山长江和凯米尔少数股权的价格等多种因素，最终按发行人 2014 年度实现净利润 6.91 倍市盈率定价。公司以 17,662,390.67 元收购 Zhuang Xiong 持有的成都长江 25.46% 的股权，以 9,553,797.98 元收购其持有的昆山长江 27.5% 的股权；以 6,419,898.56 元收购舒某宗持有的凯米尔 16.43% 的股权。Zhuang Xiong 认购公司增发股份的资金主要源于其转让成都长江和昆山长江少数股权的款项，舒某宗认购公司增发股份的资金主要源于其转让凯米尔少数股权的款项。

（2）换股交易的实施

2015 年 11 月 18 日，舒某宗与长江材料签订股权转让协议，将其持有的凯米尔 16.43% 的股权转让给长江材料。公司代扣代缴了上述收购舒某宗所持凯米尔少数股权时所涉及的个人所得税。

2015 年 11 月 18 日，Zhuang Xiong 与长江材料签订股权转让协议，将其持有的成都长江 25.46% 的股权、昆山长江 27.5% 的股权转让给长江材料。公司已代扣代缴上述收购 Zhuang Xiong 所持成都长江、昆山长江少数股权时所涉及的个人所得税。

同时，公司以 8.05 元 / 股的价格新增发行股份 3,559,520 股，由 Zhuang Xiong 认购 3,380,893 股，舒某宗认购 178,627 股。本次股票发行募集资金 28,654,136 元，用于补充公司流动资金。

本次资产重组完成后，昆山长江、成都长江和凯米尔均成为长江材料全资子公司。

【案件评析】

本案是典型的内部重组场景下母子公司之间的换股。重组过程中支付的现金对价只是一个对价载体，交易实质是换股。在重组方是上市公司的情况下，通常来说证监会主要关注以下问题：

1. 交易作价是否公允，增资价格是否公允，换股价格的确定依据，以及子公司资产评估值是否真实合理。

2. 履行程序是否合法合规，是否存在股份代持，股权是否合法合规，是否构成出资不实或虚假出资。

3. 股权收购的会计处理是否符合会计准则等。

就这些问题，证监会一般会请保荐机构、会计师、律师等中介机构进行核查，说明核查程序和结论，并发表意见。可以看出，交易估值的合理性、交易过程的合规性是监管关注的重点，在实施换股交易过程中，一定注意这些方面不能出现问题，确保交易顺利完成。

7.2.3 承债式支付

承债式支付在股权收购价款的支付中也比较常见。即指收购方与老股东约定，通过收购目标公司股权并承担目标公司股东债务的形式取得对目标公司的控制权，或者收购目标公司股权并承担目标公司债务的方式取得控制权。在这种支付方式下，常见两种支付类型：实际完成的债务支付、承诺完成但尚未实际进行债务支付。从税收角度而言，承债式支付不是节税效果最好的一种方式，收购方、老股东、目标公司也都有一些税务风险。鉴于这种支付方式已经在第五章《交易形式》第“5.5 承债式收购”部分进行了介绍，读者可参考该部分的详细介绍，此处不再赘述。

7.2.4 资产置换

资产置换是一种重要的资本运作形式，在我国资本市场实际运作中已广泛运用，但对资产置换没有统一的概念。通常认为，资产置换是企业为了使资产处于最佳配置状态、获取最大收益或出于其他目的（比如实现借壳上市），将控制的资产与其他企业（常为上市公司）的资产进行交换的一种交易行为。资产置换完成后，置入资产往往相比置换之前能够产生更大的价值。

（1）资产置换的场景

在资本运作实践中，资产置换常见于两种应用场景：

第一，上市公司大股东为了提升上市公司盈利能力并改善公司的业绩表现，主导向上市公司注入更加优质的其他类型的资产，将部分业绩欠佳的资产置换出上市公司。这种情况下的资产置换，大股东仍然保持对上市公司的控制权不变。

第二，如果上市公司整体业绩欠佳，面临退市风险，或者大股东出于其他目的，想退出上市公司时，往往会在市场上寻找优质的资产项目，整体置入上市公司，同时将上市公司的全部资产置出上市公司，从而既保留住了上市主体资格（俗称“壳资源”），又使置入的资产项目实现了间接上市（“借壳上市”）。这种情况下的资产置换，大股东失去对上市公司的控制权，资产项目的实际控制人成为上市公司的新任大股东，上市公司控制权发生改变。

第二种情况的资产置换在前几年的证券市场中比较多见，花样百出，由于这种形式的交易会给各方（包括上市公司大股东、置入项目的控制人等）都带来巨大利益，一些中介机构（券商、律师等）也都乐于参与这些交易。不过，借壳上市本身的机制设计是为了优化资源的配置，但是后来发现，很多交易方偏离了这种制度设计的初衷，甚至有的上市公司在 IPO 完成后还未过锁定期，募集资金还没有花完，大股东就急于寻找项目进行置换，带着置换出的资产另立门户。鉴于借壳上市的这些特殊情况，我们接下来重点看一下这种类型的资产置换。

（2）“壳公司”与“借壳”

所谓壳公司，是指拥有和保持上市资格，但相对而言，其业务规模小或停止、业绩一般或无业绩、总股本和可流通股本规模小或停牌终止交易、股价低或趋于零的上市公司。通常分为“实壳公司”、“空壳公司”和“净壳公司”。

借壳上市（Back Door Listing），是指私人公司 (Private Company) 透过把资产注入市值较低的已上市公司（壳，Shell），得到该公司一定程度的控股权，利用其上市公司地位，使母公司的资产得以上市。

（3）对“借壳方”的要求

能够借壳的资产项目必须要达到一定的条件，核心条件包括：

①产权清晰：股东要能够追查到自然人；

②资产实在：由具有证券业务资质的评估机构对资产进行评估；

③财务规范：由具有证券业务资质的会计师事务所进行审计；

④利润丰厚：拟置入上市公司的资产，须有良好的持续经营能力和盈利水平。

（4）借壳上市的益处

①借壳方能快速实现资产证券化，提升资产的流动性；

②打通资本市场的渠道，有利于通过上市公司的平台进行横向收购兼并，进一步做强做大；

③有利于提升借壳方的品牌和商誉；

④上市公司原大股东摆脱上市公司的经营连累，同时，还能够收入一笔不菲的“壳费”，置换出的资产一般通过运营还可以产生很大的价值。

例如，曾经号称“中国铁矿第一股”的金岭矿业，就曾于 2006 年 6 月正式启动借壳 ST 华光陶瓷（000655），成为当时国内唯一一家铁矿石资源类上市公司；金岭矿业通过非公开增发将拥有的优质矿山类资产及部分辅助设施注入了上市公司（000655），基本达到整体上市目标，增强了企业的盈利能力和可持续发展能力。重组完成后，自 2006 年 2 月 24 日至 2008 年 4 月 24 日，公司股价从 4.37 元涨至 32.6 元，涨幅高达 645%。借壳后，公司的股价走势 K 线图如图 7–1 所示：

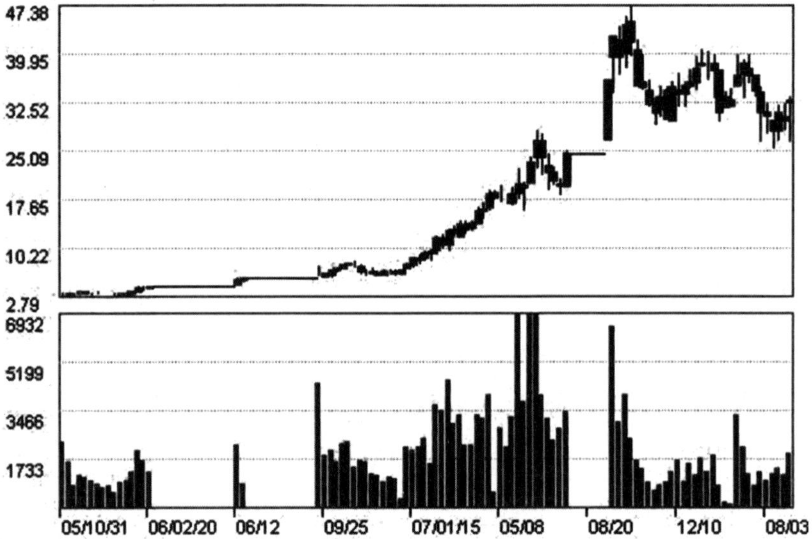

图 7–1　金岭矿业股价走势 K 线

（5）借壳上市的流程和模式

借壳上市基本上都有三个流程：

➢ 借壳。即发现并取得壳公司控制权。

➢ 置换。即用非上市的优质资产将壳公司已经有的不良资产置换出来，实现优质资产进入上市公司。

➢ 再融资。取得优质资产的壳公司，满足再融资的条件的时候，通过发行新股而获得融资。

这三个流程并非一成不变。实践操作中，某一个环节可能会与其他环节合并或者缺失。三个流程的不同操作，形成了不同的借壳上市模式。目前，市场上的借壳上市模式分为三种：

第一，集团公司借壳上市，即集团公司借助下属的某一上市公司，而将集团公司的其他非上市资产予以置入，从而实现非上市资产上市的模式。

第二，正向并购借壳上市，即非上市公司通过收购作为壳资源的目标上市公司，取得目标上市公司的实际控制权，然后通过资产置换，实现非上市公司资产的上市。

第三，反向并购借壳上市，即作为壳资源的目标上市公司，通过向非上市公司的股东增发新股的方式，取得非上市公司的全部或者大部分股权，以此将非上市公司资产置入上市公司，同时，通过获得增发股份，非上市公司的股东获得上市公司的控制权。

典型的资产置换环节，包括上市公司的资产出售和购买两种行为，资产出售环节是将上市公司原有的资产置出，从而使上市公司变成一个空壳（“清壳”），同时通过资产购买，将控股股东所持有的非上市资产置入（“注壳”），将空壳的上市公司填充进盈利能力较强的非上市资产。随着上市公司证券发行管理办法对于定向增发方式的确定，也产生了新的资产置换方式。新的资产置换方式中，仍然是包括置入和置出两种交易，但是，上市公司不再以现金方式进行出售和购买的结算，而是计算置入和置出资产的差额，而以定向增发股票的方式来支付该差额，其结果是，上市公司与收购方完成了资产置换，同时，收购方也进一步取得了对上市公司的股权。许多上市公司重组方案中披露的“定向增发 + 资产置换”，就是基于此种置换方式而确定的重组模式。

【案例 7-3】

江中集团地产业务借壳江西纸业[1]

【案情简介】

壳公司：江西纸业（600053），全称：江西纸业股份有限公司，上市地：上海证券交易所；

借壳方：江中集团，全称：江西江中制药（集团）有限责任公司；

收购方式：协议收购，2004 年 8 月 31 日，江中集团与南昌好又多实业有限公司签署了股权转让协议，受让其所持有的江西纸业的 28%的股权，2006 年 4 月 14 日，股权正式过户，江中集团正式取得江西纸业的实际控制权。

置换过程如下：

2006 年 7 月 14 日，江西纸业与江中集团等签署《资产置换协议书》，置出资产为公司造纸类固定资产、存货和无形资产。根据广大恒信德律会计师事务所就置出资产出具的《资产评估报告书》，以 2006 年 6 月 30 日为评估基准日，置出资产的总账面价值为 6636.06 万元，评估值为 6623.33 万元。评估结果完成了在江西省国资委的备案。置入资产是江中集团合法拥有的江中置业 95% 股权和江西江中制药厂合法拥有的江中置业 5% 的股权。委托评估的江中置业资产评估结果为评估总值 244,673.76 万元，评估增值率 12.07%，评估净值 86,230.51 万元。差额为 79,607 万元，江西纸业将向江中集团发行

1 案例信息来源：http://static.sse.com.cn//disclosure/listedinfo/announcement/c/2006-12-20/600053_20061220_2.pdf，最后访问日期：2020 年 3 月 6 日。

不超过 14,000 万股股份，发行价格为 3.91 元 / 股，总额为 54,740 万元，不足部分作为江西纸业的负债（负债在交易完成后陆续被豁免）。通过置换，江中集团将其所名下的房地产资产实现了借壳上市。

【案件评析】

这个案例虽然时间比较久，但操作方式目前仍可借鉴。在借壳上市过程中，先通过母公司江中集团取得对壳公司的控制权，再将不良资产置出上市公司（完成清壳），同时将优质的地产业务注入上市公司（完成注壳）。案例中比较有特色的是，对于置入和置出两项资产的差额部分，一般是由壳公司定向增发股份完成支付，但本案例中没有增发股份，只是确认了负债，这可能也跟当时江西省国资委主导的国有企业重组脱困的大环境有一定关系。

（6）资产置换的税务筹划

资产置换在税法上称为以物易物，视同销售和购买两个环节，因此会涉及流转税和所得税。当资产置换交易规模比较大时，不得不考虑税收负担对交易的影响。合理的税务筹划不仅能够控制税收风险，还能够大大降低交易成本。充分利用好国家的税收优惠政策，比如，想办法使交易结构符合 59 号文规定的特殊性税务处理条件，取得税收收益。举例如下：

2010 年 5 月 14 日，上海锦江国际酒店发展股份有限公司（以下简称锦江股份）发布了《重大资产置换及购买暨关联交易报告书》，同上海锦江国际酒店（集团）股份有限公司（以下简称锦江酒店集团）进行了重大资产置换。交易的核心是公司以星级酒店业务资产与锦江酒店集团的“锦江之星”经济型酒店业务资产进行置换，以达到专业经营的目的。在本案例中，锦江酒店集团以自己旗下锦江之星 71.225% 的股份、旅馆投资 80% 的股份、达华宾馆 99% 的股份，以及 3915.17 万元现金去收购锦江股份 11 家公司（其中 2 家分公司，9 家子公司）的权益。标的资产公允价值为 306,703.41 万元，股权支付比例为 89%，超过了 85% 的股权支付比例；收购资产达到锦江股份的 95.32%，达到了 75% 的比例（当时的比例要求，现在已经修改为50%）。因此，锦江股份和锦江酒店集团的资产重组行为符合财税〔2009〕59号文特殊性税务处理条件，可以享受特殊性税务处理。如果锦江股份的重组不符合特殊性税务处理条件，则重组双方需要缴纳企业所得税9.3亿元。

7.2.5 无偿划转

无偿划转指的是不支付股权转让对价，而将股权转让给另外一个主体持有的情形。股权的无偿划转主要应用于国有企业股权的重组和调整，在民营企业（即使是同一个实际控制人控制之下的不同企业）股权重组场景中不多见，其中的主要原因是税务问题。但是，在一些民营企业集团化改制过程中，有时也会出现股权的划转，特别是在母子公司之间换股的情况下，因权利义务主体都混同集中于实际控制人一个人之下，所以形式上看起来也类似于无偿划转，不过在实质上，仍然是基于换股思维的股权交换。

国有企业的股权无偿划转，主要依据是国务院国有资产监督管理委员会于2005年8月29日印发的《企业国有产权无偿划转管理暂行办法》（国资发产权〔2005〕239号）。依据该办法，被划转企业国有产权的权属应当清晰。权属关系不明确或存在权属纠纷的企业国有产权不得进行无偿划转。被设置为担保物权的企业国有产权无偿划转，应当符合《中华人民共和国民法典》的有关规定。有限责任公司国有股权的划转，还应当遵循《中华人民共和国公司法》的有关规定。

因无偿划转的性质特殊，企业国有产权在同一国资监管机构所出资企业之间无偿划转的，由所出资企业共同报国资监管机构批准。企业国有产权在不同国资监管机构所出资企业之间无偿划转的，依据划转双方的产权归属关系，由所出资企业分别报同级国资监管机构批准。

7.2.6 确定支付手段时应当主要考量的因素

每一种支付手段都有自身的优势，同时也对应着不同的应用场景。在股权投融资交易结构设计中，考虑如何安排支付股权对价时，至少需要充分考虑以下因素：

1. 资金成本

这是确定支付方式时首先要考虑的因素。从总体类别来看，购买股权的一方主体，要么是用自有资金进行投资，要么是通过结构化的设计，用募集而来的资金进行投资。无论是哪一种类型的投资，都要以资金成本作为参照，考虑各种费用和风险因素后，对比期望的 IRR 值，预测一下未来收益是否能够涵盖资金成本。在确定资金成本时，不仅需要考虑资金构成中来自债权人的利率要求，还要考虑股东的投资收益率要求，这样计算出来的资金成本才能真正反映完整的资金成本。

2. 现金流压力

现金流是企业的命脉，一旦出现问题将导致严重的后果，甚至公司破产。因此，在各种支付方式中，现金一般是要慎重使用的（当然，也取决于跟股权出售方或目标公司的谈判），而股权交易的退出过程又相对比较漫长，在持股期间一定要保证公司的现金流运转正常。因此，在考虑支付方式时，对现金流的预测和规划十分重要，前提是必须保证现金流不能出问题。

3. 外汇监管

我们国家的外汇管制比较严格，外汇不能自由兑换，且进出境要受到严格的管控，尤其对于资本项目的外汇管制更加严厉。因此，在涉及跨境股权投资或收购时，股权价款或投资款项的支付就必须要考虑外汇监管对款项支付的影响。实践中，要完成资金的跨境转移，最合规的方式就是进行外汇审批，然后再进行资金支付，其他不合规的方式都有法律风险，严重的还有刑事责任风险。例如，根据《刑法》第 190 条规定，公司、企业或者其他单位，违反国家规定，擅自将外汇存放境外，或者将境内的外汇非法转移到境外，数额较大的，对单位判处逃汇数额 5% 以上 30% 以下罚金，并对其直接负责的主管人员和其他直接责任人员处 5 年以下有期徒刑或者拘役；数额巨大或者有其他严重情节的，对单位判处逃汇数额 5% 以上 30% 以下罚金，并对其直接负责的主管人员和其他直接责任人员处 5 年以上有期徒刑。

4. 风险控制

控制交易风险的一个重要手段就是支付进度的安排，即是否分期及分几次、在什么节点进行支付。这里面的风险控制是多方面的，包括：

第一，支付方的自身风险承受能力控制，即假如该投资或并购项目中途出现风险，或者将来无法顺利退出，支付方是否能够承受此种风险；而且，还要判断股东是否具有持续保证公司资本金充足的义务（如保险类公司），以此来协助判断支付的具体形式以及投资购买股权的比例份额。

第二，项目中途风险控制，特别是股权交割周期比较长的，目标公司的经营风险不可预测，在选择支付手段时也要相应考虑风险抵消，尽量避免选用货币支付，多用股权类支付工具。

第三，交易对手的风险控制，如果不是一些特殊类型的交易场景（比如转让方股东目的明确，就是为了套现离场），在一般情况下，股权出售方能够继续在目标公司持股的，起码可以借助他们持续持有的股权有一个风险控制的抓手，如果他们完全套现走人，相应的约束作用就会弱一些。从这个角度而言，货币支付就是一次性的博弈，而股权支付是持续性的博弈，显然在持续性博弈的情况下，股权出售方在交易过程中进行隐瞒或欺诈的风险就更低，更有利于整个交易的风险控制。

因此，基于风险控制的考虑，除了支付手段的选择之外，在支付进度安排上，各方也会进行协商和谈判。包括分期支付的次数、支付的里程碑、交割后担保等。

5. 成长预期

对接受支付对价的股权出让方而言，现金意味着交易的结束，而如果接受股权支付（无论是普通股、优先股还是认股权证），就有可能获得超过原始对价金额的超额回报。但是这也取决于出让方对股权购买方的成长预期，在预期比较乐观时，接受股权支付的可能性就大一些。当然，由于股权支付的价值评估不如现金那么简单直接，这种方式还需要双方对估值的合理性、未来成长的预测、现金流的压力等多种方面的因素达成一致才可采用，程序会相对比较烦琐。

7.3 融资安排

根据国内一些学者的研究成果，民营非上市企业的融资顺序通常为：企业内部积累、银行或信用社贷款、亲戚朋友筹款、民间借贷等；上市公司的融资顺序通常为：内部融资、股权融资、债务融资。作为一家正常经营的企业来说，只要公司一直在发展，就一直是缺钱的，极少有企业在银行存着大量存款可以随时备用。因此，在对外进行股权投资或者并购时，股权交易的对价支付安排中，也经常会涉及融资。我们这里要讨论的是从支付主体角度来看，通过何种方式进行筹措资金，用于支付股权对价款项。

7.3.1 内部融资

内部融资又称为内源融资，是指企业筹集内部资金的融资方式，它属于企业的自有资金，是企业不断将自己的可变现资金（主要包括未分配利润、变卖资产、应收账款融资等）转化为投资的过程。内源融资对企业的资本形成具有原始性、自主性、低成本和抗风险的特点，是企业生存与发展不可或缺的重要组成部分。事实上，在发达的市场经济国家，内源融资是企业首选的融资方式，是企业资金的重要来源。

1. 内部融资的优点

（1）自主性强。内部融资源于企业的自有资金，只要股东会 / 股东大会或董事会批准即可，基本不受外界因素的影响和制约。

（2）融资成本低。公司进行的外部融资，无论采用股票、债券还是其他方式，都需要支付大量的费用，比如券商费用、会计师费用、律师费用等。而利用未分配利润则无须支付这些费用，成本低。

（3）不会稀释原有股东的每股收益和控制权。通过未分配利润融资而增加的权益资本，不会稀释原有股东的每股收益和控制权，同时还可以增加公司的净资产，支持公司扩大其他方式的融资。

2. 内部融资的缺点

（1）融资规模受限制。内部融资受公司盈利能力及历史期间积累的影响，融资规模受到较大的制约，一般不可能进行大规模融资。

（2）必须要取得股东支持。出于自身利益的考虑，股东之间对分配股利可能存有分歧。大股东希望公司扩大规模进行再投资，小股东则希望按时分红，因此，在股利支付比率有事先约定时，内部融资必须要取得股东支持。

（3）要考虑股利支付率的影响。股利支付率低则不利于吸引股利偏好型的机构投资者，减少公司投资的吸引力。另外，股利支付率低则对内部融资的可用资金有限制。

鉴于此，企业在进行内部融资时，要充分考虑上述各种优势和缺陷，事先做好相应的规划，合理确定符合本企业现状的内部融资比例及数额。

7.3.2 外部融资

外部融资与内部融资相对，是指公司通过资本市场或举债等方式筹集投资项目所需要的资金的行为。主要方式包括债权融资和股权融资，具体又包括银行贷款、租赁融资、债券融资、非正规金融机构贷款、股票融资等多种来源。

1. 银行贷款

中国居民的高储蓄率，决定了银行贷款是绝大部分企业都会使用的一种外部融资方式，也是企业最主要的融资渠道来源。贷款的种类很多，根据中国人民银行发布的《贷款通则》（中国人民银行令〔1996〕2 号），依据不同标准贷款可以分为很多类型。比如，依据资金性质，贷款可以包括自营贷款、委托贷款、特定贷款；依据贷款期限，贷款可以分为短期贷款、中期贷款、长期贷款；依据贷款担保形式，可以分为信用贷款、担保贷款和票据贴现等。虽然形式多样，但从本质上看，借款人在贷款期间都要承担还本付息的压力，会有一定的财务风险。通常认为，只有公司的利润率超过贷款利率的情况下，公司贷款经营才是划算的。

根据原中国银行业监督管理委员会（已撤销）于 2015 年 2 月 10 日发布的《商业银行并购贷款风险管理指引》，境内并购方企业通过受让现有股权、认购新增股权，或收购资产、承接债务等方式以实现合并或实际控制已设立并持续经营的目标企业或资产的交易，符合一定条件的，可以申请并购贷款（商业银行向并购方或其子公司发放的，专门用于支付并购交易价款和费用的贷款）。银行在进行风险评估后，可以对符合条件的贷款对象发放贷款，不过，并购贷款的期限不长，一般不超过 7 年，且在全部股权对价款中，并购贷款所占比例不应高于 60%。

2. 融资租赁

融资租赁是通过融资与融物的结合，兼具金融与贸易的双重职能，对提高企业的筹资融资效益，推动与促进企业的技术进步，有着十分明显的作用。融资租赁有直接购买租赁、售出后回租以及杠杆租赁等多种形式，这种形式的融资多是为了满足经营需求，无法用于支付股权对价款。

3. 债券融资

我国债券的种类很多，包括公司债券、企业债券、中期票据、短期融资券等，主管部门也不同，公司债券由中国证监会管理，企业债券由国家发改委注册管理，中期票据、短期融资券由中国银行间市场交易商协会管理。无论哪种形式的债券，都是企业依照法定程序发行、约定在一定期限内还本付息的有价证券，表示发债企业和投资人之间是一种债权债务关系。债券持有人不参与企业的经营管理，但有权按期收回约定的本息。

债券融资的资金，都有明确指定的具体用途，在发行申请文件中要明确披露。所以，这种方式融来的资金，一般也不可以用于支付股权对价款（实际操作中，不排除在某些特殊情况下的资金置换）。

4. 股票融资

这种类型的融资只有上市公司才可以做到。借助畅通的资本市场融资渠道，上市公司可以通过增发新股，募集大量的资金用于扩大生产经营规模、补偿流动资金等用途，且必须要符合募集资金用途的管理规则。目前，有关募集资金用途的规则，主要散见于《公司法》《证券法》《上市公司证券发行管理办法》《上市公司监管指引第 2 号——上市公司募集资金管理和使用的监管要求》《上海证券交易所上市规则》《深圳证券交易所上市规则》等一系列文件中，核心是要求募集资金原则上要用于上市公司的主营业务，除金融类企业外，募集资金不得进行财务性投资，也不得用于质押、委托贷款等变相改变用途的担保或投资。因此，在确定募集资金是否可以用于支付股权对价款项时，要对照监管规则进行核查，在合规范围内进行使用。

5. 金融产品融资

不同于上述各类典型的外部融资方式，这种类型的融资比较特殊，主要是一些并购基金、资管计划、集合资金信托计划等金融产品，它们设立的目的就是用于投资一些优质项目，通过发售份额向合格投资者募集资金，产品完成备案后进行对外投资，产品结束后再向投资者分配利益。证监会和银保监会对这些金融产品的设立、运营管理、退出等都有详细的规定，它们是目前广泛活跃在投资领域的一类投资主体。

7.4 支付结构设计的实务要点

上面分别介绍了支付结构中的关键要素，实务中，每一项股权交易都有特定的交易背景和交易目的，在安排支付结构的时候，需要权衡考虑的因素非常多，既有来自支付方的支付能力因素，也有接受支付一方的税筹考虑，还有来自资金监管、外汇管制等客观环境的要求，每一项因素都会对支付结构带来影响。考虑到交易的复杂性，笔者此处将设计支付结构时个人认为比较重要的实务要点简单列示如下。

7.4.1 股权价款与股权比例是首先要确定的核心问题

在股权交易结构中最重要的两个要素：标的物及其对价，是整个交易结构中的核心，它们分别对应着股权比例、股权价款。从交易目的来看，交易结构中的每个元素都是相互关联的，不是孤立的。比如，股权比例影响着交易估值，交易估值决定着股权价款，而支付方式、融资成本、支付进度等又进一步影响着股权价款。因此，投资人与目标公司或其股东进行的股权交易，首先要对投资的股权比例以及大致对应的价格有一个框架性的意向，在此基础上，再考虑相关周边因素对它们的影响，以及在交易谈判中如何争取到对己方最有利的方案。当然，作为收购方或投资人角度而言，要购买多少比例的股权，也是基于自身的融资成本、支付能力和风险承受能力确定的。所有这些因素，都需要在交易之前“一揽子”进行考虑，避免顾此失彼。

7.4.2 融资结构要以现金流的安全为前提

举债扩张是很危险的，虽然债务的利息成本具有税前扣除的优势，但是公司的财务风险尤其是现金流的安全，是在考虑债务融资时必须要首先考虑的要素。比如，当年曾经在资本市场叱咤风云的德隆系，由于资金链断裂，于2004年4月13日彻底崩盘。他们当时的典型手法是：通过二级市场收集“老三股”，拉高股价，然后利用高股价进行质押贷款，贷款后再进行实业收购。但是风险已经在这个过程中积累起来，因为质押贷款及坐庄的成本已远远高于实业的盈利水平，现金流随时都会出现风险。所以，无论采用哪种方式进行融资及支付股东对价款，现金流问题是投资人 / 收购方必须要牢牢把住的底线。

7.4.3 要充分关注跨境支付方式的合规性

近年来，境内企业在海外直接投资过程中遇到了种种障碍，在资金无法直接出境的情况下，越来越多的企业开始转向内保外贷这种间接出境的模式。因此内保外贷业务逐渐成为了市场上关注的焦点。依据 2014 年 5 月 12 日国家外汇管理局发布的《跨境担保外汇管理规定》（汇发〔2014〕29 号）（以下简称 29 号文），内保外贷是指担保人注册地在境内、债务人和债权人注册地均在境外的跨境担保。根据《跨境担保外汇管理操作指引》，未经外汇局批准，债务人不得通过向境内进行借贷、股权投资或证券投资等方式将担保项下资金直接或间接调回境内使用。2017 年 1 月 26 日，国家外汇管理局发布了《关于进一步推进外汇管理改革完善真实合规性审核的通知》（汇发〔2017〕3 号）（以下简称 3 号文），作为其中最大的亮点，3 号文明确放开了 29 号文中关于未经外管局批准，禁止将内保外贷项下资金直接或间接调回境内使用的限制。根据 3 号文，内保外贷项下的债务人可以以发放外债、股权投资等方式将内保外贷中的境外融资资金直接或间接调回境内使用，需要注意的是，资金仍然不得以证券投资形式回流。资金回流限制的放开，将更加有助于便利跨境融资，鼓励境外资金流入境内。

【案例 7-4】

西王食品收购加拿大公司内保外贷支付安排[1]

【案情简介】

A 股上市公司西王食品股份有限公司（以下简称西王食品）跨境收购加拿大非上市公司 Kerr Investment Holding Corp. 时，就采用了内保外贷的支付安排。股权交易的基本架构如下：

1 案例信息来源：https://www.sohu.com/a/127170925_618568?sec=wd，最后访问日期：2020 年 7 月 5 日。

西王食品首先与PE基金春华景禧（天津）投资中心（有限合伙）（“Primavera Capital”）合资成立西王食品（青岛）有限公司（以下简称西王青岛），西王青岛在加拿大设立SPV1和SPV2，并由SPV2购买目标公司原股东持有的目标公司股份；首期交割以收购价款80%购买目标公司原股东持有80%的股份。对于本项目的首期收购价款，西王食品和其引入的Primavera Capital以股权出资方式共计出资约225,700万元人民币，其中西王食品的股权出资款项来源为自有资金、西王集团财务公司借款，以及宁波梅山保税港区信善投资合伙企业（有限合伙）（以下简称信善合伙企业）提供的100,500万元人民币的借款。除股权投资款外，西王青岛作为借款方向信善合伙企业债务融资167,500万元人民币，西王食品以其持有的西王青岛的75%股权提供质押担保，西王青岛以其全部资产为西王食品提供反担保。

为了解决资金出境的问题，西王青岛还通过内保外贷方式进行了支付，即加拿大SPV2向招商银行股份有限公司离岸金融中心申请不超过2.5亿美元贷款，西王青岛提供连带责任担保。

【案件评析】

这是比较典型的通过内保外贷形式完成跨境支付的一个案例。内保外贷在执行上要保证合同签署和内保外贷外汇登记的合规性，确保将来如果要履行合约时能够被顺利执行。另外从商业角度看，是否采用内保外贷，还需要关注人民币和外币的利率差，如果境内人民币定期存款利率高于境外外币的同期贷款利率，在不考虑人民币升值或贬值的因素下，内保外贷是有利可图的；反之，就会加大境外融资的成本。

第八章

税务筹划

本书第一章将股权交易结构的应用场景划分为股权外部交易和股权内部交易，延续这种体例划分，本章也将以目标公司作为标准，把税务相关实务问题划分为股权外部交易的税收实务问题和股权内部交易的税收实务问题，各自又分别涵盖股权投资和并购（股权外部交易），以及合并、分立、减资等公司重组以及公司清算的几类情形分别讨论。另外，对涉及跨境投融资和公司重组的情形，因有关参与主体复杂，本章也单独作为一部分进行讨论。需要说明的是，上述划分方式，只是为了讨论方便而选择的一个维度进行的划分，因股权交易问题十分复杂，这种划分也未必科学，但为了能够相对体系化地把股权交易中涉及的税务问题说清楚，暂且按照这种脉络进行展开，不当之处请读者指正。

8.1 股权外部交易的税收实务问题

这里定义的股权外部交易，是指两类情况：第一，不涉及控制权转移的普通股权投资，包括新设投资和增资投资（股权的原始取得）、股权受让（股权的继受取得）；第二，涉及控制权转移的股权投资，即并购（在操作形式上，可以通过增资或转股方式取得控制权，因此既可以是原始取得股权，也可以是继受取得股权）。这两种类型的投资，涉及的投资主体主要是目标公司原有股东以外的外部投资人（新设立公司情况除外），核心区别是股权比例及是否因此而导致控股股东发生变化。

8.1.1 股权投资

股权投资包括两个层面的含义。在广义上，股权投资包括一切形式的股权交易，以最终取得目标公司股权（股票）为标志，既包括新设立公司的投资和对已经设立的公司进行增资，也包括从目标公司原股东受让股权而形成的投资；在狭义上，仅指新设立公司的投资和对已经设立的公司进行增资。在会计科目上，两种含义的股权投资都被设置为“长期股权投资”，属于资产类科目，没有实质性的区别。这里为了讨论的方便，我们先从狭义上的股权投资开始，站在投资人角度探讨有关税务问题。继受取得股权形式的投资，因可能涉及控制权变更，对股权出让方和受让方的税务问题，我们将放在“8.2 股权并购”部分一起讨论。

根据《中华人民共和国公司法》（2018 年修订版）第 27 条规定，可以用作出资的财产形式包括：货币、实物、知识产权、土地使用权及其他可以用货币估价并可以依法转让的非货币财产（法律、行政法规规定不得作为出资的财产除外）。下面我们逐个分析在不同出资形式下，投资人缴纳出资时涉及的税务相关问题。

1. 货币出资

在各种出资方式中，以货币为对外出资是最常见的一种出资形式，也是税收成本最低的一种出资方式。从投资人角度，根据现行税法和会计准则，投资公司以货币为对外出资的，除发生印花税外，不发生其他纳税义务，但需要对投资形成的资产进行会计确认，这涉及未来投资人转让股权或进行重组时的纳税义务计算基数问题。从目标公司角度，接受货币形式出资的，在目标公司平价发行股份的情况下，不会发生企业所得税的纳税义务；在溢价发行股份（股权）的情况下，目标公司虽获得资本溢价的“收益”，但根据会计准则，应依法确认为资本公积金，不确认为收益，所以也不发生所得税的纳税义务。因此，在以货币方式出资的情况下，无论是投资人还是目标公司，除了要缴纳少量印花税（按 0.5‰的税率）之外，不涉及其他类型的纳税义务。

2. 房地产出资

房地产是一个统称，包括土地使用权、房屋建筑物以及地上附着物等。根据《民法典》第 356 条、第 357 条规定的“房地一致原则”，建设用地使用权出资的，附着于该土地上的建筑物、构筑物及其附属设施一并处分；建筑物、构筑物及其附属设施出资的，该建筑物、构筑物及其附属设施占用范围内的建设用地使用权一并处分。这也就是业界俗称的“房随地走、地随房走”。再加上土地使用权和房屋建筑物在出资时所涉及的税种和税率是一致的，所以本部分我们将土地使用权和房屋建筑物等合并分析其出资的税收成本相关问题。

投资方以房地产对外投资的，将会涉及增值税及其附加税、土地增值税、印花税和所得税，但不会涉及其他税种和税负问题。

（1）增值税及其附加税

按照目前的税收文件，以房地产作为出资的，尚无增值税优惠政策，会被视同转让（或销售）房地产征收增值税。无论是企业还是个人用房地产出资都需要缴纳增值税，一般纳税人作为出资人的，需要缴纳 9% 的增值税，并作为增值税的销项税处理；个人作为小规模纳税人出资的，需要缴纳 3% 的增值税，不过，个人只能开具增值税普通发票，因而只能进入成本处理，无法进行抵扣。同时，纳税人还要缴纳相应的附加税，包括城建附加税和教育费附加，其税额以增值税额乘以适用的税率计算后得出（注意：附加税不能抵扣，直接进入投资人的成本，构成将来转让股权时税基的一部分）。

（2）土地增值税

根据财政部、国家税务总局《关于继续实施企业改制重组有关土地增值税政策的通知》（财税〔2018〕57号）第4条规定："单位、个人在改制重组时以房地产作价入股进行投资，对其将房地产转移、变更到被投资的企业，暂不征土地增值税。"第5条规定："上述改制重组有关土地增值税政策不适用于房地产转移任意一方为房地产开发企业的情形。"第9条规定："本通知执行期限为2018年1月1日至2020年12月31日。" 因此，针对房地产形式的出资涉及的土地增值税问题，目前需要注意三个要点：

第一，无论是企业还是个人用房地产出资，都暂不需要缴纳土地增值税。

第二，如果交易双方有一方是房地产开发企业的，则需要按照规定缴纳土地增值税。

第三，此税收政策有期限限制，但是根据目前宏观经济形势和以往经验，此文件到期后，财政部和国家税务总局可能还会出台类似文件，该项税收优惠政策可能继续递延，后续我们需要持续关注。

（3）所得税及其优惠

由于以房地产形式进行出资，将会被视同销售房地产，因此投资人无论是自然人还是公司，都会涉及所得税问题。不同的是，两种类型的投资主体计算所得税的方式和税率不同。对自然人而言，应纳税所得额为房地产出资作价金额减掉初始购买价格（原值）及合理税费，适用20%的个人所得税税率计算缴纳税款。对公司而言，应纳税所得额为房地产出资作价金额减掉房地产的账面净值及合理税费，适用相应的企业所得税税率汇算清缴税款。

2014年12月31日，财政部、国家税务总局发布《关于非货币性资产投资企业所得税政策问题的通知》（财税〔2014〕116号）（以下简称116号文），该文是在59号文之后为贯彻国务院《关于进一步优化企业兼并重组市场环境的意见》（国发〔2014〕14号），首次出台的非货币资产对外出资企业所得税优惠政策。在此之前由于59号文将股权出资和资产出资企业所得税的优惠政策包含在股权并购和资产并购名下，一直没有明确非货币资产对外出资企业所得税优惠政策。116 号文的主要内容如下：

第一，居民企业以非货币性资产对外投资确认的非货币性资产转让所得，可在不超过 5 年期限内，分期均匀计入相应年度的应纳税所得额，按规定计算缴纳企业所得税。

第二，企业以非货币性资产对外投资，应对非货币性资产进行评估并按评估后的公允价值扣除计税基础后的余额，计算确认非货币性资产转让所得。企业以非货币性资产对外投资，应于投资协议生效并办理股权登记手续时，确认非货币性资产转让收入的实现。

第三，企业以非货币性资产对外投资而取得被投资企业的股权，应以非货币性资产的原计税成本为计税基础，加上每年确认的非货币性资产转让所得，逐年进行调整。被投资企业取得非货币性资产的计税基础，应按非货币性资产的公允价值确定。

第四，企业在对外投资 5 年内转让上述股权或投资收回的，应停止执行递延纳税政策，并就递延期内尚未确认的非货币性资产转让所得，在转让股权或投资收回当年的企业所得税年度汇算清缴时，一次性计算缴纳企业所得税；企业在计算股权转让所得时，可将股权的计税基础一次调整到位。企业在对外投资 5 年内注销的，应停止执行递延纳税政策，并就递延期内尚未确认的非货币性资产转让所得，在注销当年的企业所得税年度汇算清缴时，一次性计算缴纳企业所得税。

2015 年 3 月 30 日，财政部、国家税务总局下发《关于个人非货币性资产投资有关个人所得税政策的通知》（财税〔2015〕41 号，以下简称 41 号文），纳税人一次性缴税有困难的，可合理确定分期缴纳计划并报主管税务机关备案后，自发生上述应税行为之日起不超过 5 个公历年度内（含）分期缴纳个人所得税。41 号文赋予了纳税人递延纳税的优惠待遇，对于鼓励个人投资具有很大的支持力度，尤其是那些现金流不太充裕的自然人投资人更是如此。不过在税务实践中，纳税人要想获得 5 年内分期纳税的待遇并不容易。

有关非货币财产出资的所得税优惠政策，同样适用于下文所述的货物出资、知识产权出资和股权出资。

（4）印花税

以房地产出资将会涉及产权转移书据，包括土地使用权出让合同、土地使用权转让合同、商品房销售合同等转移书据，将由立据人按合同所载金额 0.5‰贴花。

3. 货物出资

根据现行税法的有关规定，以货物出资涉及增值税及其附加税、印花税、企业所得税和个人所得税，但不会涉及契税和土地增值税。

（1）增值税及其附加税

《增值税暂行条例》第 1 条规定："在中华人民共和国境内销售货物或者加工、修理修配劳务（以下简称劳务），销售服务、无形资产、不动产以及进口货物的单位和个人，为增值税的纳税人，应当依照本条例缴纳增值税。"《增值税暂行条例实施细则》第 4 条规定，单位或者个体工商户将自产、委托加工或者购进的货物作为投资，提供给其他单位或者个体工商户的，视同销售货物征收增值税。这里的货物既包括企业为生产经营持有的存货，也包括企业为生产经营持有的货物类固定资产。据此，将货物类资产用于对外出资的，将被视同销售货物而征收增值税。同时，纳税人还要缴纳相应的附加税，包括城建附加税和教育费附加，其税额以增值税额乘以适用的税率计算后得出。

（2）印花税

以货物出资视同货物销售，应当按照按购销金额 0.3‰贴花，由立据人缴纳印花税。

（3）所得税及其优惠

与房地产出资一样，以货物形式缴纳出资的，无论是自然人还是公司，都会涉及所得税问题。投资人是自然人时，按照货物作价金额与货物原值及合理税费之间的差额，适用20%的税率计算缴纳个人所得税；投资人是公司时，按照货物作价金额与货物净值及合理税费之间的差额，适用相应的税率汇算清缴企业所得税。根据《企业会计准则第7号——非货币性资产交换》的有关规定，当投资人以货物类资产对外出资时，应当以公允价值和应当支付的相关税费确定换入资产的计税成本，换出资产公允价值与换出资产账面净值的差额计入当期损益。《企业所得税法实施条例》第75条也规定："除国务院财政、税务主管部门另有规定外，企业在重组过程中，应当在交易发生时确认有关资产的转让所得或者损失，相关资产应当按照交易价格重新确定计税基础。"

关于税收优惠，同上述房地产出资。

4. 知识产权出资

公司法意义上可以用作出资的知识产权包括：商标权、专利权、著作权、专有技术、商业秘密和字号权等，它们可以用货币估价并可以依法转让，因此具有投资价值，可以用作新设公司投资，也可以用作对目标公司的增资出资。

根据现行税法，投资人用知识产权对外投资会涉及增值税及其附加税、印花税和所得税，但不会涉及土地增值税和契税以及其他税种。

（1）增值税及其附加税

根据《关于全面推开营业税改征增值税试点的通知》(财税〔2016〕36号）附件一《营业税改征增值税试点实施办法》第1条的规定，在中华人民共和国境内销售服务、无形资产或者不动产的单位和个人，为增值税纳税人，应当缴纳增值税，不缴纳营业税。单位，是指企业、行政单位、事业单位、军事单位、社会团体及其他单位。个人，是指个体工商户和其他个人。因此，用知识产权出资会被视同转让（销售）征收增资税，目前执行的税率为6%。现在尚没有关于知识产权作价出资增值税的优惠政策，所以无论是企业还是个人用知识产权作价出资的，都会引发增值税的纳税义务，并相应地缴纳附加税。

（2）印花税

以知识产权出资将会涉及产权转移书据，包括版权、商标专用权、专利权、专有技术使用权等转移书据，将由立据人按合同所载金额 0.5‰贴花。

（3）所得税及其优惠

与其他非货币出资一样，以知识产权形式缴纳出资的，无论是自然人还是公司，都会涉及所得税问题。投资人是自然人时，要扣除原始成本及合理税费（如有）后，对增值部分适用 20% 的税率计算缴纳个人所得税；投资人是公司时，要扣除摊销后的净值及合理税费（如有）后，对增值部分在进行汇算清缴后适用相应税率计算缴纳企业所得税。

2016 年 9 月 20 日，财政部、国家税务总局发布《关于完善股权激励和技术入股有关所得税政策的通知》（财税〔2016〕101 号）（以下简称 101 号文），该文第 3 条规定，企业或个人以技术成果投资入股到境内居民企业，被投资企业支付的对价全部为股票（权）的，企业或个人可选择继续按现行有关税收政策执行，也可选择适用递延纳税优惠政策（最长五年内分期缴纳）。选择技术成果投资入股递延纳税政策的，经向主管税务机关备案，投资入股当期可暂不纳税，允许递延至转让股权时，按股权转让收入减去技术成果原值和合理税费后的差额计算缴纳所得税。企业或个人选择适用上述任一项政策，均允许被投资企业按技术成果投资入股时的评估值入账并在企业所得税前摊销扣除。101 号文是一个企业和个人通用的非货币资产出资所得税优惠政策，不仅优惠力度大，而且不会加重融资公司的税收负担。另外，101 号文赋予了纳税人选择权，可选择递延至股权转让时纳税，在某种程度上，这大大化解了上述 41 号文的“执行难”问题。

关于税收优惠，同上述房地产出资。

5. 股权出资

关于股权出资，原国家工商行政管理总局于 2009 年 1 月 14 日发布的《股权出资登记管理办法》（国家工商行政管理总局令第 39 号）、商务部于 2015 年 10 月 28 日发布的《关于涉及外商投资企业股权出资的暂行规定》（2015 年修订）（商务部令 2015 年第 2 号）等文件曾经做出过明确细致的规定，不过这些文件目前已经失效。但是，根据《公司法》第 27 条，股权能够用货币估值并可以依法转让，仍然能够作为出资的有效形式。在实务中，这种出资方式不仅要履行投资方对目标公司的股权转让手续，还要履行出资股权指向公司的股东变更手续。

根据我国现行税法的有关规定，在投资方以股权出资的情况下，只涉及印花税及企业所得税或者个人所得税，不会涉及增值税及其附加税、土地增值税、契税等其他税种。

（1）印花税

以股权出资将会涉及签订产权转移书据，包括股权转让协议等转移书据，将由立据人按合同所载金额 0.5‰贴花。

（2）所得税及其优惠

与其他非货币出资一样，以股权形式缴纳出资的，无论是自然人还是公司，都会涉及所得税问题。投资人是自然人时，要扣除原始成本及合理税费后，对增值部分适用 20% 的税率计算缴纳个人所得税；投资人是公司时，要扣除账面净值及合理税费后，对增值部分在进行汇算清缴后适用相应税率计算缴纳企业所得税。所得税是否缴纳及缴纳的数额大小，主要看股权估值与股权原始成本之间的差额，若为负值则无须交税，若为正值则要交税，并且增值越多交税越多。

股权出资所得税的优惠政策相对复杂，为了更加详细地进行说明，将在下文“股权并购”部分一并讨论。

至此，上文我们已经对五种出资形式涉及的税务问题做了梳理，为方便记忆，将投资人涉及的税收列表如下（见表 8–1）：

表 8-1 各种出资形式涉及税种

出资形式	涉及税种				
	增值税及其附加	土地增值税	印花税	所得税	契税
货币			√		
房地产	√	√	√	√	
货物	√		√	√	
知识产权	√		√	√	
股权			√	√	

需要说明的是，在新设投资和增资投资这两种投资形式中，接受投资的目标公司除了契税和印花税之外，不会涉及其他类型的税务问题，税务问题比较简单，这里就不再展开讨论了。

8.1.2 股权并购

股权并购是最常见的公司控制权变更形式。是指投资方通过与目标公司股东签署股权受让协议，或者与目标公司及其股东签署增资认购协议等方式，取得对目标公司的控制权，从而能够对目标公司施加决定性影响的一种并购形式。这里比较特殊的是增资这种形式，它可以是非并购意义上的增资，比如母公司向自己控制的子公司增资，也可以是股权并购意义上的增资，比如投资方向目标公司增资，增资后投资方成为目标公司的控股股东，两者的区别仅在于是否变更目标公司的控制权。但两者在会计处理上、税收负担和税收优惠政策上并无区别。本部分我们聚焦于股权转让形式的并购交易中，出让方和受让方的有关税务问题。

通过第“8.1 股权投资”部分的讨论可以看出，影响交易各方税收成本的因素，主要就是股权对价款的支付方式。这里讨论股权并购交易双方的税收成本仍然沿用这种方式，结合股权转让价款的支付方式展开。

1. 货币支付

在货币支付的情况下，并购方以股权转让价格和合理税费确定取得长期股权投资的计税成本，不会直接发生所得税的纳税义务，除印花税外也不会涉及其他税负。对股权出让方来说，以股权转让价格减除股权的计税成本和合理的费用后，确认股权转让的损益，可能会发生所得税的纳税义务，但除印花税外也不会涉及其他税负。所得税分为企业所得税和个人所得税，因此视股权出让方的主体性质不同，适用的所得税税法和税率也不同。

这里需要说明的是，股权出让方缴纳所得税额度的大小，由于税前扣除的税基是固定的，所以直接取决于股权作价金额的大小，作价金额越高纳税越多；反之则越少。按照本书第七章《支付结构》7.1.1 “定价的六种模式”，股权最终作价金额一般是在股权估值的基础上，由买卖双方谈判后确定，这个环节是双方利益博弈的关键点之一。但是股权作价由于直接涉及所得税监管，也必将是在税务变更登记环节的审查重点。从有关文件规定及税务机关的把控尺度看，税务机关对股权转让价格的监管标准大致如下：

（1）一般情况下股权转让价格不能低于股权对应的目标公司的净资产份额，以净资产作价是税务监管的底线。

（2）如果目标公司拥有土地使用权、房屋、房地产企业未销售房产、知识产权、探矿权、采矿权、股权等资产的，股权转让价格应当等于股权对应的目标净资产公允价值的份额。

（3）除去目标公司严重资不抵债、亏损等情况以外，股权转让价格低于初始投资成本或低于取得该股权所支付的价款及相关税费的，会被重点监管。

（4）股权转让价格不能低于相同或类似条件下同一企业同一股东或其他股东股权转让股权的价格；但是企业如果实施股权激励、并且数量不多的，可以跟税务机关解释作价原因，在会计处理上也要进行股份支付费用的计提，冲减当期损益。

（5）如果上一次股权转让与本次股权转让时间相近，但本次价格明显低于上次价格的，在公司经营业绩未发生重大变化的情况下，除非能够提供十分强有力的理由，否则将会被重点监管。

（6）无偿或者以象征性对价（比如 1 元）转让股权或股份的，要有充足的理由，诸如同一控制下的企业内部重组、相关主体未取得所得等，否则将会被重点监管。

2. 股份支付

股权并购中，收购方可以用股权作价支付受让股权的价款。在股权并购方以股权支付其受让目标公司股权的对价时，税法上将其分解为两个平行的股权转让行为：一个是并购方向目标公司股东出让股权同时又购买目标公司股权的行为（既是卖方又是买方）；另一个是目标公司的股东向并购方出让股权同时又购买股权的行为（既是买方又是卖方）。因此，双方就其出让股权而言都可能直接发生应税所得。与前文所述股权出资一样，股权支付只涉及印花税及企业所得税或者个人所得税，不会涉及增值税及其附加税、土地增值税、契税等其他税种。

根据《企业所得税法》和财税 2009 年 59 号文的规定，居民企业以股权支付受让股权的价款，企业所得税的处理方式有两种：一种是一般性税务处理，按公允价值确认损益并纳税，无税收优惠；另一种是特殊性税务处理，按原值确认并递延纳税，是一种税收优惠。多数情况下的外部股权并购采用一般性税务处理，只有少数符合条件的企业股权并购才能选择适用特殊性处理，这是一项有关所得税的优惠政策。59 号文所称的股权支付，是指企业重组中购买、换取资产的一方支付的对价中，以本企业或其控股企业的股权、股份作为支付的形式；所称非股权支付，是指以本企业的现金、银行存款、应收款项、本企业或其控股企业股权和股份以外的有价证券、存货、固定资产、其他资产以及承担债务等作为支付的形式。

（1）一般性税务处理

根据 59 号文第 4 条第（3）项的规定，股权收购的一般性税务处理方式如下：

①被收购方应确认股权的所得或损失；

②收购方取得股权或资产的计税基础应以公允价值为基础确定；

③被收购企业的相关所得税事项原则上保持不变。

股权收购方用自己持有的其他公司的股权支付受让股权的对价，不仅需要对收购的股权进行长期股权投资资产的会计确认，同时还需要对用作支付手段的股权进行损益确认，因为他在这一个交易中扮演了两个角色，股权的收购方和股权的出让方。同时，作为被收购股权一方来说，也需要对出让股权按照公允价值与初始成本的差额进行确认损益，并对受让的股权进行长期股权投资资产的会计确认，在这个过程中他也是同时扮演了两个角色，股权的出让方和股权的收购方。双方因股权出让和受让发生的纳税义务，取决于按照一般性税务处理确定的损益额大小。

（2）特殊性税务处理

根据 59 号文第 6 条第（2）项的规定，股权收购的特殊性税务处理方式如下：

①被收购企业的股东取得收购企业股权的计税基础，以被收购股权的原有计税基础确定；

②收购企业取得被收购企业股权的计税基础，以被收购股权的原有计税基础确定；

③收购企业、被收购企业的原有各项资产和负债的计税基础和其他相关所得税事项保持不变。

可以看出，如果选择适用企业所得税的特殊性处理，交易双方从对方取得的股权，都按照被收购股权原有的计税基础进行会计确认，这会使交易双方特别是股权出让方实现递延纳税的效果，递延的期限将持续到该股权完成出让并确认收入实现时为止。这对于因股权支付而没有实际取得现金流入的投资人来说，可以大大减轻当期的纳税负担。

（3）特殊性税务处理的适用条件

由于特殊性税务处理是一项税收优惠，它的适用有严格的条件限制。根据59号文第5条及其他相关税务文件的规定，选择适用特殊性税务处理必须要同时满足以下条件：

第一，具有合理的商业目的，且不以减少、免除或者推迟缴纳税款为主要目的。

这里所谓的“合理的商业目的”，根据2015年6月24日国家税务总局《关于企业重组业务企业所得税征收管理若干问题的公告》（国税总局2015年第48号）第5条的规定，企业重组业务适用特殊性税务处理的，申报时，应从以下方面逐条说明企业重组具有合理的商业目的：重组交易的方式；重组交易的实质结果；重组各方涉及的税务状况变化；重组各方涉及的财务状况变化；非居民企业参与重组活动的情况。

第二，被收购部分的股权比例符合规定的比例。

指被收购的股权不低于被收购企业全部股权的50%。59号文刚出台时此项规定是被收购股权不低于被收购企业全部股权的75%，2014年底财税109号文将其调整为不低于50%。

第三，企业重组后的连续12个月内不改变重组资产原来的实质性经营活动。

根据国家税务总局公告2010年第4号《企业重组业务企业所得税管理办法》（截至2020年3月该文件大部分条款已失效，但部分仍有效）第29条规定，当事各方应在完成重组业务后的下一年度的企业所得税年度申报时，向主管税务机关提交书面情况说明，以证明企业在重组后的连续12个月内，有关符合特殊性税务处理的条件未发生改变。第30条规定，“当事方的其中一方在规定时间内发生生产经营业务、公司性质、资产或股权结构等情况变化，致使重组业务不再符合特殊性税务处理条件的，发生变化的当事方应在情况发生变化的30天内书面通知其他所有当事方。主导方在接到通知后30日内将有关变化通知其主管税务机关。上款所述情况发生变化后60日内，应按照《通知》第4条的规定调整重组业务的税务处理。原交易各方应各自按原交易完成时资产和负债的公允价值计算重组业务的收益或损失，调整交易完成纳税年度的应纳税所得额及相应的资产和负债的计税基础，并向各自主管税务机关申请调整交易完成纳税年度的企业所得税年度申报表。逾期不调整申报的，按照《征管法》的相关规定处理。”

第四，重组交易对价中涉及股权支付金额符合规定的比例。

指收购方用于向出让方支付股权转让价款的资产中，股权不能少于85%，这也意味着收购方用货币、不动产等非股权方式支付的收购对价不得超过 15%。

第五，企业重组中取得股权支付的原主要股东，在重组后连续 12 个月内，不得转让所取得的股权。

根据上述国家税务总局公告 2010 年第 4 号文件第 20 条的规定，“原主要股东”是指原持有转让企业或被收购企业 20% 以上股权的股东，即在企业股权并购中原持有被收购企业 20% 以上股权的股东，在出让股权取得股权支付后的连续 12 个月之内不得出让所取得的股权。持股比例不超过 20% 的股东取得的股权不受此限。

第六，适用特殊性税务处理的主体要符合特定条件。

即股权收购方、股权出让方、被并购企业和用于支付对价的股权所在公司必须全部是居民企业，不能是自然人，不能是适用个税的企业，也不能是非居民企业。

第七，股权交易各方的税务处理方式要保持一致。

即股权收购方和股权出让方必须采取一致的处理方法，不能一方适用所得税的一般性处理，另一方适用所得税的特殊性处理。因此，采取哪种所得税处理方法应当协商一致，并在有关合同或者协议中约定。

从上面各项条件可以看出，对于股权支付没有达到 100% 的，超过 85% 的部分应当属于一般性税务处理的范畴，交易各方仍然必须按照一般性处理的规定确认相关股权转让的所得，并履行纳税义务。

（4）所得税处理的实务要点

股权并购的所得税处理比较复杂，实务中需要注意以下要点：

第一，在一般性税务处理中，因不能享受税收优惠，交易各方可以在适当的范围内协商趋低作价，这样一方面不损害各方的交易利益，另一方面还可以降低纳税成本，起到节税的效果。但是，对于价格的降低要保持在一个合理的范围内，并有充足的基础依据，否则将会受到税务机关的监管核查。

【案例 8-1】

一般性税务处理协商作价节税案

【案情简介】

A 公司持有 B 公司 40% 的股权，该 40% 股权为 A 公司以 3000 万元的价格受让取得。C 公司出资 2000 万元持有 D 公司 100% 的股权。现 A 公司拟股权并购 D 公司，经与 C 公司协商，提出了两种转让方案：

方案一：A 公司以其持有的 B 公司的 40% 股权作价向 C 公司支付收购 D 公司股权的价款。双方同意 ,A 公司对 B 公司 40% 股权作价 4000 万元，C 公司对 D 公司 100% 的股权作价 5000 万元，A 公司在股权之外支付给 C 公司现金 1000 万元。如果按照一般性税务处理，A 公司因出让股权获得 1000 万元收益，在不考虑汇算清缴因素下适用 25% 税率需缴税 250 万元；C 公司因出让股权获得 3000 万元收益，在不考虑汇算清缴因素下适用 25% 税率需缴税 750 万元。

方案二：双方为了节税考虑，共同协商同意降低 20% 对股权进行作价，则 A 公司对 B 公司 40% 股权作价 3200 万元，C 公司对 D 公司 100% 的股权作价 4000 万元，A 公司在股权之外需另行支付给 C 公司现金 800 万元。

【案件评析】

按照一般性税务处理，A 公司因出让股权获得 200 万元收益，在不考虑汇算清缴因素下适用 25% 税率需缴税 50 万元；C 公司因出让股权获得 2000 万元收益，在不考虑汇算清缴因素下适用 25% 税率需缴税 500 万元。对比第一种方案，A 公司节税 200 万元，B 公司节税 250 万元。

从最终成本看，A 公司付出了 B 公司股权加 850 万元现金（800 万元对价 +50 万元税款），C 公司收到了 B 公司股权加 300 万元现金（800 万元对价 −500 万元税款）；若选择第一种方案，A 公司需付出 B 公司股权加 1250 万元现金（1000 万元对价 +250 万元税款），C 公司收到 B 公司股权加 250 万元现金（1000 万元对价 −750 万元税款）。可以看出，通过降低交易价格，A 公司额外节省 400 万元现金支出（1250 万元 −850 万元），C 公司额外增加 50 万元收益（300 万元 −250 万元），双方的交易利益都没有受到损害。

第二，在特殊性税务处理中，无论是被收购企业的股东取得收购企业股权的计税基础，还是收购方取得收购企业股权的计税基础，均以被收购股权的原有计税基础确定。这就意味着，计税基础越低，递延纳税的效果越好。而具体以哪一方作为税法意义上的被并购方，是可以进行商榷的，税法相关文件没有明确的规定。所以，实务中可以根据税收最优的原则，确定股权计税基础较低的一方作为被并购方，以达到适用特殊性处理最大化递延纳税的效果。

【案例 8–2】

选择合适的交易方作为被并购方进行特殊性税务处理（1）

【案情简介】

A 公司出资 2000 万元持有 B 公司 100% 的股权，C 公司出资 1000 万元持有 D 公司 100% 的股权。A 公司与 C 公司达成 B 公司股权与 D 公司股权对换的一致意见。在互相尽调和评估的基础上，双方同意 A 公司对 B 公司的股权和 C 公司对 D 公司的股权都作价 3000 万元。交易完成后，A 公司的投资收益为 1000 万元，C 公司的收益为 2000 万元。在一般性税务处理的情况下，A 公司所得税为 250 万元（不考虑汇算清缴因素且假定适用 25% 的税率），B 公司所得税为 500 万元（不考虑汇算清缴因素且假定适用 25% 的税率）。

如果以 D 公司作为被并购方，则股权的计税基础为 1000 万元，A 公司潜在投资收益 2000 万元可以递延纳税；如果以 B 公司作为被并购方，则股权的计税基础为 2000 万元，A 公司潜在投资收益 1000 万元可以递延纳税。从税收递延的效果来看，显然选择 D 公司作为被并购方，对 A 公司来说税收效益更明显。

【案件评析】

通过上例可以看出，选择计税基础较低的股权公司作为并被并购方，可以有效降低并购方的税务负担，递延纳税的效果比较好；作为被并购企业股东来说，计税基础没有发生变化，还是原来的股权成本，只不过不能因本次交易提高计税基础，但提高税基也是以纳税为代价的，所以本质上并没有利益损失。

第三，设计股权交易结构时，尽量创造条件达到能够符合特殊性税务处理的要求，核心是两个比例（50%、85%），包括调整股权收购的比例、股权支付的比例以及变更交易路径等，如将原本是资产收购的交易，通过将资产分立设立独立公司，再全资收购，以达到适用特殊性税务处理的要求。

第四，对于特殊性税务处理，即使能够达到前述各项适用条件，交易各方也并非一定要使用这种处理方式。如果股权受让方和股权出让方都有有效的亏损可以抵扣，即使具备特殊性税务处理的条件，各方也可以考虑不选择适用企业所得税的特殊性处理，通过公允作价并适用所得税的一般性处理，双方均确认股权转让的所得，并弥补前述亏损。决策时需要进行对比分析计算，以便确定适用特殊性税务处理还是直接用亏损弥补更为合适。

第五，股权出让方是公司时，如果被并购企业账面有大量未分配利润，可以先分配利润再进行股权转让，能够节省大量税收成本。根据《企业所得税法》第26条规定，符合条件的居民企业之间的股息、红利等权益性投资收益，属于免税收入，免征企业所得税。并且，依据国家税务总局《关于贯彻落实企业所得税法若干税收问题的通知》（国税函〔2010〕79号）第3条："企业转让股权收入，应于转让协议生效、且完成股权变更手续时，确认收入的实现。转让股权收入扣除为取得该股权所发生的成本后，为股权转让所得。企业在计算股权转让所得时，不得扣除被投资企业未分配利润等股东留存收益中按该项股权所可能分配的金额。"可见，股权出让方为公司时，可以充分依据上述规定，在转让股权之前先对股权公司进行分红，一来可以降低自己的所得税纳税额，二来实际收入并没有减少。不过，在股权出让方是自然人时，这样操作就没有意义了，因为分红的税率与股权转让的税率相同。

【案例8-3】

选择合适的交易方作为被并购方进行特殊性税务处理（2）[1]

【案情简介】

A公司投资M公司的初始投资成本为4000万元，占M公司股份的40%，B公司出资6000万元占M公司的60%股份，由于双方持股比例接近，公司治理屡屡引发矛盾，因此A公司萌生去意，准备将其持有股份全部转让给B公司。截至股权转让前，M公司的未分配利润为5000万元，盈余公积为5000万元。2009年，A公司将其股份作价12,000万元全部转让给B公司，股权转让完成后，M公司成为B公司的全资子公司。

A公司转让方案有四个。

1 案例信息来源：https://wenku.baidu.com/view/85e9fa19dd88d0d233d46a8a.html，最后访问日期：2020年3月17日。

第一种方案：直接转让股权。

A 公司股权转让所得为 12,000 － 4000 ＝ 8000（万元）。应缴企业所得税＝ 8000×25% ＝ 2000（万元），A 公司在 M 公司享有的未分配利润、盈余公积份额不能直接扣减。

第二种方案：先分红后转让。

M 公司先分红，A 公司根据持股比例可以分得 5000×40% ＝ 2000（万元），分红后 A 公司股权转让所得只能是 12,000 － 2000 ＝ 10,000（万元）。A 公司分得股息红利 2000 万元免税，股权转让所得为 10,000 － 4000 ＝ 6000（万元），股权转让所得缴纳企业所得税为 6000×25% ＝ 1500（万元），比较起第一种方案来，少缴税 500 万元。

第三种方案：先分红，然后将盈余公积转增资本后再转让。

M 公司先分红，分红后 A 公司股权转让收入只能是 10,000 元，由于盈余公积无法分红，可以采取盈余公积转增资本的方式，增加股权的计税基础从而降低税负。《公司法》第 166 条规定，分配当年税后利润时，应当提取利润的 10% 列入公司法定公积金。公司法定公积金累计额为公司注册资本的 50% 以上的，可以不再提取。因此 M 公司的盈余公积 5000 万元，恰恰是注册资本 1 亿元的 50%。《公司法》第 168 条规定，法定公积金转为资本时，所留存的该项公积金不得少于转增前公司注册资本的 25%。因此，M 公司可以 2500 万元盈余公积转增资本，转股后公司的注册资本增加至 1.25 亿元，其中 A 公司的投资成本变为 4000 ＋ 2500×40% ＝ 5000（万元）。

因此，A 公司股权转让所得为 10,000 － 5000 ＝ 5000（万元），应缴企业所得税为 5000×25% ＝ 1250（万元），比较起第一种方案来，少缴税 750 万元，比较起第二种方案，少缴税 250 万元。

当然该方案中，不分红而是以未分配利润以及盈余公积全部转增资本，再行转让股权，最终结果是相同的。同先分红的方案相比较，区别只是股权转让资金由 M 公司出，还是由 B 公司出。

第四种方案：清算性股利。

A、B 公司商讨认为即使按照第三种方案，缴纳税款依然过多，因此决定运用清算性股利来避税。根据《公司法》第 34 条规定，股东按照实缴的出资比例分取红利；公司新增资本时，股东有权优先按照实缴的出资比例认缴出资。但是，全体股东约定不按照出资比例分取红利或者不按照出资比例优先认缴出资的除外。即一般情况下，按照持股比例分红，但是全体股东也可以约定分红。

因此，M 公司修改公司章程，约定 A 公司可以优先分红，公司章程规定，A 公司可以优先分红，直至 5000 万元为止，以后公司取得利润，B 公司再进行分红。因为公司有股息红利 5000 万元，因此约定 A 公司可以全部分走，A 公司分红 5000 万元后，股权转让价格变为 12,000 － 5000 ＝ 7000（万元）。

2500 万元盈余公积再转增资本，转增后 A 公司的投资成本变为 4000 ＋ 2500×40% ＝ 5000（万元）。

因此，A 公司股权转让所得为 7000 － 5000 ＝ 2000（万元），应缴企业所得税＝ 2000×25% ＝ 500（万元），比较起第一种方案节税 1500 万元，比较起第二种方案节税 1000 万元，比较起第三种方案节税 750 万元，节税效果非常明显。

【案件评析】

股权转让时进行税收筹划的空间非常大，但这种筹划不应当理解为逃税，而是在法律法规允许的范围内，通过改变交易路径和方式，合理地进行节税。从上面四种方案可以看出：

1. 股转直接转让的所得税成本最高。

2. 先分红再转让确实可以节省大量的企业所得税，但这种操作仅限于出让方是法人股东的情况，如果出让方是自然人，这样操作没有实质意义；并且，在操作时，这种定向分红的安排也需要有公司章程条款的支持，要有明确依据。

3. 第四种方案存在一定的税收风险。国家税务总局《关于企业股权投资业务若干所得税问题的通知》（国税发〔2000〕118号）（已失效）第2条第1款第（2）项规定，被投资企业对投资方的分配支付额，如果超过被投资企业的累计未分配利润和累计盈余公积金而低于投资方的投资成本的，视为投资回收，应冲减投资成本；超过投资成本的部分，视为投资方企业的股权转让所得，应并入企业的应纳税所得，依法缴纳企业所得税。虽然该文件现已废止，但从税收原理上看，A公司分红所得的5000万元，已经超过了原始投资成本，虽然没有超过被投资企业的累计未分配利润和累计盈余公积金，但仍有可能被税务机关认定为超比例分红，并视为投资的冲回，不认同为股息红利所得，从而有一定的税收风险。如果股权交易时想采用此种策略，建议操作前通过合适形式取得当地税务机关的监管态度，避免带来操作风险。

3. 承债式支付

通过代替目标公司或其股东承担债务，也可以在实质上视为支付股权收购对价款的一种形式。在前述第五章“5.5.1　承债式收购的常见类型”部分我们提到，承债式收购常见类型主要是承债式资产收购和承债式股权收购。对于承债式资产收购，因交易实质是目标公司向收购方出售资产，涉及的相关税种及其纳税主体主要是：目标公司承担增值税及其附加税、土地增值税、印花税和所得税，收购方承担契税和印花税；对于承债式股权收购，涉及的相关税种及其纳税主体主要是：收购方承担印花税，股权出让方承担印花税和所得税。

承债式收购涉及的交易主体比较多，包括收购方、股权出让方（老股东）、目标公司、债权人等，税务问题比较复杂。这里我们主要从权利义务关系最为密切的三方主体（收购方、老股东、目标公司）角度，分别探讨相关税务风险以及在实践中的操作要点。

（1）收购方的税务风险及操作要点

在承债式收购中，收购方往往通过清偿目标公司的债务而最终以较低价格取得转让方的股权。承担债务的这一项经济行为使收购方在收购中面临两项税务风险：一是收购方为完成收购，承担目标公司债务的这一部分款项能否计入成本；二是收购方承担目标公司的债务是否属于非股权支付。

针对上述风险，在实务操作中需要注意以下要点：

①建议将代偿债务资金直接汇入目标公司，再支付给债权人

对于承担债务的款项能否计入股权购买成本的问题，建议收购方与当地主管税务机关做好沟通，可将代偿债资金直接汇入目标公司作为投资处理，而不是将这笔款项支付给债权人。在完成承债式收购前，也就是在股权变更为新股东前的代偿债资金，应计入实收资本；在股权变更登记后的代偿债资金，可以计入实收资本，也可以计入资本公积。这样就避免了收购方承担目标公司负债而无法计入购买股权成本的问题。

②慎用承担债务的方式作为股权收购价款的支付方式

关于非股权支付，对股权收购的主要影响是能否使交易适用59号文规定，进而进行特殊性税务处理。实务中，一种观点认为，59号文第2条明确规定非股权支付包括承担债务，因此受让方承担的负债自然属于非股权支付。另一种观点认为，59号文的上述规定应理解为在所收购资产包之外额外承担的债务，即需要强调承担的债务与所收购资产的相关性，对于与资产紧密相关、需要和资产一同转至收购方的债务，债务承担不应认定为非股权支付。鉴于此，建议相关企业在资产（股权）收购时如果想适用特殊性税务处理办法，尽量不要承担债务，如果确实有债务要处理，可以在收购完成后，通过目标公司收到的增资款进行偿还。

（2）老股东的税务风险及操作要点

在承债式收购中，老股东作为股权转让法律关系中的一方，主要面临两项涉税风险：一是收购方支付给老股东的偿债款项是否确认为老股东的收入；二是老股东替目标公司偿还债务的行为如何定性，如何确定股权转让的计税基础。

针对上述风险，在实务操作中需要注意以下要点：

①老股东应避免被税务机关认定对债务负有清偿责任

根据税法规定，收购方支付给老股东的所有款项都应当确认为老股东的收入，其中包括收购方支付的用于偿付债务的款项。对于其中用于偿债部分的款项，老股东与目标公司尽量将双方关系处理为“目标公司委托老股东偿还债务”这个模式，来进行相关事项的处理，才能避免不必要的税收风险。

②股权转让计税基础的确定要视代偿资金是否偿还而定

关于老股东的计税基础，其税务风险主要分两种情况：第一，老股东为目标公司代偿债务，不需要目标公司偿还。第二，老股东为目标公司代偿债务，需要目标公司偿还。

第一种情况下，用于偿还目标公司对其他公司的债务时，可能存在还债资金不能作为股权计税基础扣除的问题。向目标公司投入资金且目标公司无须偿还给老股东时，此资金应该作为老股东向目标公司的投资。老股东和目标公司需要分别按规定履行投资法律程序，如股东会决议、章程修订、股权变更登记等。在会计处理上，老股东计入长期股权投资或其他会计科目，目标公司计入实收资本或资本公积，否则，老股东会面临多缴税款的风险。

在第二种情况下，当目标公司无法偿还款项，老股东实际承受目标公司无法偿还该款项的损失时，很有可能被认定为与老股东生产经营无关的支出，无法在企业所得税税前扣除。建议老股东可以在股权转让协议中，明确约定老股东代目标公司偿债，是收购方收购目标公司的先决条件，这样可将该代偿债支出与股权转让收入相关联，定性为与老股东生产经营收入相关的支出。当目标公司最终无法偿还该款项，老股东确认形成损失时，股权转让协议中的相关内容就可作为老股东企业所得税税前扣除的有力依据。

（3）目标公司的税务风险及操作要点

承债式收购中，是否应当缴纳企业所得税是目标公司最主要的税务风险。对收购方或老股东拨款给目标公司用于偿还债务的问题应当如何进行税务处

理，税务机关在对目标公司进行纳税评估时，主要存在以下两种不同意见：[1]

①对此项债务清偿不应征收企业所得税

主要原因有以下四点：一是从会计核算原则上讲，“资本公积”科目允许包含来自原股东的拨入款项，“资本公积”是资本类科目，不应征税。二是原股东所拨款项实际是股本金，是增加注册资本之用，只是因为时间紧迫等原因尚未通过工商部门办理增资手续。因此，根据实质重于形式原则，并结合企业实际情况，应将所拨款项认定为资本金，不应征收企业所得税。三是新股东的拨款实际上是扣除应付给原股东的股权转让款部分，用来偿还债务。四是所收到的来自新、老股东的拨款均已用于偿还债务，进出金额基本一致，故不应征税。

②对此项债务清偿应当征收企业所得税

主要原因有以下三点：一是“债务的豁免”及“有关权益”的获得分别属于取得收入的货币形式和非货币形式。原股东承担目标公司债务，对目标公司而言，属于债务的豁免和有关权益的流入，应当计入收入征收企业所得税。二是从会计角度来看，资本公积主要包括资本溢价、接受捐赠、股权投资准备、拨款转入、外币资本折算差额、关联交易差价、其他资本公积等。从税法角度来讲，资本公积虽属于投入资本范畴，但并非不涉及企业所得税纳税义务，如接受捐赠就必须缴纳企业所得税，而拨款转入若不及时转增注册资本或股本，也面临着相应的纳税义务。三是由于目标公司将拨款记入资本公积，且有新股东加入，并有约定用于偿还债务，此拨款不需要再向股东偿还，因此属于税法规定的其他收入。

根据《企业会计准则解释第 5 号》第 6 条的规定，企业接受代为偿债、债务豁免或捐赠，按照企业会计准则规定符合确认条件的，通常应当确认为当期收益；但是，企业接受非控股股东（或非控股股东的子公司）直接或间接代为偿债、债务豁免或捐赠，经济实质表明属于非控股股东对企业的资本性投入，应当将相关利得计入所有者权益（资本公积）。前者为当期收益，后者为资本

1　刘天永：《承债式收购中会遇到哪些涉税风险》，载《财会信报》2017 年第 28 期。

性投入，计税标准有重大差异。对此问题的判断应遵循实质重于形式原则，按照经济实质判断是对目标公司的捐赠还是资本性投入。从经济实质来看，原股东替目标公司清偿债务是为了厘清目标公司的债务关系，便于进行股权交易。同时，捐赠具有无偿性，而原股东的偿债行为并非是真正的“无偿”，其偿还债务的支出通过新股东“债务清偿 + 股权转让款”予以弥补。因此，原股东拨付给目标公司用于偿债的款项属于资本性投入，属于原股东的再投资行为，应当计入资本公积。

综上所述，对于实务中存在的上述两种不同观点，在目标公司接受代为偿债是否需确认为收益、缴纳企业所得税的问题上，税务机关的争议主要来自法律定性的模糊。如果原股东在拨付偿债资金时办理股权变更登记手续，从法律上将投入的资金定性为资本性支出，就可以避免相关争议。此外，可以在合同中明确约定由原股东接替的债务范围和金额大小，即使在签订合同时不能明确偿债金额的大小，也应当通过规范的会计分录和会计摘要注明所清偿债务与股权转让的相关性，以便在日后计算投资收益的金额大小时正确地确认股权投资成本的金额。最后，老股东和目标公司应当保留好股权转让的原始凭证，包括股权转让协议、债务清偿说明、付款凭证、债权人书面确认材料等，以便税务机关在进行判断时准确确定投资收益的金额大小。

【案例 8-4】

深圳市益峰源实业有限公司与深圳市地方税务局稽查局税务行政处罚纠纷案[1]

【案情简介】

原告：深圳市益峰源实业有限公司，住所深圳市罗湖区翠竹路高标大厦

1 案例信息来源：https://susong.tianyancha.com/aa97a09637f211e8b0207cd30ae00c08，最后访问日期：2020 年 7 月 5 日。

702，组织机构代码 74123805-9。

被告：深圳市地方税务局稽查局，住所广东省深圳市福田区福田路 26 号，组织机构代码 00754353-4。

2009 年 1 月 9 日，原告与上市公司贵州国创能源控股（集团）股份有限公司（原“重庆四维控股集团股份有限公司”，股票代码为 600145，以下简称 ST 国创能源或四维控股）的第一大股东青海中金创业投资有限公司（以下简称中金创业）签订《协议书》，约定按照各自持有四维控股的股票比例分担该公司人民币 3.99 亿元潜在亏损；

2009 年 5 月，原告与重庆轻纺控股（集团）公司（以下简称重庆轻纺）签订《股份转让之协议书》，拟受让其持有的四维控股全部股份，即 71,523,077 股限售流通股股票；

2009 年 12 月 28 日，原告与重庆轻纺签订《关于股权过户有关事宜的协议书》并支付全部价款，共涉及四维控股 71,523,077 股限售流通股股票，公告转让价格为每股人民币 4.5 元，公告股票转让款共计人民币 321,853,846.5 元；

2011 年 6 月 29 日，原告持有的四维控股限售流通股股票开始解禁上市流通；

2011 年 8 月到 9 月，原告分多次卖出所受让的四维控股股票，累计 58,520,177 股，取得股票买卖差价收入人民币 231,861,466.77 元。

2012 年 7 月，被告向原告发出《税务检查通知书》《税务事项通知书》等，要求原告配合税务调查。经调查后，被告于 2012 年 8 月 29 日发出《税务事项通知书》（深地税稽事通〔2012〕3005 号），要求原告在 2012 年 9 月 5 日之前申报缴纳营业税款。原告未缴纳。

2013 年 4 月 26 日，被告作出《税务行政处罚告知书》，告知原告因 2011 年度取得买卖股票差价收入人民币 231,861,466.77 元未及时申报营业税等，被告拟对其作出罚款合计人民币 12,404,588.47 元；该告知书于 2013 年 5 月 9 日送达原告。

2013 年 5 月 16 日，被告向原告送达了《税务行政处罚听证通知书》，并于 2013 年 5 月 24 日举行了听证程序。

2013 年 7 月 1 日，被告作出深地税稽处〔2013〕613 号《税务处理决定书》，认定原告 2011 年度取得买卖股票价差收入人民币 231,861,466.77 元，应申报缴纳金融业营业税人民币 11,593,073.34 元、城市维护建设税人民币 811,515.13 元、教育费附加人民币 347,792.20 元、地方教育费附加人民币 231,861.47 元，原告未依法申报。根据相关规定，原告应补税款人民币 12,404,588.47 元、教育费附加人民币 347,792.20 元、地方教育费附加人民币 231,861.47 元、滞纳金人民币 2,419,106.94 元，合计人民币 15,403,349.08 元。同日，被告作出深地税稽罚〔2013〕612 号《税务行政处罚决定书》，认定原告存在上述未依法申报税费的行为，根据《中华人民共和国税收征收管理法》第 63 条第 1 款的规定，对原告处以少缴税款 1 倍的罚款分别为人民币 11,593,073.34 元、人民币 811,515.13 元。上述决定书被告进行了公告送达。

原告收到上述处罚决定书后不服，于 2013 年 11 月 7 日向深圳市地方税务局申请行政复议。深圳市地方税务局于 2014 年 1 月 21 日作出深地税复决字〔2014〕1 号《深圳市地方税务局复议决定书》，维持被告上述税务行政处罚行为。原告仍不服，遂诉至法院。

另查明，原告称其于 2009 年 1 月 9 日与上市公司贵州国创能源控股（集团）股份有限公司（原重庆四维控股集团股份有限公司，股票代码为 600145，以下简称国创能源公司）的第一大股东青海中金创业投资有限公司签订《协议书》，约定按照各自持有四维控股的股票比例分担该公司人民币 3.99 亿元潜在亏损；原告为此向国创能源公司注入填实资产人民币 195,825,000 元。2009 年 5 月，原告与重庆轻纺控股（集团）公司（以下简称重庆轻纺）签订《股份转让之协议书》，拟受让其持有的四维控股全部股份，即71,523,077股限售流通股股票；2009年12月28日，原告与重庆轻纺签订《关于股权过户有关事宜的协议书》并支付全部价款，共涉及四维控股71,523,077股限售流通股股票，公告转让价格为每股人民币4.5元，公告股票转让款共计人民币321,853,846.5元；2011年6月29日，原告持有的四维控股限售流通股股票开始解禁上市流通；2011年8月到9月，原告分多次卖出所受让的四维控股股票，累计58,520,177股，取得股票买卖差价收入人民币231,861,466.77元。原告、被告双方庭审时确认上述事实。

【法院意见】

本院认为，本案原告、被告对原告购买股票的事实、数量及其于2011年度取得买卖股票差价收入人民币231,861,466.77元的事实均没有异议。

《营业税暂行条例》第5条第（4）项规定，金融商品买卖以卖出价减去买入价的余额为营业额。国家税务总局《关于印发〈金融保险业营业税申报管理办法〉的通知》（国税发〔2002〕9号）第7条和第14条第1款规定，股票转让属于金融商品转让，因股票转让所产生的营业额为买卖股票的价差收入，即营业额 = 卖出价 − 买入价，其中股票买入价是指购进原价，不得包括购进股票过程中支付的各种费用和税金。《税收征收管理法》第63条第1款规定："纳税人伪造、变造、隐匿、擅自销毁账簿、记账凭证，或者在账簿上多列支出或者不列、少列收入，或者经税务机关通知申报而拒不申报或者进行虚假的纳税申报，不缴或者少缴应纳税款的，是偷税。对纳税人偷税的，由税务机关追缴其不缴或少缴的税款、滞纳金，并处不缴或者少缴的税款百分之五十以上五倍以下的罚款。"

在本案中，根据庭审调查可以确认原告与重庆轻纺公司之间存在转让股票的行为（属于金融商品买卖），并于2011年度取得买卖股票差价收入人民币

231,861,466.77 元未及时申报营业税的事实，根据上述法律、法规规定，原告买卖股票差价收入人民币 231,861,466.77 元应申报缴纳金融业营业税人民币 11,593,073.34 元、城市维护建设税人民币 811,515.13 元、教育费附加人民币 347,792.20 元、地方教育费附加人民币 231,861.47 元。故被告为此对原告作出的深地税稽罚［2013］612 号《税务行政处罚决定书》，要求原告应补缴上述税款并在法律规定的幅度内处以罚款并无不妥或不当。

至于原告所主张的其实际支付填实国创能源公司人民币 195,825,000 元应计入其向重庆轻纺公司购买股票的成本、被告处罚决定没有法律依据及不符合会计准则等诉讼理由。由于股票受让与填实亏损属于两个独立的法律行为，涉及不同的民事主体，民事主体之间的权利、义务可以互相承认或免除，但其依法应向国家履行纳税的义务不能因其有“约定”而获得免除。此外，对行政机关而言，对股票交易进行征税计算并不需要考虑其相关行为及成本。《营业税暂行条例实施细则》第 18 条第 1 款规定，股票买卖行为属于营业税的征税范围；同时，金融商品买卖业务，以卖出价减去买入价后的余额作为营业额，不考虑价外费用等其他（隐性 / 附随）成本。是故，原告以此为由，不向被告申报纳税缺乏法律依据，且在计税中对其支付填实“国创能源”公司人民币 195,825,000 元予以扣除的计税方法也不符合会计准则。故原告上述诉讼理由不成立。

综上所述，本院认为被告作出的深地税稽罚［2013］612 号《税务行政处罚决定书》认定事实清楚，适用法律、法规正确，符合法定程序，本院予以维持。原告的诉讼理由不成立，其请求本院不予支持，依法应予以驳回。依据最高人民法院《关于执行〈中华人民共和国行政诉讼法〉若干问题的解释》第 56 条第（4）项的规定，判决如下：

驳回原告深圳市益峰源实业有限公司的诉讼请求。

本案案件受理费 50 元，由原告负担（原告已预交）。

【案件评析】

本案件发生于营业税改征增值税之前，但案件的裁判思路，对于承债式并购中收购方的纳税风险管控仍有一定的借鉴意义。

1. 双方争议的焦点是，原告作为股权收购方，所注入国创能源公司的填实潜在亏损的资金人民币 195,825,000 元是否应计入其向重庆轻纺公司购买股票的成本，从而降低其应纳税所得额。这是承债式收购中，收购方经常会面临的问题。

2. 承债式收购涉及两种法律关系：股权转让法律关系、债权债务法律关系，两种法律关系的权利义务内容不同，不能混淆。本案中，股票受让与填实亏损属于两个独立的法律行为，涉及不同的民事主体。在承债式并购中，民事主体之间的权利、义务虽然可以互相承认或免除，但应当事先通过规范的会计分录和会计摘要注明所清偿债务与股权转让的相关性，以便在日后计算投资收益的金额大小时正确地确认股权投资成本的金额。同时，收购方要保留好股权转让的原始凭证，包括股权转让协议、债务清偿说明、付款凭证、债权人书面确认材料等，以便税务机关在进行判断时，可以借此协助说明投资收益的金额大小。通过这些方式将两种法律关系进行强关联，可以增加被税务机关认可的可能性。

3. 本案中的税务机关认为，依法应向国家履行纳税的义务不能因当事人有“约定”而获得免除。这也从另一方面证明了收购方与相关交易各方的准备工作不是十分充分。如果收购方填实目标公司潜在亏损的资金，能够采取资本化处理，作为投资款项进入目标公司，可能就会避免税务稽查的麻烦。但是如此以来将会导致公司注册资本大幅度上升，对公司股价、每股收益、市值管理等方面会带来挑战。所以，税收筹划是一方面，最后还需要从商业角度统筹考虑是否进行筹划，以及具体的细节如何处理。

4. 资产置换

资产置换是以物易物的交易，是并购方用土地使用权、房屋建筑物、机器设备、知识产权、存货等资产中的一种或几种与被并购方的交换。如第七章“7.2.4 资产置换”所述，这也是资本运作中很重要的一种支付形式。在这种支付方式中，并购方既是资产的购买者，又是资产的出让者，同样，被并购方既是资产的出让者，又是资产的购买者。因此，无论是并购方还是被并购方，作为资产的购买者，需要对购买的资产进行会计确认，作为资产的出让者，也需要对出让资产进行损益确认。

（1）增值税及其附加税

资产置换中，交易双方都会涉及增值税，因资产的构成不同，其所适用的增值税税率也不同。这种情况下，双方都将被视为销售资产，都需要给对方开具增值税发票，都会增加销项税。财政部、国家税务总局于 2016 年 3 月 23 日发布的《关于全面推开营业税改征增值税试点的通知》（财税〔2016〕36 号）的附件 2《营业税改征增值税试点有关事项的规定》“一、（二）5”之规定，在资产重组过程中，通过合并、分立、出售、置换等方式，将全部或者部分实物资产以及与其相关联的债权、负债和劳动力一并转让给其他单位和个人，其中涉及的不动产、土地使用权转让行为，不征收增值税。在资产置换中，可以依据该规定，选择合适的一方为被并购方，享受不征收增值税的优惠待遇。如果有一方享受了免征增值税的优惠政策，该方就不会发生附加税的纳税义务。双方可以就此协商具体的操作方式和路径，并在交易条件中予以体现。

（2）土地增值税

资产置换时，如果一方或者双方的资产中包含土地使用权或房屋建筑物，就会涉及土地增值税。换出土地使用权和房屋建筑物的一方或者双方会被认定为转让土地使用权和房屋建筑物，被征缴土地增值税。但是根据财政部、国家税务总局《关于继续实施企业改制重组有关土地增值税政策的通知》（财税〔2018〕57 号）的规定，对符合规定的公司重组，土地使用权和房屋建筑物的转移暂不征收土地增值税。所以，资产置换中，如果有一方符合重组条件，可以享受土地增值税的优惠政策。

（3）契税及印花税

资产置换时，如果有一方或者两方换入的资产中包含土地使用权和房屋建筑物，该一方或者两方就会发生契税的纳税义务。并且，交易双方会因书立合同、办理证照等发生印花税的纳税义务。

（4）所得税

资产置换交易中，双方都会被认定为资产的购买者和资产的出让者，都需要按照公允价值对购入资产进行初始成本的会计确认，同时，对出让资产也要进行损益的会计确认，而且没有所得税优惠政策。不过，需要注意的是，在一般的买卖交易中，卖方都会争取将自己的资产卖一个好价钱，而在以物易物的资产置换交易中，如果交易标的已经确定，最好都趋低作价，至少不要高作价，这样不仅双方实际获得的利益没有减少，双方的纳税负担也会降低。

5. 资产支付

这里说的资产支付，是指以土地使用权、房产、货物、知识产权等作为支付手段，以获取股权的一种交易形式。与资产置换不同，资产置换是资产换资产，资产支付是资产换股权。实质上，资产支付与“8.1.1　股权投资”部分所述的以资产进行出资是一样的，涉及的相关税收种类也完全相同，这里就不再赘述了。

8.1.3　所得税有关事项总结

从上面的讨论可以看出，在各种应交税种中，所得税是对交易影响最大的一种税，不仅会影响到交易的路径设计，也会影响到投资人的最终受益。鉴于所得税的重要性，除了对上述已经涉及的所得税进行描述以外，这里再对所得税进行归类总结。根据投资主体的性质，投资人可以分为公司投资人和自然人投资人两个类别，其各自适用的所得税优惠政策也有很大差别。由于涉及的文件数量庞杂，为了便于记忆和理解，下面筛选其中重要的文件进行分类总结。

1. 公司作为投资人

在公司作为投资人的情况下，涉及的所得税优惠政策主要如下：

（1）《关于企业重组业务企业所得税处理若干问题的通知》（财税〔2009〕59 号）。该文件的亮点是递延了收购方的全部纳税义务。

（2）《企业重组业务企业所得税管理办法》（国家税务总局公告 2010 年第 4 号）。该文件虽然部分条款已失效，但仍是 59 号文件落地实施的有力支持。

（3）《关于非货币性资产投资企业所得税政策问题的通知》（财税〔2014〕116 号）。该文件的亮点是允许融资公司直接按照出资资产的公允价值对获取的资产进行会计确认，并按此进行成本摊销，但递延的纳税期间只有 5 年，优惠力度不及 59 号文。

（4）《关于资产（股权）划转企业所得税征管问题的公告》（国家税务总局公告 2015 年第 40 号）。该文件对于纳税的递延效果与 59 号文一样，但遗憾的是适用范围太小，仅限于 100% 直接控制的居民企业之间，以及受同一或相同多家居民企业 100% 直接控制的居民企业之间按账面净值划转股权或资产。

（5）《关于企业重组业务企业所得税征收管理若干问题的公告》（国家税务总局公告 2015 年第 48 号）；该文件明确了适用 59 号文进行特殊性税务处理时，提供判断“合理的商业目的”的明确标准。

（6）《关于完善股权激励和技术入股有关所得税政策的通知》（财税〔2016〕101 号）。该文件的最大亮点在于出资方可以享受原值划转一样的待遇，不需要确认因技术成果出资产生的收益，而融资方可以按照出资技术成果的公允价值对技术成果进行会计确认，并按此进行成本摊销。

2. 自然人作为投资人

在公司作为投资人的情况下，涉及的所得税优惠政策主要如下：

（1）《关于个人转让股票所得继续暂免征收个人所得税的通知》（财税〔1998〕61 号）。

（2）《股权转让所得个人所得税管理办法（试行）》（国家税务总局公告 2014 年第 67 号）。

（3）财政部、国家税务总局《关于个人非货币性资产投资有关个人所得税政策的通知》（财税〔2015〕41 号）。

（4）《关于完善股权激励和技术入股有关所得税政策的通知》（财税〔2016〕101 号）。

（5）财政部及国家税务总局《关于创业投资企业和天使投资个人有关税收政策的通知》（财税〔2018〕55 号）。

（6）《关于个人转让全国中小企业股份转让系统挂牌公司股票有关个人所得税政策的通知》（财税〔2018〕137 号）。

因前文对个人所得税优惠政策的描述较少，这里结合上述文件的规定，将这些法规文件的核心要点归纳如下：

第一，自然人股权转让的情形。

个人将股权转让给其他个人或法人的行为，包括以下情形：

➢ 出售股权；

➢ 公司回购股权；

➢ 发行人首次公开发行新股时，被投资企业股东将其持有的股份以公开发行方式一并向投资者发售；

➢ 股权被司法或行政机关强制过户；

➢ 以股权对外投资或进行其他非货币性交易；

➢ 以股权抵偿债务；

➢ 其他股权转移行为。

第二，所得税的计算和缴纳方式。

个人转让股权，以股权转让收入减除股权原值和合理费用后的余额为应纳税所得额，按“财产转让所得”适用 20% 的税率计算缴纳个人所得税。合理费用是指股权转让时按照规定支付的有关税费。

个人股权转让所得个人所得税，以股权转让方为纳税人，以受让方为扣缴义务人。扣缴义务人应于股权转让相关协议签订后 5 个工作日内，将股权转让的有关情况报告主管税务机关，履行代扣代缴义务。

第三，股权原值的确认。

个人转让股权的原值依照以下方法确认：

➢ 以现金出资方式取得的股权，按照实际支付的价款与取得股权直接相关的合理税费之和确认股权原值；

➢ 以非货币性资产出资方式取得的股权，按照税务机关认可或核定的投资入股时非货币性资产价格与取得股权直接相关的合理税费之和确认股权原值；

➢ 通过无偿让渡方式取得股权，具备《股权转让所得个人所得税管理办法（试行）》第 13 条第（2）项所列情形的，按取得股权发生的合理税费与原持有人的股权原值之和确认股权原值；

➢ 被投资企业以资本公积、盈余公积、未分配利润转增股本，个人股东已依法缴纳个人所得税的，以转增额和相关税费之和确认其新转增股本的股权原值；

➢ 除以上情形外，由主管税务机关按照避免重复征收个人所得税的原则合理确认股权原值。

个人转让股权未提供完整、准确的股权原值凭证，不能正确计算股权原值的，由主管税务机关核定其股权原值。对个人多次取得同一被投资企业股权的，转让部分股权时，采用“加权平均法”确定其股权原值。

第四，股权转让收入的确认与调整。

股权转让收入是指转让方因股权转让而获得的现金、实物、有价证券和其他形式的经济利益，诸如违约金、补偿金以及其他名目的款项、资产、权益等，均应当并入股权转让收入。

在申报的股权转让收入明显偏低且无正当理由、预期办理纳税申报且拒不改正以及转让方无法提供或拒不提供股权转让收入的有关资料的情况下，可能导致税务机关直接进行核定股权转让收入，并相应征税。

股权转让收入明显偏低是指以下情形：

➢ 申报的股权转让收入低于股权对应的净资产份额的。其中，被投资企业拥有土地使用权、房屋、房地产企业未销售房产、知识产权、探矿权、采矿权、股权等资产的，申报的股权转让收入低于股权对应的净资产公允价值份额的；

➢ 申报的股权转让收入低于初始投资成本或低于取得该股权所支付的价款及相关税费的；

➢ 申报的股权转让收入低于相同或类似条件下同一企业同一股东或其他股东股权转让收入的；

➢ 申报的股权转让收入低于相同或类似条件下同类行业的企业股权转让收入的；

➢ 不具合理性的无偿让渡股权或股份；

➢ 主管税务机关认定的其他情形。

在实际操作中，如果的确出现股权作价偏低，但能够证明具有正当理由的，也能够获得主管税务机关的认可。符合下列条件之一的股权转让收入明显偏低的，可以视为有正当理由：

➢ 能出具有效文件，证明被投资企业因国家政策调整，生产经营受到重大影响，导致低价转让股权；

➢ 继承或将股权转让给其能提供具有法律效力身份关系证明的配偶、父母、子女、祖父母、外祖父母、孙子女、外孙子女、兄弟姐妹以及对转让人承担直接抚养或者赡养义务的抚养人或者赡养人；

➢ 相关法律、政府文件或企业章程规定，并有相关资料充分证明转让价格合理且真实的本企业员工持有的不能对外转让股权的内部转让；

➢ 股权转让双方能够提供有效证据证明其合理性的其他合理情形。

如果出现股权作价偏低，但不能够证明具有正当理由的，主管税务机关应依次按照下列方法核定股权转让收入：

①净资产核定法

股权转让收入按照每股净资产或股权对应的净资产份额核定。被投资企业的土地使用权、房屋、房地产企业未销售房产、知识产权、探矿权、采矿权、股权等资产占企业总资产比例超过 20% 的，主管税务机关可参照纳税人提供的具有法定资质的中介机构出具的资产评估报告核定股权转让收入。6 个月内再次发生股权转让且被投资企业净资产未发生重大变化的，主管税务机关可参照上一次股权转让时被投资企业的资产评估报告核定此次股权转让收入。

②类比法

参照相同或类似条件下同一企业同一股东或其他股东股权转让收入核定；或者参照相同或类似条件下同类行业企业股权转让收入核定。

③其他合理方法

主管税务机关采用以上方法核定股权转让收入存在困难的，可以采取其他合理方法核定。

第五，个人所得税的优惠。

在个人转让股权和非货币出资方面，个人享受的税收优惠主要如下：

➢ 个人从发行市场或者证券交易所购买的股票出让获取的所得至今仍不征收个人所得税。

➢ 个人转让上市公司非限售股股票和新三板挂牌公司非原始股股票目前不征收个人所得税。

➢ 个人非货币资产出资需要视同转让确认应税所得，可以分五年纳税。如果有出资差价，纳税人应当首先以出资差价缴税，剩余的税款仍可以分五年缴纳。

➢ 个人以技术成果投资入股到境内居民企业，被投资企业支付的对价全部为股票（权）的，企业或个人可选择继续按现行有关税收政策执行，也可选择适用递延纳税优惠政策。选择技术成果投资入股递延纳税政策的，经向主管税务机关备案，投资入股当期可暂不纳税，允许递延至转让股权时，按股权转让收入减去技术成果原值和合理税费后的差额计算缴纳所得税。

➤ 天使投资个人采取股权投资方式直接投资于初创科技型企业满 2 年的，可以按照投资额的 70% 抵扣转让该初创科技型企业股权取得的应纳税所得额；当期不足抵扣的，可以在以后取得转让该初创科技型企业股权的应纳税所得额时结转抵扣。天使投资个人投资多个初创科技型企业的，对其中办理注销清算的初创科技型企业，天使投资个人对其投资额的 70% 尚未抵扣完的，可自注销清算之日起 36 个月内抵扣天使投资个人转让其他初创科技型企业股权取得的应纳税所得额。

【案例 8-5】

利用个人所得税率和企业所得税率的差异节税案例[1]

【案情简介】

甲公司对一综合性企业集团（乙公司）持有的五家乳制品企业的股权进行并购。该综合性企业集团由 10 名自然人股东组成，除持有五家乳制品公司各 60% 的股权外，还持有化工、制药、建筑等企业的股权。该企业集团资产负债表的基本信息为：货币资金 500 万元；固定资产 3500 万元；长期投资 4 亿元（其中五家乳制品公司 2 亿元）；应收账款 1 亿元；实收资本 2 亿元；资本公积 2.5 亿元；未分配利润 9000 万元。

最初双方商定，由甲公司与乙公司订立股权转让协议，购买乙公司持有的五家乳制品公司各 60% 的股权，股权转让价格为 26 亿元。

交易方案初步确定后，乙公司进行税务策划，提出乙公司先分立后交易的节税方案，并对两个方案的税收负担进行了比较。

第一方案：乙公司转让股权总收入 26 亿元，扣除计税成本 2 亿元，应税所得额为 24 亿元，需要缴纳企业所得税 6 亿元（24 × 25%），不计应当提取

1 案例信息来源：张远堂：《资本之税 2：投资并购重组节税策划》，法律出版社 2020 年版，第 105 页。

的盈余公积金，股东可分配利润 18 亿元（24 － 6）；股东分配 18 亿元利润需缴纳 3.6 亿元的个人所得税（18 × 20%），股东实得 14.4 亿元（18 － 3.6）。

第二方案：首先将乙公司分立为丙公司和丁公司，两个公司的股东和所持的股份比例与乙公司相同。丙公司注册资本 1 亿元，资本公积 1 亿元，分得长期投资资产 2 亿元（对五家乳制品公司的股权）。丁公司注册资本 1 亿元，资本公积 1.5 亿元，未分配利润 9000 万元，分得货币资金 500 万元，固定资产 3500 万元，长期投资 2 亿元（对乳制品以外公司的股权），应收账款 1 亿元。

然后由甲公司与丙公司的 10 名自然人股东订立股权转让协议，购买其持有的丙公司的全部股权，股权转让价格仍为 26 亿元，甲公司仍然可以取得对五家乳制品公司的控制权。但交易的税收成本却大大降低，股权出让方的实际收入也大大提高，具体情况如下：甲公司向丙公司的 10 名自然人股东支付股权转让价款 26 亿元，扣除股东出资额 1 亿元，股东转让股权所得合计为 25 亿元，缴纳个人所得税 5 亿元（25 × 20%），股东实得 21 亿元（26 － 5）。

鉴于第二方案可以为乙公司股东节约大量税收，且分立的成本很小（同一控制人下的企业不需要支付对价的分立，无须确认分立的所得和损失），乙公司主张变原来的第一方案为第二方案。甲公司经过分析第二方案，认为第二方案虽对自己无重大不利，但存在两个问题：（1）股权并购后需要将丙公司持有的五家乳制品公司的股权转至自己的名下，然后对丙公司进行清算，会发生一定的费用；（2）根据分立后的公司对分立前公司的债务承担连带责任的法律规定，会增加自己的风险。后经双方协商，乙公司股东同意在股权转让价格上给予甲公司一定的优惠，以弥补第二方案对甲公司的不利。随后双方按照第二方案签署了附条件生效的股权转让协议，协议签订后乙公司进行分立操作。乙公司分立完成后，股权转让协议生效，双方顺利实施了第二个股权并购方案。

【案件评析】

通过以上案例可以看出：

股权并购中，交易各方除所得税外并无其他主要税收负担。但是根据现行税法，个人所得税率低于企业所得税率，而且，由企业对外转股后再将其所得分配给个人股东，不仅需要缴纳 25% 企业所得税，还需要缴纳 20% 的个人所得税，实际税率是个人直接转让股权所得税率的 2 倍（40%）。因此，在特定情况下，通过公司重组，变企业转让股权为企业股东（自然人）直接转让股权，可以达到合法节税的效果。本案中第二方案与第一方案相比，交易标的相同，甲公司并购成本相同，但乙公司的股东少缴所得税 4.6 亿元。

税务筹划不是一厢情愿的事情，需要双方的配合。尤其是通过改变交易路径后，如果给相对方带来新的风险，就需要双方共同承担风险成本，只要这种风险成本能够被节约的税收费用所覆盖，通过进行利益的重新安排，在商业上仍然是可行的。但是，需要注意的是，此种规划必须以符合法律法规、不突破税法底线为原则，否则将给各方增加额外风险。

股权并购和投资中的税务筹划，不仅仅需要把税收优惠政策用准、用足，还需要在现有税法框架内，合理利用不同交易主体的税率差异（如企业 - 个人、居民企业 - 非居民企业等）、免税差异（企业分红免税、特定情形的个人免税等）等，进行合理的节税筹划，并非只有税收优惠政策才能带来节税效果，本案例进行的税务筹划就是利用的这个基本原理。

8.2 股权内部交易的税收实务问题

本书第一章将股权内部交易设定为公司内部重组（主要涵盖了合并、分立、减资和清算四个场景）以及股权激励两个内部场景，本部分对税务问题的探讨也是基于这两个场景展开。从下面的讨论中可以看到，对于符合条件的内部重组，很多税是递延或免除的。这是因为，从税法原理上分析，给予符合条件的企业重组业务递延纳税 / 免税是因为这类交易虽然在法律形式上会产生资产 / 股权的所有权变化，符合征税的构成要件，但往往缺乏现金流，从经济实质观察，交易前后没有改变，有别于正常的交易。如果对其进行征税，有违税收中性，也会阻碍企业通过重组的方式优化组织和业务结构。另外，在股权激励时，也会涉及被激励对象的税务成本及其缴纳，税务成本如果过高，也将会显著降低激励效果。合理的税务筹划对于保证股权激励的吸引力具有十分重要的作用。

8.2.1 合并

根据财政部、国家税务总局《关于企业重组业务企业所得税处理若干问题的通知》（财税〔2009〕第59号）的规定，公司合并是指一家或多家公司（以下称为被合并公司）将其全部资产和负债转让给另一家现存或新设公司（以下称为合并公司），被合并公司股东换取合并公司的股权或非股权支付，实现两个或两个以上公司的依法合并。公司合并是公司重组的一种重要方式，包括新设合并和吸收合并等形式，都会经常用于集团内部的重组，以及某些特定情形下的股权并购。公司合并过程中最主要的是两个核心问题：合并双方的股权估值、交易股东的持股分配。当然，伴随交易始终的还有税务问题。

从总体上看，公司合并中的交易各方主要涉及增值税及其附加税、土地增值税、契税、印花税和所得税。

1. 增值税及其附加税

公司合并过程中，将会涉及土地使用权、房屋建筑物、机器设备、存货资产等转移到存续公司或者新设公司，此过程一般会被认为视同销售，需要缴纳增值税。根据2011年2月18日国家税务总局发布的《关于纳税人资产重组有关增值税问题的公告》（国家税务总局公告2011年第13号）规定，纳税人在资产重组过程中，通过合并将全部或者部分实物资产以及与其相关联的债权、负债和劳动力一并转让给其他单位和个人，不属于增值税的征税范围，其中涉及的货物转让，不征收增值税。根据2013年11月19日国家税务总局发布的《关于纳税人资产重组有关增值税问题的公告》（国家税务总局公告2013年第 66 号）规定，纳税人在资产重组过程中，通过合并将全部或者部分实物资产以及与其相关联的债权、负债经多次转让后，最终的受让方与劳动力接收方为同一单位和个人的，仍适用《关于纳税人资产重组有关增值税问题的公告》（国家税务总局公告 2011 年第 13 号）的相关规定，其中货物的多次转让行为均不征收增值税。资产的出让方需将资产重组方案等文件资料报其主管税务机关。由此可见，在公司合并过程中，涉及的相关资产转移，目前不征收增值税，当然，相应的附加税也就不再征收。

2. 土地增值税

根据 2018 年 5 月 16 日财政部、国家税务总局发布的《关于继续实施企业改制重组有关土地增值税政策的通知》（财税〔2018〕57 号）第 2 条规定，两个或两个以上企业合并为一个企业，且原企业投资主体存续的，对原企业将房地产转移、变更到合并后的企业，暂不征土地增值税。该文件的有效期为 2018 年 1 月 1 日至 2020 年 12 月 31 日，但是根据企业重组的交易实质及现金流情况判断，文件到期后可能将会继续延续，以促进资产的优化配置和重组。

3. 契税

根据 2018 年 3 月 2 日财政部、国家税务总局发布的《关于继续支持企业事业单位改制重组有关契税政策的通知》（财税〔2018〕17 号）第 3 条规定，两个或两个以上的公司，依照法律规定、合同约定，合并为一个公司，且原投资主体存续的，对合并后公司承受原合并各方土地、房屋权属，免征契税。第 10 条规定，本通知所称投资主体存续，是指原企业、事业单位的出资人必须存在于改制重组后的企业，出资人的出资比例可以发生变动；投资主体相同，是指公司分立前后出资人不发生变动，出资人的出资比例可以发生变动。该文件的有效期为 2018 年 1 月 1 日至 2020 年 12 月 31 日，但是根据企业重组的交易实质及现金流情况判断，文件到期后可能将会继续延续，以促进资产的优化配置和重组。

4. 印花税

根据 2003 年 12 月 8 日财政部、国家税务总局发布的《关于企业改制过程中有关印花税政策的通知》（财税〔2003〕183 号）第 1 条规定，以合并方式成立的新企业，其新启用的资金账簿记载的资金，凡原已贴花的部分可不再贴花，未贴花的部分和以后新增加的资金按规定贴花。第 2 条规定，企业改制前签订但尚未履行完的各类应税合同，改制后需要变更执行主体的，对仅改变执行主体、其余条款未作变动且改制前已贴花的，不再贴花。第 3 条规定，企业因改制签订的产权转移书据免予贴花。可见，公司内部重组时进行合并的，也无须缴纳印花税。

5. 所得税

根据 59 号文的规定，企业合并的所得税处理区分不同条件分别适用一般性税务处理规定和特殊性税务处理。企业合并凡不符合适用特殊性税务处理条件的，一律适用一般性所得税处理。

（1）公司合并企业所得税的一般性处理规则

➢ 合并企业应按公允价值确定接受被合并企业各项资产和负债的计税基础；

➢ 被合并企业及其股东都应按清算进行所得税处理；

➢ 被合并企业的亏损不得在合并企业结转弥补。

（2）公司合并企业所得税的特殊性处理规则

➢ 合并企业接受被合并企业资产和负债的计税基础，以被合并企业的原有计税基础确定；

➢ 被合并企业合并前的相关所得税事项由合并企业承继；

➢ 可由合并企业弥补的被合并企业亏损的限额 = 被合并企业净资产公允价值 × 截至合并业务发生当年年末国家发行的最长期限的国债利率；

➢ 被合并企业股东取得合并企业股权的计税基础，以其原持有的被合并企业股权的计税基础确定。

（3）特殊性处理规则的适用条件

股东在企业合并发生时要达到适用特殊性税务处理的目的，就必须要满足 59 号文规定的各项重组条件，包括合理的商业目的、支付比例、持有期限等，具体可参见前述“8.1.2　股权并购”2（3）的描述。需要补充的是，同一控制下且不需要支付对价的企业合并，也可以使用特殊性税务处理。

有关所得税特殊性税务处理的其他规定，以及非股权支付部分的一般性税务处理，与“8.1.2　股权并购”部分的所得税处理方法一致，这里就不再赘述了。

（4）未弥补亏损的结转弥补

需要注意的是，根据 59 号文规定，采用一般性税务处理的公司合并，或者没有选择特殊性税务处理的公司合并，解散公司的亏损一律不得由结转合并后的公司进行弥补。选择特殊性税务处理的公司合并，合并后的公司可以在税法规定的年限内对解散公司的亏损在税法规定的年限内税前弥补，但是弥补的份额受到严格的限制，即在税法规定的可税前弥补的年限内，每年“可由合并公司弥补的被合并公司亏损的限额 = 被合并公司净资产公允价值 × 截至合并业务发生当年年末国家发行的最长期限的国债利率”。

8.2.2　分立

根据 59 号文的规定，公司分立是指一家企业（以下称为被分立企业）将部分或全部资产分离转让给现存或新设的企业（以下称为分立企业），被分立企业股东换取分立企业的股权或非股权支付，实现企业的依法分立。

从总体上看，公司分立中的交易各方主要涉及增值税及其附加税、土地增值税、契税、印花税和所得税。

1. 增值税及其附加税

公司分立过程中，将会涉及土地使用权、房屋建筑物、机器设备、存货资产等转移到新设公司，此过程一般会被认为视同销售，需要缴纳增值税。根据2011年2月18日国家税务总局发布的《关于纳税人资产重组有关增值税问题的公告》（国家税务总局公告2011年第13号）规定，纳税人在资产重组过程中，通过分立将全部或者部分实物资产以及与其相关联的债权、负债和劳动力一并转让给其他单位和个人，不属于增值税的征税范围，其中涉及的货物转让，不征收增值税。根据2013年11月19日国家税务总局发布的《关于纳税人资产重组有关增值税问题的公告》（国家税务总局公告2013年第66号）规定，纳税人在资产重组过程中，通过分立将全部或者部分实物资产以及与其相关联的债权、负债经多次转让后，最终的受让方与劳动力接收方为同一单位和个人的，仍适用《关于纳税人资产重组有关增值税问题的公告》（国家税务总局公告2011年第13号）的相关规定，其中货物的多次转让行为均不征收增值税。资产的出让方需将资产重组方案等文件资料报其主管税务机关。由此可见，在公司分立过程中，涉及的相关资产转移，目前不征收增值税，当然，相应的附加税也就不再征收。

2. 土地增值税

根据2018年5月16日财政部、国家税务总局发布的《关于继续实施企业改制重组有关土地增值税政策的通知》（财税〔2018〕57号）（以下简称57号文）第3条规定，按照法律规定或者合同约定，企业分设为两个或两个以上与原企业投资主体相同的企业，对原企业将房地产转移、变更到分立后的企业，暂不征土地增值税。该文件的有效期为2018年1月1日至2020年12月31日，但是根据企业重组的交易实质及现金流情况判断，文件到期后可能将会继续延续，以促进资产的优化配置和重组。这里需要注意的是，公司分立适用57号文规定的土地增值税优惠政策时，一定要注意分立后的企业与被分立企业的投资主体必须相同，持股比例可以变化。

3. 契税

根据2018年3月2日财政部、国家税务总局发布的《关于继续支持企业事业单位改制重组有关契税政策的通知》（财税〔2018〕17号）第4条规定，公司依照法律规定、合同约定分立为两个或两个以上与原公司投资主体相同的公司，对分立后公司承受原公司土地、房屋权属，免征契税。该文件的有效期为2018年1月1日至2020年12月31日，但是根据企业重组的交易实质及现金流情况判断，文件到期后可能将会继续延续，以促进资产的优化配置和重组。

4. 印花税

根据2003年12月8日财政部、国家税务总局发布的《关于企业改制过程中有关印花税政策的通知》（财税〔2003〕183号）第1条规定，以分立方式成立的新企业，其新启用的资金账簿记载的资金，凡原已贴花的部分可不再贴花，未贴花的部分和以后新增加的资金按规定贴花。第2条规定，企业改制前签订但尚未履行完的各类应税合同，改制后需要变更执行主体的，对仅改变执行主体、其余条款未作变动且改制前已贴花的，不再贴花。第3条规定，企业因改制签订的产权转移书据免予贴花。可见，公司内部重组时进行分立的，也无须缴纳印花税。

5. 所得税

根据59号文的规定，企业分立的所得税处理区分不同条件分别适用一般性税务处理规定和特殊性税务处理。企业分立凡不符合适用特殊性税务处理条件的，一律适用一般性所得税处理。

（1）公司分立企业所得税的一般性处理规则

➢ 被分立企业对分立出去资产应按公允价值确认资产转让所得或损失；

➢ 分立企业应按公允价值确认接受资产的计税基础；

➢ 被分立企业继续存在时，其股东取得的对价应视同被分立企业分配进行处理；

➢ 被分立企业不再继续存在时，被分立企业及其股东都应按清算进行所得税处理；

➢ 企业分立相关企业的亏损不得相互结转弥补。

（2）公司分立企业所得税的特殊性处理规则

公司分立时，对其交易中的股权支付部分，满足规定条件的，可以按以下规定进行特殊性税务处理：

➢ 分立企业接受被分立企业资产和负债的计税基础，以被分立企业的原有计税基础确定。

➢ 被分立企业已分立出去资产相应的所得税事项由分立企业承继。

➢ 被分立企业未超过法定弥补期限的亏损额可按分立资产占全部资产的比例进行分配，由分立企业继续弥补。

➢ 被分立企业的股东取得分立企业的股权（以下简称新股），如需部分或全部放弃原持有的被分立企业的股权（以下简称旧股），新股的计税基础应以放弃旧股的计税基础确定。如不需放弃旧股，则其取得新股的计税基础可从以下两种方法中选择确定：直接将新股的计税基础确定为零；或者以被分立企业分立出去的净资产占被分立企业全部净资产的比例先调减原持有的旧股的计税基础，再将调减的计税基础平均分配到新股上。

有关所得税特殊性税务处理的其他规定，以及非股权支付部分的一般性税务处理，与“8.1.2　股权并购”部分的所得税处理方法一致，这里就不再赘述了。

（3）未弥补亏损的结转弥补

需要注意的是，如果公司分立适用一般性税务处理，被分立公司的亏损无论是税前弥补期限内的，还是超过税前弥补期限的都不得分割结转弥补；如果公司分立适用特殊性税务处理，被分立企业未超过法定弥补期限的亏损额可按分割资产占全部资产的比例进行分配，由分立新设企业在法定年限内继续税前弥补。

8.2.3 减资

减资是公司通过履行法定程序后，减少注册资本，免除股东的出资义务或者向股东返还出资财产的行为，也是公司重组的一种重要形式。减资过程中，比较难处理的是减资作价问题，作价金额的大小直接关乎股东的切身利益，也涉及相关税务成本和代价。

1. 减资的程序

减资是公司的重大事项，需要经过股东会 / 股东大会代表 2/3 以上表决权的股东通过才可以实施。一般来说，要经过以下程序：

（1）股东会 / 股东大会作出决议，其内容大致有：

➢ 减资后的公司注册资本；

➢ 减资后的股东权益、债权人利益的安排；

➢ 有关修改章程的事项；

➢ 股东出资及其比例的变化等。

（2）编制资产负债表及财产清单。

（3）通知或公告债权人。公司应当自作出减少注册资本决议之日起 10 日内通知债权人，并于 30 日内在报纸上公告。债权人自接到通知书之日起 30 日内，未接到通知书的自公告之日起 45 日内，有权要求公司清偿债务或者提供相应的担保。

（4）公告期满后，办理减资登记手续。自登记之日起，减资生效。

2. 减资的类型

在实务中，根据不同标准可以将公司减资区分为不同类型：

（1）依据是否向股东支付减资对价，可以分为名义减资和实际减资。所谓名义减资，是指公司减少自己的注册资本，但股东并不从公司取得减资对价的减资，比如通过减资程序消灭股东认缴尚未实缴的资本，名义性减资只核减公司账面上的资本总额，并不减少公司财产。所谓实际减资，是指公司减少自己的资本，股东从公司取得减资对价，公司财产也会减少。

（2）依据是否按照原持股比例进行等比例减资，可以分为交易性减资和非交易性减资。所谓交易性减资，是指公司股东不按照原股份比例减资或者仅有公司的个别股东减资，其他股东不减资，比如公司只有部分股东减资退出公司，其余仍保留在公司。所谓非交易性减资，是指公司的全体股东统一按照持股比例以相同的价格从公司减资，比如两个各持有公司 50% 股权的股东各减少对公司出资的一半，或者独资公司的股东从公司减资等。这里所说的“交易”，是指股东之间的交易，只有股东达成一致，减资才能顺利进行。

从减资公司的角度看，交易减资和非交易性减资都属于实际减资。交易性减资需要对公司进行评估协商作价，即确定公司的估值，根据公司估值来计算减资对价。非交易减资不需要签订减资协议，只要权力机构批准并履行法定通知公告程序就可以，而交易性减资不仅需要评估作价，经公司权力机构批准，履行通知公告义务，还需要订立减资协议。

3. 减资的税务相关问题

公司减资的税务问题，主要是因向股东支付减资对价形式的不同而产生的。一般来说，公司可以用来向股东支付减资对价的资产既包括货币财产，也包括房地产、股权和存货等非货币财产。其中涉及的税种、税收优惠等也有差别。

（1）货币支付减资对价

如果公司以货币方式支付减资对价，主要涉及减资股东的收益确认，如有所得额，个人要按照“财产转让所得”适用 20% 的税率就所得额计算缴纳个人所得税，法人要根据企业类型对应的税率就所得额计算缴纳企业所得税（考虑汇算清缴因素）。需要注意的是，两种纳税主体的“所得额”计算方式是不同的。

①个人股东的所得额计算方式

根据 2011 年 7 月 25 日国家税务总局发布的《关于个人终止投资经营收回款项征收个人所得税问题的公告》（国家税务总局公告 2011 年第 41 号）第 1 条规定：“个人因各种原因终止投资、联营、经营合作等行为，从被投资企业或合作项目、被投资企业的其他投资者以及合作项目的经营合作人取得股权转让收入、违约金、补偿金、赔偿金及以其他名目收回的款项等，均属于个人所得税应税收入，应按照“财产转让所得”项目适用的规定计算缴纳个人所得税。”据此，个人转让股权时，应纳税所得额 = 个人取得的股权转让收入、违约金、补偿金、赔偿金及以其他名目收回款项合计数 – 原实际出资额（投入额）及相关税费。

②法人股东的所得额计算方式

根据 2011 年 6 月 9 日国家税务总局发布的《关于企业所得税若干问题的公告》（国家税务总局公告 2011 年第 34 号）（以下简称 34 号文）第 5 条规定，“投资企业从被投资企业撤回或减少投资，其取得的资产中，相当于初始出资的部分，应确认为投资收回；相当于被投资企业累计未分配利润和累计盈余公积按减少实收资本比例计算的部分，应确认为股息所得；其余部分确认为投资资产转让所得。”这意味着，在计算减资所得额时，减资价格首先扣除减资公司的未分配利润和盈余公积金中减资股权对应拥有的份额，其次再减掉减资股权的计税成本。这与一般的股权转让时直接以转让价格减除计税成本有一定区别，其内在原因是，公司减资企业股东所得额的计算方法体现了企业所得税法关于居民企业向法人股东分配利润时，法人股东免征所得税的规则。不过，34 号文中“按减少实收资本比例计算”的描述也存在一定问题，即如果在实施减资时，存在不按投资比例分红的企业，如果按减少实收资本比例确认股息是否合理？可能这仍然需要股东就此专项作出决议。

（2）非货币支付减资对价

如果公司用货币以外的资产向减资股东支付减资价款，在税法上公司会被认定为这些资产的卖方而被课税。如果用于支付减资对价的资产是减资公司对其他公司的股权，减资公司会因为出让股权发生印花税，并涉及所得税；如果用于支付减资对价的资产是房地产，减资公司会发生增值税及其附加税、土地增值税、印花税，并涉及所得税；如果用于支付减资对价的资产是货物类资产，减资公司会发生增值税、附加税、印花税，并涉及所得税。

（3）非交易性减资的税收优惠

非交易性减资的最大特点就是股东之间按照持股比例、以相同价格进行减资，减资前后公司的股权结构不变，股东之间没有利益冲突，也不涉及交易内容，所以称为非交易性减资。在实施非交易性减资时，如果减资公司向其股东以股权形式支付减资对价，就会涉及股权的转让，相关的税收优惠政策，适用《关于资产（股权）划转企业所得税征管问题的公告》（国家税务总局公告 2015 年第 40 号）第 1 条第 3 项规定，即：

➢ 100% 直接控制的母子公司之间，母公司向子公司按账面净值划转其持有的股权或资产，母公司没有获得任何股权或非股权支付。母公司按冲减实收资本（包括资本公积，下同）处理，子公司按接受投资处理。

➢ 100% 直接控制的母子公司之间，子公司向母公司按账面净值划转其持有的股权或资产，子公司没有获得任何股权或非股权支付。母公司按收回投资处理，或按接受投资处理，子公司按冲减实收资本处理。母公司应按被划转股权或资产的原计税基础，相应调减持有子公司股权的计税基础。

➢ 受同一或相同多家母公司 100% 直接控制的子公司之间，在母公司主导下，一家子公司向另一家子公司按账面净值划转其持有的股权或资产，划出方没有获得任何股权或非股权支付。划出方按冲减所有者权益处理，划入方按接受投资处理。

可以看出，这些税优惠政策的实质都是原值划转，并且都是针对非交易性减资，只有这种纯粹的重组项目才能适用这种所得税优惠政策。

（4）关于支付减资对价的个税疑问

公司减资时，如果对减资退出的股东仅支付实收资本作为减资对价，不分配其他股东权益，是否涉及个税？实践中各地做法不一，有的认为，减资应当向退出的股东支付公允对价，超过原始出资成本及相关税费的部分，应当缴纳个人所得税。有的认为不涉及个税缴纳，因为：其一，国家没有税源流失，税基没有损失，退出股东如果只按实收资本收回原始投资，未对增值部分缴纳的个税，将由继续留在公司的其他股东缴纳个税，站在税收征管角度而言效果是一样的；其二，减资退出的股东，多数是为了公司内部重组的需要，没有发生现金流动，不涉及所得额，所以不存在所得税的问题。对于这类问题，在实践操作时，建议多与当地的主管税务机关沟通，争取其认同后再实施，避免税务调整的麻烦。

8.2.4 清算

清算有两个含义，金融意义上的清算和法律意义上的清算。金融意义上的清算是指金融机构之间办理资金调拨、划拨支付结算款项，并对由此引起的资金存欠进行清偿的行为；法律意义上的清算是指公司清算，即当出现法定解散事由或章程约定解散事由时，依法清理公司的债权债务关系，并最终使公司法人资格归于消灭的过程。

1. 公司清算的类型

公司清算大致可以分为两类：一类是终止清算，即以彻底消灭相关民事法律关系、注销民事主体为目的的清算，包括解散清算和破产清算；另一类是存续清算，即在公司合并中对被解散公司的清算和在新设分立中对被分立公司的清算。

这两类清算是有差别的，具体如下：

（1）清算程度不同

存续清算由于民事权利义务关系可以继承，财产可以转移，主要是财税上的清算。而终止清算需要结清全部民事权利义务关系，处分及分配公司的剩余资产，因此需要对解散的公司进行全面彻底的权利义务清算。

（2）财税处理方式不同

存续清算的财税处理方式包括一般性处理和特殊性处理两种，在一般性处理时视同以公允价值转让资产和债务，需要确认所得并可能发生纳税义务；在特殊性处理时无须确认转让所得，不会发生纳税义务。终止清算在所得税的处理上无一般性处理和特殊性处理之分，一概为一般性处理需要确认清算损益，照章纳税。

（3）清算所得形式不同

存续清算情况下，清算所得主要表现为股东获得的存续公司或者新设公司的股权（公司合并发生的清算），或者主要表现为分立公司取得的资产和利益（公司分立发生的清算）；而终止清算情况下，清算所得直接表现为解散公司后各股东取得的剩余财产收入。

（4）税收优惠程度不同

对存续清算而言，均有税收优惠政策，一般不会发生纳税义务；而终止清算则无税收优惠政策可谈，均需照章纳税。

2. 清算所得税问题

公司清算期间，不得开展与清算事务无关的新业务，只能清理和终结原有业务。因此，在清算过程中因处分财产、清收债务、清偿债务等事务，可能会有损失，也可能会产生收益，因而必然会带来所得税问题。

根据《企业所得税法》（2018 年修订版）第 53 条规定，企业所得税按纳税年度计算。纳税年度自公历 1 月 1 日起至 12 月 31 日止。企业在一个纳税年度中间开业，或者终止经营活动，使该纳税年度的实际经营期不足 12 个月的，应当以其实际经营期为一个纳税年度。企业依法清算时，应当以清算期间作为一个纳税年度，并核算损益缴纳企业所得税。对于企业有 5 个纳税年度以内的未弥补的亏损，可以用清算年度的清算所得进行弥补，在弥补后仍有所得的，按照适用的税率缴纳企业所得税。

根据财政部、国家税务总局《关于企业清算业务企业所得税处理若干问题的通知》（财税〔2009〕60号）规定，企业在不再持续经营，发生结束自身业务、处置资产、偿还债务以及向所有者分配剩余财产等经济行为时，应当对清算所得、清算所得税、股息分配等事项进行处理，企业应将整个清算期作为一个独立的纳税年度计算清算所得。

（1）清算所得税处理

企业清算的所得税处理包括以下内容：

➢ 全部资产均应按可变现价值或交易价格，确认资产转让所得或损失；

➢ 确认债权清理、债务清偿的所得或损失；

➢ 改变持续经营核算原则，对预提或待摊性质的费用进行处理；

➢ 依法弥补亏损，确定清算所得；

➢ 计算并缴纳清算所得税；

➢ 确定可向股东分配的剩余财产、应付股息等。

（2）股东纳税义务

企业全部资产的可变现价值或交易价格减除清算费用、职工的工资及社会保险费用和法定补偿金、结清清算所得税、以前年度欠税等税款、清偿企业债务后，按规定计算可以向所有者分配的剩余资产。

被清算企业的股东分得的剩余资产的金额，其中相当于被清算企业累计未分配利润和累计盈余公积中按该股东所占股份比例计算的部分，应确认为股息所得；剩余资产减除股息所得后的余额，超过或低于股东投资成本的部分，应确认为股东的投资转让所得或损失。

被清算企业的股东从被清算企业分得的资产应按可变现价值或实际交易价格确定计税基础，并相应计算缴纳企业所得税 / 个人所得税。

8.2.5 股权激励

有关股权激励的税务问题，以下六个方面值得关注：

1. 股权激励不同时点的纳税义务

国内实践中主要采用三种形式实施股权激励：股票期权、限制性股票、股票增值权（以下统称激励股权）。依据财政部、国家税务总局《关于个人股票期权所得征收个人所得税问题的通知》（财税〔2005〕35 号）规定，涉及的纳税相关时点及性质如下：

（1）授予激励股权

公司向员工授予激励股权时，除另有规定外，一般不作为应税所得征税，此时不发生纳税义务。

（2）行权取得激励股权

被激励对象从企业取得的行权价与公平市场价之间的差额，是因员工在企业的表现和业绩情况而取得的与任职、受雇有关的所得，要按照“工资、薪金所得”税率纳税。应纳税额的计算公式如下：

应纳税所得额＝(行权股票的每股市场价－员工取得该股票期权支付的每股施权价)× 股票数量

（3）行权后转让

员工将行权后的股票再转让时获得的高于购买日公平市场价的差额，是因个人在证券二级市场上转让股票等有价证券而获得的所得，应按照“财产转让所得”适用的征免规定计算缴纳个人所得税。

（4）持有期分红

员工因拥有股权而参与企业税后利润分配取得的所得，应按照“利息、股息、红利所得”适用的规定计算缴纳个人所得税。

另外，需要注意以下两个问题：

①限制性股票的纳税义务时点

依据国家税务总局《关于股权激励有关个人所得税问题的通知》（国税函〔2009〕461 号）第 3 条，按照个人所得税法及其实施条例等有关规定，原则上应在限制性股票所有权归属于被激励对象时确认其限制性股票所得的应纳税所得额。即限制性股票的纳税义务时点是在所有权实际归属给被激励对象时，而非授予限制性股票时，否则将给激励对象带来现金流出的压力。

②非现金行权的收益性质

依据国家税务总局《关于个人股票期权所得缴纳个人所得税有关问题的补充通知》（国税函〔2006〕902号）第4条，凡取得股票期权的员工在行权日不实际买卖股票，而按行权日股票期权所指定股票的市场价与施权价之间的差额，直接从授权企业取得价差收益的，该项价差收益应作为员工取得的股票期权形式的工资薪金所得，按照财税〔2005〕35号文件的有关规定计算缴纳个人所得税。

2. 纳税义务的履行

根据财政部、国家税务总局《关于个人股票期权所得征收个人所得税问题的通知》（财税〔2005〕35号）第5条规定，实施股票期权计划的境内企业为个人所得税的扣缴义务人，应按税法规定履行代扣代缴个人所得税的义务。员工从两处或两处以上取得股票期权形式的工资薪金所得和没有扣缴义务人的，该个人应在个人所得税法规定的纳税申报期限内自行申报缴纳税款。限制性股票及股票增值权与股票期权的纳税处理方式相同。

另外，根据《股权转让所得个人所得税管理办法（试行）》（国家税务总局公告2014年第67号）第5条规定，个人股权转让所得个人所得税，以股权转让方为纳税人，以受让方为扣缴义务人。根据国家税务局的解释，受让方无论是企业还是个人，均应按个人所得税法规定认真履行扣缴税款义务。如果未履行扣缴义务，根据《中华人民共和国税收征收管理法》第69条规定，扣缴义务人应扣未扣、应收而不收税款的，由税务机关向纳税人追缴税款，对扣缴义务人处应扣未扣、应收未收税款50%以上3倍以下的罚款。

3. 股权激励公司的会计处理

依据国家税务总局《关于我国居民企业实行股权激励计划有关企业所得

税处理问题的公告》（国家税务总局公告 2012 年第 18 号）第 2 条，对股权激励计划实行后立即可以行权的，上市公司可以根据实际行权时该股票的公允价格与激励对象实际行权支付价格的差额和数量，计算确定作为当年上市公司工资薪金支出，依照税法规定进行税前扣除；对股权激励计划实行后，需待一定服务年限或者达到规定业绩条件（以下简称等待期）方可行权的，上市公司等待期内会计上计算确认的相关成本费用，不得在对应年度计算缴纳企业所得税时扣除。在股权激励计划可行权后，上市公司方可根据该股票实际行权时的公允价格与当年激励对象实际行权支付价格的差额及数量，计算确定作为当年上市公司工资薪金支出，依照税法规定进行税前扣除。

4. 股份支付

根据《企业会计准则第 11 号——股份支付》（以下简称 11 号准则），股份支付是指企业为获取职工和其他方提供服务而授予权益工具或者承担以权益工具为基础确定的负债的交易。11 号准则第 4 条、第 5 条、第 6 条规定，以权益结算的股份支付换取职工提供服务或其他方提供类似服务的，应当以授予职工和其他方权益工具的公允价值计量。授予后立即可行权的以权益结算的股份支付，应当在授予日按权益工具的公允价值计入相关成本或费用，相应增加资本公积。授予后分期行权的以权益结算的股份支付，在等待期内的每个资产负债表日，应当以对可行权权益工具数量的最佳估计为基础，按照权益工具授予日的公允价值，将当期取得的服务计入相关成本或费用和资本公积。从这些规定可以看出，如果向激励对象授予激励股份价格低于授予日的公允价值，则差额部分将会计入当期损益，从而冲减公司当期的会计利润。实践中，有的公司因授予激励股份的数量较大，且大大低于公允价值，在进行股份支付费用调整时，大幅度降低了公司的期间利润，如果公司有上市计划，报告期内出现这种情况时，则需要审慎评估对上市的影响。因此，如果公司有上市计划且打算低价实施股权激励的，有关股权激励的安排要及早完成，避免对报告期内的利润数据产生影响。

5. 外汇登记

外汇登记问题也间接对股权激励的纳税有影响，关系到未来资金能否顺利入境及完税。公司在境外上市时，有关股权激励外汇监管的文件主要是国家外汇管理局《关于境内个人参与境外上市公司股权激励计划外汇管理有关问题的通知》（汇发〔2012〕7 号）（以下简称 7 号文）、国家外汇管理局《关于境内居民通过特殊目的公司境外投融资及返程投资外汇管理有关问题的通知》（汇发〔2014〕37 号）（以下简称 37 号文）及国家外汇管理局《关于进一步简化和改进直接投资外汇管理政策的通知》（汇发〔2015〕13 号，部分条款失效），本书在第二章“2.3.2　境内自然人到境外投资”部分介绍了有关 7 号文登记及 37 号文登记的有关内容，这里再补充说明的是，37 号文登记要求自然人必须在境内相关实体持有权益，而股权激励方案中国内的激励对象数量可能很多，要完全将他们的权益体现在境内，有时是不现实的。所以，大多数情况下在上市前仅对少量核心人员进行 37 号文登记，上市后再安排统一进行 7 号文登记。

6. 相关税收优惠

有关股权激励的税收优惠主要是以下两个方面：

（1）递延纳税

根据财政部、国家税务总局《关于完善股权激励和技术入股有关所得税政策的通知》（财税〔2016〕101 号）规定，对符合条件的非上市公司股票期权、股权期权、限制性股票和股权奖励实行递延纳税政策。即员工在取得股权激励时可暂不纳税，递延至转让该股权时纳税；股权转让时，按照股权转让收入减除股权取得成本以及合理税费后的差额计算缴纳个人所得税。

（2）税收返还

根据 35 号文，在激励股权行权时，被激励对象从企业取得的行权价与公平市场价之间的差额，要按照“工资、薪金所得”适用 3%~45% 的超额累进税率征税。在激励股权转让时，员工获得的高于购买日公平市场价的差额，应按照“财产转让所得”适用20%的税率征税。实践中，为了节省税收成本，有的项目选择国内一些税收洼地设立有限合伙企业（如珠海横琴、宁波梅山保税区、江西共青城、萍乡等），与当地政府商定先征后返的比例，股权激励行权及转让交税后，再由当地财政部门返还。这种模式要考虑的主要问题是，当地返还政策的连续性是否可以有保障，会否因政府换届等发生变化，以及当地的财政能力是否能够保障及时履约等。

另外，在跨境股权激励的税务筹划中，许多项目也会考虑先行权并在国内交税，以整体降低未来股权转让的税务成本。但这种做法也要考虑公司上市的可行性、时间进度周期、税务成本数额及缴纳压力等因素，另外也会有一定的税务合规风险。

8.3 股权跨境交易的税收实务问题

随着经济全球化的不断深入，中国企业参与跨境股权并购交易的机会越来越多。跨境交易通常涉及两个及以上不同税域的居民企业，须根据不同国家/地区的税收政策制定税负成本最小的税收筹划方案。本部分讨论的跨境交易，是指相关交易发生在中国居民企业和非居民企业之间，或者虽然发生在非中国居民企业之间，但交易的企业价值或者利益包括中国居民企业。

8.3.1 跨境交易涉及的税务问题处理

跨境交易税务问题较为复杂，其中最主要的、对交易各方影响最大的就是所得税。通常情况下，跨境交易需要在境内和境外同时进行和完成，如果交易一方取得了源于中国“境内的所得”，应当向中国税收机关缴纳所得税，这就是我们常说的“源泉扣缴”，缴纳的税收也称为对非居民企业征收的“预提所得税”。所谓“境内的所得”，根据《企业所得税实施条例》第7条规定，权益性投资资产转让所得按照被投资企业所在地确定，即如果目标公司是中国企业，因股权转让产生的所得即为“境内的所得”。关于“源泉扣缴”，根据《企业所得税法》第19条规定，主要包括两类源于中国境内的所得：（1）股息、红利等权益性投资收益和利息、租金、特许权使用费所得；（2）转让财产所得，包括转让股权和转让资产所得。

1. 预提所得税

预提所得税（Withholding Tax），是指预先扣缴的所得税，它不是一个税种，而是世界上对这种源泉扣缴的所得税的习惯叫法。在跨境交易场景下，预提所得税指当非居民企业从本国取得收益时，本国依据源泉扣缴的国际通则按照一定税率先征收所得税。预提所得税有两个特点：一是税率一般会低于本国居民企业税率，以体现国家之间的友好；二是它依据单项行为征税，而不考虑企业的期间损益，所以叫“预提”。

（1）法规依据

关于预提所得税的主要法规依据，目前主要是如下七个法规文件：

《企业所得税法》第3条第3款规定：“非居民企业在中国境内未设立机构、场所的，或者虽设立机构、场所但取得的所得与其所设机构、场所没有实际联系的，应当就其源于中国境内的所得缴纳企业所得税。”在该法第五章对源泉扣缴进行了详细规定。

《企业所得税法实施条例》第91条，中国对非居民企业征收的预提所得税税率为10%。不过应当注意，对非居民企业来源于中国境内的所得征收10%的所得税是一般规定，如果中国政府与有关国家或地区有税收协定的，按照两者中较低的税率执行。目前，中国与全球超过100个国家/地区签订了的税收协定，其中也包括香港和澳门。

国家税务总局《关于下发协定股息税率情况一览表的通知》（国税函〔2008〕112号）明确，根据《中华人民共和国企业所得税法》及其实施条例的规定，2008年1月1日起，非居民企业从我国居民企业获得的股息将按照

10% 的税率征收预提所得税，但是，我国政府同外国政府订立的关于对所得避免双重征税和防止偷漏税的协定以及内地与香港、澳门间的税收安排（以下统称协定），与国内税法有不同规定的，依照协定的规定办理。

《关于企业重组业务企业所得税处理若干问题的通知》（财税〔2009〕59 号）第 7 条就跨境股权交易适用特殊性税务处理的条件作出了相关规定（下文详述）。

国家税务总局《关于印发〈非居民企业税收协同管理办法（试行）〉的通知》（国税发〔2010〕119 号），就各级税务机关之间、国税机关和地税机关之间、税务机关内部各部门之间在非居民企业税收管理方面的协调配合工作作出了规定。

国家税务总局《关于非居民企业所得税管理若干问题的公告》（国家税务总局公告 2011 年第 24 号）第 1 条就未履行代扣代缴所得税义务的处理方式作出了规定。

国家税务总局《关于非居民企业所得税源泉扣缴有关问题的公告》（国家税务总局公告 2017 年第 37 号），就源泉扣缴作出了全面的规定。

中国与相关国家的协定股息税率情况如表 8-2 所示：

表 8-2 中国与相关国家的协定股息税率

税率	与下列国家（地区）协定
0%	格鲁吉亚（直接拥有支付股息公司至少 50% 股份并在该公司投资达到 200 万欧元情况下）
5%	科威特、蒙古国、毛里求斯、斯洛文尼亚、牙买加、南斯拉夫、苏丹、老挝、南非、克罗地亚、马其顿、塞舌尔、巴巴多斯、阿曼、巴林、沙特
5%（直接拥有支付股息公司至少 10% 股份情况下）	委内瑞拉、格鲁吉亚（并在该公司投资达到 10 万欧元）（与上述国家协定规定直接拥有支付股息公司股份低于 10% 情况下税率为 10%）
5%（直接拥有支付股息公司至少 25% 股份情况下）	卢森堡、韩国、乌克兰、亚美尼亚、冰岛、立陶宛、拉脱维亚、爱沙尼亚、爱尔兰、摩尔多瓦、古巴、特多、香港、新加坡（与上述国家 / 地区协定规定直接拥有支付股息公司股份低于 25% 情况下税率为 10%）
7%	阿联酋

续表

税率	与下列国家（地区）协定
7%（直接拥有支付股息公司至少 25% 股份情况下）	奥地利（直接拥有支付股息公司股份低于 25% 情况下税率为 10%）
8%	埃及、突尼斯、墨西哥
10%	日本、美国、法国、英国、比利时、德国、马来西亚、丹麦、芬兰、瑞典、意大利、荷兰、捷克、波兰、保加利亚、巴基斯坦、瑞士、塞浦路斯、西班牙、罗马尼亚、奥地利、匈牙利、马耳他、俄罗斯、印度、白俄罗斯、以色列、越南、土耳其、乌兹别克斯坦、葡萄牙、孟加拉、哈萨克斯坦、印尼、伊朗、吉尔吉斯、斯里兰卡、阿尔巴尼亚、阿塞拜疆、摩洛哥、澳门
10%（直接拥有支付股息公司至少 10% 股份情况下）	加拿大、菲律宾（与上述国家协定规定直接拥有支付股息公司股份低于 10% 情况下税率为 15%）
15%	挪威、新西兰、巴西、巴布亚新几内亚
15%（直接拥有支付股息公司至少 25% 股份情况下）	泰国（直接拥有支付股息公司股份低于 25% 情况下税率为 20%）

（2）预提所得税的计算

非居民企业取得规定的所得，按照下列方法计算其应纳税所得额：

①股息、红利等权益性投资收益和利息、租金、特许权使用费所得，以收入全额为应纳税所得额；

②转让财产所得，以股权转让收入全额减除股权净值后的余额为应纳税所得额；

③其他所得，参照前两项规定的方法计算应纳税所得额。

计算预提所得税时，股权转让收入是指股权转让人转让股权所收取的对价，包括货币形式和非货币形式的各种收入。股权净值是指取得该股权的计税基础。股权的计税基础是股权转让人投资入股时向中国居民企业实际支付的出资成本，或购买该项股权时向该股权的原转让人实际支付的股权受让成本。股权在持有期间发生减值或者增值，按照国务院财政、税务主管部门规定可以确认损益的，股权净值应进行相应调整。企业在计算股权转让所得时，不得扣除被投资企业未分配利润等股东留存收益中按该项股权所可能分配的金额。

多次投资或收购的同项股权被部分转让的，从该项股权全部成本中按照转让比例计算确定被转让股权对应的成本。举例说明如下：

境外 A 企业为非居民企业，境内 B 企业和 C 企业为居民企业，A 企业经过前后三次投资 C 企业，合计持有 C 企业 40% 的股权，第一次投资人民币 100 万元，第二次投资人民币 200 万元，第三次投资人民币 400 万元。2016 年 1 月 8 日，A 企业与 B 企业签订股权转让合同，以人民币 1000 万元的价格转让其持有的 C 企业 30% 的股权给 B 企业。则 A 企业持有 C 企业 40% 股权的全部成本为 700 万元（100+200+400），本次交易转让比例为 75%（30% ÷ 40%），该被转让的 C 企业 30% 股权对应的成本则为 525 万元（700 × 75%），本次股权转让交易的应纳税所得额为 475 万元（1000–525）。

（3）预提所得税的扣缴

根据《企业所得税法》，对非居民企业取得的所得应缴纳的所得税，实行源泉扣缴，以支付人为扣缴义务人。税款由扣缴义务人在每次支付或者到期应支付时，从支付或者到期应支付的款项中扣缴。

根据国家税务总局《关于非居民企业所得税源泉扣缴有关问题的公告》（国家税务总局公告 2017 年第 37 号），扣缴义务人应当自扣缴义务发生之日起 7 日内向扣缴义务人所在地主管税务机关申报和解缴代扣税款。扣缴义务人发生到期应支付而未支付的，依据国家税务总局《关于非居民企业所得税管理若干问题的公告》（国家税务总局公告 2011 年第 24 号）第 1 条规定，应当在企业所得税年度纳税申报时按照企业所得税法有关规定代扣代缴企业所得税。

扣缴义务人未依法扣缴或者无法履行扣缴义务的，由纳税人在所得发生地缴纳。纳税人未依法缴纳的，税务机关可以从该纳税人在中国境内其他收入项目的支付人应付的款项中，追缴该纳税人的应纳税款。扣缴义务人每次代扣的税款，应当自代扣之日起 7 日内缴入国库，并向所在地的税务机关报送扣缴企业所得税报告表。

2. 所得税税收优惠

有关预提所得税的税务优惠，主要是59号文的规定。根据59号文第7条，除了满足第5条规定的特殊条件以外，税收优惠适用于以下三种股权交易模式:

（1）非居民企业之间转让股权

即非居民企业向其100%直接控股的另一非居民企业转让其拥有的居民企业股权，没有因此造成以后该项股权转让所得预提税负担变化，且转让方非居民企业向主管税务机关书面承诺在3年（含3年）内不转让其拥有受让方非居民企业的股权。这种情况下，可以适用特殊性税务处理，享受原值划转的待遇。

这主要是针对跨国企业集团内部重组的一种税收优惠，重组实施的结果是居民企业由非居民企业的子公司变成该非居民企业的孙公司。这种形式的重组在VIE架构调整中经常被使用。在适用条件中，“预提所得税负担不变化”是指两方面含义，一是扣除额未发生变化（原值划转），二是税率没有发生变化，如果为了避税将股权从税率高的国家转到税率低的国家，就不能享受企业重组特殊性税务处理给予的优惠。另外，之所以规定3年内不得转让非居民企业的股权，也是为了防止交易方以获得税收优惠为目的，人为设计符合特殊重组条件的交易框架，重组后再迅速变卖股权套现以实现避税。

（2）非居民企业向居民企业转让股权

即非居民企业向与其具有100%直接控股关系的居民企业转让其拥有的另一居民企业股权的情况下，可以适用特殊性税务处理，享受原值划转的待遇。

《企业所得税法》修改后，取消了对外资企业的一系列优惠政策，不仅终结了再投资退税政策，而且改变了分配给未在中国设立机构场所的非居民企业股息红利免税的规定，转而按10%税率征收预提所得税。相比之下，我国居民企业之间股息红利所得却适用免税优惠。这使得原来很多在避税地注册离岸公司以享受外资税收优惠的假外资丧失了原始动力，开始考虑在税率过渡优惠结束后将股权转回国内。由于59号文限定只有受让方是转让方的100%直接控股子公司才能享受特殊重组待遇，如果不符合此条件，建议先由境外非居民企业在中国设立全资子公司，由该子公司收购目标公司股权，再采取以股换股形式将拟受让方股权注入该子公司，完成境外股权的境内回归。

（3）居民企业向非居民企业转让股权

即居民企业以其拥有的资产或股权向其 100% 直接控股的非居民企业进行投资的情况下，其资产或股权转让收益如选择特殊性税务处理，可以在 10 个纳税年度内均匀计入各年度应纳税所得额。

该模式的税收优惠之所以区别于上述两种模式，主要是防止利用跨境重组将境内资产潜在增值转移至境外避税。例如，我国居民企业甲公司将持有的居民企业乙公司的 100% 股权转让给 100% 直接控股香港丙公司，该股权计税基础 2 亿元，评估价 7 亿元，增值 5 亿元。如适用 59 号文第 6 条第（2）项进行税务处理，甲公司不确认股权转让收益，该收益的纳税义务递延由丙公司股权再转让时承担。由于丙公司股权再转让时只按 10% 缴预提所得税，我国可征收税款为 5000 万元，而如由甲公司负担税款，则可征收税款 1.25 亿元。显然，这将导致我国税收权益的流失。再如，我国居民企业将持有的非居民企业股权转让给境外非居民企业，适用境内股权收购特殊重组规则，将导致我国税收管辖权的丧失。因此，59 号文规定，此种模式跨境重组的征税主体仍为转让方居民企业，但允许将股权转让所得均匀计入 10 个纳税年度内的应纳税所得额。

实践中，如果跨国集团重组时达不到 100% 直接控股的要求，但重组的确有合理商业目的，并且确不存在避税动机的，企业可向税务主管机关申请适用 59 号文第 7 条第（4）项“财政部、国家税务总局核准的其他情形”的规定，适用特殊性税务处理或 10 年内进行分期纳税。

8.3.2 CRS 信息交换对跨境股权投资的影响

CRS（Common Reporting Standard）中文为“共同申报准则”，即“金融账户涉税信息自动交换标准”（以下简称标准）。简单地说，就是各国政府之间相互通报对方公民在自己国家的财产信息，以避免偷漏税、洗钱等。受二十国集团（G20）委托，经济合作与发展组织（OECD）于2014年7月发布此标准，获得当年G20布里斯班峰会的核准，为各国加强国际税收合作、打击跨境逃避税提供了强有力的信息工具。在G20的大力推动下，目前已有一百多个国家（地区）承诺实施“标准”。

2015年7月，《多边税收征管互助公约》由十二届全国人大常委会第十五次会议批准，于2016年2月对我国生效，为我国实施标准奠定了多边法律基础。2015年12月，国家税务总局签署了《金融账户涉税信息自动交换多边主管当局间协议》，为我国与其他国家（地区）间相互交换金融账户涉税信息提供了操作层面的依据。2017年5月9日，中国大陆版CRS《非居民金融账户涉税信息尽职调查管理办法》由国家税务总局、财政部、中国人民银行、原中国银行业监督管理委员会、中国证券监督管理委员会、原中国保险监督管理委员会联合发布，并于2017年7月1日正式实施。经国务院批准，我国向G20承诺实施标准，首次对外交换信息的时间为2018年9月。

1. CRS的基本要求

金融账户涉税信息自动交换是各国（地区）之间加强跨境税源管理的一种手段，不会增加纳税人本应履行的纳税义务。交换的信息是源于境外的第三方信息，主要用于各国开展风险评估，并非直接用于征税。对评估列为高风险的纳税人，税务机关将有针对性地开展税务检查并采取相应后续管理措施。依法诚信申报纳税的纳税人无须担心因信息交换而增加税收负担。

根据中国大陆版CRS，个人在境外持有的存款账户、托管账户、证券账户、期货账户、现金价值保单、年金合同、离岸信托、金融机构的股权/债权权益等金融资产，以及在境外税收优惠的国家或地区设立的公司开设的境外账户，都将会被进行信息交换。

账户持有人为中国税收居民个人的，金融机构不会收集和报送相关账户信息，也不会交换给其他国家（地区）。账户持有人同时构成中国税收居民和其他国家（地区）税收居民的，其中国境内的账户信息将会交换给相应税收居民国（地区）的税务当局，其境外的账户信息交换给国家税务总局。

2. 跨境股权投资的信息交换

跨境股权交易中，涉及以境外金融账户支付股权对价款时，需要注意信息交换带来的影响。如果都是阳光合法收入，CRS 税务信息交换并无可怕之处，但如果来源模糊，在符合信息交换条件时，可能就会纳入监管的视野。关于信息交换的金额，根据规定，中国大陆版 CRS 不是 100 万美元以上才被交换，100 万美元以下也会被收集，区别是 100 万美元以上的金融账户优先收集交换。

3. 重点监控的人群

在中国大陆与海外 CRS 执行地区信息交换中，九类人将被重点监控：

（1）在海外 CRS 执行地区有巨额财产并未合法纳税的客户；

（2）在海外 CRS 执行地区隐藏资产的大陆高官及其家属；

（3）红通滞留海外 CRS 执行地区人员及其家属；

（4）获得海外 CRS 执行地区身份的高净值人群；

（5）绕过外汇管制转移资金到海外 CRS 执行地区的客户；

（6）利用海外 CRS 执行地区空壳公司转移利润的企业主；

（7）协助资金在海外 CRS 执行地区藏匿的金融机构从业人员；

（8）配置了海外 CRS 执行地区家族信托的客户；

（9）购买海外 CRS 执行地区投资理财产品的客户。

4. 信息交换对纳税人的影响

对于拥有多国金融账户的高资产人群，由于其面临多个账户分别被认定为非居民账户而被交换回国籍国的可能，他们一方面担心被要求补税，另一方面则更担心被追溯境外资产的合法来源。如果要按受 CRS 影响程度分类，影响度从大到小排序大致如下：

（1）海外持有非法所得；

（2）海外持有合法所得但未完税；

（3）海外拥有合法所得已完税但属隐匿或被追索资产；

（4）海外持有合法所得已完税。

2018 年 9 月 1 日，中国进行了第一次 CRS 金融信息交换。面对信息交换，目前各种应对策略也层出不穷，大致可以分为两类：一是通过各种方式直接规避信息不被披露和交换；二是通过合法方式来规避信息被交换后所产生的法律和税务风险。在 CRS 的影响下，今后想继续通过离岸金融工具达到隐藏财产、逃税、避税等将变得更加困难。如果金融账户信息没有披露或者不正确披露，不但资产会被冻结，也将面临税务机关的补缴税款、罚款、诉讼等，涉及欺诈、造假、逃税等情形情节严重的，还可能会承担刑事责任。

由上可见，对于跨境股权交易来说，账户信息的披露合规性以及由此带来的资金合规性等问题，也会间接影响交易的顺利进行，交易各相关方应当高度关注并遵守 CRS 信息交换对居民纳税人的管理要求，持续合规地进行金融资产的海外管理，以便在发生股权交易需求时，保障交易不受影响。

第九章

投后管理

9.1 投后管理反哺交易结构

投后管理是一个实务概念，在国内法律法规及学术著作领域，还未见到对它的概念和内涵作出的权威准确定义，业界对此也没有形成统一的认识，实践中比较容易产生纠纷。从目前实际操作的大致分类来看，投后管理应当包括金融资管领域的投后管理和风险投资领域的投后管理两个大类，它是风控体系中的一个重要环节。

金融资管领域的投后管理是指金融资管机构（包括银行、信托、证券、保险、基金等机构）通过资管产品募集资金并实际向目标企业投放后，至本金及其收益全部收回之前，所采取的风险监控、风险预警以及风险处置等一系列管理手段的集合；风险投资领域的投后管理是指股权投资机构（包括产业投资者、财务投资者、私募股权基金等）通过向目标企业进行股权投资，至目标公司上市、并购及回购等方式收回投资之前，所采取的风险监控和帮扶增值等手段的组合。这两种类型的投后管理，在管理理念及管理手段方面有很大的不同。金融资管领域的投后管理更注重被投企业的“过去”和“现在”，资管机构没有太多动力去帮扶被投企业，如果出现风险，他们的首要任务是止损，决定提前终止项目及收回资金。而风险投资领域的投后管理更加注重被投企业的“未来”，风投机构通过实际持股、向被投企业派驻董事和财务负责人等方式介入他们的经营管理，甚至动用自身资源为被投企业在规划战略、招聘核心人才、对接重要资源等方面进行实质性帮扶，目标是使被投企业尽快获得下一轮融资及完成最后的上市或第三方并购。因此，业内不少知名风投机构认为，私募股权基金的核心竞争力其实在于对目标企业的投后管理和增值服务，成就被投企业最终目的也是为了成就自己。

本章讨论的投后管理，主要也是针对风投机构的股权投资类型的投后管理，金融资管领域的投后管理不是本章的重点。前面第四章讨论的“尽职调查”，主要作用和目的是在投前锁定交易风险，并在交易谈判及签署法律文件时，作为交易条件由双方通过博弈达成交易。实践中比较常见的是，融资方为了获取投资人的资金，往往会对项目进行包装，在投前尽职调查阶段，表面上看起来配合调查，但实际上戒备心理很强，有意或无意地不披露相关信息、少披露信息甚至故意隐瞒或变造有关信息的做法，在股权投资中并不罕见。而交易前的尽职调查，受到时间和成本的限制，往往不能无限期地进行，这就为项目可能存在的法律风险及其他商业风险留下了空间。再加上被投企业的内部经营、外部市场环境和政策环境处于持续动态的变化之中，项目从谈判到交割的过程中，许多风险会发生积聚和变化，这些因素都会对股权交易的最终成败产生影响。

可以看出，投前尽职调查天生存在的这些“短板”，从交易顺序上来说，有可能对股权交易结构带来交易风险的敞口。投后管理在封堵这些风险敞口方面具有一定的作用，特别是那些已经完成交易的股权投资，在事后复盘、评估交易效果的时候，可以通过对在投后管理阶段发现的问题进行梳理，查找问题根源，总结提炼经验和教训，并应用于下一次的股权交易结构设计，少走弯路。从这个角度看，投后管理不仅仅是投资项目风险控制流程的一个环节，它还可以用作交易结构的反哺，将投后阶段容易出现的问题，通过机制化的设计和安排，在投资交易结构中进行细化，将有利于提高投资的效益和效率。

9.2 投后管理要点及其对交易结构的启示

许多人可能认为，投后管理主要在投资后发生，在交易前的阶段无须关注太多，这个观念是不对的。尽管投后管理的工作主要在投资完成后才实际展开，但它不是一个与交易结构完全不相关的概念。恰恰相反，在股权投融资交易的结构设计阶段，深入了解投后管理的要点和方向，事先评估投后管理对交易风险的覆盖程度和深度，将十分有利于把控交易的整体风险，并在关键节点上能够通过法律文件进行规避或设计，对交易结构的科学设计是有利的。

9.2.1 投后管理与投前尽调的联动机制

在投前尽调阶段，律师通过发送尽职调查清单、高管访谈、供应商访谈、外部第三方机构核查验证、专家论证等多种渠道和方式，对目标企业进行了一次或多次详细的查验。这个阶段发现的问题，有的是可以通过处理在交易前能够解决的，有的需要通过股权交易协议、专门的承诺函等方式对未能处理的风险进行兜底和担保，也有的属于理论可能性大、实际发生概率小的风险，投资方有时会选择承受。对于后面这些兜底和担保的风险以及小概率风险，就需要有一套机制进行持续跟踪、观察和及时处置。

将投前尽调与投后管理打通的联动机制，主要依赖交易文本及专门的承诺函、担保函等法律文件来实现。在内容上，这套联动机制应当至少覆盖以下方面：

（1）投前尽职调查过程中发现的风险，在交易作价、交割进度、过渡期安排等方面需要做出安排，以及在交易完成后的一定时期内，明确责任方及其处理完成风险问题的时间表；

（2）投前尽职调查过程中没有发现的风险，作为或有事项，由明确的责任方在交割完成后的一定时期内负责跟踪落实，并约定清楚交易各方的配合机制，这也是投后管理阶段的核心工作之一；

（3）投前尽职调查虽然已经收集了相关信息并进行了确认，但信息来源是基于不真实的资料或访谈误导，也要赋予投后管理阶段进行纠错的机制，主要载体形式就是约定明确的违约责任条款，确定违约责任的具体数额或者计算方法。

9.2.2 投后管理的模式选择

从目前普遍的行业做法来看，投后管理主要有三种模式：

第一，投资经理负责制。

这种投后管理模式的核心特点是，投资项目负责人既负责投前的尽职调查以及投中的交易谈判,也负责交易完成后对被投公司的持续跟踪和价值提升，通常广泛应用于中小型股权投资机构，尤其是风险投资基金。此模式的优势在于，投资经理对被投公司十分了解，通常能够积极地、有针对性地跟踪和解决公司存在的问题及需求，特别是当项目收益与投资经理的绩效挂钩时，投资经理的主动性更高；但是，这种方式也有缺点，即如果投资项目过多，受到人手及专业能力的限制，投后管理工作可能无法深入开展，工作停留在收集财务报表和例行回访的层面，难以有效地为被投企业带来价值提升。

第二，投后团队负责制。

这种投后管理模式是第一种模式的升级版，主要是为了弥补投后工作“短板”而进行的改进。这种模式下，投后工作由独立的投后管理团队承担，负责对被投企业进行资源对接、定期回访、内部管理提升、参与公司内部运营等，为被投企业赋能。从被投企业角度，这是一种实实在在的增值服务，可以充分解决第一种模式下被忽略的价值提升问题。不过，这种模式需要关注内部投前团队和投后管理团队的平衡问题：如果项目收益可观，到底是投前投的好，还是投后管的好？如果投资失败，是投前尽调不充分，还是投后管理不到位？因此在内部团队绩效评估公平性方面，需要股权投资机构解决好内部的平衡。

第三，专业化投后管理。

近年来，随着股权投资项目的积累以及投后管理工作的深入，一些投资机构逐渐探索出一种新的投后管理模式，即将投后管理的部分工作，尤其是管理提升任务交给外部咨询公司，或者将投后管理团队分离，独立成立管理咨询公司，使其在绩效考核、费用核算等方面与投资组合脱钩，转而向被投企业收取咨询服务费。这种模式一方面解决了第一种模式中人手不足和专业度欠缺的问题，另一方面也解决了第二种模式中投前团队和投后团队的绩效考核冲突问题，是一种相对比较折中的投后管理解决方案。

【案例 9-1】

KKR Capstone 的专业化投后管理[1]

知名投资机构 KKR 有一个独立于投资团队的投后管理团队 KKR Capstone，它是一个由世界一流的经营管理咨询人才组成的优秀内部管理咨询团队，它采用的是一种基于投资项目的全生命周期的投后管理模式。

按照 KKR Capstone 的介绍，它的职能主要包括三项：尽职调查阶段与投资团队密切合作寻找创造运营价值的机会、与被投公司管理团队共同提升项目价值、开发并管理交叉投资项目。如图 9-1 所示：

1 信息来源：https://www.kkr.com/zh-hans/our-firm/kkr-capstone，最后访问日期：2020 年 6 月 29 日。

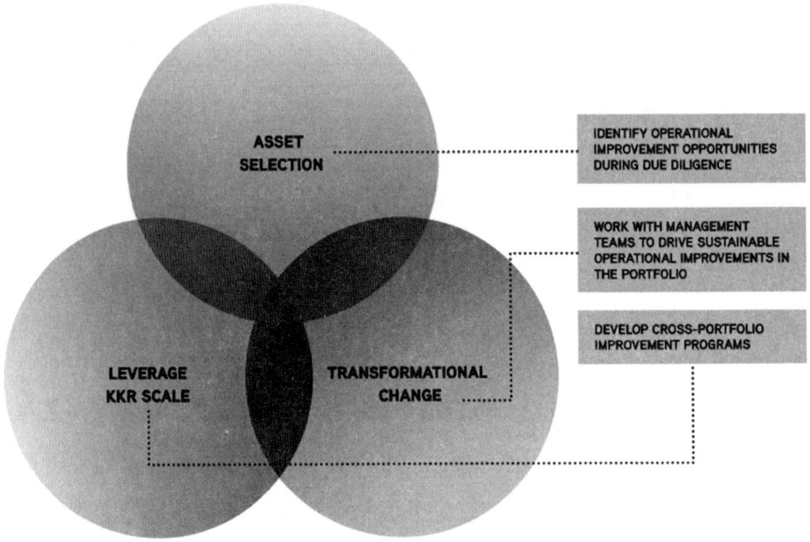

图 9–1 KKR Capstone 职能

具体来说，KKR Capstone 负责以下事项：

（1）独立经营。KKR Capstone 是独立于 KKR 公司之外的业务实体，与 KKR 共享品牌和资源，其管理咨询费用由被投企业承担，这样的业务模式使得 KKR Capstone 更加独立，也使投后团队更加目标导向。

（2）参与项目投资全周期。KKR Capstone 从尽职调查开始就全程参与项目，并且为被投企业制定管理改进计划，包括战略转型、绩效改善、效率提升和削减成本等，与被投企业一起发现问题并解决问题，最终提升被投企业的内外部价值。

（3）身兼规划和执行的双重角色。KKR Capstone 的顾问团队不仅提供专业化建议，也与被投资企业的管理层共同工作，他们还有一支以专家和著名企业家共同组成的投后管理团队，可以直接参与被投企业的管理变革工作。

总体来说，有关投后管理的上面三种管理模式各有特点，适用于不同类型的股权投资机构及其不同的管理规模和投资阶段，彼此之间没有优劣之分，各股权投资人应当依据自身的特点，恰当选择符合本身需求的投后管理模式。当然，除了这三种模式以外，还有其他管理模式，比如产业投资人，其可能在业务合作方面跟被投企业还有深度协同，存在全面的战略合作伙伴关系，在各个维度、各个层次都有融合。一些在专业股权投资机构存在的诸如投前、投后团队绩效考核问题，在这类投资人中可能根本就不是问题。

9.2.3 被投企业所属行业趋势的持续研判

对股权投资机构而言，对行业发展趋势的判断至关重要，虽然这种判断主要是由投前团队把控整体大方向，但在投后管理阶段，依然需要对被投公司的行业状况信息及时进行收集分析。如果发现被投公司所属行业出现结构性问题，或政策导向十分不利于持股价值的提升，则投后管理团队应当借助公司治理结构赋予的话语权，促使股权投资机构能够及早谋划股权退出，减少投资价值的损失，尽早获取股权的流动性价值，以防止未来情势恶化时被投公司无力回天，所有在交易结构中设计的退出机制都无法保障投资人的退出和变现。因此，投后管理在应对政策波动风险方面，是对股权投资成果的有力支撑和保障。

9.2.4 被投企业管理团队的深度跟踪

投资行业内有个说法，即“投资 = 投人 = 投股权结构”，可见“人”是投资时最看重的因素。投资团队在考察投资项目时，也往往会将管理团队放在首要考量的位置。尤其是对于种子轮、天使轮投资项目，投资人拼的就是投资眼光，是否押注了正确的创业团队。但是，投前阶段对管理团队的考察毕竟有限，有时候甚至只是凭借投资人的灵光一现，对管理团队并没有十分深入的了解，由此，也会导致“看走眼”的情况时有发生。投资完成后，投后管理团队有机会与被投公司管理团队并肩作战，也就更方便对他们进行深度跟踪和考察。一般来说，对被投公司管理团队的深度考察主要关注两个方面：

（1）经营管理能力。如果投后团队发现被投企业团队的经营管理能力欠缺，或者团队构成方面有缺陷，可以考虑利用自身资源为被投企业补齐“短板”，采用诸如团队成员补缺、管理能力提升等方面的措施，协助被投企业增强经营管理能力。

（2）道德风险。在实务操作中，股权投资机构经常遇到的一类问题是，被投企业本身的经营管理虽然没有问题，但交易各方已满足最初投资协议中约定的股权退出条件时，被投公司管理团队想方设法拒绝履约，或者想办法低成本地将投资人挤走。针对这类风险，就需要投后管理团队持续地对被投公司管理团队进行跟踪和摸底，了解其处事风格和合规意识，注意对不合规的事项收集证据，以作未来可能的谈判筹码。

对管理团队这两个方面的关注，更多是实务操作方面的具体落地措施，有些内容可能不适合写进交易文件，但至少要在交易结构文件中预留明确的配合机制，并对潜在风险的发现和解决，通过退出条款、违约责任条款、公司治理安排等手段，确保风险处于可控状态。

9.2.5 被投企业现金流跟踪

现金流是企业的生命，必须要保持稳定。如果发现被投企业在一段时间内出现应收账款持续增加、账龄偏长、存货余额增加等情况，就要引起高度重视。特别是企业过于依赖外部融资，尤其开始吸收和使用民间借贷资本时，如果交易场景不是十分合理（如合理的过桥借贷，非生产性融资等），可能就说明企业的现金流已经出现问题。这时，投后管理团队应当借助对被投企业的股权控制，及时对被投企业进行干预，包括叫停其股权投资项目、加大催收力度、优化成本控制结构等，确保现金流的稳定性，不至于出现断裂风险。

9.2.6 交易定价的合理性——估值调整

投前阶段交易各方对被投公司股权的估值定价，基本是基于尽职调查，由评估师采取恰当的评估方法出具评估结果，各方再根据自己的期望值，结合一些风险和收益的锁定条款及约定，经多次博弈后最终确定交易价格。无论交易各方采取何种努力使交易价格逼近股权的真实价值，中间仍有可能存在偏差。

投资完成后，股权投资机构的管理团队有机会近距离接触被投企业的日常经营和管理，能够深入了解被投企业，也因此能够发现在投前阶段无法准确评估的相关细节及由此带来的价值差异。在影响股权价值的各种方式中，最直观的就是财务业绩表现和低价融资。

（1）财务业绩表现。受到会计核算方法本身固有规则的影响，财务成果对公司经营业绩的反映具有滞后性，期末财务报表反映的是会计期间的经营成果及期末时点的资产负债状况。这些信息是判断股权价值的必要因素，特别是在基于收益法估值的场景下，也需要财务成果验证盈利预测的准确性及其偏差值。不过，从风险管理的角度，过程中的嵌入式管理可能会对终期业绩表现有更强的预期性和可控性。比如，2020 年春节全国受到新型冠状病毒的影响，餐饮行业遭受重创，尤其是北京地区 6 月初由于二次疫情的小规模暴发，导致刚刚复苏的餐饮行业又二次跌入低谷。在疫情全面解禁尚无明确时间表的情况下，对这些行业的餐饮公司期末财务业绩表现已经可以做出初步判断，而无须等待年终结账才能判断财务成果。当然，这是从宏观环境角度而言的不可抗力事件，企业内部在日常经营管理中，也有一些细节可能导致公司估值出现变化，比如公司面临大额的索赔诉讼、被公安机关刑事调查等。这些事件只有通过投后管理团队的密切跟踪才可能及时发现。其实，无论是哪种情形导致的股权估值预期会出现变化，如果交易合同中存在与行使不安抗辩权相关的条款依据，则在该阶段寻求解决估值调整可能是比较及时的，否则最后真的出现违约事件时，被投公司若履约能力不足，投资人利益就会受到损害。

（2）低价融资。如果被投公司由于资金紧张，为了使资金尽快到位，被迫或主动低价进行融资时，也会使上一轮股权投资人的股权价值出现贬损。不过，由于公司治理条款的存在，被投公司融资时需要股东配合签署股东会决议文件、增资扩股协议书等，从而使股权投资人能够有机会方便地发现估值变化情况。如果此次融资的股权估值低于上一轮估值，触发了上一轮投资协议书中约定的反稀释条款，投资人可以要求行使股份调整的权利。有关估值调整的细节可以参阅前述第六章“交易估值”部分“6.4.2　估值和股权稀释”的相关描述。

9.2.7　投后管理的争议解决——管辖地及解决方式

金融领域的资产管理业务，往往涉及的主体众多，各主体之间通常存在若干合同关系，基于合同的相对性及不同主体之间不对等的谈判地位，每个合同所约定的管辖地及争议解决方式并不完全一致。比如，投资人与管理人之间签订的合同约定争议解决方式为仲裁，而管理人与通道方 / 托管方 / 监管方在合同中约定的争议解决方式可能为诉讼。如果投资人资金受损引发争议，可能就会产生诉讼和仲裁之间的冲突及管辖权争议，往往比较复杂。而股权投资领域的投资业务，涉及主体一般不多，主要是投资人和目标公司及其原有股东，即使投资人通过募集资金进行投资的（如“三类股东”），代表投资恰谈的主体也是其管理人，背后购买出资份额的真正金主不会作为投资协议的一方主体进行签约。所以在这类投资协议中，约定的争议解决方式往往比较简单：或者在被投公司所在地 / 投资人所在地进行诉讼、或者选择某个明确的仲裁机构进行仲裁。从保密性及解决争议的效率来看，笔者比较推荐仲裁解决争议，诉讼解决争议的成本是比较高昂的，尤其在时间成本、执行成本等方面。当然，具体选择何种方式解决争议，许多时候取决于投融资双方的谈判地位，可选空间有时也不大。投资方在进行股权投资谈判并签署交易文件时，即使不能主导确定争议解决管辖地及解决方式，也要对选定的方式有明确的风险预期，并将相关准备工作及时安排投后管理团队跟踪落实。因此，从投后管理角度，提早感知风险，及时预判危机，并采取恰当对策，对争议的最终顺利解决是有很大帮助的。

9.2.8　投后管理的证据保全——不打无准备之仗

在投资完成后一段时间内，投融资双方的关系是比较融洽的，蜜月期带来的幸福感会让双方在许多问题上能够迅速达成共识。但丑媳妇早晚要见公婆，绝大多数的投资人不是天使，投资是要寻求回报的，到了股权最后退出的节点，才是决定双方感情是否破裂的关键时刻。如果收益可观，投资没有亏本，大家都会相安无事；如果未达到投资预期，甚至无法顺利退出，感情破裂几乎是必然的。这时候，在法庭上或仲裁庭上短兵相见、寸土必争就是一个大概率事件。而决定双方斗争最终谁能胜出的关键，就是证据。这就回到一个比较艺术性的话题，即证据从何而来以及如何获得？其实，投后管理团队在这方面可以发挥关键性作用。比如，在执行阶段常用的财产线索，一般情况下查找财产线索分为两种途径，一是当事人自行查找，二是申请法院依职权查找。在当前法院审判任务繁重、结案压力大的情况下，为了节省司法资源，法院更多希望当事人主动提供对方的财产线索。而当事人提供财产线索，不应有临阵磨枪的心态，即临近起诉时才开始查找。投资项目一旦出现问题，各方的蜜月期结束，相互之间的配合程度必然下降，这时候要求对方提供财产线索几乎是不可能的。因此，在投前尽职调查阶段以及投后管理的日常跟踪阶段，股权投资人就应对被投公司的资产状况进行摸底，即便有些资产已经用于抵押、质押，也应当尽可能地进行全面了解。特别是对那些价值高、容易变现的资产以及公司的账户信息更应当重视，随时收集好相关证据信息，为后续可能发生的风险及争议解决做好准备。

第十章

退出机制

在目前中国投资实践中，不乏通过各种形式（包括通过公司章程约定、通过投资者权利协议约定等）对公司或创始团队股东锁定固定回报责任的投资者，但真正从商业角度看，这些都未必是最明智的安排。除非投资人有能力更换公司的实际运营管理团队，否则出现“鱼死网破”的极端情况，对各方都是不利的。更何况，在这种极端情况下，公司的实际运营管理团队凭借实际控制权，可以通过关联交易、转移定价等多种安排，将利益转移出被投资公司，他们的利益不一定受到损害。

考虑到退出机制的复杂性和重要性，下文将对投资退出的规划设计以及常见的几种退出方式进行讨论介绍，并对退出过程中需要注意的问题进行讨论。

10.1 提前规划退出

10.1.1 为什么提前规划退出很重要

1. 退出受市场行情影响较大

当市场行情好时，投资人从公司退出是相对容易的，无论是IPO还是并购，公司的盈利能力及价值均能够保障退出渠道相对畅通。但当市场经济形势不好时，就容易引发退出的诸多问题，投资人从公司顺利退出不是一件很容易的事。

2. 退出受多重因素影响因而具有动态复杂性

（1）站在企业角度，退出是一个战略性的问题。正如决策何时引进投资人一样，何时使投资人退出是同等重要的。一家公司的价值不仅在于过去曾经创造了多少价值，更在于未来能够持续不断地产生多少价值。对未来价值预期越高，退出时点的投资人获益就越大。同样地，企业跟投资人之间的议价能力也就越强。为了能够作出任何可行的退出方案，许多公司需要提前很长时间进行准备，因为对退出策略和时机有影响的因素很多，如公司规模、对关键高管或客户的依赖程度，以及宏观经济和行业的总体条件等。因此，企业进行退出决策设计时，首先要集中精力对公司进行战略性评估，明确退出的战略性选择。

（2）站在投资人角度，退出需要尽量降低不确定性。许多机构投资者（尤其是各种 PE、VC），用于投资的资金是从市场上募集而来的，并非自有资金，募资时对他们的出资人也经常有各种承诺，因此对于募集资金再次投资的项目，基金管理人会倾向于将各种不确定性降到最低。如果基金没有获得延期，在退出期内必须要完成被投项目的退出，以完成对各自投资人的分配。所以在这个过程中，无论是本金返还、投资收益率，还是退出时间，基金都会尽最大可能在项目投资之初就会事先锁定，排除风险。

（3）站在创业股东角度，退出考验着若干个人问题。创业股东不仅需要考虑投资人退出，还要考虑在极端情况下自己如何退出。对于许多非上市公司的创始股东而言，他们捆绑在企业上的财富，往往大于他在其他方面的财富。虽然这种财富的集中度可能是合适的，但是对于正在创造财富的 35 岁的人，会有些风险；对于 50 岁的人，这种风险就要大很多；对于一位 65 岁的股东，这种财富结构可能对其财务安全就是一种严重的威胁。另外，创始股东考虑退出计划时，他们也可能选择终止在公司的就业，或者在某种程度上只保留一个股东身份，或者纯粹作为公司的一名职业经理人。对于许多创业股东而言，打造自己的公司是人生中最大的事件之一，他们一般情况下不想，也不愿意与公司脱离关系。他们可能会考虑岗位或责任上的变化，他们的工作渴望在考虑退出机制设计时也需要被重点关注。尤其是将大半生都倾注于企业创建和运营管理的创始股东，会把自己等同于公司本身，无论何种形式的退出都有可能难以割舍。决定退出的可能还有若干其他动机，比如健康状况、个人兴趣、在公司中的地位以及个人财富的传承、子女接班等。在设计退出机制时，需要找出对他们最重要的东西，并最终确保他们的退出规划囊括了这些需求。

10.1.2 怎样规划退出

1. 设立退出目标

退出目标是设计退出机制的第一步。作为公司的掌舵人，创始股东（一般也是大股东）需要想清楚下面的问题：如何谈判投资人的退出时点、退出价格、退出方式？如果自己主动不再掌控公司，后续如何运营？通过退出，投资人或者自己想要得到什么？围绕这些问题，创始股东要作出清晰合理的决策，知己知彼，才能百战不殆。

2. 选择退出方案

无论投资人还是创始股东，有很多可以从公司退出的方案。按照美国公司法实践，可用的退出方式包括：

（1）IPO 上市发行股票；

（2）分拆上市；

（3）出售给第三方；

（4）出售给员工和外界投资者；

（5）出售给家族；

（6）出售给管理层（MBO）；

（7）股份回购计划；

（8）分拆出售部分股份（Carve-out）；

（9）债务再融资；

（10）资产剥离（Divestitures）；

（11）牛卡计划（Dual-Class Recapitalization）；

（12）合资企业；

（13）杠杆资本重组；

（14）赠与慈善事业；

（15）赠与雇员；

（16）赠与家庭成员；

（17）清盘（有选择的、有序的或者强制性的）；

（18）再资本化；

（19）战略联盟；

（20）雇员持股计划（ESOP）。

在中国投资市场环境下，最常用的退出方式是被投企业 IPO 退出、并购退出、股权转让退出、公司回购退出以及清算退出。根据清科研究中心的数据统计，截至 2019 年 11 月，各种退出方式及其占比如图 10-1 所示：

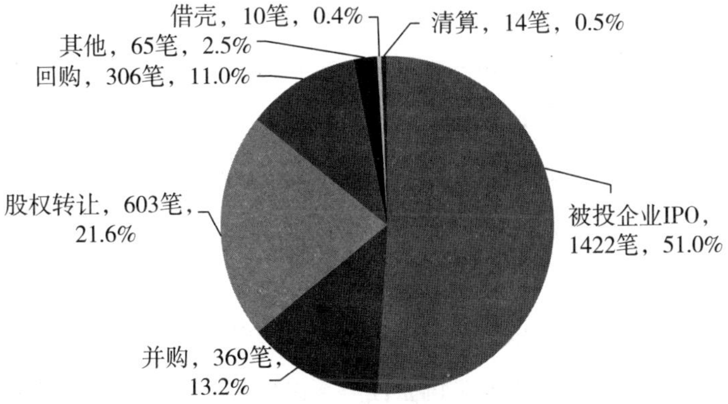

图 10-1　2019 年前 11 月中国股权投资市场退出方式分布（按退出案例数）

3. 实施退出计划

理解、培育和实现企业价值，让全体投资人/股东实现投资收益，是退出机制实施过程中最理想的结果状态。为了能够实现顺利退出，笔者认为有两个前提是非常重要的：

（1）控制权。谁拥有对公司的控制权，无论是法律上的股权控制，还是运营上的实际控制，谁就会在退出上占有主动权。在某些情况下，对个别事项的一票否决控制（如股东会分类表决机制），也会对退出是否能顺利完成具有重大意义。

（2）专业的顾问团队提供全程跟踪支持。要想有一个顺畅成功的退出，确保有一个称职专业的顾问团队是非常关键的，他们可以在法律、审计、税务成本控制等方面提供有用的帮助。

10.1.3 另类退出——财富传承与后代接班

绝大多数的退出都是涉及投资人的退出（包括战略投资人或纯粹的财务投资人等），实践中创业股东的退出也值得深入关注。当年改革开放后，通过自主努力和艰苦奋斗创业成功的企业家，现在面临退休、二代接班的问题。有的企业创始股东在二代传承方面做得不错，有的则面临比较尴尬的情况，形成了“第一代开创、第二代管理、第三代消费”的模式。萌生退意的老板们都在思考如何顺利完成财富传承和事业接班。富有的年轻人不愿意再经历父辈曾经遭受过的磨难和辛苦，价值观、志向跟父辈也大不相同，在这种情况下，如何使这类创业股东退出公司，就会比一般的投资人退出面临更多的问题。

斯蒂芬·茨威格在《人类群星闪耀时》中写道：“一个人生命中最大的幸运，莫过于在他的人生途中，即在他年富力强的时候发现了自己的使命。”而对于大部分含着“金汤匙”出生的富二代来说，从其出生时就身负传承家族财富的使命，根本不用等到年富力强时再去顿悟。在当前我们国家的经济形势下，创业股东们要实现财富传承和后代接班，更多要考虑的因素将会集中在家族信托的本土化设计、职业经理人的选聘及掌控、企业管理体系的大胆创新等方面。河北大午集团在这方面进行的尝试值得我们深入反思。

【案例 10-1】

河北大午集团的“私企立宪制度”[1]

【案情简介】

河北大午农牧集团有限公司位于河北省保定市徐水区大午独立工业区。始建于 1985 年，从养 1000 只鸡、50 头猪创业，经过 20 多年的自我积累，滚动发展，现已成为集养殖业、种植业、加工业、工业、教育业、旅游业为一体的大型民营企业。

集团在 2005 年首创的《私企立宪制度》，在家族财富传承和后代接班方面进行了一次全新的尝试。按照集团董事长孙大午的设计，大午集团的所有权将作为一个整体存在，后代虽然继承其产权但是并不能进行财产分割。家族成员“有能力的就去创业”，通过自己的竞争成为企业领导人；而“没有能力的就去享福”，每个月从企业领取正常工人的 1~3 倍的生活补贴以保障生活，这样对企业也不会产生伤害。所谓“私企立宪制”，即企业的所有权、经营权和监督权分开；孙大午和他的妻子拥有企业的产权，后代继承，主要由家族成员组成的监事会对董事会、理事会进行监督，但是无权决策；由企业内部人员选举产生的董事组成董事会，行使企业的投资等决策权，但是无权干涉经营；由分公司一把手组成的理事会则执行董事会的决策，行使经营权。企业将由监事会、董事会和理事会共同制定一部企业内部的“宪法”，以确定和保障实施企业的这些规则。

1 案例信息来源：http://www.sundawu.cn/，最后访问日期：2019 年 12 月 17 日。

【公司治理结构】

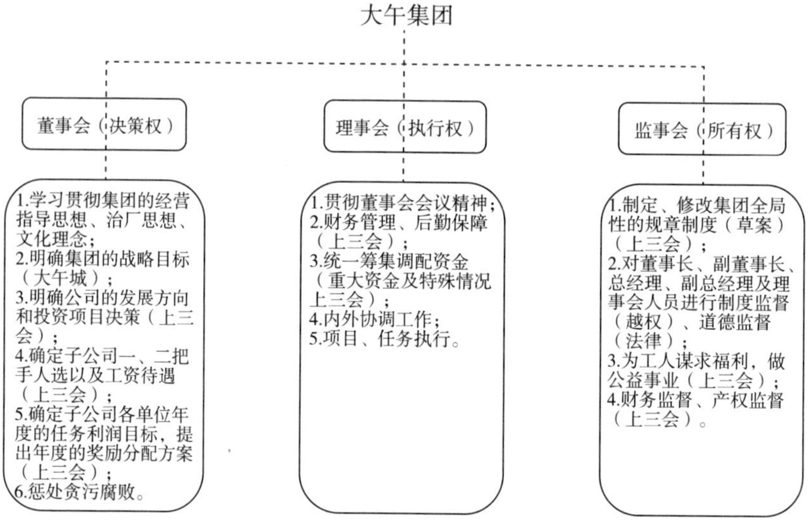

图 10-2　大午集团公司治理结构

（1）根据大午集团《企业宪法》，摘取董事会详细职权如下：

第一条　董事会是集团的最高决策机构。董事会由董事长 1 人，副董事长 1~2 人，董事若干人组成（目前有 15 名正式董事，2 名候补董事）。

第二条　董事会成员由职工代表大会选举产生，董事长由董事选举产生。董事每届任期 2 年，董事长每届任期 4 年，均可连选连任。董事长可在董事会成员中提名副董事长，被提名的副董事长需经三会联席会议通过。

第三条　董事会行使以下职权：

（一）决定集团发展战略、重大发展方针。

（二）决定集团年度生产、经营、投资计划和工作计划。

（三）制定年度干部员工激励机制、年终利润分配方案。

（四）协调集团成员单位之间的生产、经营、协作关系。

（五）审议对集团章程、制度的修改。

第四条　董事会会议每月至少召开一次；董事会会议由董事长召集和主持；

董事长因特殊原因不能履行职责时，由董事长或监事长指定副董事长或者其他董事召集和主持；董事会讨论通过的决议、决定要通报监事会。

第五条 董事会会议应当有三分之二以上的董事出席方可召开。每位董事享有一票表决权，不得弃权。董事会作出决议，必须经全体董事的三分之二以上通过。

第六条 董事应当在董事会决议上签字并对董事会的决议承担责任。

第七条 董事会讨论决定的年度各项投资总和不能超过集团上一财政年度的盈利与上一财政年度固定资产折旧的总和。

第八条 具有独立法人资格的子公司，可以留用该企业上一财政年度盈利的三分之一，用于扩大再生产；若使用金额超过三分之一，需报董事会审批；若上一财政年度发生亏损，则该企业的任何投资项目均需报董事会审批。

第九条 董事会负责子公司一、二把手的任免、调动。

第十条 董事长行使下列职权：

（一）召集、主持董事会会议。

（二）发布董事会决定。

（三）检查、督促董事会决议的执行。

（四）签署董事会重要文件。

（五）三会联席会授予的其他职权。

第十七条 董事规范

（一）在其职权范围内行使权利，不得越权。

（二）不自己经营或者与其他人经营与集团同类的业务，不从事损害集团利益的活动。

（三）不得利用职权收受贿赂或者其他非法收入，不得侵占集团的财产。

（四）不得挪用资金或者将集团资金借贷给他人。

（五）接受监事会监督。

第十八条 董事享有以下权利：

（一）审阅集团的各项业务、财务报告、月度工作总结，及时了解公司业务经营管理状况。

（二）关心本单位和全集团的生产、经营和发展，就影响企业发展的普遍性、全局性的问题提出建议和改进措施。

（三）在董事会授权或董事会知情同意的情况下，可就集团或集团成员单位的生产、经营和管理进行专题调研，并提出建议和指导意见。

（五）可免费使用公司的车辆，包括因私用车；享受存休制度；有外出学习及出国考察的资格。

（六）从私企立宪制实施起，连续或累计当选二届以上的董事长、三届以上的总经理、八届以上的董事均可享受离休待遇，离休待遇原则上参照本人在职待遇。

（七）鼓励董事（干部）的子女出国留学、外出创业，设立董事（干部）子女出国留学、外出创业基金，数额为 30 万～ 100 万元。具体实施细则由董事会制定。

第十九条 董事成员的任免、调动需通过三会联席会议。董事辞职应当向董事会提交书面辞职报告。对其擅自离职使公司造成的损失，应当承担赔偿责任。

（2）根据大午集团《企业宪法》，摘取理事会详细职权如下：

第二十条 理事会是集团的执行机构，负责执行、实施董事会的决议。

第二十一条 理事会成员由单位一把手和子公司办公室主任组成。

第二十二条 理事会会议由总经理负责召集，每月召开 1 ～ 2 次。

第二十三条 总经理由董事会在董事中选举产生，每届任期四年，可连选连任。总经理可在董事会成员或理事会成员中提名副总经理；被提名的副总经理需经三会联席会议通过。

第二十四条 总经理对董事会负责，行使下列职权：

（一）主持集团公司的生产经营管理工作，组织实施董事会决议。

（二）组织实施集团公司年度经营计划和投资计划，负责决算和任务考核。

（三）代表集团对外处理重要业务。

（四）公司章程和三会联席会授予的其他职权。

（3）根据大午集团《企业宪法》，摘取监事会详细职权如下：

第二十六条 监事会由产权所有者家族成员、工会主席、法监部主任、财务总监和其他聘用人员组成。监事会监督权最大。

第二十七条 监事会由监事长负责，监事长实行继承制。

第二十九条 监事会行使下列职权：

（一）拟定企业的根本运行机制——《私企立宪制度》。

（二）组织董事换届选举。

（三）检查集团的财务、业务情况；查阅财务账簿和其他会计资料；必要时可要求集团董事长、总经理报告集团的生产经营情况。

（四）对董事、经理进行监督，必要时，可对董事提出弹劾。

（五）监督审核董事会、理事会提交的集团公司的财务报告、营业报告和利润分配方案等财务资料。

（六）监事长或监事会的代表可以列席董事会、理事会会议。

第三十一条 家族成员在教育、医疗方面享有充分保障。

第三十二条 监事会办公费用列入集团公司的财务预算。

第三十三条 监事会可以提取公司上一财年利润 10% 作为监事长（会）专用资金，主要用于公益事业。

第三十四条 监事会每两年组织一次换届选举（每隔一年的十二月定为选举月），选举集团新一届董事会。选举期间可设立临时性的办事机构（选举办公室或委员会），该办事机构在监事会授权下开展工作。

【案件评析】

（1）大午集团的“私企立宪制”在家族财产的传承方面进行了有益的尝试。这套体系的产生，有许多特殊的背景，如集团根植于当地的农业社会和地理位置，形成了完整的产业生态；大午员工大多是农民的群众基础，文化水平并不高，更容易被孙大午先生强大的思想所影响和灌输；孙大午先生的特立独立、刚烈霸气，又敢于与天斗、与地斗、与人斗，与各方势力强悍斗争的性格；家族内部纷争、外部各种势力挑战等。这套制度体系的重要理念是“分家不分产”，孙大午先生通过奇特的开放文化，把权力释放到高管、中层甚至基层员工手中，把自己和儿子们的权力关在笼子里，让各子公司的权力逐渐扩大，但又不能失控。通过对于有些规则的修改加强了监事会的权力，如曾经通过加强监事会的权力，从而影响最终董事长的人选。这种模式与家族信托的理念和设计在某种程度上有些相似之处。

（2）大午集团的这套家族治理和企业治理制度，其核心是“私有、公治、共享”，他们实行的所有权、决策权和经营权的三权分立，相对应的是监事会、董事会和理事会的三层治理结构，这种结构设计虽然与当前中国的《公司法》基本框架不完全一致，但在解决集团自身治理的现实需求上，的确起到了作用。正如一些学者和专家指出的，大午集团的“私企立宪制”可以学习、可以借鉴，但不可复制。

10.2 通过 IPO 退出

IPO（Initial Public Offering），即首次公开发行股票。通过 IPO 退出是指企业具备上市条件以后，通过在证券市场挂牌上市使投资资金实现增值和退出的方式。企业上市主要分为境内上市和境外上市，境内上市主要是指深交所或者上交所上市，境外上市常见的有港交所、纽交所和纳斯达克等。在所有类型的退出方式中，IPO 的投资回报率通常是最高的，因此深受投资人喜爱。

10.2.1 境内 IPO 退出

我国境内首次公开上市退出的市场有主板市场、中小板市场、创业板市场、新三板市场、科创板市场等，每个市场对企业的上市条件有不同的规定。在公司的股本总额、盈利能力、财务状况等方面，要求最严格的是主板市场；中小板市场和创业板市场上市的要求比主板市场低得多；新三板市场要求较低，但由于缺乏流动性，目前许多公司已经退市。科创板市场实行注册制，要求相对较低。但国内大部分投资者所投资的公司主要是中小企业，这些中小企业要达到主板市场上市的条件会比较难，因此现在投资者通过 IPO 退出的市场主要集中在中小板和创业板。科创板的出现助力了中国多层次资本市场的发展，为 VC/PE 手中囤积的大量高科技项目提供了新的退出通道。

根据清科研究中心的统计数据，2019 年前三季度，共计发生 1532 笔退出，被投企业 IPO 共 999 笔，其中科创板总计 372 笔，涉及 250 家机构。可以看出，在这些股权投资的全部退出方式中，IPO 占 65%，是主要退出渠道（见图 10–3）。

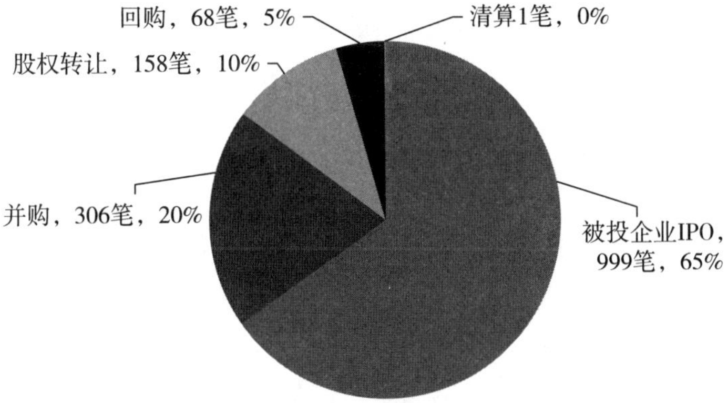

图 10–3 2019 年前三季度退出模式分布

近几年，随着国内 IPO 市场以及监管环境的变化，通过 IPO 实现退出的案例数表现出较大幅度的波动。除了个别年份，如 2013 年，因市场影响，以 IPO 方式退出占比较低外，其他年份 IPO 退出在整体退出方式中都占有较大比例。根据清科研究中心统计数据，自 2011 年至 2019 年前三季度，当年退出案例总数与 IPO 退出的对比情况如图 10–4 所示：

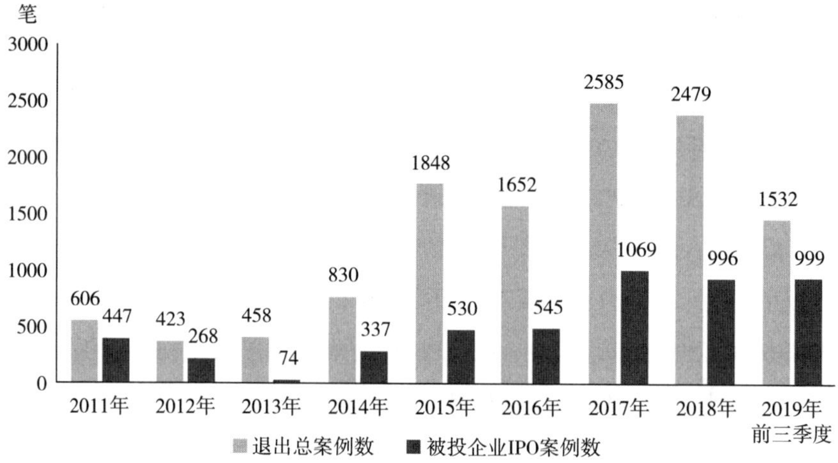

图 10–4　2011 年至 2019 年前三季度当年退出总数与 IPO 退出数对比

（1）境内 IPO 退出的优势

第一，股权的投资方可获得高额回报，实现投资者、企业管理层、企业自身三方的利益最大化，是投资人最青睐的退出方式。

第二，退出成本相对较低。相比境外上市，境内 IPO 聘请券商、律师事务所、会计师事务所、评估事务所等中介机构所花费的费用更低，给股权公司带来的财务成本更少，有利于股东权益的最大化。

第三，既能为投资者和企业赢得信誉、提高知名度，又能帮助企业拓宽融资渠道以得到更多的资金支持。公司上市的要求比较高，需要提前一两年做很多准备，相应的业绩和资本要求等指标都得达到上市标准，这些准备过程中企业会向市场公开一些信息，这样也为企业打出了广告，提高了知名度，待企业上市后，投资者能够以满意的价格出售股权，证券市场也为企业将来的发展提供持续的资金支持。

（2）境内 IPO 退出的劣势

第一，监管越来越严格，要通过 IPO 实现退出变得比较困难。公司境内上市受中国证监会发行审核的政策变化影响较大，在上市节奏上经常会面临不确定性。

第二，上市成功后，企业和投资者也都将面对较大的不确定性。《公司法》和上交所、深交所的上市规则中对股东持有的原始股份交易都有锁定期限制。资本市场风云多变，受到国际资本市场和国内宏观政策等多方面因素的影响，投资者在锁定期届满后能否满载而归是需要承受一定的风险的，导致退出价值可能与预期有差异。

10.2.2 境内退出实务要点分析

第一，企业要慎重评估自身是否适合 IPO。虽然股市飙升的股价和更高的估值会催生公司的上市热潮，但就境内 IPO 而言，证监会审批公司上市的速度时快时慢，再加之高标准的上市要求和繁杂的上市手续，还是将绝大多数中小企业拒之门外。

第二，充分预估退出的时间风险。IPO 固然是好，但相比其他退出方式，IPO 对企业资质要求较严格，手续比较烦琐，IPO 成本过大。据不完全统计，境内企业 IPO 的成本均价在 3500 万元人民币左右是比较常见的（含券商、律师、会计师等中介机构费用）。而且 IPO 成功之后存在禁售期，这加大了收益不能快速变现或推迟变现的风险。

【案例 10-2】

中国邮政储蓄银行投资人境内 IPO 及其退出[1]

2019 年 12 月 10 日，中国邮政储蓄银行在上海证券交易所实现首次境内

1 本案例信息来源：巨潮资讯网，http://www.cninfo.com.cn/new/fulltextSearch?notautosubmit=&keyWord=%E6%8B%9B%E8%82%A1%E8%AF%B4%E6%98%8E%E4%B9%A6，《中国邮政储蓄银行股份有限公司首次公开发行股票（A 股）招股说明书》，最后访问日期：2019 年 12 月 6 日。

公开发行并上市，公司历史上引入的战略投资者账目价值收益表现出色，再次彰显了 IPO 退出对投资人的魅力。

【案情简介】

中国邮政储蓄的历史可以上溯到 1919 年办的邮政储金业务，至今已有百年历史。 根据《邮政法》，邮政企业经营邮政储蓄和邮政汇兑业务。2004 年颁布的《邮政储蓄 机构业务管理暂行办法》将邮政储蓄机构经营金融业务纳入银行业管理范围。2007 年 3 月 6 日，经中国银监会和财政部批准，中国邮政储蓄银行有限责任公司成立。2012 年 1 月 21 日，经国务院同意并经中国银监会和财政部批准，中国邮政储蓄银行有限责任公 司整体改制为中国邮政储蓄银行股份有限公司。2015 年 12 月 8 日，经中国银监会和财政部批准，本行引入瑞银、中国人寿、中国电信、加拿大养老基金投资公司、蚂蚁金服、摩根大通（持股主体为 JPMorgan China Investment Company II Limited）、淡马锡（持股主体为 FMPL）、国际金融公司、星展银行及深圳腾讯等十家战略投资者。

【公司历史沿革】

（1）公司设立

2006 年 12 月 31 日，中国银监会作出《中国银行业监督管理委员会关于中国邮政 储蓄银行有限责任公司业有关问题的批复》（银监复[2006]484 号），同意邮政集团全资组建中国邮政储蓄银行有限责任公司，并核准《中国邮政储蓄银行有限责任公司章程》。根据该批复，邮储银行设立时的注册资本为 200 亿元。

邮储银行设立时的股本结构如表 10-1 所示：

表 10-1　中国邮储银行设立时股本结构

股东名称	出资额（元）	持股比例（%）
邮政集团	20,000,000,000	100.00
合计	20,000,000,000	100.00

（2）2009 年增资

2009 年 9 月 25 日，邮政集团总经理办公会议作出决议，同意以自有资金对邮储银行增资 100 亿元。

2009 年 12 月 17 日，国家工商行政管理总局向邮储银行核发了《企业法人营业执照》（注册号：100000000040768）。

该次增资完成后，邮储银行的股东及股权结构如表 10-2 所示：

表 10-2　2009 年增资后中国邮储银行股权结构

股东名称	出资额（元）	持股比例（%）
邮政集团	30,000,000,000	100.00
合计	30,000,000,000	100.00

（3）2010 年增资

2010 年 10 月 12 日，邮政集团总经理办公会议作出决议，同意以自有资金对邮储 银行增资 110 亿元。

2010 年 12 月 10 日，国家工商行政管理总局向邮储银行核发了《企业法人营业执照》（注册号：100000000040768）。

该次增资完成后，邮储银行的股东及股权结构如表 10-3 所示：

表 10-3　2010 年增资后中国邮储银行股权结构

股东名称	出资额（元）	持股比例（%）
邮政集团	41,000,000,000	100.00
合计	41,000,000,000	100.00

（4）2012 年整体改制

2011 年 10 月 31 日，邮政集团总经理办公会议作出决议，同意邮储银行由有限责任公司整体变更为股份有限公司。

2011 年 12 月 23 日，财政部作出《财政部关于中国邮政储蓄银行股份有限公司国 有股权管理方案的批复》（财金［2011］181 号），同意邮政集团作为发起人独家发起 设立中国邮政储蓄银行股份有限公司；2010 年 12 月 31 日，邮储银行净资产为 6,274,525.60 万元，其中实收资本 4,500,000 万元，一般准备 1,319,985.01 万元，资本公 积 454,540.59 万元；邮储银行实收资本 4,500,000 万元，按每股面值 1 元设置发起人股 份 4,500,000 万股，全部由邮政集团持有。

2012 年 1 月 21 日，国家工商行政管理总局向邮储银行核发了《企业法人营业执照》（注册号：100000000040768）。

邮储银行整体改制完成后，股东及股权结构如表 10-4 所示：

表 10-4 中国邮储银行改制后股权结构

股东名称	出资额（元）	持股比例（%）
邮政集团	45,000,000,000	100.00
合计	45,000,000,000	100.00

（5）2014 年及 2015 年第一次增资

2015 年 1 月 23 日，中国银监会作出《中国银监会关于邮储银行变更注册资本的批复》（银监复［2015］59 号），同意邮储银行注册资本变更为 570 亿元。

2015 年 6 月 17 日，国家工商行政管理总局向邮储银行核发了《营业执照》（注册号：100000000040768）。

该次增资完成后，邮储银行的股东及股权结构如表 10-5 所示：

表 10-5 第一次增资后中国邮储银行股权结构

股东名称	出资额（元）	持股比例（%）
邮政集团	57,000,000,000	100.00
合计	57,000,000,000	100.00

（6）2015 年第二次增资

2015 年 11 月 20 日，邮储银行股东大会作出决议，批准邮储银行发行 11,604,000,000 股普通股，每股面值为 1 元，认购价格为 3.89 元/股，由瑞银、中国人寿、中国电信、 加拿大养老基金投资公司、蚂蚁金服、摩根大通（持股主体为 JPMorgan China Investment Company II Limited）、淡马锡（持股主体为 FMPL）、国际金融公司、星展银行、深圳腾讯等战略投资者认购。增资完成后，邮储银行的注册资本由 57,000,000,000 元增加至 68,604,000,000 元，股份总额由 57,000,000,000 股增加至 68,604,000,000 股。

2016 年 3 月 14 日，中国银监会作出《中国银监会关于邮储银行变更注册资本及修 改公司章程的批复》（银监复［2016］75 号），同意邮储银行注册资本变更为 68,604,000,000 元，并核准修改后的公司章程。

2016 年 3 月 23 日，北京市工商行政管理局向邮储银行核发了《营业执照》（统一 社会信用代码：9111000071093465XC）。

该次增资完成后，邮储银行的股东及股权结构如表 10-6 所示：

表 10-6　第二次增资后中国邮储银行股权结构

序号	股东名称	出资额（元）	持股比例(%)
1	邮政集团	57,000,000,000	100.00
2	瑞银	3,423,340,000	4.99
3	中国人寿	3,341,900,000	4.87
4	中国电信	1,140,270,000	1.66
5	加拿大养老基金投资公司	822,150,000	1.20
6	蚂蚁金服	738,820,000	1.08
7	JPMorgan China Investment Company II Limited	642,670,000	0.94
8	FMPL	493,570,000	0.72
9	国际金融公司	474,290,000	0.69
10	星展银行	398,460,000	0.58
11	深圳腾讯	128,530,000	0.19
合计		57,000,000,000	100.00

（7）2016 年首次公发行境外上市外资股并在香港联交所上市

2016 年 5 月 25 日，财政部作出《财政部关于中国邮政储蓄银行首次公发行 H 股 股票并在香港联交所上市有关事宜的批复》（财建函［2016］21 号），同意邮储银行 首次公发行 H 股股票并在香港联交所上市。

2016 年 9 月 28 日，邮储银行首次公发行的 12,106,588,000 股 H 股在香港联交所上市。2016 年 10 月 20 日，联席代表（代表国际承销商）部分行使超额配售选择权，发行 319,986,000 股 H 股。该次 H 股发行完成后，邮储银行的注册资本增至 81,030,574,000 元，股份总数增至 81,030,574,000 股。如表 10-7 表所示：

表 10-7　2016 年在香港联交所上市后中国邮储银行股权结构

序号	股东名称	股份类别	出资额（元）	持股比例（%）
1	邮政集团	内资股	55,847,933,782	68.92
2	中国人寿	内资股	3,341,900,000	4.12
3	中国电信	内资股	1,117,223,218	1.38
4	蚂蚁金服	内资股	738,820,000	0.91
5	深圳腾讯	内资股	128,530,000	0.16
6	H 股股东	H 股	19,856,167,000	24.50
合计			81,030,574,000	100.00

【战略投资人投资收益测算】

根据邮储银行 2019 年 12 月 10 日上市首日的价格 5.6 元人民币计算，2015 年第二次增资时进入的战略投资人均获得了较好的收益。以蚂蚁金服为例，其初始认购价格为 3.89 元 / 股，IPO 时每股收益为 1.71 元，综合投资收益率达 43.96%。由于银行股相对比较稳健，不像高科技公司那样估值变化快，这样的收益率对投资人而言已经相当不错了。虽然投资人持有的股票还要受锁定期限制，但当前环境下相信银行股的表现不会让人失望。

10.2.3 境外 IPO 退出

根据投中研究院的数据分析，自 2018 年以来，A 股市场受监管影响，IPO 规模和数量双双下降，尽管 A 股行情惨淡，但港股和美股上市企业有增无减，在 A 股上市无门的获投企业纷纷赴港上市或海外上市寻求出路。港股市场因其推行的改革制度吸引众多 Pre-IPO 公司涌入，在 2018 全球募资规模最高，IPO 数量规模反超 A 股。

（1）境外 IPO 退出的优势

第一，上市门槛低。比如，在美国上市，因实行披露制，对财务数据的要求比境内低，只要遵守 SEC 和交易所的规定，及按照 US GAAP 的要求进行审计，即可申请上市，比国内审核制的要求要低得多。

第二，制度成本低。国内证券市场还处于新兴和转轨期，市场规模小、发行机制市场化程度低、信息披露机制不健全。而中国香港、美国等市场 IPO 的国际化程度高，承受大规模融资的能力高于内地市场，发行上市机制也更为市场化，制度成本比较低。

第三，时间成本低。由于不实行严格的审核制，以及上市程度的市场化、透明化，因此境外 IPO 的周期相对较短。以美国为例，拟上市公司一般 6~12 个月便可以挂牌上市，而境内主板上市则需要两年左右。

第四，上市周期短。由于是以离岸公司为主体在境外上市，因此，可以不经过国内 A 股上市所需的漫长审批程序和过程，即先进行企业内部重组和股份制改造，再由券商进行辅导，辅导验收通过后再经过保荐机构上报中国证监会申请上市、排队等待发审委审核、出具批复等，上市周期可以大大缩短。

第五，上市后股份经过锁定期，可以实现全流通。以离岸公司形式在海外上市，只要经过当地交易所规定的锁定期，所有股份都可以实现全流通，包括创始人股份、风险投资人的股份以及战略投资人的股份等。当然，锁定期满后，并非立即全部流通，尤其是创始人的股票，还要配合市值管理的需要，决定股票出售的具体时机。

第六，境外资本市场估值方式有利于高成长型科技企业。根据证监会2014年1月12日发布的《关于加强新股发行监管的措施》，新股发行市盈率23倍是红线，主要为了确保申购新股的投资者利益不受到损害。但是，在境外上市尤其像纳斯达克这种高效率的市场，投资人对高成长企业的价值认同程度很高，上市公司得到的估值通常也比较高。

第七，外汇自由兑换无限制。对国际风险投资机构而言，境外上市的另一个好处是不受外汇兑换的限制。如果在国内IPO退出，外汇的汇出会比较麻烦。投资人虽然也可以在境内进行再投资，但是以人民币投资形成的股权就是内资股，即使可以上市，如何流通、如何变现及如何将人民币转为外币偿还境外股东等，仍然面临很多政策性约束和限制。

（2）境外IPO退出的劣势

第一，上市成本高。申请美股或其他境外地区上市时，公司需要聘请的中介机构比境内上市要复杂的多。一般需要两家或以上在国际上有知名度的投行牵头，涉及境内外多家律师事务所（境内外公司律师、境内外承销商律师）、国际知名的会计师事务所（为便于后期销售股票，一般选“四大”之一作为审计师）、评估师事务所、DR Bank、股票登记管理人、担保银行、ESOP管理机构、信托管理人、D&O保险等，涉及的费用往往是境内上市的好几倍。

第二，上市后维护成本高。公司上市后每年的审计费、律师费等虽然可以部分被DR Bank的费用返还所覆盖（具体数额与DR Bank谈定），但一旦公司遇到集体诉讼，将会牵涉大量的时间精力和成本，相比国内上市，维护成本要高很多。

10.2.4 境外退出实务要点分析

第一，境外上市，尤其是美国IPO，信息披露要求比较高，违法成本大。SEC对公司上市递交的申请不像国内IPO一样进行实质性审批，但是如果出现信息披露不充分、不真实，上市后可能会面临投资者的集体诉讼，如果财务造假，公司高管还可能承担刑事责任。

第二，对公司的合规性要求非常高。公司决定到境外上市后，要聘请专业机构协助建立完整的内控及合规管理体系。比如，美国的《反海外腐败法》（Foreign Corrupt Practices Act，FCPA），赋予了美国对境外公司的“长臂管辖权”，凡是跟美国有关联关系的外国公司在海外有腐败行为时，美国都可以依据该法进行管辖。这部法律于1977年制定，期间经过1988年、1994年、1998年三次修改，原本旨在限制美国公司利用个人贿赂国外政府官员的行为，并对在美国上市公司的财会制度作出了相关规定。但近年来，逐渐成为美国扩张其域外管辖范围的重要工具。再如，OFAC（美国财政部海外资产控制办公室），会对其管理范围内的经济和贸易制裁不定期地进行重新评估和更新，根据评估的结果并结合美国的国家安全和外交政策，会发表一系列的制裁名单。这些名单上的全部国家、地区或个人或是被认为可能对美国的国家安全和外交政策造成威胁的，或是认为其行为已经触犯国际法、属于国际犯罪。同时，这一系列的制裁名单，并不是简单意义上的被制裁者的姓名罗列，而具有美国法意义上的行政法规的法律效力，“适用于所有的美国个人与团体”。一旦被列入任何一个名单，则被列名者就陷入了一个无形无影却又无处不在的制裁大网，至少在美国势力可以控制和影响的范围内，他的所有金融行为都面临着被拒绝、他的全部财产都面临着被限制转移的巨大经济风险。为了避免来自美国政府的政治压力和法律风险，所有美国的金融机构在进行交易时，都被要求必须首先要对自己的交易对手进行OFAC名单的审查，只有当交易对手不在OFAC的名单之内时，才可以与之交易；反之，则必须中止交易。所以，在美国申请IPO时，应确保公司自身以及有实质性技术合作（包括采用了美国技术或者采购了美国产品等）的伙伴，没有被列入制裁名单，否则上市将会遇到障碍。比如，2019年10月8日，美国商务部将包括海康威视、大华科技、科大讯飞、旷视科技、商汤科技、美亚柏科、溢鑫科技和依图科技等在内的28家中国机构和公司列入美国出口管制“实体名单”（又称黑名单），限制这些机构从美国购买零部件。其中旷视科技正在申请美股 IPO，这项管制措施直接导致了公司上市进程的中止。

【案例 10-3】

李宁有限公司投资人境外 IPO 退出 [1]

李宁公司的上市历程可分为四个阶段，境外投资人成功实现了退出：

第一阶段（1997.8~2001）——整合

李宁公司的上市谋划肇始于 1997 年，当时李宁在全国各地开办有十几家企业，彼此间互相参股，结构混乱。在资本运作专家的设计下，李宁将北京、广东、烟台三家公司合并为李宁体育用品团体公司，全国各地的其他公司相继整合到这个核心企业中，初步实现团体结构的明晰。

1997 年 8 月，上海李宁成立，注册资本为 500,000 元人民币。成立当时，公司主要由李宁家族所成立的两家公司——上海宁晟和上海力发所控制。

第二阶段（2001~2002 年 12 月）——改组

2001 年，上海李宁原计划由有限责任公司改组为股份有限公司。由于中国公司法要求股份有限公司必须有五名以上发起股东，因此上海李宁部分实际控制人相互转让股权，将上海李宁股东数目增加到 6 名。

但由于获得私人资本的投资并预期到境外上市，上海李宁终极未能改组成股份有限公司，而采取以下步骤改组为全外资企业：

1. 2002 年 10 月，为筹备私人股本投资及将上海李宁改组为中国全外资企业，李宁家族、李宁合伙人及主要高管、两家战略股东在海外注册成立 RealSports 公司。

2. 2002 年 10 月 29 日，RealSports 与上海李宁股东达成协议，同意向

1　案例信息来源：http://blog.sina.com.cn/s/blog_8ea9e2dc0100wpdl.html，最后访问日期：2019 年 12 月 18 日。

上海李宁当时之股东收购上海李宁发行的全部股本，代价为 600 万美元。

3. 2002 年 12 月 11 日，上海李宁由内资有限责任公司改组为中国全外资企业（外资独资企业），注册资本 8,000,000 美元，总投资额 20,000,000 美元。

第三阶段（2003.1~2004.6）——创投正式加进

2003 年，新加坡政府投资公司和中国鼎晖向李宁公司投资 1850 万美元，2004 年李宁公司在香港联交所上市，该部分股权价值一度达到 2 亿美元，投资回报超过 10 倍。

李宁公司于 2003 年 1 月，引进新加坡政府投资公司全资拥有的 Tetrad Venture Pte Ltd. 和 CDH China Fund。两家公司根据私人股权投资协议，分别以 15,000,000 美元及 3,500,000 美元认购 RealSports 的新股份，分别持有公司 19.9% 和 4.6% 的股权。

根据私人股权投资协议，各方同意 Tetrad Venture Pte Ltd. 和 CDH China Fund 拥有包括提名董事加进董事会的权利。Tetrad 和 CDH 根据私人股权投资协议拥有的优先权于公司上市时终止。

由于创投资本加进后，RealSports 公司财务表现优异，使公司以发售价计算的价值有所上升。固然两家创投公司是于 2003 年初正式加进的，但与李宁公司的磋商与合作早已展开，可以认为，李宁公司在海外注册公司以及收购改组等一系列资本运作，均是在为创投资本的加进创造条件，并且由于创投资本的一再坚持，李宁公司放弃了改组为股份有限公司在境内上市的计划，选择了改组为全外资企业在境外上市的路径。

第四阶段——上市

2004 年 6 月，李宁公司在香港主板成功上市。李宁股票受到资本市场的追捧，在香港公然发售的认购数目为暂定发售股份总数的 132.2 倍；国际配售也出现了约 11 倍的逾额认购。首日上市开盘价报 2.325 港元，较其 2.15 港元的首次公然募股价格上涨 8%。

李宁公司上市之后，两公司迅速减持股份至 15.19% 和 3.5%。由于这两家公司并没有禁售期，可以在李宁有限公司上市后，随时转让股份。因此，创投在李宁海外上市后实现“全身而退”，取得各方共赢的结果。

10.3 通过并购退出

并购（Merger & Acquisition, M&A）即兼并收购的简称，指一个企业或企业集团通过购买其他企业的全部或部分股权或资产，从而影响、控制其他企业的经营管理，其他企业保留或者消灭法人资格。相对于受让方来说叫兼并收购，而相对于出让方来说叫股权出让，所以，我们常说的并购其实是站在股权受让方角度而言的概念。投资人作为企业的股东，可以通过出让所持股份给收购方以谋求资本增值后退出企业。这也是一种常见的股权退出方式。

根据上述清科研究中心针对股权退出的统计数据可以发现，目前国内股权投资退出案例仍以公司上市为主，并购退出为辅。而在全球私募股权投资退出中，IPO 比例没有国内这么高，并购退出是主要退出方式，占比超过 50%。2018 年证监会主席刘士余也在中国基金业 20 周年论坛上致辞表示，鼓励私募股权与创投基金积极参与企业并购重组，债转股以及股权融资等，提升上市公司的融资便利，改善上市公司的治理结构，防范股权质押风险。许多专家认为，根据发达资本市场发展以及政策推动，并购退出未来将成为中国投资机构主流的退出方式。

（1）并购退出的优势

第一，信息披露较少，保密性高。并购主要涉及并购方和被并购方及相关中介机构，并不需要像 IPO 那样向监管机构、公众披露大量信息，交易谈判只在有意向的企业之间进行，当事人较少。对于被并购方来说，没有过重的信息披露负担，私密性好。

第二，退出速度快。具有并购其他企业能力的公司一般都拥有较强的资金实力和融资能力，能够提供足够的资金，让其全面迅速退出企业。并且，不像IPO那样受到锁定期的限制，投资人可以在短时间内收回现金。不过，考虑到被并购目标企业的经营期间风险，并购交易一般都是分期支付价款，被并购方在某些情况下还要承担交易完成后一定期间内的或有债务担保义务，要想收回全部投资价值，有时候也需要等待一段时间。

第三，交易灵活性强。并购不受IPO诸多条件的限制，可选择灵活多样的并购方式，适合于创业企业业绩逐步上升，但尚不能满足上市的条件或不想经过漫长的等待期，而创业资本又打算撤离的情况，同时，被兼并的企业之间还可以相互共享对方的资源与渠道，这也将大大提升企业运转效率。

（2）并购退出的劣势

第一，收益率可能低于IPO，退出成本也较高，并购容易使企业失去自主权，同时，企业还要找寻合适的并购方，并且选择合适的并购时机，对公司进行合理估值等也存在不小挑战。

第二，通常会受到企业管理层的反对。如果企业管理层坚决反对并购行为，就有可能利用自己的影响力来干扰企业的正常运营，使企业失去独立地位，这对企业的经营和稳定是不利的，投资人也不一定能得到好的回报，双方撕破脸皮的情况也不时发生，使原本简单的过程变得更加复杂。

第三，并购资金量较大，市场上潜在的购买者数量有限，目标企业不容易找到合适的并购者，或者出价可能不具有吸引力。要找到 买家并不容易，投行及其他中介机构在资源引荐方面所起的作用至关重要。

【案例 10-4】

通化金马并购圣泰生物实现投资人退出[1]

太盟投资集团（以下简称 PAG）成立于 2002 年，现为亚洲最大的独立的多元化投资管理集团之一，旗下管理的资产总额逾 110 亿美元。2015 年，PAG 收购圣泰生物的退出堪称并购基金在境内退出的典范。

PAG 于 2012 年 12 月收购了圣泰生物 100% 股权。圣泰生物的唯一股东 PAGAC Sparrow Holding I(HK)Limited（以下简称 PAGAC）是 PAG Asia 成立的一家并购基金。PAG 通过改革管理体制、提升管理效率、改善营销渠道等措施，也进一步提高了管理团队的凝聚力和管理效率，提高了员工积极性，使圣泰生物生产经营各方面得到全面提升。

1. 交易方概况

（1）通化金马药业集团股份有限公司（以下简称通化金马）

通化金马成立于 1990 年，注册资本 4.49 亿元。通过股份制改造于 1997 年在深交所上市（公司代码，000766）。产品主要集中在风湿骨病、消化、肿瘤、妇科等领域，现有品种 109 个，其中处方药 80 个、OTC 29 个；列入国家医保目录品种 49 个；列入国家基本药物目录品种 11 个、独家品种 15 个；有壮骨伸筋胶囊、风湿祛痛胶囊、龙骨颈椎胶囊、治糜康栓、清热通淋胶囊、熄风通络头痛片、清肝祛黄胶囊等 8 个专利品种。公司的主导产品主要包括壮骨伸筋胶囊、风湿祛痛胶囊、消癌平注射液、治糜康栓、乳酸亚铁口服液、清热通淋胶囊、脑心舒口服液、复方嗜酸乳杆菌片等。

（2）哈尔滨圣泰生物制药有限公司（以下简称圣泰生物）

圣泰生物成立于 2011 年 8 月 29 日。设立时，圣泰生物的注册资本为 1000 万元，系由哈尔滨圣泰制药股份有限公司以货币出资设立。生产大容量

1 案例信息来源：巨潮资讯网 http://www.cninfo.com.cn/new/disclosure/detail?orgId=gssz0000766&announcementId=1201424389&announcementTime=2015-08-12，最后访问日期：2019 年 12 月 26 日。

注射剂、小容量注射剂（含抗肿瘤药）、冻干粉针剂、片剂、胶囊剂、颗粒剂、口服溶液剂、口服液、原料药（七叶皂苷钠、羟喜树碱、穿琥宁、维库溴铵）、中药提取（禁止生产《外商投资产业指导目录》中禁止类项目，限制类项目需取得相关部门审批）。

经过两次增资以及两次股权转让，PAGAC Sparrow Holding I（HK）Limited 于 2012 年 12 月 27 日取得圣泰生物 100% 的股权，交易价格为 77,440.00 万元。

股权转让完成后，圣泰生物的股权结构变更（见表 10-8）：

表 10-8　2012 年圣泰生物股权结构

股东名称	出资金额（万元）	出资比例（%）
PAGAC sparrow Holding I（HK）Limited	10,000	100.00
合计	10,000	100.00

2. 评估作价

根据北京中同华资产评估有限公司于 2015 年 8 月 5 日出具的“中同华评报字 (2015) 第 490 号”《通化金马药业集团股份有限公司发行股票购买资产涉及的哈尔滨圣泰生物制药有限公司股权评估项目资产评估报告书》，本次评估分别采用收益法和市场法两种方法对圣泰生物股东全部权益价值进行评估。圣泰生物经审计后资产账面价值为 52,060.98 万元，负债为 12,617.80 万元，净资产为 39,443.17 万元。

（1）收益法评估结果

在持续经营假设条件下，圣泰生物股东全部权益评估价值为 226,100.00 万元，比审计后账面净资产增值 186,656.83 万元，增值率为 473.23 %。评估结果如表 10-9 所示：

表 10-9　资产评估结果汇总表（收益法）

单位：万元

项　目		账面价值	评估价值	增减值	增值率 %
		A	B	C=B−A	D=C/A×100
流动资产	1	16,606.37			
非流动资产	2	35,454.61			
其中：长期股权投资	3	—			
投资性房地产	4	—			
固定资产	5	29,012.73			
在建工程	6	3494.86			
无形资产	7	2450.85			
其中：土地使用权	8	—			
其他非流动资产	9	496.16			
资产总计	10	52,060.98			
流动负债	11	9697.64			
非流动负债	12	2920.17			
负债总计	13	12,617.80			
净资产（所有者权益）	14	39,443.17	226,100.00	186,656.83	473.23

（2）市场法评估结果

采用市场法确定的圣泰生物股东全部权益评估价值为 279,600.00 万元，比审计后账面净资产增值 240,156.83 万元，增值率为 608.87 %。评估结果如表 10-10 所示：

表 10-10　资产评估结果汇总（市场法）

单位：万元

项　目		账面价值	评估价值	增减值	增值率 %
		A	B	C=B−A	D=C/A×100
流动资产	1	16,606.37			
非流动资产	2	35,454.61			
其中：长期股权投资	3	—			

续表

项　目		账面价值	评估价值	增减值	增值率 %
		A	B	C=B−A	D=C/A×100
投资性房地产	4	—			
固定资产	5	29,012.73			
在建工程	6	3494.86			
无形资产	7	2450.85			
其中：土地使用权	8	—			
其他非流动资产	9	496.16			
资产总计	10	52,060.98			
流动负债	11	9697.64			
非流动负债	12	2920.17			
负债总计	13	12,617.80			
净资产（所有者权益）	14	39,443.17	279,600.00	240,156.83	608.87

由上可见，收益法的评估值为 226,100.00 万元；市场法的评估值 279,600.00 万元，两种方法的评估结果差异 53,500.00 万元，差异率 23.66 %。评估师认为，收益法较市场法更能准确反映被评估企业的股权的市场价值，故本次评估确定采用收益法的评估结果作为圣泰生物股东全部权益最终评估价值。于评估基准日 2015 年 4 月 30 日，在持续经营的假设条件下，哈尔滨圣泰生物制药有限公司股东全部权益的市场价值为人民币 226,100.00 万元。

3. 交易框架

PAGAC 作为一家国际化运营的并购基金，依据国际并购市场一般惯例，对本次交易设置了全款以货币方式支付，签订交割协议后 3 个月内支付 80%，且不接受以包括中国证监会在内的行政部门审批为前提条件等较为严苛的交易条件。

由于通化金马自有资金无法满足 PAG 的交易诉求。经与 PAG 反复谈判，拟确定了通化金马拟引入过桥资金先行收购圣泰生物股权，再通过通化金马发行股份并募集配套资金将圣泰生物最终收购的总体交易架构。

4. 交易路径

为了完成 PAG 的退出，各方设计了以下交易路径：

（1）通化金马与第三方中合盛资本、山西信托股份有限公司设立融泰沣熙，其中中合盛资本担任 GP，通化金马出资 4.10 亿元任 LP，山西信托股份有限公司（为中合盛资本关联方）出资 8 亿元任 LP，并由融泰沣熙收购圣泰生物 54.55% 股权；通化金马大股东北京晋商出资 8 亿元收购圣泰生物 36.36% 股权，另一第三方仁和汇智出资 2 亿元收购圣泰生物 9.09% 股权。

（2）通化金马向北京晋商等 4 家机构发行股份募集配套资金，约为 16.88 亿元。配套资金发行股份价格为通化金马第八届董事会第五次临时会议决议公告日前二十个交易日均价的 90%，即 7.01 元 / 股。

（3）考虑各交易对方的诉求及交易对价方式不同，本次交易采取了差异化定价。本次交易标的资产的交易价格中，10 亿元（43.85%）以发行股份方式支付，其余（56.15%）以现金方式支付。

（4）在本次交易中，北京晋商及仁和汇智取得的对价为股份。北京晋商及仁和汇智在本次交易实质上是为通化金马提供过桥融资，且其持有圣泰生物股权的时间较短，因此北京晋商及仁和汇智以平价转让圣泰生物股权给通化金马。同样提供过桥融资的融泰沣熙本次取得的对价为现金，不具备股权对价的潜在升值空间，所以取得 8000 万元作为固定回报。

（5）通化金马拟通过发行股份及支付现金相结合的方式购买融泰沣熙等 3 家机构合法持有的圣泰生物合计 100% 股权，同时，通化金马拟向北京晋商等 4 家机构非公开发行股份募集配套资金。

（6）2015 年 6 月 13 日，PAG 与北京晋商、融泰沣熙、仁和汇智签订《股权转让协议》，PAG 决定将其持有的圣泰生物 100% 出资额以 22 亿元的价款转让给北京晋商、融泰沣熙、仁和汇智。

5. 简要评析

PAG 从圣泰生物的退出，各个交易环节都设计的比较到位。通化金马的融资能力、对交易规则的理解与把握、风险评估与控制能力等也都比较出色。在交易结构的安排上，包括灵活的对过桥融资方的差异化定价、动荡的资本市场行情中引入调价机制、业绩承诺的安排以及对一致行动关系和不构成借壳上市的解释等都有亮点。

自 2012 年年底收购圣泰生物至 2015 年 6 月退出，PAG 并非简单的通过资本注入寻求投资回报，而是通过资产梳理与优化、指导和参与企业的经营管理、培养职业经理人团队推动新的增长策略和运营效能等价值创造手段，使企业的盈利能力在两年得到较大改观与释放，然后在企业处于成长后期时二次出售给产业投资者，最终获得丰厚的财务收益。他们的原始投资成本 7.7 亿元，退出对价 22.6 亿元，在两年多的时间里，收益率高达 193%，获得了约 2 倍于投资成本的回报，收益相当可观。

10.4 通过目标公司及原股东回购实现退出

回购条款经常出现在对赌协议中，因此很多人称之为对赌条款，这其实是对回购的一种简单理解。我们通常说的回购，包括法定回购和约定回购两种情况。法定回购是指《公司法》第 74 条和第 142 条规定的特定事由回购，只有符合规定情形的回购，才能得到公司法的认可。约定回购是公司融资时，投资人与目标公司 / 大股东约定的，目标公司在一定期限内没有达到特定目标时（如一般规定当投资协议约定的期限届满时，公司首次公开发行上市失败或者企业的发展没有达到所预期的水平，投资者有权利要求回购股权），由目标公司 / 大股东按照各方事先约定的价格计算方式购买投资人股权的一种回购方式。回购权条款仅属于设定于投资人、目标公司以及实际控制人或原始股东之间的合同条款，是特定民事主体之间的法律关系，并不指向不特定的第三方。

目标公司或者原股东回购投资人的股权实现投资退出，是一种比较常见的退出方式。与并购相同，回购的本质也是一种股权转让。站在目标公司 / 原股东角度，如果目标公司具有较好的发展潜力，则目标公司的原股东或者目标公司有信心通过回购股权对企业实现更好的管理和控制，于是从投资人处回购股权，这属于积极回购；若投资人认为企业发展方向与其投资增值意图不相符合，或者目标公司没有实现约定的目标（经常是一定期限内完成上市），则主动要求目标公司回购股权和 / 或股东回购股权，这属于消极回购。无论是哪种形式的目标公司回购，都可能对公司带来一定的现金流压力。

10.4.1 回购权的法理依据及现实困惑

回购权与回赎权是一组相对应的概念。站在投资人的角度，要求目标公司或原股东返还投资、取回股权的权利可称为回购权；站在融资者的角度，要求收回股权并返还投资人本金及孳息的权利可称为回赎权。由于司法实践中的争议多以投资人请求回购权为典型，为了行文方便，下文关于回购权、回赎权不再因行使主体角度不同而另行区分，统称为回购权。

（1）回购权的法律性质

目前，对回购权法律性质的认识，主要有以下几种代表性的观点：

第一种观点认为，回购权是指在约定的情形出现时，控股股东或目标公司按照本金加上一定固定收益比例“买回”投资人在先认购的股权，这就类似本金加利息的借款条款，其本质上属于“名为投资、实为借款”行为，该类行为因与最高人民法院“名为联营、实为借贷”的相关司法解释相抵触而无效。

第二种观点认为，法律上界定投资行为的典型特征是行为具有“共担风险、共享利益”的特点，但回购条款中关于保本付息的约定使其具备了保底色彩，而该保底条款因与最高人民法院司法解释中“投资领域共担风险原则”相抵触而无效。

第三种观点认为，投资合同条款中关于回购权的约定系股东变相抽逃资金的一种情形，且因不符合《公司法》第 74 条和第 142 条规定的法定回购情形，应当被认定为无效。

其实，对于回购权法律性质的探讨，应当结合投资协议各方主体的交易目的、法律关系的表现形式、权利行使方式等因素进行判断。裁判者应当充分尊重当事人的意思自治，在不存在违反法律与行政法规强制性规定的情况下，不应轻易否认其效力。按照最高人民法院的相关裁判案例及观点，可以认定回购条款承诺清晰而明确，是当事人在投资协议外特别设立的保护投资人利益的条款，属于缔约过程中当事人对投资合作商业风险的安排，系各方当事人的真实意思表示，且不违反国家法律、行政法规的禁止性规定，更不属于格式条款，不存在显失公平的问题。

（2）回购权是否属于形成权

德国著名法学家拉伦茨认为，形成权指的是由一个特定的人享有的，通过其单方行为性质的形成宣告来实施的，目的在于建立一个法律关系，或者确定一个法律关系的内容，或者变更一个法律关系，或者终止或者废止一个法律关系而导致权利关系发生变动的权利。时至今日，理论上一致认为它是指依一方之意思表示而生法律效果之权利。换言之，形成权是权利人单独以其意思表示即使法律关系发生、变更或消灭的权利。该项权利以法律关系为客体、以单方法律行为为行使途径，无须相对人的同意即可产生变动法律关系的后果，因而又被学者称为变动权。形成权得以产生以及民法赋予特定的民事主体以形成权的目的，在于在某些情况下由当事人自己决定其法律关系是否要发生变动，并在诉讼法上因其行为而产生相应的诉权，从而能产生相应的法律效力。

投资协议中各方约定的回购权，实质是一种依据“合同预约”而给与另一方当事人的、由其依据单方行为在未来确定与另一方建立股权购买法律关系的权利，类似于《德国民法典》（1896 年 8 月 15 日颁布，1998 年 6 月 29 日最近一次修改）第 497 条规定的“买回权”，该条第一款规定“出卖人在买卖合同中保留买回的权利的，在出卖人向买受人作出行使买回权的意思表示时，买回成立。此意思表示无需遵守对买卖合同规定的形式”。实践中有观点认为，回购权一旦行使，即发生解除投资人与目标公司签署的投资协议的后果，即投资人不再享有基于投资协议产生的股东地位和股东权利，其身份从目标公司的股东转变为债权人，原投资合同约定的给付内容也相应转变。不过，笔者认为，与一般的商品买卖不同，股权的买卖需要交易各方的配合，股权不同于一般商品，不仅需要签署要式合同，还需要各方配合完成登记，才能发生完整的权利转移效力。虽然《公司法》规定股权变更登记仅具有公示效力，凭借股权转让协议、股东名册和股东会决议也可以认定股东身份，但在许多场合仍然会首选以登记记录作为认定股东身份的方式。回购权发生争议时，投资人通过诉讼程序最终能够胜诉的主要原因，还是基于合同条款的约定，并不是单纯基于形成权的法律认定。

（3）回购法律关系认定

在民法理论上，存在一时性合同和继续性合同之分。根据德国判例和学说上的通常见解，继续性债务关系是指在存续期间从中不断产生给付义务和保护义务，因此时间因素在其中具有重大意义的债务关系。继续性合同的概念着重把握的是时间因素在其中的作用，强调的不是给付在时间上的持续性，而是其在本质上的无限延续性，因此时间的长短决定总给付范围的多少。而一时性合同也叫作非继续性合同，是指一次性履行的合同，即通过一次给付便使合同内容实现，买卖、赠与、承揽等合同均属此类。传统民法上区分一时性法律关系和继续性法律关系的原因之一，就是法律规范对两种法律关系解除权的限制程度不同。一时性合同贯彻合同严守原则，解除权的行使空间较小；而继续性合同重视信赖基础之存在，信赖基础丧失或难以期待当事人继续维持合同关系时，法律多允许当事人解除合同，因此，较多地规定了法定解除权。

投资协议的履行以目标公司最终实现在资本市场成功 IPO 或被并购为目标，其最终是否能够实现完全取决于目标公司的成长性，而目标公司资产实力的壮大、业绩的增长往往是一个很长的过程，这也是在漫长的投资合同中双方通过安排特殊权利机制的方式实现利益平衡的原因。投资人往往通过股权的特殊功能，在股东缴纳出资后，不但“依法享有资产收益、参与重大决策和选择管理者等权利”，还有其他优先权和控制控股股东及公司的特殊权利，以应对公司漫长发展中可能出现的各种情况。于是，这就导致双方法律关系存续期间不断产生给付义务和保护义务，是典型的继续性法律关系。认定投资协议的法律关系性质，目的在于借助解除权的法律规范手段，在投资目的不能实现时，以行使回购权的方式终止双方的投资关系尤其是其行使期限的限制，这对于尽早明确各方当事人之间的权利义务关系，减少合同履行的不确定性，具有十分重要的意义。

（4）回购权行使的现实困惑

很长时间以来，实践中对目标公司行使回购权的效力认定，一直是困扰审判工作的问题。2012 年最高人民法院判决的“苏州工业园区海富投资有限公司诉甘肃世恒有色资源再利用有限公司等增资协议纠纷案”（以下简称海富案）首次确认“与公司对赌无效”之后，审判工作一直以此为基准，但近年来这一标准逐渐被个案打破。比如，2018 年 6 月，最高人民法院以指导性案例的方式公布了 96 号“宋文军诉西安市大华餐饮有限公司股东资格确认纠纷案”，确认了“国有企业改制为有限责任公司，其初始章程对股权转让进行限制，明确约定公司回购条款，只要不违反公司法等法律强制性规定，可认定为有效。有限责任公司按照初始章程约定，支付合理对价回购股东股权，且通过转让给其他股东等方式进行合理处置的，人民法院应予支持”的裁判观点。特别是 2019 年江苏省高级人民法院（2019）苏民再 62 号判决的“江苏华工创业投资有限公司与扬州锻压机床股份有限公司对赌案”（以下简称华工案），法院认为，投资人与目标公司之间的对赌是有效的。

为了解决审判标准不一致的问题，最高人民法院在总结近十年经验的基础上，于 2019 年 11 月 8 日印发了《全国法院民商事审判工作会议纪要》（法〔2019〕254 号，以下简称《九民纪要》），试图统一裁判思路，规范法官自由裁量权。《九民纪要》确认，人民法院在审理与回购相关的纠纷案件时，不仅应当适用合同法的相关规定，还应当适用公司法的相关规定；既要坚持鼓励投资方对实体企业特别是科技创新企业投资原则，又要贯彻资本维持原则和保护债权人合法权益原则，依法平衡投资方、公司债权人、公司之间的利益。

基于这个导向，对最易发生争议的投资人与目标公司之间的回购，《九民纪要》确立了三条处理原则：

第一，投资方与目标公司订立的"对赌协议"在不存在法定无效事由的情况下，目标公司仅以存在股权回购或者金钱补偿约定为由，主张"对赌协议"无效的，人民法院不予支持，但投资方主张实际履行的，人民法院应当审查是否符合公司法关于"股东不得抽逃出资"及股份回购的强制性规定，判决是否支持其诉讼请求。

第二，投资方请求目标公司回购股权的，人民法院应当依据《公司法》第35条关于"股东不得抽逃出资"或者第142条关于股份回购的强制性规定进行审查。经审查，目标公司未完成减资程序的，人民法院应当驳回其诉讼请求。

第三，投资方请求目标公司承担金钱补偿义务的，人民法院应当依据《公司法》第35条关于"股东不得抽逃出资"和第166条关于利润分配的强制性规定进行审查。经审查，目标公司没有利润或者虽有利润但不足以补偿投资方的，人民法院应当驳回或者部分支持其诉讼请求。今后目标公司有利润时，投资方还可以依据该事实另行提起诉讼。

从"海富案"到"华工案"，法院的审判逻辑一直在矛盾中纠结，其实核心问题就是围绕回购而引申出来的两个焦点在影响着法院的判断：法定资本制、股东会中心主义。《九民纪要》可谓集此种努力之大成，利用减资这个法定资本制下的活口为公司回购留下了生机。这个纪要解决了两个问题：投资人要求和公司对赌本身不违法、要求公司先完成减资程序然后才能实施回购。但是《九民纪要》仍然没有能够彻底解决回购在实际操作中的可行性问题：

第一，关于先减资再回购。在创投、私募向未上市企业投资的实际中，回购是减资的原因，故而应该是先回购，再减资。但囿于法定资本制，《九民纪要》规定要先减资再回购。这样操作可能带来的问题是，如果公司自愿完成了减资程序，那肯定是同意投资人回购了，投资人又如何会跑来法院请求回购？反过来，投资人既然跑来法院请求回购，那也必然是公司不肯回购，既然如此，又如何可能完成减资程序呢？这样绕下来，法院到底还有没有可能支持投资人的回购请求呢？

第二，关于股东会形成减资决议。根据《公司法》规定，有限公司 / 股份有限公司的减资决议需经全体（出席会议）股东 2/3 以上表决权通过，这是法定强制性规则，公司不得自行改变。如果投资人持股不到 2/3（一般是大概率事件），这个减资的股东决议就通不过。法院要想支持投资人回购，就还得接着强制股东会通过减资决议。这样做是否可行？《九民纪要》没有给出答案，实践中还得靠想象力。

第三，关于债权人是否一定要保护。《公司法》第 177 条要求减资先通知和公告债权人，债权人则可以要求公司清偿债务或者提供担保，否则不得减资。现实情况是，同意给予公司信贷的债权人完全有条件查清公司的资本结构，包括回购条件，再根据这些信息和公司讨价还价，形成与偿债风险相匹配的借贷条件，包括期限和利息。现代的金融理论也早已表明，债权人给予公司信贷，要么是冲着特定的资产——有担保融资，要么是冲着公司的现金流——无担保融资。至于资本金是多少，对债权人基本没有意义。在此前提下，关于是否需要保护债权人及如何保护债权人，的确需要结合法定资本制的必要性进行慎重的审视。

【案例 10-5】

江苏华工创业投资有限公司与扬州锻压机床股份有限公司对赌案[1]

【案情简介】

目标公司为扬州锻压机床股份有限公司（以下简称扬锻公司），江苏华工创业投资有限公司（以下简称华工公司）作为投资人于 2011 年 7 月 6 日与扬锻公司及其原股东签订《增资扩股协议》，向扬锻公司投资 2200 万元。同日，原

1 案例信息来源：https://www.sohu.com/a/319926166_290358，最后访问日期：2019 年 12 月 27 日。

股东（甲方）、扬锻公司（乙方）与华工公司（丙方）签订《补充协议》约定如下：

（1）若乙方在2014年12月31日前未能在境内资本市场上市或乙方主营业务、实际控制人、董事会成员发生重大变化，丙方有权要求乙方回购丙方所持有的全部乙方的股份，乙方应以现金形式收购；

（2）乙方回购丙方所持乙方股权的价款按以下公式计算：回购股权价款=丙方投资额+（丙方投资额×8%×投资到公司实际月份数/12）－乙方累计对丙方进行的分红；

（3）甲方、乙方应在丙方书面提出回购要求之日起30日内完成回购股权等有关事项，包括完成股东大会决议，签署股权转让合同以及其他相关法律文件，支付有关股权收购的全部款项，完成工商变更登记；

（4）若甲方、乙方在约定的期间内未予配合并收购丙方所持有公司股份，则乙方应按丙方应得回购股权价款每日的0.5‰比率支付罚息，支付给丙方；

（5）本协议生效后，乙方的违约行为导致丙方发生任何损失，甲方、乙方承担连带责任。

协议签署后，由于扬锻公司未能在2014年12月31日前在境内资本市场上市，华工公司要求扬锻公司以现金形式回购华工公司持有的全部公司股份，双方涉讼。

【判决结果】

➢ 撤销江苏省扬州市中级人民法院（2017）苏10民终2380号民事判决及扬州市邗江区人民法院（2016）苏1003民初9455号民事判决；

➢ 扬州锻压机床股份有限公司于本判决生效之日起10日内支付江苏华工创业投资有限公司股份回购款25,199,135.81元及以2200万元为本金按每日0.5‰计算的逾期付款利息自2015年1月31日起计算至本判决生效之日止；

➢ 潘某虎、董某斌、耿某明、赵某卫、张某生、何某焜、钟某、扬州淮左投资中心、扬州亚东投资中心、扬州吉安投资中心、扬州金锻投资中心对本判决第二项确定的义务承担连带清偿责任；

➢ 驳回江苏华工创业投资有限公司的其他诉讼请求。

【裁判观点】

一审法院认为：

案涉股权回购约定因违反《公司法》禁止性规定且违背公司资本维持和法人独立财产原则而无效。在公司有效存续期间，股东基于其投资可以从公司获得财产的途径只能是依法从公司分配利润或者通过减资程序退出公司，而公司回购股东股权必须基于法定情形并经法定程序。首先，《公司法》第 142 条对于四种法定情形外公司不得收购本公司股份作出了明确规定。案涉《补充协议》关于约定情形下公司应以现金形式按约定计算方法回购股权的约定不符合上述法定情形，违反了上述禁止性规定；其次，该约定实际是让华工公司作为股东在不具备法定回购股权的情形以及不需要经过法定程序的情况下，直接由公司支付对价而抛出股权，使股东可以脱离公司经营业绩，不承担公司经营风险而当然获得约定收益，损害了公司、公司其他股东和公司债权人的权益，与《公司法》第 20 条资本维持、法人独立财产原则相悖。故该股权回购约定当属无效。

二审法院认为：

华工公司诉讼请求要求判令扬锻公司及 11 位扬锻公司原股东共同回购华工公司持有的扬锻公司股份，现一审法院认定约定的回购主体仅为扬锻公司，需确定该情形下回购约定的效力。对此相关法律和扬锻公司章程均明确公司不能从事该回购事宜，否则明显有悖公司资本维持这一基本原则和法律有关规定，故一审认定回购约定无效依据充分。

江苏高院再审认为：

案涉对赌协议签订时扬锻集团公司系有限责任公司，且该公司全体股东均在对赌协议中签字并承诺确保对赌协议内容的履行。该协议约定扬锻集团公司及其原全体股东应在华工公司书面提出回购要求之日起 30 日内完成回购股权等有关事项，包括完成股东大会决议，签署股权转让合同以及其他相关法律文件，支付有关股权收购的全部款项，完成工商变更登记；扬锻集团公司的违约行为导致华工公司发生任何损失，扬锻集团公司及其全体股东承担连带责任。上述约定表明，扬锻集团公司及全部股东对股权回购应当履行的法律程序及法律后果是清楚的，即扬锻集团公司及全部股东在约定的股权回购条款激活后，该公司应当履行法定程序办理工商变更登记，该公司全体股东负有履行过程中的协助义务及履行结果上的保证责任。

我国《公司法》并不禁止有限责任公司回购本公司股份，有限责任公司回购本公司股份不当然违反我国《公司法》的强制性规定。有限责任公司在履行法定程序后回购本公司股份，也不会损害公司股东及债权人利益，也不会构成对公司资本维持原则的违反。在有限责任公司作为对赌协议约定的股份回购主体的情形下，投资者作为对赌协议相对方所负担的义务不仅限于投入资金成本，还包括激励完善公司治理结构以及以公司上市为目标的资本运作等。投资人在进入目标公司后，亦应依《公司法》的规定，对目标公司经营亏损等问题按照合同约定或者持股比例承担相应责任。案涉对赌协议中关于股份回购的条款内容，是当事人特别设立的保护投资人利益的条款，属于缔约过程中当事人对投资合作商业风险的安排，系各方当事人的真实意思表示。股份回购条款中关于股份回购价款约定为：华工公司投资额+（华工公司投资额 ×8%× 投资到公司实际月份数 /12）－扬锻集团公司累计对华工公司进行的分红。该约定虽为相对固定收益，但约定的年回报率为 8%，与同期企业融资成本相比并不明显过高，不存在脱离目标公司正常经营下所应负担的经营成本及所能获得的经营业绩的企业正常经营规律。华工公司、扬锻集团公司及扬锻集团公司全体股东关于华工公司上述投资收益的约定，不违反国家法律、行政法规的禁止性规定，不存在《合同法》第 52 条规定的合同无效的情形，也不属于合同法所规定的格式合同或者格式条款，不存在显失公平的问题。扬锻公司及潘云虎等关于案涉对赌协议无效的辩解意见，本院不予采信。扬锻集团公司变更为扬锻公司后，案涉对赌协议的权利义务应由扬锻公司承继，在案涉对赌条款激活后，扬锻公司应按照协议约定履行股份回购义务，潘云虎等原扬锻集团公司股东应承担连带责任。

《公司法》原则上禁止股份有限公司回购本公司股份，但同时亦规定了例外情形，即符合上述例外情形的，《公司法》允许股份有限公司回购本公司股份。本案中，扬锻公司章程亦对回购本公司股份的例外情形作出了类似的规定，并经股东一致表决同意，该规定对扬锻公司及全体股东均有法律上的约束力。《公司法》第 37 条、第 46 条、第 177 条、第 179 条，已明确规定了股份有限公司可减少注册资本回购本公司股份的合法途径。如股份有限公司应由公司董事会制定减资方案；股东会作出减资决议；公司编制资产负债表及财产清单；通知债权人并公告，债权人有权要求公司清偿债务或提供担保；办理工商变更登记。扬锻公司履行法定程序，支付股份回购款项，并不违反公司法的强制性规定，也不会损害公司股东及债权人的利益。

扬锻集团公司在投资方注资后，其资产得以增长，而且在事实上持续对股东分红，其债务承担能力相较于投资方注资之前得到明显提高。扬锻公司在持续正常经营，参考华工公司在扬锻公司所占股权比例及扬锻公司历年分红情况，案涉对赌协议约定的股份回购款项的支付不会导致扬锻公司资产的减损，亦不会损害扬锻公司对其他债务人的清偿能力，不会因该义务的履行构成对其他债权人债权实现的障碍。相反，华工公司在向扬锻集团公司注资后，同时具备该公司股东及该公司债权人的双重身份，如允许扬锻公司及原扬锻集团公司股东违反对赌协议的约定拒绝履行股份回购义务，则不仅损害华工公司作为债权人应享有的合法权益，亦会对华工公司股东及该公司债权人的利益造成侵害，有违商事活动的诚实信用原则及公平原则。案涉对赌协议约定的股份回购条款具备事实上的履行可能。

【案件评析】

从“海富案”法院不认可投资人与目标公司对赌回购的有效性，到“华工案”法院认可投资人与目标公司对赌回购的有效性，反映出了意思自治原则在投资领域的进一步贯彻。司法判决的这种新趋势也在私募股权投资领域带来了很大影响，具有里程碑式的意义。结合新出台的《九民纪要》，“华工案”在以下四个方面值得肯定：

第一，判决再次强调了商事领域内意思自治的基本原则。

意思自治是民商法的基本原则，认可当前投资领域内普遍存在的对赌协议，不仅符合当前投资领域的客观实际情况，也符合契约自由、鼓励交易的商法精神。江苏高院认为，对赌回购安排是“当事人特别设立的保护投资人利益的条款，属于缔约过程中当事人对投资合作商业风险的安排，系各方当事人的真实意思表示”。这也进一步彰显了意思自治在股权投资交易领域的应用，顺应趋势。

第二，目标公司回购股份不违反任何强制性法律规定。

《公司法》第 74 条和第 142 条规定的特定事由回购，是一种法定回购，并没有禁止约定回购。如同《九民纪要》第 5 条所述，投资方与目标公司订立的“对赌协议”在不存在法定无效事由的情况下，目标公司仅以存在股权回购或者金钱补偿约定为由，主张“对赌协议”无效的，人民法院不予支持。

第三，自由效率应当是商事活动的本质要求。

本案从一审、二审判决严守最高院在“海富案”中确立的“与目标公司对赌无效”的基本准则，到江苏高院再审改判对赌有效，特别是江苏高院在再审判决书中所体现出的对于对赌案件的总体审判精神和思路，无不散发出商事活动所应遵循的自由效率之理念，应当值得肯定。

第四，法院对回购的具体操作提供了路径。

江苏高院在再审判决书中确认，为了完成目标公司对投资人的回购，扬锻公司应当先履行减资程序，再以减资款支付回购款项。这一裁判思路后来被《九民纪要》吸收，直接写入纪要正文。虽然在操作上，先减资再回购可能会面临一系列的挑战（如前所述），但毕竟在认可目标公司作为回购主体方面，司法裁判已经向前进了一大步。

10.4.2 实务要点与注意事项

（1）把握好回购对赌的边界

通过上面的分析可以看出，投资人与目标公司或者原股东约定的回购条款，最终能否被执行，不再取决于到底是由目标公司实施回购，还是由原股东实施回购，而是需要考虑两个关键因素：一是要确保合同有效，不存在《民法典》第 52 条规定的无效情形，二是关注债权人利益是否可能被损害。华工案的实质是通过减资程序，在保全债权的基础上完成回购，不是无条件地同意回购。在当前的公司法体系下，保护债权人利益仍然是司法考量的重要因素，虽然在很多情况下，债权人利益是否需要保护以及怎样保护仍然是一个具有争议的问题。

（2）慎重考虑回购期限的设置

回购是否要设定期限？站在投资人角度，肯定希望有更多主动权，包括目标未达成时随时要求回购，或者回购的固定利率回报持续计算直至退出为止；站在目标公司或原股东角度，则希望限制投资人的主动权，包括设定期限、锁定回购成本等，这是一对矛盾，究竟谁占上风，要看融资时双方的谈判地位是否对等。从实际操作来看，未附期限的回购权条款，使各方当事人之间的法律关系处于严重的不确定状态，投资人有权在长达数年的时间里随时要求目标公司回购其股权而实现退出公司的目的，更为极端的情形是将会因为回购权的行使，给目标公司的资本运营造成很大障碍（见下文案例）。因此，在投资合同目的不能实现时，以行使回购权的方式终止双方的投资关系尤其是其行使期限的限制，对于尽早明确各方当事人之间的权利义务关系，减少合同履行的不确定性，具有十分重要的意义。

（3）考虑资管新规对回购的影响

2018 年 4 月 27 日，中国人民银行、银保监会、证监会、国家外汇管理局联合印发《关于规范金融机构资产管理业务的指导意见》（以下简称资管新规），资管新规之后，回购条款如果触及“刚兑”将面临监管制裁。违反资管新规的相关回购合同 / 条款的交易设计，在民事效力上存在无效风险、监管风险及诉讼风险。为了规避这些风险，建议如下：

➢ 避免为资产管理产品投资的非标准化债权类资产或者股权类资产提供直接或间接、显性或隐性的回购增信措施。

➢ 承诺要体现回购的交易性质，避免出现保证担保的语义或措辞。尽量采用资产转让协议的方式，详细约定回购的期限 / 条件、标的、价格以及方式；尽量采用“转让 / 受让”“购买 / 出售”“价格 / 价款”“交割 / 结算”等术语，避免“确保”“保证”“担保”“保障”“第三方代为清偿义务”等表述。避免出现容易被认定为“兜底”“刚兑”的文字描述。

【案例 10-6】

YPY 公司境外股东要求回购导致 IPO 受阻案

【案情简介】

YPY 公司是国内领先的第三方支付企业，是中国行业支付的先行者，深耕行业支付和交易服务，主要为 B 端客户提供量身定制的行业解决方案。早期受到中国人民银行对外资进入支付领域的产业政策限制，该公司在境内、境外搭建了 VIE 架构，并通过境外的离岸公司在境外进行融资和资本运作。在 Pre-IPO 轮次融资时（F 轮），F 轮投资人与公司约定，如果 YPY 公司未能在本轮融资交割完成后 3 年内实现 IPO，则投资人有权在任何时间要求公司按照 20% 的收益率进行回赎（redemption），目标公司应当按照此约定进行回赎。

通过此轮融资，F 轮共有两名投资人（A 公司、B 公司）实际出资 1 亿美元，其中 A 公司投资人取得了目标公司 10% 的股权，B 公司投资人取得了 YPY 公司 5% 的股权，YPY 公司的估值达到历次融资以来的最高水平。为了取得对 YPY 公司更多的话语权，F 轮投资人在公司章程中约定，特殊类型的重大事项（包括但不限于 IPO、M&A、重大对外投资等）必须要进行分类表决，其中要单独获得 F 轮股东 70% 以上的表决权同意，才可以实施重大事项。

2018 年，YPY 公司开始筹备在 NASDAQ 上市，在经历了多次密交及 SEC 反馈后，公司招股书基本获得 SEC 的认可。不幸的是，在决定公开递交上市申请前的最后一次董事会和股东会上，F 轮股东中的 B 公司投了反对票，理由是 YPY 公司上市估值预计大幅度低于 F 轮融资估值，如果 YPY 公司不能按照当时的融资文件确保 20% 的收益，B 公司将不配合实施公司上市。最终，YPY 公司因不能与 B 公司就回购与补偿问题达成一致，导致上市计划搁浅。

【案件评析】

这是一个非常可惜的结局，YPY 公司和 B 公司最终都没有能够实现利益的最大化，甚至不排除将来双方出现僵局和对立的可能。案例中存在的下面三个问题值得我们在将来进行股权融资和资本运作时慎重考虑：

（1）回购是否需要设定期限

本案中约定了 YPY 公司如果在投资完成后三年内没有成功实现 IPO，B 公司在任何时间有权要求公司按照 20% 的收益率进行回赎。站在投资人角度，这是没错的，相当于在放贷。但是对于 YPY 公司来说，如果同意接受这样的条件，就要合理预期相当于按照 20% 的利率借贷了一笔资金，公司将来是否有能力偿还按照此利率计算的金额，将会直接影响公司的现金流。如果在融资谈判时，能够锁定利率计算的期限，或其以其他条件进行交换，则尽量避免这种财务负担。

（2）要慎重设置分类表决

分类表决机制可以更加充分地保护投资人，也可以给与创始人更多的权利。在决定是否采用分类表决，以及确定哪些事项需要分类表决，采用何种表决权比例时，要充分评估表决事项的发生概率、是否会导致出现局面失控等因素。本案中，各方约定的需要分类表决的重大事项（包括但不限于 IPO、M&A、重大对外投资等），要单独获得 F 轮股东 70% 以上的表决权同意才可以实施，而 F 轮两个股东中，A 公司占 66.7%，B 公司占 33.3%，要想获得 70% 以上同意，意味着两位股东必须要一致同意，否则其中的任何一位都可以有一票否决权。事实上，B 公司正是凭借这种一票否决权，向 YPY 公司提出补偿要求，并最终导致了 YPY 公司的资本运营失败。从公司治理的角度，这也是很滑稽的一个做法，一个持股 5% 的小股东竟然可以狙击一个公司的 IPO，让全体股东一起为他们买单，这种方式值得我们深思。

（3）设置融资条件时原股东要有动态的风险意识

中国的民营企业家往往具有很强的赌性思维，这与改革开放以来中国社会变化的速度、法治环境的逐步完善、民营企业的融资难等问题密切相关，但是市场环境是变化的，超额红利的时代逐步结束，规范运营、合规发展是大势所趋，企业家在融资时需要有比过去更强的风险意识，不可过度自信，否则可能就是引狼入室、饮鸩止渴，贻误更好的机会。

10.5 清算退出

清算退出是投资人在迫不得已的情况下选择的最不成功的一种退出方式，一般意味着此次投资不成功，在有些情况下，投资人甚至可能不能完全收回本金。根据清科研究数据分析，2019 年 11 月前的境内退出案例中，仅有 14 例通过清算退出，占全部退出案例总数量的 0.5%，在所有退出类型中，清算退出是占比最小的。

投融资领域的“清算”与公司法意义上的“清算”不同，公司法上的清算是指公司解散后，处分公司财产以及了结各种法律关系并最终消灭公司人格的行为和程序。这种清算包括非破产清算和破产清算，非破产清算适用《公司法》，破产清算适用《破产法》。投融资领域的“清算”并非公司法传统意义上的解散清算或破产清算，而是指“资产变现事件”，通常是由各方自行约定的，包括公司合并、被收购、出售控股股权，以及出售主要资产等，从而导致公司现有股东在占有续存公司已发行股份的比例不高于 50%，这些事件都可以被视为清算事件。在清算事件发生时，投资人有权按照事先约定的回报方式，优先从公司退出。

10.5.1 清算退出的类型

投资人的清算权一般包括优先权和参与分配权，其中优先权是必备的，根据参与分配权的不同做法可以将清算优先权分为三种类型：

（1）不参与分配清算优先权

即在清算事件发生时，投资人仅享有 N 倍于初始投资价格及应付但未付股利的回报，不享有其他权利。这时投资人的回报有三种计算方式：

第一，当公司的清算价值低于优先清算回报（投资协议约定的属于投资人优先取得的金额）时，投资人拿走全部清算资金；

第二，当投资人按持股比例分配的公司清算价值高于优先清算回报时，投资人将优先股转换成普通股，跟普通股股东按比例分配；

第三，当公司的清算价值介于上述两者之间时，投资人拿走约定的优先清算回报。

（2）完全参与分配清算优先权

即投资人在获得清算优先权的约定回报之后，还要跟普通股一起按照转股后的持股比例分配剩余清算资金。这时投资人的回报有两种计算方式：

第一，当公司的清算价值低于优先清算回报时，投资人拿走全部清算资金；

第二，当公司的清算价值高于优先清算回报时，投资人先拿走优先清算回报部分；超过优先清算回报部分，投资人和普通股股东按股权比例分配。

（3）附上限参与分配清算优先权

即在支付给优先股股东清算优先权回报之后，剩余资产由普通股股东与优先股股东按相当于转换后股份比例进行分配；但优先股股东一旦获得的回报达到原始投资价格的约定倍数后，将停止参与分配。之后，剩余资产将由普通股股东按比例分配。这时投资人的回报有三种计算方式：

第一，当公司的清算价值低于优先清算回报时，投资人拿走全部清算资金；

第二，当投资人按持股比例分配的公司清算价值高于优先清算回报时，投资人将优先股转换成普通股，跟普通股股东按比例分配；

第三，当公司的清算价值介于上述两者之间时，投资人先拿走约定的优先清算回报，然后将其优先股转换为普通股，与普通股股东一起按比例分配剩余的清算价值，但是，如果其取得的回报达到约定的上限时，投资人将不能再继续参与分配剩余的清算价值。

对企业来说，最有利的条款是仅有固定倍数的优先清算回报权利，没有参与分配权；对投资人来说，最有利的条款是不仅有固定倍数的优先清算回报权利，还要有无上限的参与分配权；比较折衷的条款是固定倍数的优先清算回报权利加附上限的参与分配权。

10.5.2 清算退出的常见做法

在谈判 A 轮融资的 Term Sheet 时，清算优先权通常比较容易理解和评估。但是随着公司发展，后续的股权融资将使不同系列股份之间清算优先权在数量上和结构上发生变化，清算优先权也会变得更为复杂和难于理解。实践中一般包括两种做法：

后轮投资人将会把他们的优先权置于前轮投资人之上（称为层叠优先权），比如，B 轮投资人先获得回报，然后才是 A 轮投资人。

所有投资人权利平等（称为等比例权益或混合优先权），比如 A 轮和 B 轮投资人按比例获得优先回报。

具体采用哪种做法，一般取决于投资人的谈判实力、公司寻求其他替代融资的能力、当前资本结构的状态以及当前的经济周期等因素。但清算优先权是不同系列优先股之间的事情，通常不会影响创业者，因为创业者的普通股没有优先权。

第十一章

风险管理

“投资有风险，入市需谨慎”是二级市场投资者买卖股票前比较熟悉的风险提示，这主要是从炒股盈亏的角度对投资者进行的提示。本章讨论的风险管理，主要是从股权交易结构的伴生风险角度展开。股权交易属于非诉律师的典型业务之一，对风险的理解和把控更多侧重于非诉讼因素的考量，诸如环境风险、资金风险、整合风险等，不过笔者认为，如果能够从诉讼律师角度，假定未来发生股权纠纷的情况下，反观当下的股权交易结构，应该能够更加全方位地掌控风险、避免纷争。所以，接下来的讨论，笔者在借鉴风险管理整体理念的基础上，除了非诉风险因素的考虑之外，特别把诉讼风险作为专门一项风险，以终为始地进行梳理和归纳，期望能够更加深入地理解风险，并有针对性地融入股权交易结构的设计之中。

11.1 风险管理的基本理念与概念

我们经常讨论风险，风险究竟是什么？通过检索《十三经》《二十五史》《四部丛刊》《四库全书》等古籍可以发现，“风险”一词最早出现于《明史》中。《明史》卷86《志62·河渠四·运河下·海运》中写有“漕舟失泊，屡遭风险”，“风险”指的是一种不利状态；《汉语大词典》中，对“风险”一词的解释是“可能发生的危险”。可见通常意义上都将“风险”理解为一种危险和不利，这与我们现在风险管理学科中对风险的理解是有差别的。在《ISO Guide 73：风险管理术语》标准中，对“风险”给出了明确的定义：风险是不确定性对目标的影响。它的两个核心要素有两个：发生的可能性、造成损益的程度。也就是说，风险不仅仅能带来损害，还有可能带来机会。反映在风险管理的理念上，“风险”是可以被主动管理的，不是完全不可预测的，过去很多人认为的风险需要完全规避、需要被“砍掉”，实质上是不全面的，忽略了风险管理应对策略中的其他维度（如降低、承受等）。

风险管理是十分复杂的体系，本章主要是基于股权交易结构设计的风险需求，依据《ISO31000风险管理标准》和COSO《企业风险管理框架》抽取风险管理过程中最密切相关的三个环节进行讨论。

11.1.1 风险识别

风险识别，是指发现、辨认和表述风险的过程。风险识别包括对风险源、风险事件、风险原因和它们的潜在后果的识别。风险识别的目的是要建立一个基于风险事件的、综合的、广泛的风险清单，这些事件可能加速、阻碍或推迟目标的实现。需要注意的是，在风险识别环节，重点是对既有事实的描述，不对可能性进行定性或者定量的评价（此项工作应当放在风险评估环节进行）。

1. 识别方式

风险事件是风险的载体，一般通过风险清单梳理风险事件，进而确定风险。风险清单应力求广泛、全面，因为不被识别的风险将无法进入后续的风险评估过程。在本书第四章“尽职调查”中，核心目的也是通过调查识别相关法律风险，并以“尽职调查清单”、外围调查和访谈等多种方式持续收集相关信息，直到交易和交割完成。识别风险的方式有很多，要结合交易目的有针对性的收集、识别相关风险。

2. 风险描述

风险识别被后，下一步就是如何描述这些风险。ISO31000 推荐使用结构化的方式进行风险描述，包括风险源、风险事件、风险原因、风险后果、风险所有者。风险源可以是有形的，也可以是无形的。在实务中，风险源有时与风险原因很难区分，例如近两年连续出现坠机事故的波音 737MAX 系列客机，直接风险源是深度隐藏的自动驾驶 BUG，但该 BUG 为何会出现、设计过程有没有瑕疵、设计人员有没有尽职等深层次原因，可以认定为风险原因，也可以认为是最原始的风险源。关于风险事件，风险管理理论认为，所有风险都是具体的，并一定与事件有关，事件是风险的载体。另外，也要明确风险的后果是什么，最好能够以定量的方式描述，比如，违反股权收购协议的约定逾期支付股权价款时，每日支付总金额 5‰的违约金，就是明确的风险后果描述。风险所有者不是风险责任人，而是对某项风险负有责任的个人或机构。

11.1.2 风险评估

风险评估是分析、评价风险事件对目标带来的影响及其程度的过程。ISO31000 将风险识别也纳入了风险评估的范围，但按照 COSO 框架，风险评估是独立于风险识别的。

1. 风险分析

风险分析是理解风险特性、确定风险等级的过程，是风险评价和风险应对的基础，也是风险评估的核心工作环节。风险分析的对象是风险源和风险原因，分析它们可能带来的各种影响（无论正面还是负面）的大小，及对其发生的可能性进行分析。可能性、影响是风险评估通常使用的两个术语，也是风险矩阵（或称为风险地图）的两个维度，二者结合在一起用于评价风险等级、反映风险类型。风险矩阵举例如下（见图 11–1）：

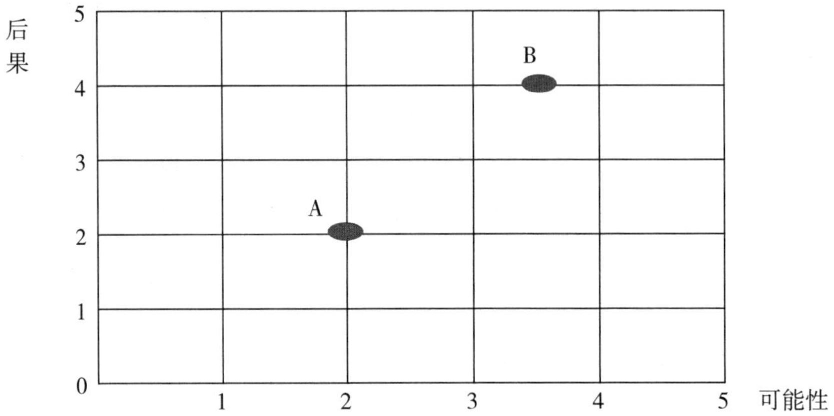

图 11-1　风险矩阵

上述风险矩阵中，风险后果及其发生的可能性均用 0~5 之间的数字表示，数字越大，越靠近右上方，表示后果越严重，发生的可能性越大。图中 A 点的后果为 2，发生可能性为 2；B 点的后果为 4，发生的可能性为 3.5。显然，B 点对应的风险值要大于 A 点对应的风险值。也就是说，B 点比 A 点更具有风险性，需要采取有效的手段进行控制。

风险矩阵是风险管理的基础工具，它反映了每项风险的大小或者量级，既可以标注每种风险的特性，也可以记录固有风险水平、现存风险水平及目标水平等，进而可以帮助企业明确该风险是否符合企业的风险偏好，风险是否可以接受且是否在企业的风险应对能力范围之内。

2. 评估技术

在进行风险分析时，主要采用定量分析法、定性分析法或者两者的结合。定量分析技术具有更高的精确度，需要更高程度的严密性，有时采用数学模型，它高度依赖于假设性数据的质量；在不要求进行定量化的地方，或者在定量评估所需的充分可靠数据实际上无法取得或者获取和分析数据不具有成本效益性时，通常采用定性分析的技术，可以适用与风险识别时同样的方法，比如访谈和研讨等。在法律风险评估中，能够进行定量评估的事项要少于能够进行定性评估的事项。其中的一方面原因是，法律更多是一门基于经验的学科，在经验基础上的判断对法律问题的解决是十分重要的；另一方面的原因是，纯粹的数值因素往往是基于历史发生的事项统计，这种与当时特定背景相关的数值，对未来不一定具有参考意义。

11.1.3 风险应对

风险管理过程的目的主要是通过风险识别和风险评估，选择恰当的风险应对方式，将风险控制在可接受或者可容忍的范围内。贯穿风险管理过程中，一个非常重要的概念是风险的二重性，即风险不都是好的，也不都是坏的，针对正面风险和负面风险，需要结合自身的风险承受度（风险偏好）作出合适的处理。根据 COSO《企业风险管理框架》，风险应对主要有四种策略：

1. 回避风险

即终止风险活动，退出某项业务或领域。诸如停止某条产品线、拒绝向一个新的地区进行市场拓展或者进行公司股权的剥离等。

2. 降低风险

即采取一些措施降低风险发生的可能性，或者降低风险发生后可能带来的损失，或者两者兼而有之。法律风险管理中，很多工作的理念在实质上就是降低风险。诸如通过修改合同条款，弥补合同漏洞，降低违约风险发生的可能性，或者通过争取对自己有利的管辖权条款，在发生争议后能够以较低成本解决争议等。

3. 分担风险

即通过转移策略来降低风险发生的可能性或影响，或者分担一部分损失。最常见的分担风险方式就是购买保险，确保在发生保险事故时，能够将损失转移给保险公司，并最终由其他购买保险的人共同分担这部分损失。我们常见的律师责任保险、董事责任险就属于这种情况。

4. 承受风险

即不采取任何措施去干预风险的可能性或影响，这一方面是由于经过风险评估后认为，风险发生的可能性不大，或者即使发生风险，所带来的损失也是属于可以接受的范围。另一方面是因为，如果风险并未发生，不仅可节省为管理风险所付出的成本，而且仍然可以实现原定目的。

在股权交易中，上述四种风险应对的策略都会涉及。回避风险和承受风险是在交易决策环节，各方交易主体决定做与不做时需要考虑的策略问题，它们紧密伴随交易主体自身的商业决策，主要留给老板们自行决定；降低风险和分担风险是各方在决定进行交易后，怎样实施交易并控制风险时要考虑的策略问题，它们主要是留给中介机构去完成。四种策略中，律师发挥作用最大的环节就是“降低风险”，工具就是通过在交易结构设计、交易文本起草和修改、交易实施、交割后管理等环节，通过选择适用恰当工具和条款约定，锁定风险，降低风险发生的可能性及一旦发生风险，能够最大限度降低风险带来的损失。

11.2 诉讼风险——交易结构的设计要以终为始

股权交易的过程始终随着风险，这些风险一旦爆发，在法律上就表现为诉讼或仲裁，并最终表现为由交易相关方承担民事责任、行政责任或者刑事责任。风险管理的基本理念就是“治病于未病”“防患于未然”，如果能够从未来风险发生的角度审视当下的股权交易结构，经过风险评估后采取恰当的风险应对策略，就可以在很大程度上避免纠纷和争议，以最小的成本和代价取得最好的风险管理效果。

11.2.1 股权交易纠纷要消灭在萌芽状态

检索法院的审判案例可以发现，有关股权事项的纠纷，大多数跟股权转让和变动有关。因此，准确理解股权交易全过程的风险点，并从法律专业角度事先进行力所能及的、可行的条款安排，对于预防股权纠纷，降低股权纠纷发生后的解决难度，具有十分重要的意义。参照本书的体例编排顺序，这里列举一些可以进行事先防范风险和驾驭风险的角度：

1. 交易主体

在境内股权重组时，选择恰当的交易主体，不仅可以节省税收成本，还可以避免二次重组的风险。比如，依据2018年1月5日发布的《商业银行股权管理暂行办法》（中国银行业监督管理委员会令2018年第1号）第25条规定，商业银行主要股东不得以发行、管理或通过其他手段控制的金融产品持有该商业银行股份。2020年3月1日实施的《信托公司股权管理暂行办法》（中国银行保险监督委员会令2020年第4号）第15条也规定，信托公司主要股东不得以发行、管理或通过其他手段控制的金融产品持有该信托公司股份。再如，金融产品（三类股东）作为持股主体持有普通行业的公司股权，在申报IPO时有可能被监管要求更换股东或者进行还原，以防止存在委托持股、信托持股或代持股的情况存在。科创板目前虽然就三类股东持股上市问题相对宽松，但在目前环境下仍有一定清理风险。如果在进行股权交易时，不小心引入了这些金融产品作为股东，在清理时可能会存在障碍，导致交易延迟或成本增加，从而影响公司的资本运作计划。

2. 尽职调查

尽职调查是股权交易的基石，调查的深入程度及对法律风险相关问题确认的准确性、针对性，将会直接影响后期股权交易的成败，因此它是股权交易法律风险评估工作的核心。对交易主体的真实性及履约能力、历史沿革法律瑕疵、股权交易的或有风险负担等，都要进行详细的调查，并有针对性地进行预先的条件约定安排，以合同、单方承诺函等形式予以固定，这些工作都是风险的事先防范。

3. 交易形式

选择哪一种方式进行交易，取决于每种方式本身的固有风险。比如，资产收购的风险类型相对简单，也不会涉及目标公司自身的存量风险，缺点是税务负担重；股权收购的税务筹划空间大，但缺点是将会承受目标公司原有存量的各种或有风险。再如，以购买可转换债券方式进行交易，可以保证能够在到期时收回本息，规避公司业绩变动带来的股权价值波动风险，但保留转换为股权的权利，可以视到期时目标公司的表现决定是否参与转股，从而预留了一定的观察时间，适合于谨慎型的投资者。因此，结合实际交易场景的需求，论证并选择恰当的交易形式，本身也是在进行风险的预先控制。

4. 交易估值

估值有多种方法，每种方法都各有利弊。这也就决定了估值方法并不能100% 保证结果的准确性，所以，进行估值调整（俗称对赌）是一项非常重要的交易安排。但是，如何调整、采用什么标准进行对标等，这些交易条件都是在交易时就要事先确定好，对相关的调整机制和方法要达成一致，而这种机制和方法本身也是有风险的。从目前产生的估值调整纠纷案例来看，多数认为当时设定的调整方式不合理，导致出现不公平的调整结果，所以才导致出现纠纷。因此，选定合适的估值方式、讨论合理的估值调整安排，同样也是在进行风险的事先控制。

5. 支付结构

如同第七章所讨论，支付方式有很多，但其核心问题就是两个：合规性和成本。设计股权交易结构时，对每种支付方式的利弊风险应当了然于胸，结合交易场景需求，确定合规优先、成本优先还是两者兼顾。比如，货币支付方式简单，但是税务筹划的空间小，在涉及跨境支付时还要受到外汇管制；股权支付方式灵活，现金流压力小，但股权本身对应目标公司的或然风险高；资产置换方式简单，但税费成本可能不小等。所以，对支付方式的论证和选择，也是在进行风险控制。甚至在某些情况下，还会对交易成败有严重影响。

6. 税收筹划

如果说能够直接对交易结构产生核心影响，甚至在某些情况下不得不改变交易路径的影响因素中，税收筹划应当是首选。无论是境内股权交易还是跨境股权交易，每一个交易类型都与税有关，税收风险的筹划和安排，是在制定股权交易结构时始终都要考虑的因素。税务风险（包括税务合规性、税务成本负担）是股权交易结构设计阶段最重要的风险管理事项之一，熟知每种交易方式并深度理解背后的税务成本及风险负担，是胜任此项工作的重要条件。大多数股权交易中，要聘请专门的税务师协助进行筹划，以达到合理合规地节约税收的目的。

7. 退出机制

投资的最终目的是退出，因此在股权交易之初，将退出的渠道和保障进行全面的讨论和安排是十分必要的。在各种退出方式中，一般情况下 IPO 的退出收益最高，但周期也较长；并购退出收益相对没有 IPO 高，但难度和周期较 IPO 低；老股东或者目标公司回购是比较现实的常见选择，对 IRR 的约定一般也能够有保障，但要关注他们的履约能力，杀鸡取卵式的回购往往会将一个公司推入万劫不复的深渊；清算则是迫不得已的止损措施，但也不见得能够收回多少收益。因此，在设计股权交易结构时，一方面要熟知这些退出的运作方式，另一方面也要对各自的风险有深度的理解和掌握，才能预先将投资者的退出风险控制在可接受的范围之内。

11.2.2 常见股权交易纠纷及实务要点

因股权交易产生的纠纷，种类繁多且原因各异，从股权交易合同生命周期的角度，可以将股权交易纠纷分为三个大的类别：合同的成立与效力纠纷、合同履行纠纷、合同解除及违约纠纷。这三类纠纷简要讨论如下：

1. 合同的成立与效力纠纷

在股权交易合同的订立阶段，有许多因素可能对合同效力带来影响。常见纠纷的原因要点为：

（1）签署主体是否具有恰当的代表权、授权签署此类协议（涉及无权处分和善意取得）；

（2）相关签署方的意思表示是否真实（涉及欺诈签署股权转让协议）；

（3）股权交易合同约定的交易条件是否显失公平（对价是否合理）；

（4）股权转让协议是否履行了必要的审批程序（内部股东会、外部行业主管部门、国资委等）；

（5）国有股转让是否遵循了进场交易；

（6）未履行评估程序的国有股转让效力；

（7）违反优先购买权规则而签署股权交易合同的效力；

（8）股权变动登记的程序瑕疵是否会影响股权转让合同的效力；

（9）未完全履行出资义务的股权进行转让的效力；

（10）违反公司章程对股权转让限制的规定签署的股权转让合同效力。

这些导致股权合同纠纷的原因中，程序性因素占相当大的比例，实体性因素也有非常重要的影响。设计股权交易结构时，首先要尽力避免因程序性事项给合同效力带来的风险，因为这些事项在很大程度上是可以预见，并能通过有效手段进行避免的。对于实体性因素事项，在熟练掌握规则的基础上，注意做好过程的证据保全，以便在将来发生纠纷时，能够提出对己方有利的证据。

2. 合同履行纠纷

“重签约轻履行”是我们现实交易中的常态。在股权交易合同的履行环节，常见纠纷主要与股权变更登记、价款支付及税收缴纳有关。常见纠纷的原因要点为：

（1）股东资格与股权变更登记的关系界定；

（2）因股权转让产生的债权债务抵消问题；

（3）股权受让方是否有权代替出让方从转让价款中扣缴税款；

（4）“对赌条款”的执行及其股权或对价款调整问题；

（5）公司 / 股东的回购条件是否成就的认定问题；

（6）“阴阳合同”不一致时以哪一份合同为准；

（7）迟延履行期间的国家政策变化是否属于情势变更。

在合同履行纠纷中，对各方影响比较大的是因执行“对赌条款”而对各相关交易方带来的权益调整。这类纠纷涉案数额往往很大，对股东的影响不小，其实核心问题就出在投资人对目标公司投资时，各方对目标公司的估值数额。目标公司大股东希望的高估值和投资者希望的低估值永远是一对矛盾，怎样调和二者之间的分歧，取得利益上的平衡，似乎是一个永无止境的话题，代表了双方博弈的核心。当然，也有些情况下，投资人要退出目标公司，就约定一些其他的对赌条件，比如时间对赌，在某个时间点之前公司要完成合格上市，否则将会触发大股东或目标公司的回购义务或进行价值调整。如果公司对赌失败，又无力履行对赌义务时，就会产生纠纷。

对于履约过程的纠纷，过程管理是十分重要的。从纠纷演变为诉讼或仲裁，实际上就是风险事件演变为危机事件的过程。之所以强调过程管理很重要，是因为其许多情况下体现的是风险的嵌入式管理理念，即时刻关注履约状态并实时与投资人进行同步，即使没有达到投资人的预期，也往往能够在一定程度上获得他们的理解和支持。因为，投资者的使命是实现收益，而股权投资本身不同于债权投资，固有风险是比较高的，不到万不得已，没有投资人会愿意跟目标公司鱼死网破。只要公司还在，就有希望实现收益。投资人完全扶持公司与公司尊重投资人是两个相辅相成的思维角度，彼此体谅才能成就彼此。

3. 合同解除及违约纠纷

不是所有的股权交易都能善始善终，发生违约甚至解除合同是很正常的，但往往也是事出有因。常见纠纷的原因要点为：

（1）股权交易纠纷的管辖权问题；

（2）股权转让合同效力争议不适用诉讼时效；

（3）股权转让合同中根本违约的认定及处理；

（4）股权转让违约金的补偿性与惩罚性；

（5）解除权的行使与损害赔偿问题。

对违约责任的处理是解决股权交易合同解除纠纷的重点。逾期付款违约金、损害赔偿金等事项的处理，一方面要遵循最高人民法院有关司法解释，另一方面也要结合交易惯例，各方之间的其他合作关系等在合规范围内进行综合认定，真正能够达到定分止争的效果。要实现此目的，在设计交易结构时，就要从未来发生纠纷的角度，反观各种交易条件的设置是否合理，包括管辖权问题是否对己方有利、违约金条款是否有足够的震慑力、交易合同中是否留下了对方可以方便解约的后门、对合同目的落空的认定主导权如何分配等。做足了这些功课，再设计交易结构时，往往有利于真正发生纠纷后能够低成本地处理纠纷。

11.3 政治风险——熟悉目标公司所在地的政治环境

这里讨论的政治风险主要是指跨境并购时，东道国的政治环境对跨境并购带来的风险。主要是指被收购企业所在国的政府出于对企业收购可能会危害其国家安全的担心以及可能带来的政治利益的冲突，利用政府对并购的管理权限，阻碍或限制某一项并购所导致的风险。对于纯粹的境内股权交易而言，交易各方均处于同一国家，不存在所谓政治风险。

11.3.1 国家安全审查风险

改革开放 40 余年来，中国经济迅速发展，综合国力不断增强。截至 2019 年 7 月，美国《财富》杂志公布的世界 500 强企业中，有 129 家来自中国，首次超过美国世界 500 企业总数（121 家）。不过，在榜单中，中国的世界 500 企业绝大部分被国有企业占据，民营企业数量极少。中国企业跨境并购的主要力量（以交易金额和体量为标准），大多都是国有企业。由于国有企业体制的原因以及我国特有的国情，大部分行业中的核心企业都是国有资产控股或者全部是国有资产，并且这些企业大都把握着国民经济的命脉。因此，欧美等发达国家通常认为，中国的国有企业代表着中国政府的利益和意志，是中国政府的代言人。所以，这些国有企业在海外投资过程中通常会遭到东道国政府严厉的政治审查，通常将反对意见以“政治化”的方式来阻挠中国国有企业的海外并购，而这些经过“政治化”包装的意见通常很容易被外资审查机构所接受，他们认为我国国有企业的海外并购是资本“入侵”，从而对我国国有企业海外并购保持一种比较高的戒备状态，这就使我国国有企业在海外并购时，面临很多不确定性的因素。有时，甚至会因为这些政治因素的影响导致交易失败。比如，2005 年 6 月 23 日，中海油宣布以要约价 185 亿美元收购美国老牌石油企业优尼科石油公司，却被美国政府和民间团体披上了政治“颜色”，使原本一项可以实现中美双方互利共赢的简单并购行为被无端政治化，最终导致交易受阻。所以，对于跨境股权交易来说，安全审查风险是进行交易前必须要评估的重大风险，建议通过国际大型咨询机构进行并购前的评估，避免政治阻力和交易障碍，保障交易避开那些不必要的“坑”。

11.3.2 国有化及征收风险

国有化是指东道国出于公共利益的需要，根据本国法律程序将跨境并购者的投资全部或部分收归国有的一种强制性措施。在本质上，国有化及征收风险是主权国家为了社会公共利益的需要，在特定条件下行使国家主权的一种单方行为，不以并购者和并购国的意志为转移。跨境并购者的财产所有权归东道国所有，实现了财产性质从私有向国有的转变。这种风险一旦转化为现实，即可使跨境并购者的投资权益被东道国吞噬，从而带来经济损失。

11.3.3 战争内乱风险

当东道国国内发生社会革命、爆发战争冲突以及出现社会动荡等政治行为时，就会导致企业跨境并购项目的交易遭受巨大损失，且进一步面临被征收或被留置的风险，这些行为将会使跨境企业的投资遭受巨大损失。2011 年利比亚战争爆发时，国内的许多企业，包括中海油等央企，都遭受了重大损失。

针对上述政治风险，投资人可以通过购买投资保险的方式进行风险转移。

这类保险是以投资作为标的的一种保险，承保的责任是政治风险。保险人对被保险人的投资，由于政治原因和订约双方不能控制的原因而蒙受损失时，负赔偿责任。例如，中国人民保险公司承保该险的责任范围就包括：战争或类似战争行为、叛乱、暴动及罢工；政府征用或没收；政府汇兑限制，使被保险人的投资遭到损失。出现这些风险时，投资人在提交合格的理赔材料后保险公司将负赔偿责任。

11.4 法律风险——知己知彼才能百战不殆

在同一法域中，股权交易各方对法律风险的理解和掌控相对比较容易，一般通过各自的律师团队就可以轻松实现。但是，在跨境股权交易中，由于社会环境、语言和法律体系的不同，往往会有比较大的法律风险。这其中最主要的就是两类：反垄断风险、劳工风险。

11.4.1 反垄断风险

跨境并购交易中，反垄断审查风险是在并购之前首先要研究和确定的重要事项。不重视反垄断规制风险的公司，往往会遭受到有权政府机构的调查，导致交易受阻，遭受诉讼甚至被刑事处罚，严重影响交易的顺利进行。

从各国规定来看，反垄断已经具有很长的历史。1890年美国政府颁布了《谢尔曼法》，之后几十年中，日本在1947年也颁布了《禁止私人垄断和确保公正交易法》，德国于1957年颁布了《反对限制竞争法》，意大利在1990年颁布了反垄断法，欧盟的反垄断主要体现在《欧共体条约》第81条、第82条。到目前为止，世界上已经有100多个国家颁布了反垄断法，而且世界各国的反垄断法立法各异，这种反垄断思潮的蔓延，逐步引起了全球贸易保护主义的抬头，在一些涉及各国自身认为的国家安全和利益冲突中，反垄断法常被滥用，导致正常的并购行为受到了干扰。

各国的反垄断法虽然在具体规定上并不完全一致，但是世界各国的反垄断法调查周期一般都是很长的，这种漫长的调查不仅把企业拖进了无止境应付调查的工作，增加了并购成本，而且在无形之中耗费掉企业并购的耐心，使并购成功可能性变得不可预测。以欧盟为例，欧盟在反垄断调查上分为初步调查和最终调查，即便是初步调查通过了，也要进行最终调查，这种调查时间最短也要 3 个月。长时间的调查，将会使并购方面临市场变化的风险，交易目的也因此会受到影响。

因此，在开展股权并购交易之前，就东道国的反垄断法律环境进行详细研究不仅是必要的，而且对于确保交易顺利进行也是必须的。就一般交易而言，对以下方面需要注意：

（1）提前做好政府审批的各种准备工作。包括：聘请外部法律顾问、经济学家、政府公关机构顾问等参与交易的分析和论证，确定交易是否有反垄断规制的风险，如何减缓该等风险，有无主动措施，如何和审批政府机关进行积极沟通等，提前进行落实。

（2）股权交易的全部过程都要严格遵守当地反垄断的法律要求。如果交易双方是竞争者且双方在市场上占有的份额较大，双方在接触和商讨阶段就需要注意，在相互披露价格、市场情况及敏感性竞争信息时，需要特别小心，否则在交易中披露信息的一方有可能在交易未完成时即受到反垄断调查或诉讼。在未得到审批之前违反反垄断法规的行为被称为“Gun Jumping”（抢跑），从而可能会遭受反垄断机构的处罚。例如，2014 年 7 月，欧盟就对三文鱼养殖商美威公司（Marine Harvest）在并购竞争者墨泊（Morpol）中的“抢跑”行为进行了处罚，开出了 2000 万欧元的罚单。

（3）合理分配反垄断审批的风险。在跨境并购交易中，并购双方如何分配获取反垄断审批的义务和责任，将是谈判的重点和难点。

（4）如实履行申报义务。一旦股权并购方在海外并购程序中遭到了反垄断调查，应该如实提交申报材料。但是在提交的时间上各国规定有所不同，比如，美国、日本、欧盟等国家是在企业实施并购程序之前就必须向美国反托拉斯局和联邦贸易委员会提出材料申请。德国等国家则采用在并购行为之前之后双重申报标准。所以企业在海外并购过程中一旦遭到了反垄断调查，必须如实提交申报材料，否则会遭到东道国政府的严厉惩罚。

11.4.2 劳工风险

这里所说的劳工风险，是指中国企业在海外并购过程中或海外并购后，因目标企业所在国劳工法律法规发生变化或违反目标企业所在国劳工法律法规、违反与目标企业所在国劳工合同约定、怠于行使在目标企业所在国劳工方面的权利、实施不当的行为等而引发的法律风险。这些风险对股权交易完成后的整合有着十分重要的影响，尤其是对并购方的或有财务成本会带来压力。

劳工风险主要表现在以下几个方面：

（1）工会法律风险。在许多国家，工会作为劳工权益的代言人，在维护劳动者权益、抵制企业对劳工权益的侵害、缓解劳资矛盾方面起着非常重要的作用。忽视工会在股权并购过程中对维护劳工权益的作用，将会引发法律风险。此外，如果不组建工会，也会面临法律风险。2014 年，曹德旺先生带领福耀玻璃集团到美国投资，花费逾 5 亿美元对一座废弃的通用汽车厂进行整修。在交易完成后，却遇到了工会问题。有员工指控福耀公司存在种族歧视、带薪休假制度不合理，以及忽视员工工作环境安全保障等问题，全美汽车工人联合会（UAW）也发起了激烈的工会运动，要求保护工人的合法权益，上述行为曾经一度对公司带来不利影响。因此，中国企业海外并购应该充分理解当地政策，充分利用工会这个平台，怀着友好、诚意、尊重的态度和工会谈判员工问题。

（2）劳动合同法律风险。这类风险是中国企业海外并购中所面临的最为常见、数量最多的一类法律风险。主要包括：其一，劳工合同订立阶段的法律风险，有些国家法律对劳动合同的形式、最低工资薪酬、劳动时间、休息休假、罢工权等内容进行了特别的规定，中国企业在与当地劳工签订劳动合同时，若合同没有遵循相关强制性规定，就会导致法律风险的产生。其二，劳工合同履行阶段的法律风险。在履行阶段，中国企业所遭遇的劳工法律风险即体现在对劳工法定权益和约定权益的侵害。如联想并购 IBM 后，曾赴美国招聘了一批精英担任中层职务，但不久后这些人却纷纷离职，据此，一个主要原因就在于这些职工难以接受联想的行为方式。其三，劳工合同变更、解除阶段的法律风险。中国企业在与当地劳工签订劳工合同后，在什么样情况下可以行使解除权，在行使解除权时是否需要给予经济补偿等问题，中国企业都必须事先要有清楚的认识，防止后面产生麻烦和纠纷。

（3）政府劳工管制法律风险。主要包括：其一，违反平等就业规定的法律风险。中国企业完成海外并购后，常常雇佣当地劳工从事生产经营活动，在这一过程中，如果出现性别歧视或者同工不同酬，就会被认为是就业歧视，企业就需要为此承担相应的法律责任。其二，违反当地人员最低雇佣比例规定的法律风险。中国企业在完成海外并购后通常会对目标企业的劳工进行调整或裁减，此时要特别注意目标企业所在国对裁减人员的各种要求，以及雇佣当地人员的最低比例等。其三，违反职工安置规定法律风险。中国企业应当严格按照并购方案中对职工安置的相关规定，对目标企业职工予以妥善安置。

11.5 财务风险——要量入为出

并购中的财务风险是指由于并购定价、融资、支付等各项财务决策所引起的企业财务状况发生恶化，或者给现金流带来影响，这是并购价值预期与价值实现产生严重负偏离而导致的企业财务困境和财务危机。财务风险存在于企业并购的整个过程中，是股权交易中的核心风险。

11.5.1 估值风险

本书在第六章讨论的交易估值，是股权交易的核心环节，也是决定交易各方利益安排的关键一环。估值过程的风险主要来自两方面：

一方面，估值前提假设的可靠性。从估值基本原理来看，它受限于许多数据假设，其中一些假设条件的变化可能会对估值结果产生影响，例如股利折现模型中，折现率的选择对估值结果有直接的影响；市场法估值中，P/E或MVIC/R等也会直接影响估值结果。同时，不同的分析师基于自身知识结构和主观认知，对同一项股权交易的估值也可能作出不同的评估结论。

另一方面，财务数据的真实性。采用资产基础法估值时，采用的数据大部分都源于目标企业提供的财务报表，这些财务报表编制的基础及其采用的会计政策，收入确认、费用确认等，都会对数据的真实性产生影响。同时，如果公司存在表外融资，或者对公司价值有重要影响但很难有效在财务报表中反映的事项，如技术优势、人力资源优势等，也无法公允地反映到报表数据之中。

这些风险带来的直接影响，就是要么定价偏高，要么定价偏低，目标公司的价值没有得到恰当的反映。尽管某种程度上认为，资产价值的大小取决于人们愿意为其支付的价格，但是在现有交易条件下，能够计算出相对合理的估值结果，仍然是交易各方愿意看到的结果。对于估值风险的处理，主要还是以预防为主，采用回避或者降低的风险管理策略。评估人员需要充分了解和掌握目标公司的财务资料、业务资料及其他相关信息，判断其真实性、可用性，在这个基础上，选择合适的估值方法，对公司的持续经营能力和盈利能力进行科学合理的预测，作出相对接近公允价值的估值结论。

11.5.2 融资风险

股权交易中的融资风险主要包括两个方面，即资金供应风险和资本结构风险。资金供应风险主要是指在整个并购过程中，资金能不能及时到位且保证并购活动的顺利进行，是否导致交易受到影响。资金结构风险主要是指不同的融资结构所带来的风险，这类风险主要是由于融资方式不科学而产生的流动性风险。公司的资本结构包括债务资本和股权资本及其比例构成，债务资本又包括长期债务和中短期债务，股权资本包括优先股、普通股等。

融资风险一旦爆发，将会严重影响股权交易的正常进行，也可能给企业带来重大损失。为了规避融资风险，企业应不断拓展自身融资渠道，保证融资结构的合理化。这就要求企业在进行并购活动之前，应预备良好顺畅的融资渠道，能够支撑并购活动的快速有效进行。而且，并购方还应该结合自有现金数量优化融资结构，考虑外部融资的偿还风险和并购成本，综合选择融资方式，全面考虑优先债务、次级债务、优先股、可转换债券、普通股等融资工具，合理平衡融资成本和风险，从而保证企业并购能够具有良好的融资结构。此外，如果是跨国并购，还需要注意融资过程中，如果交割周期较长，国际汇率的变化将会对股权价款带来影响。这也需要企业能够对国际汇率的变动进行相应的预测，采取措施避免或降低因为国际金融环境变化而产生融资风险。

11.5.3 支付风险

股权交易中的支付风险与支付方式有关。本书在第七章“支付结构”“7.2 支付手段”部分详细介绍了货币支付、股份支付、承债式支付、资产置换等多种支付方式，并介绍了每种支付方式的优缺点及其风险，为了节省篇幅这里就不再赘述了。从风险管理的角度，应当尽量减少货币支付，避免因为现金支付过多而产生流动性风险；另外，也要注意控制好股权支付的稀释效果，避免对公司控制权带来威胁；同时，还要考虑税收因素的影响，在合规范围内最大化地节省税收成本。在许多股权交易中，同时采用两种以上的支付方式也很常见，主要目的就是出于控制风险、节约成本的交易考量，充分利用各种相关支付方式的优点，回避缺点和对股权交易的不利影响。

11.6 税务风险——交易结构的必要考量

无论是境内股权交易还是跨境股权交易，税务风险都是对交易结构影响重大的一类风险。本书第八章"税务筹划"大部分内容涉及的是境内股权交易，这里再专门就跨境股权交易进行简单讨论。

11.6.1 跨境税务前期准备

近年来，中国企业海外投资的数量和频率越来越高，融入国际竞争的步伐也越来越快。在此过程中，由于跨国经营运作活动的大大增加以及不同国家税收法律和征管环境与中国存在巨大差异，也对海外投资的税务风险管理带来很大挑战。

税务尽职调查是税务风险管控的第一道防线。如果中国企业通过收购海外公司股权的方式进行海外投资，那么在收购之前，必须要对拟收购公司是否税务合规，以往的税务处理是否得到税局的认可，是否有其他税务风险可能导致收购公司在收购交易完成后承担额外的税务负债等事项，进行详尽的税务尽职调查。具体来说，需要调查评价目标公司的簿记是否完整真实地进行了记录，目标公司是否正常照章纳税，有无税务调整项，税务价格是否合理，是否有偷税漏税嫌疑，相关审计报告是否按照国际通行准则对目标公司作了真实、科学的记录，以及成本、费用、利润、收入等各项列支是否全面真实等。核心重点还是关注目标公司的历史遗留税务风险，如果有这种风险，常见处理方式有：由股权出让方负责在交易完成之前解决，不解决不签署交易文件；将税务风险量化后直接扣减交易对价，或者采用 Escrow Account（托管账户，签署交易文件并进行交割，但预留部分价款不支付给卖方，将其放入买卖双方共同控制的账户，待税务问题解决后，再将价款支付给卖方）、Holdback（买方直接扣留部分交易价款，在约定的税务问题解决后，再将该部分价款支付给卖方）、Indemnity（赔偿，卖方就税务问题向买方作出单独的赔偿承诺，承诺在税务问题出现后赔偿买方税务损失）等安排，具体采用何种方式分配税务风险，需要根据具体情况和买卖双方的谈判地位选择适用。从已有案例看，税务风险一旦发生，往往数额很大，会给买方带来一定的财务影响。

【案例 11-1】

中海油服收购挪威公司 AWILCO 补缴税款案[1]

【案情简介】

2008 年 7 月 7 日，中海油服公告称，公司拟通过在挪威设立的间接控股全资子公司 COSL Norwegian AS(以下简称 CNA) 以自愿现金要约收购的方式收购注册在挪威从事海洋石油钻井业务的 Awilco Offshore ASA 全部已发行股份。

公告显示，Awilco Offshore ASA 为挪威奥斯陆证券交易所上市公司，每股要约收购价格约为现金 130.4 港元 (85 挪威克朗)。该要约收购价比 Awilco Offshore ASA 在当年 7 月 4 日收盘价约 109.8 港元 (71.6 挪威克朗) 溢价约 18.7%。收购 Awilco Offshore ASA 全部约 1.4941 亿股，共需资金约 171 亿元。

2008 年 9 月 29 日，中海油服正式宣布持有 Awilco Offshore ASA 98.8% 的股权。此后，10 月 15 日，中海油服收购剩余权益至持有 Awilco Offshore ASA 100% 的权益。随着 Awilco Offshore ASA 的退市，中海油服完成对其股权的收购。

收购完成后，中海油服运营的钻井平台将由 15 个增加到 22 个，增长约 47%(不含交付在建钻井平台的影响)，其业务也扩展到新的国际市场。

2012 年 12 月 17 日，中海油服公告称，CDE(Awilco Offshore ASA 更名) 收到挪威税务主管机关的应税评估草案，涉及 2006 年和 2007 年 CDE 某些子公司的补交税额及补交税额 45% 的罚金，累计可能达 7.8829 亿挪威克朗

1 案例信息来源：https://www.sohu.com/a/107968976_114984，最后访问日期：2020 年 4 月 4 日。

（约 8.7 亿元）。另外，中海油服还应承担补交税额的相应利息。

据了解，挪威税务机关对CDE子公司的相关调查其实从2009年就已开始。不过，根据中海油服此前披露的信息来看，中海油服收购 CDE 时并不知道这一地雷。尽管中海油服当时作了调查，甚至聘请了税务顾问，但当时双方税务顾问均没有提醒其注意这一事项。

这场“纠葛”的结果是：中海油服在 2013 年 11 月 8 日公告称，挪威税务机关下达了最终征税裁定通知，自升式和半潜式钻井平台共需补缴所得税约 1.75 亿挪威克朗（约 1.79 亿元）。

【案件评析】

这是一起典型的境外并购税务风险案例，也是中国企业海外并购中需要高度关注的问题之一。中海油服在收购 Awilco Offshore ASA 时，虽然也聘请了税务顾问进行税务尽职调查，但仍然没有能够有效避免目标公司历史上的或有税务风险。暂且不论税务顾问在交易之初有没有尽责，单纯从税务风险管理的角度，并购方自身的税务风险管控能力也值得提高。对于刚刚走出国门的中国企业来说，税务风险管控要首先从企业内部入手，完善自身税务团队能力建设，通过合理的安排，使内部团队能够及时关注目标国家的财务政策变动及经济调控方向，建立并完善税务风险管控机制。对于外部第三方独立机构，也要借助他们的力量，通过事前预防、事中应对、事后评估等综合管控税务风险。另外，在相关的股权交易法律文件中，也要通过 Escrow Account、Holdback 或 Indemnity 等条款将收购完成后的或有税务负担进行合理分配，降低并购方的相应风险。总之，一句话概括跨境税务风险的应对措施就是：加强自身税务风险管控能力建设、合理借力第三方税务机构、通过设置交易条款合理分配税务风险。

11.6.2 税务结构设计风险

合理的海外投资架构对于降低交易成本、保证交易顺利进行是极为关键的，其贵在事先筹划、综合衡量。税务考量是其中一个十分重要的方面，需要考虑资金进出、业务战略、长远发展等因素，全面权衡利弊，力争整体效益最大化。搭建海外投资架构时必须要考虑税务风险的影响因素。

1. 直接投资与间接投资

在所有控股架构税务考量中，直接投资与间接投资（投资公司和被投资公司中间再设立一层或几层中间控股公司）是首先要考虑的因素。中国企业在海外投资时，采用直接投资还是间接投资，将会对投资项目的税务框架、资金流动、退出方式、最终回报率等产生重大深远的影响。

直接投资结构简单，比如中国公司直接投资海外项目公司，只需要考虑中国和东道国（被投资国）的相关规定及双边协议，因此变通空间较小。而间接投资，由于设置中间控股公司，加入了灵活变量，极大地提升了税务筹划的空间。如果采用直接投资的架构，中国投资者退出时，往往需要由中国投资者直接将被投资企业的股权转让给第三方，则可能会直接引发投资东道国征收资本利得税。如果采用间接投资架构，选择在与东道国有优惠税收协定的国家设立中间控股公司，一方面可以获得较低的股息预提所得税税率待遇，另一方面退出时采取间接转让的方式，即转让中间控股公司的股权而不是直接由中间控股公司转让东道国公司的股权，有可能避免东道国的资本利得税。

2. 股息返还及投资退出的税率

大部分国家（地区）对外商投资企业除了征收企业所得税以外，还对股息作为税后利润汇出征税（预提所得税）。例如，美国公司向海外支付股息时，如果相关国家没有和美国签订税收协定，则需缴纳 30%的预提所得税；不过，如果双方国家签署了税收协定，则适用协定的税率征税，如中美税收协定约定中国在美子公司向中国母公司汇出股息时，适用 10%的预提所得税，而非没有税收协定时的 30%。而香港公司支付利息、股息给香港非税收居民，不用缴纳预提所得税。另外，当外国投资者转让东道国企业的股权即退出时，部分东道国还会对该股权转让所得征收资本利得税。比如，澳大利亚对外国投资者转让该国不动产公司股权所取得的资本利得，征收30%的资本利得税。因此，研究投资方所在国、投资东道国之间的税率及其税收协定，对于跨境税务结构设计具有非常重要的意义。

3. 中间控股公司所在地的税务政策考量

中间控股公司在整个海外投资控股架构中起着承上启下的作用，往往没有实际经营活动，大多数用来传导境外募集的资金回归境内，或者境内分红输出到境外。因此，在设立中间控股公司时，选择设立地具有很大的灵活性，一般选择税负低的避税地。对避税地的选择通常考虑两个因素：一是中间控股公司所在国是否与东道国存在税收优惠协定条款，以利用该条款降低股息与股权投 资所得在东道国的税负；二是中间控股公司收到股息或者股权转让所得、汇出股息或母公司转让该中间控股公司的股权时，是否需要再缴纳所得税或预提所得税。通常，两方面都能享受低税率的中间控股公司所在地才是合适的选择。实务中，中国与中国香港特别行政区、新加坡、毛里求斯、瑞士、爱尔兰等地签署的优惠税收协定较多，且股息分红和转股资本利得的相关税率较低，是比较常见的中间控股公司设立地。尤其是中国香港特别行政区，由于其实行收入来源地原则，税种少、税率低、税制简单，对跨境投资控股架构所涉及的资本利得、股息不予征税，且一般情况下免征预提所得税。因此，很多跨国公司偏爱在香港设立地区总部，并进一步投资于中国内地或者亚洲其他地区。国内许多有红筹架构的公司，在搭建海外上市架构时，大部分也会选择在香港设立中间控股公司。

4. 关于中间控股公司的商业实质

跨国公司的投资构架设计一般在形式上都较为完备，但税务机关往往从商业实质的角度，透过形式看本质来对其进行整体评判。根据G20等国际经济政策协调框架下的《税基侵蚀和利润转移(BEPS)行动计划》第3项（强化受控外国企业管理）以及第6项（防止税收协定的滥用），针对中间控股公司通过主要目的测试条款、利益限制条款和限制导管安排等手段，检验中间控股公司的商业实质，防范税基侵蚀和利润转移。

目前，我国很多海外投资企业中间控股公司的设计普遍“形式性”较强，仅起到壳的作用，而实际由国内的机构和团队实施管理，符合税法中国居民企业判断。一旦被中国税务机关判定为中国居民企业，中间控股公司则可能需向中国税务机关就其全球所有的收入申报纳税，相关的海外投资构架设计也就变得毫无税收意义。同时，中间控股公司一旦被认定为受控外国企业，其利润即便不分配也需在中国纳税，中间控股公司所期望达到的滞留利润于境外来节税和延迟纳税将无法实现，海外投资构架也将失去税务作用。因此，在跨境股权交易中，如果东道国税务机关否定了相关中间控股公司的存在，就刺穿了投资构架的层级，跨国公司将不能享受相关税务优惠。可见，优化及完备中间控股公司的商业实质在整个跨境股权交易架构设计中至关重要。

11.7 操作风险——设计交易结构要承担责任

11.7.1 责任心是一切交易结构设计的首要因素

股权交易涉及的利益相关方众多，参与方构成和团队也十分复杂，除了股权出让方和股权购买方外，还包括律师事务所、会计师事务所、评估师事务所、税务顾问、财务顾问、行业顾问、公关顾问等中介机构，跨境交易的情况下还会涉及境内、境外两套中介机构。尽职调查、交易谈判的过程也十分烦琐，很多情况下还会涉及政府主管部门审批等，要完成整个交易不仅周期长，而且环节多，任何环节出现问题，都会导致交易受到影响，轻则一方的权益受损，重则使交易终止或交易目的无法实现。作为投资方来说，他们是交易结果的最终承担者，各中介机构只是协助取得交易结果，因此，项目的负责人和参与人需要充分尽责，不仅要充分利用中介机构的专业技能，更要负责任地组织完成好交易的每个环节。作为中介机构来说，可能这只是他们经办的许多项目中的一个，见怪不怪，而对投资方来说可能是全新的、陌生的，所以，中介机构要以高度审慎的态度对待该交易项目，不能过于保护自我，也不能马虎大意，毕竟，只有促成交易、实现交易的商业目的才能真正体现专业的价值。

11.7.2 合规性是一切交易结构设计的坚实保障

许多人认为，在当前经营环境下，国有企业是政治挂帅，民营企业是业务挂帅，外资企业是合规挂帅。某种程度上讲，这也是有一定道理的。尤其是外资企业，对合规性的要求高过很多国内的普通企业。所以，在中国企业全球化的过程中，需要融入境外当地的经营环境，也要适应这种合规性的新要求，绝对不能固守国内的经营管理经验，否则极易产生纠纷甚至导致处罚，严重的还可能带来刑事风险。因此，合规性是股权交易中需要始终放在首位的一个考量因素。当然，合规性本身概念的范围很广，需要结合交易事项确定哪些内容需要严守合规性。同时，不仅要考虑东道国的合规性，有些情况下还要考虑其他国家域外管辖的影响。比如，投资人在东道国设立当地公司时，为了取得当地政府的支持，可能直接或间接通过当地合作伙伴进行一些灰色交易，这是十分危险的，不仅违反当地法律，而且如果投资人是一家在美国上市的境外公司，可能还会受到美国的长臂管辖（FCPA 管辖事项）。

11.8 整合风险——交易结构的最终归宿

企业并购中的整合，是指当收购方获得目标企业的资产所有权、股权或控制权后，对目标企业的资产、人员等企业要素进行整体系统性安排，从而使并购后的企业按照既定的并购目标、方针和战略进行运营，取得预期的并购效果。并购后的整合需要将原有两个或更多企业的不同的运作体系(管理、生产、营销、服务、企业文化等)有机地结合成一个整体，并迅速有效地运转起来，实现并购的协同效应。评价并购是否成功，关键标志就是整合是否成功。交易结构设计的最终归宿就是保证交易目的实现，顺利完成各方整合。

11.8.1 合理预期水土不服

我们常说的并购整合中的水土不服，是指并购方的管理理念、企业文化、传统习惯等与被并购企业存在差异,导致向被并购企业输出这些理念和文化时，两者之间发生冲突从而给管理带来负面影响，甚至导致管理冲突、人员离职等现象。并购完成后在整合过程中，出现水土不服是很正常的事情，关键是如何对症下药地进行化解。

境内股权交易中，民营企业之间的股权并购及国有企业之间的股权并购，交易完成后的整合相对比较容易，不过，民营企业和国有企业之间的并购，因所有制理念的影响，整合相对困难。国有企业一般比较注重程序的完整性，强调按部就班；而民营企业多数喜欢打破常规，相对不重视程序，将效率和效果放在首位。这两种类型的企业进行并购交易时，需要对交易后的整合难度有合理的预期。跨境股权交易中，本土企业与境外企业之间的并购，无论本土企业是作为并购方还是作为被并购方，本地国家与境外企业所在国由于传统文化、思维方式等方面存在的固有差异，导致并购后的整合过程一定会存在许多需要磨合的地方。

11.8.2 企业文化是整合成功与否的关键

在影响并购后整合的因素中，企业文化的影响是无形的，也是最深刻的。企业文化是一个企业各种价值观、传统、信念和优先选择的个性化组合，是企业全体员工在企业长期生产经营活动中形成，并被全体员工普遍认可并共同遵循的人本管理理论。企业文化受企业家或老板的影响深刻，在某种程度上，对于民营企业而言企业文化其实就是“企业家文化”或者“老板文化”，老板的行事风格和价值观，直接会影响公司自上而下经营管理的方方面面。企业文化的形成也是多年历史的沉淀，会渗透到企业的各个环节。对目标企业来说，原有企业的文化因长期积累已根深蒂固，加上文化本身的无形性、防御性以及对战略调整的滞后性，导致其不会因为被并购而立即消失，它将会在较长时间内影响目标企业员工的心理和行为模式。企业文化也是企业成长的灵魂和血脉，是企业从胜利走向胜利的“法宝”。企业在并购重组过程中如果只局限于资源的实物重组，而忽略了文化融合，就无法体现出资产重组、资源再配置的最大优势。

1. 企业文化整合要解决的三个问题

从整合的实践来看，要实现企业文化整合必须要解决三个问题：首先是融合，在企业文化整合中，成功的企业一般都坚持求同存异的原则，在使命和价值观等方面建立彼此之间的信任关系，并在组织结构、制度和流程等方面进行适度的变革；其次是认同，企业文化整合要解决的问题是使企业文化更适应市场需要，促进企业发展，而不是进行文化表象的整合，使并购双方能够在文化方面达成共识；最后是落实，企业文化整合的基本保证是落实，仅有文化没有落实和执行，再好的企业文化整合也难以成功。

2. 企业文化整合的模式

通常有三种整合模式：文化注入式、文化融合式、文化促进式。文化注入式通常发生在弱文化受到强文化的冲击时，强文化能够彻底将弱文化取代。比如海尔兼并亏损企业时，通常海尔只派去企业文化中心的管理人员，输入海尔的经营理念，用先进的企业文化改变旧的经营思想，在短期内实现经营水平大幅度提升。文化融合式发生在两种势均力敌的企业文化整合场景，通过有机融合而产生一种新的文化，新文化不同于原文化但依然能够找到原文化的影子。文化促进式，是指当强文化受到弱文化冲击时，在保持原价值观体系的基础上引入新的文化，使原文化更加完善。不过，这种简单的以文化强弱来选择整合模式也可能会忽略其他因素对整合绩效的影响。采用哪一种文化整合模式应当首先考虑战略相关性，其次考虑整合的程度、相对规模的大小、多文化宽容度等因素的影响，最终选择最适合交易场景的整合模式。

3. 企业文化整合的四个方面

（1）企业精神文化的整合

企业精神文化深藏于员工内心，像一只无形的手引导着员工前行的方向，激励着员工发挥自身的潜能。同时，它还具有惯性和传递性，能够通过一个或多个员工的行为，影响其他员工的思维方式，使越来越多的员工价值观、经营理念、道德行为准则等逐渐趋同，在企业的日常经营中发挥出强大的协同效应。因此，企业精神文化的整合，是企业文化整合的核心和关键。

（2）企业制度文化的整合

制度文化整合涉及企业组织机构的整合，一个高效的组织机构，是决定文化整合计划是否能够被不折不扣的运行下去的重要因素。企业制度文化的整合还包括：管理制度的整合，不同的企业需要结合自身的实际情况制定不同的管理制度；经营理念的整合，企业整合后，其生产能力、市场占有率等都发生了变化，那么其经营理念也应随之更新，理念应体现在企业的发展战略中，显示出企业今后长期发展的方向，并获得员工的认同。

（3）企业物质文化的整合

企业物质文化往往能够给员工以最为直观的感觉，例如，企业统一的服装可以使员工产生纪律感和归属感，企业的商标和标志物让员工感觉自豪与荣耀，这些物质因素与企业文化其它要素一起，逐步在员工思想行为上发挥影响，有益于形成统一的新的企业文化。

（4）企业行为文化的整合

企业行为文化整合实施重点可以放在举办各种文体活动上，尤其是多举办可以加深员工对新的企业文化理解有关的各项活动上。对于这种实体行为表现的企业文化可操作性强，见效较快，员工愿意接受。

另外，需要注意的是，在跨境并购中，中国企业对海外公司进行并购时，如果不能对外输出文化和价值观，并购后的整合就会像逆水行舟，非常痛苦。所以，跨国并购完成后，如果员工因文化理念上的差异而产生文化冲突，引起价值观、思维方式和行为习惯等不能相互理解、接受和认同，将会导致企业文化难以融合，并最终影响整合效果。

【案例 11-2】

联想集团并购 IBM 公司 PC 业务的整合简析[1]

【案情简介】

2004 年 12 月，我国联想集团与 IBM 公司正式签订并购协议，由联想集团收购 IBM 公司的全部个人 PC 业务，收购资产涵盖了 IBM 所有的笔记本与台式电脑业务，客户分销、经销以及直销渠道、品牌和相关专利。依据协议，IBM 公司的全球金融部、全球服务部分别通过强有力的企业级渠道，成为联想租赁、金融服务的主要途径。

在文化整合之初的探索阶段，采用的是保留型模式，联想与 IBM 在并购之后还是独立运作的，IBM 员工会担忧今后待遇无法持续而选择离开，联想员工也会因为缺少国际化经验而无法得到重用，也会选择离开，所以此阶段的中心工作是稳定并购企业双方的员工队伍。其后，文化冲突不断加剧，联想企业文化整合进入碰撞阶段，为此，要努力进行调整和变革，实施重组和裁员，这是企业文化整合的开始。此后，进入到适应阶段 ，围绕组织与流程的变革，实现部分 IBM 文化在联想集团内的保留。在通过充分的文化磨合以后，进入到创新阶段。开始改革 IBM 原来的企业文化，并且扩大原联想文化中优秀内容在新联想集团中的影响，形成了更具时代气息、适应产品特点的企业文化。并购完成后 6 个月的整合期间，联想和 IBM 全球的销量同比提高了 10.7%，营业额为 480 亿港元，同比提高了 38.7%，税前盈利 10.2 亿元，同比提高了

1　本案例信息源于互联网公开收集的信息。

62%。整合还是相对比较成功的。

【案件评析】

联想与 IBM 当年的并购整合也涉及文化冲突，其中既有美国文化（西方文化）与中国文化（东方文化）的冲突，又有联想文化与 IBM 文化的冲突。IBM 和联想都是具有各自成熟的企业文化的企业，IBM 最重要的信念是尊重个人，重视公司内每一个成员的尊严和权利，充分调动员工的工作积极性，而联想的核心理念是把员工的个人追求融入企业的长远发展之中。前者强调个人价值，鼓励个人创新；后者注重员工对企业文化的遵从，两者截然不同。要使两种企业文化相互融合，必须要求同存异、相互妥协。正如杨元庆在并购第一天对中国员工特别强调的三个词：坦诚、尊重、妥协，这是解决双方文化冲突的利器。柳传志对此也非常认同，“这非常有作用，特别是妥协。有矛盾，先按住，慢慢两方再理清什么是最重要的事情”。事实证明，联想和 IBM 的整合取得了有目共睹的效果，他们采取的策略也的确值得很多国内企业借鉴。

文化整合是一个“慢热”的过程，整合过程最重要的在于真诚沟通以及互相了解，并且要遵循“求大同，存小异”的原则。沟通的内容应该包括企业的经营理念、目标和工作习惯等等这些由文化差异衍生出来的各个方面。沟通，并不是单纯的进行桌面上的沟通和交流，而是应该将沟通的思想融入实践中，在不断的实践和磨合中找到更优的经营公司的理念和方法，并且，让员工以及管理人员之间形成沟通上的无障碍，双方都毫无顾虑地说出自己的想法，使双方达成共同为新公司服务的心理基础，这样一个平等和谐的环境必将会给公司发展注入新的动力，公司整合也一定会成功。

第十二章

交易结构设计相关法律文件

12.1 投资条款书（TS）

股权交易双方在正式签署交易文件之前，一般要就投资意向签署初步法律文件。国内股权交易实务中这些初步法律文件的称呼形式较多，比如投资意向书、框架协议、谅解备忘录（Memorandum of Understanding，MOU）、主要条款清单等，在国际上通行的说法是投资条款书（Term Sheet，TS）。虽然这些名称不同的文件在内容和格式上各有不同，但基本作用是一致的，即投融资双方就投资事宜达成的初步书面共识，是下一步尽职调查和交易谈判的基础。

12.1.1 范本示例

投资条款清单

本投资条款清单概述了【 】有限公司（以下简称“甲公司”）或其关联公司拟投资【 】有限公司（以下简称“乙公司”）10%股权的主要条款。本条款清单除题为“独家谈判期”“成本与费用”“保密”“管辖法律和争议解决”的条款以外，对甲公司或其关联公司、乙公司及其股东以及其他各方均不具有法律约束力。各方之间有法律约束力的协议尚有赖于各方取得所有必要的公司批准及各方协商、批准、签署并交付最终交易文件。

1. 目标公司/公司	乙公司，系一家依法设立并有效存续的有限责任公司，截至本条款清单签署日，目标公司的注册资本为100万元。
2. 现有股东	【 】科技有限公司。
3. 投资方	甲公司或其关联公司
4. 实际控制人	指【 】。
5. 本次交易	指本条款清单各方拟议的，由甲公司或其关联公司投资乙公司10%的股权，包括该等股权所包含的全部股东权益的交易。
6. 目标股权	目标公司10%的股权。
7. 交易对价	受制于投资方即将开展的尽职调查，投资方获取股权的对价拟为人民币【 】元（RMB【 】）。
8. 交割前提条件	各方同意，以下条件均达成前，投资方无义务向目标公司支付任何交易对价： 1. 投资方完成对目标公司业务、法律、财务尽职调查且对尽职调查的结果满意； 2. 本次交易获得投资方投资决策委员会的批准； 3. 各方已就本次交易签署正式的股权增资协议等全部交易文件； 4. 本次交易所需要的各项批准、登记、备案等全部完成； 5. 截至交割日，不存在且没有发生对目标公司任何经营、运作、前景、收益、负债、资产、税务以及财务状况已产生或经合理预见可能会产生重大不利变更的事件、事实、条件、变化或其他情况； 6. 其他尽职调查中发现的需要作为交割前提的事项。

9. 尽职调查	本条款清单签署后，投资方及其委托的专业顾问将对目标公司进行法律、财务、商业及其他方面的尽职调查。目标公司及实际控制人应当充分理解并与投资方合作并协助进行尽职调查，包括但不限于现场勘查并提供投资方及其专业顾问和代表合理要求之交易相关的文件、资料及信息，并为投资方安排查阅目标公司向政府部门提交的所有相关信息。目标公司及实际控制人应确保予以无条件配合。
10. 陈述与保证	目标公司、实际控制人作出通常的陈述和保证，包括但不限于：1）目标公司有效成立及合法的组织架构；2）股权结构；3）获得相关方的授权；4）有效的新增注册资本；5）获得所有必须的政府批准和许可；6）没有不利的公司诉讼；7）拥有所有的知识产权；8）与关键员工间签署了有效的劳动合同、保密协议、专有权协议、非竞争协议等；9)保证信息披露的真实、准确、完整；10）全部资产拥有完整所有权；11）税务记录和公司历史记录完整；12）翔实的财务报表；13）没有不利的事项、重大合同等。 若因交割日前存在或发生的事实导致目标公司因此遭受处罚或损失以及投资人作为股东遭受投资价值减损，实际控制人应向投资方承担连带赔偿责任。
11. 善意	各方承诺将基于善意，友好合作，相互配合，尽快推进并完成本条款清单项下的交易。

12. 独家谈判期	本条款清单签署后，就清单所述之交易，实际控制人同意给予投资方3个月之独家谈判期。独家谈判期内，实际控制人、目标公司及其各自的关联方、代理人不得与其他任何第三方就本条款清单项下之交易进行接触或谈判。
13. 成本与费用	若本次交易完成或非因投资方原因终止本次交易的，目标公司应承担投资方本次交易所发生的中介费用，包括但不限于投资方聘用的法律、财务中介机构的尽职调查费用、起草交易文件的费用、工商变更费用等。
14. 保密	除遵守法律法规和/或相关监管机构的披露要求外，本条款清单中的任何一方同意，除有必要知悉本次交易的人员外，不得向任何第三方披露本次交易存在及内容、本条款清单及其他任何从其他各方获知的保密信息。各方应确保前述有必要知悉本次交易的人员承担同等保密义务。
15. 管辖法律和争议解决	本条款清单及最终协议应受中国法律法规的管辖。各方之间产生的所有与本主要条款有关的争议，若无法通过协商或调解解决，则应提交至北京仲裁委员会在北京根据其仲裁规则进行仲裁。仲裁裁决应以书面形式做出，对各方具有终局的法律约束力。
16. 其他事项	投资方有权根据其尽职调查情况，对本条款清单所列事项进行修订和补充，包括但不限于调整投资对价。本条款清单正本一式两份，各方各执一份，每份正本具有同等法律效力。

（以下无正文）

【 】有限公司（盖章）

法定代表人或授权代表（签字）：

【 】有限公司（盖章）

法定代表人或授权代表（签字）：

签署时间： 年 月 日

12.1.2 实务要点评析

在签署投资条款清单时要注意，TS 的条款内容可以约定得很简单，也可以约定得很复杂。从法律角度看，TS 只是各方初步合作的意向和未来的合作框架（尤其是关于股权比例和对价等重大事项的约定），除了排他期约定、保密约定、费用承担约定等条款外，其他条款对合作双方没有法律约束力。尽管这样，多数专业的投资人仍然非常重视 TS 的各项条款约定，签字后一般不会轻易爽约。因为，除非通过尽职调查发现双方之前的交易假设严重不符合实际情况，否则爽约的投资者将会付出巨大的声誉代价，不利于后续项目的参与和交易。国内著名天使投资人徐小平老师创立的真格基金，在选择创业项目时，推崇用极简主义的形式跟创始人合作，给创业者最大限度的自由，不会利用初创时期公司的困难为自身谋取尽可能多的利益。他们认为，相比于让公司尽快跑起来，这些繁琐的权利根本不重要，难怪很多人说真格基金是对创业者最友好的基金。

12.2 保密协议（NDA）

对项目信息或交易信息进行保密是股权交易的前置性要求，保密的方式有很多，比如单方的保密承诺函，双方的保密协议等，多数交易中要求签署保密协议（Non-Disclosure Agreement, NDA）。交易方式不同（如IPO或并购、普通股权投资等），保密的内容要求也会有所区别。实践操作中，NDA是防君子不防小人的法律文件，签了NDA不一定确保能够守住商业秘密，但不签NDA一定不能确保守住商业秘密。不过，对于一些口碑和知名度高的投资机构或顾问机构来说，出于爱惜羽毛的考虑，NDA是能够起到防止泄密的作用的。

12.2.1 范本示例

保密协议

本协议由下列双方于【 】年【 】月【 】日在【 】订立：

甲方：【 】有限公司

住所：【 】

法定代表人：【 】

乙方：【 】有限公司

住所：【 】

法定代表人：【 】

在本协议中，甲方、乙方统称为“双方”，各自称为“甲方”或“乙方”，提供保密信息一方为“信息披露方”，接收保密信息一方为“信息接收方”。

鉴于：

1. 乙方拟从甲方现有股东处受让部分股份，因甲方目前正在进行资本运营，相关信息需要严格保密。

2. 因合作关系，双方已经或将向对方提供或透露保密信息。

为保证合作的顺利进行，明确各方的权利义务，避免保密信息的不当披露，经友好协商，达成如下协议，以资共同遵守：

第一条 保密信息

1. 本协议约定的保密信息是指双方在合作进行过程中获得的，未由信息披露方/所属方在任何报纸、刊物、媒体、互联网、公开发送的宣传资料及其他公开场合向公众披露的任何文字、数据、图形等，无论：

（1）该等信息以何种形式或载于何种载体；

（2）该等信息是原始信息还是复制信息；

（3）在披露时是否已经以口头、书面或任何其他方式表明其具有保密性。

2.本协议约定的保密信息可以以书面文件、磁盘、电子信息数据或其他任何媒介为载体，也可以通过口头等视听形式传递。

第二条　非保密信息

下列信息不属于保密信息：

1.保密信息传递给信息接收方时，已经报纸、刊物、媒体、互联网、公开发送的宣传资料及其他公开场合向公众披露的信息。

2.信息披露方向信息接收方明确表示不属于保密信息的信息。

3.信息接收方从任何对信息披露方不承担保密义务的第三方处获得的信息。

第三条　保密信息所有权

保密信息的所有权归信息披露方/所属方所有，信息接收方不享有保密信息的所有权、排他或独占使用权、再许可使用权。信息接收方对保密信息使用的方式和程度仅限于完成项目之目的或已经事先取得信息披露方的同意。

第四条　保密义务

1.未经信息披露方书面同意，不得将保密信息进行任何形式的公开披露，但本协议第五条约定的情形除外。

2.信息接收方应当采取一切合理的保密措施，妥善保管保密信息，禁止任何与该保密信息无关的人员接触或取得保密信息，尽到与保护其自身保密信息相同的最高程度的谨慎注意义务。

3.双方应当建立内部“隔离”机制，只将保密信息提供或用于信息接收方的项目组成员及主管领导、内核组成员、聘请的专业顾问（如有）及协助完成该项目的必要的人员（以下简称“有权人员”），不得将保密信息提供给与项目无关的任何人（包括但不限于项目接收方的非有权人员）。

4.保密信息将仅为本协议约定之目的而使用，未经信息披露方事先同意，不得用于任何其他目的。

5.除为本协议约定之目的以适当的方法对保密信息进行复制外，不得对保密信息进行任何其他目的的复制和传播。

6.信息披露方提供的保密信息涉及侵犯第三方知识产权或违反第三方保密义务的情形，信息接收方不对侵权行为承担任何法律责任和赔偿责任。

第五条　保密义务的例外情形

1.各方在下列情况下披露保密信息，不构成违反保密义务：

（1）将保密信息披露给有权人员。

（2）根据法律、法规、规范性文件的规定，为完成合作之目的，向行业监督管理机构、其他政府主管部门或机构（以下简称“官方机构”）及社会公众披露保密信息，该等披露仅限于根据规定应当披露的保密信息。

（3）根据有管辖权的法院等司法部门、官方机构的命令或要求披露保密信息。

2.各方应当就上述情况下需要披露保密信息的内容和范围事先通知另一方。如果有证据证明确因情况紧急无法事先通知对方的，应当在披露保密信息之后尽快通知对方。同时应尽最大努力帮助另一方有效的防止或限制该保密信息的透露。

第六条　保密信息的保存、返还、销毁或永久删除

1.项目中止或终止、本协议解除或终止，任何一方有权要求另一方将保密信息载体或复制件以及所有描述和概括保密信息的文件予以返还、销毁或永久删除（国家法律和官方机构要求制作并保留工作底稿等情形除外）；任何一方未经另一方书面许可,不得随意丢弃和处理任何书面和其他有形的保密信息。

2.各方根据国家法律和官方机构的要求制作并保留的工作底稿，另一方

有权在合理的时间内检查相关保密信息的保存状况。

第七条　费用承担

双方履行本协议所发生的相关费用分别由双方自行承担。

第八条　违约责任

1. 一方违反本协议的约定，导致保密信息被第三方非法获知，违约方应当立即停止任何违反保密义务的行为，并采取一切手段消除由此引起的任何不利影响。

2. 一方构成违约，应当向对方赔偿全部直接损失，该等损失的计算依据为法院生效诉讼文书、仲裁生效裁决书。

第九条　争议的解决

凡因本协议引起的或与本协议有关的任何争议，均应提交中国国际经济贸易仲裁委员会，按照申请仲裁时该会有效执行的仲裁规则，在北京进行仲裁，仲裁语言为中文。仲裁裁决是终局的，对双方均有约束力。

第十条　本协议的解除和变更

1. 本协议一经签订不得解除。

2. 本协议未尽事宜，由双方协商签订书面补充协议，补充协议与本协议具有同等法律效力。

第十一条　本协议的效力

1. 本协议自双方的法定代表人或其授权代表签字并加盖双方公章之日起生效。

2. 保密信息接收方对收到的保密信息应当自收到之日起两年内承担保密义务。

3. 本协议的履行，不受与项目相关的其他协议的订立、解除、终止或其他与实现项目之目的有关的任何情况的影响。

第十二条　本协议的文本

本协议一式陆份，双方各执叁份，具有同等法律效力。

（以下无正文）

甲方：【 】有限公司（盖章）

法定代表人或授权代表（签字）：

乙方：【 】有限公司（盖章）

法定代表人或授权代表（签字）：

12.2.2 实务要点评析

在谈判和签署保密协议时应当注意以下几个问题：

1. 协议文本的采用

许多人在签署保密协议时，直接拷贝其他项目的保密协议文本，稍加改造便交付签署，这其实是偷懒的、不负责任的行为。保密协议是为具体项目服务的，关注的要点和信息范围是不同的，不同项目中的保密协议不建议相互通用，但关键条款可以借鉴。

2. 保密信息范围的界定

保密信息通常在保密协议中进行专门界定，一般来说，界定的越清晰越详细越好，在执行时操作性更强。这部分内容的个性化最强，一定要结合具体项目可能涉及彼此交换的信息进行详细约定，切不可照抄照搬，否则在协议保护的层面效力会比较弱。

3. 关于协议的主体

保密协议中，通常情况下信息接收方承担主要的保密义务，除非涉及相互交换信息，否则信息披露方一般不会承担保密义务。但是在实际操作中，笔者经常见到本应由信息接收方承担的保密义务，却被他们在保密协议中进行了许多的除外情形限制，如果过于排除自身的保密义务，往往会在交易之初给对方留下不好的第一印象，可能会对双方的交流与后期配合带来某些影响。

4. 关于保密期限

保密义务承担方的保密期限一般没有固定的规则，少则一年，多则永久的情况都有。但是对于一些国际知名的投资人或中介机构来说，他们一般不接受永久保密的要求，保密期限设置为两年或三年的比较多见。这个主要是由双方商定的，最终取决于哪一方在谈判中占优势地位来确定时间长短。

12.3 尽职调查报告

股权交易中，律师从事的尽职调查，既是发现风险的过程，也是交易谈判的基础。尽职调查报告作为尽职调查工作成果的汇总，是投资决策和合同条款设计的核心文件。由于目标公司所处行业、个性化风险以及交易形式差异等因素，决定了最终的尽职调查报告的内容和重点会有一些差别，这也使不同尽职调查报告相互之间的格式参考性意义不大，是真正体现律师功底的基础性法律文件。

12.3.1 报告的主要结构

尽管尽职调查报告的格式内容千差万别，不过其主要结构仍有些共通之处。一般来说，一份完整的尽职调查报告既要充分覆盖调查关键要点，又要分析结论明确，可读性强，不一定面面俱到，但核心问题一定查得水落石出。常见结构如下：

1. 程序性声明

这部分内容主要是非实体性内容的介绍及声明，一般包括：报告中关键名词的释义，客户对尽职调查的要求，律师审查过的文件清单及开展的工作，进行尽职调查所做的各种前提假设，出具尽职调查报告的责任限制或声明等。

2. 报告摘要

尽职调查报告的内容一般都动辄几十页，多则几百页，对于投资人或管理层及非专业人士来说，都很难有耐心阅读完毕。因此，出于便于理解和阅读的考虑，有经验的律师经常将报告中关键事项抽取出来，单独列示说明。其可以起到提示核心风险、便于决策时抓住谈判要点的作用，避免浪费谈判资源。

3. 报告正文

这部分内容是尽职调查报告的主体，内容及其结构取决于调查清单的设计及通过辅助调查手段（如访谈和走访等）发现的风险及问题。一般来说内容覆盖以下方面：

（1）目标公司的基本信息。包括基本概况、资质、历史沿革、股东、章程、出资协议、设立批准文件等。

（2）目标公司的组织架构。主要是两方面：一是查清楚下属子公司、分公司及办事处等信息；二是查清楚内部部门、机构设置及其职责，通过组织结构图可以清楚列示。

（3）下属子公司基本信息。包括基本概况、与目标公司的业务往来、财务独立性、机构独立性、人员独立性、财务状况等。

（4）业务合规性。这部分多与技术产品等相关，属于商务问题，律师关注的是其合规性及监管要求。

（5）税务问题。律师与审计师、评估师等中介机构对税务的关注角度不同，律师关注的重点在于，目标公司目前享有的税收优惠在本次股权并购之后是否需要补缴，以及本次收购后，是否仍然可以享受该税收优惠。一般来说，收购涉及目标公司企业性质的变化、注册地址的变化时，会对税务问题造成影响。

（6）核心资产的状况。如房产和土地，是否设定抵押、土地出让金是否缴纳完毕、证照是否齐全、有无可能被政府收回、是否存在无法实际控制的情况等；对于知识产权，是否进行了权利登记并持有有效证书，有无因欠费或不使用而被撤销的风险，是否存在权属纠纷等。

（7）债权债务情况。这是股权交易中需要对目标公司高度关注的风险，尤其是或有债务风险（如连带担保），一旦爆发将会对当期利润甚至公司价值有重大影响。另外，也需要关注重大贷款合同中，银行等贷款机构对于目标公司控制权发生变动时，需要取得其同意或提前还款等特殊情况的约定，并在尽职调查阶段提前进行预沟通并消除潜在的影响。

（8）重大经营合同。律师不可能关注目标公司的所有合同，仅对可能对目标公司有较大影响的重大合同进行审阅，核心是关注合同相关方的履约能力，以此间接判断对本次股权交易目的及估值等带来的间接影响。

（9）环保问题。虽然不是核心问题，但是如果因环保手续不齐全，导致被罚款、责令停止建设，甚至出现遭受行政处罚及承担刑事责任等极端情况，对股权交易后目标公司的价值也会带来很大影响。

（10）员工关系及潜在纠纷。境内股权交易中，更多关注的是目标公司在劳动合同签署、工资支付、社保公积金缴纳等方面是否存在违反劳动合同法律法规的行为，从而导致目标公司有潜在的赔偿或处罚风险，因此影响股权价值；在跨境股权交易中，更多关注目标公司所在国当地的工会管理、员工劳动保护、工作时间及休息休假等方面的法律规定，提示可能陷入的劳动纠纷及处罚风险。

（11）诉讼仲裁。列明调查期间目标公司作为原告、被告或第三人参与的诉讼案件，以及参与的各种仲裁案件，查清案由、对方当事人、受案机关、争议金额以及案件的最新进展。通过查清目标公司涉及的各种争议案件，可以从侧面判断其风险管理及内部控制的有效性，以及判断争议解决结果对目标公司价值的影响。

4. 报告附件

列明出具尽职调查报告所依据的文件资料清单，包括在调查过程中收集整理的支撑报告结论的各种资料和文件。

12.3.2 实务要点评析

尽职调查报告的撰写需要注意以下几个问题：

1. 关于语言风格

不同于文学作品讲究语言的优美和修辞的丰富，律师撰写的法律尽职调查报告，用语尽量简练，把事实讲清楚、逻辑层次分明即可。在发表法律意见时，不可模棱两可，要有明确的结论性意见。那种云山雾罩、顾左右而言他的自我保护性意见，不仅让客户反感，而且是一种不负责任的表现。

2. 关于报告的详尽程度

法律尽职调查的目的是发现问题，识别风险，是典型的风险导向型思维。因此，报告的正文越详细越好，将调查过程详细地进行描述。因为，对于一些重大项目来说，无论是本团队同事还是客户，了解事实过程及风险因素的主要途径就是尽职调查报告，详细全面地还原事实是尽职调查报告的主要任务。当然，在调查成果的呈现环节，可以通过报告摘要的形式进行表述，这样可以使得使用报告的人依据自己的时间和喜好直接查阅结论或者查看事实原貌，详略得当、游刃有余。

3. 关于开放式问题

通过一次尽职调查发现所有问题是不现实的，许多问题要通过后续的补充尽职调查和其他形式的辅助调查进行澄清。我们经常在尽职调查报告中看到，因目标公司不提供、政府机构不配合等情形，导致律师虽然尽了合理努力，事实仍未查明等表述。对于这类开放式问题，应当尽责地进行收集和跟踪，直到股权交易文本定稿前的那一刻，将这些开放式问题予以闭环。闭环的方式要么是查清并确定风险，且在交易条件中予以体现，要么是在保证和承诺条款中，针对未来可能发生的损失进行兜底。如此，尽职调查报告才真正起到辅助交易谈判，为交易保驾护航的作用。

12.4 股权转让协议

股权转让协议与增资协议一样，是股权交易的核心法律文件，也是交易结构的主要载体。各种尽职调查、公司估值、支付结构、税务筹划及退出机制等安排，核心内容都通过这些协议予以最终的固定和呈现，对交易各方的权利和义务进行最终的确认，因此，股权转让协议是股权交易各方博弈的主战场和收官之作。签完协议后即开始进入履约交割及整合等环节。当然，如果产生争议或纠纷，也会以此协议为基础解决相关争议。

12.4.1 范本示例

股权转让协议

本股权转让协议（“本协议”）于【 】年【 】月【 】日由以下各方在中国·北京市签订：

（1）【 】（转让方1）

住址：【 】

注册号码：【 】

（2）【 】（转让方2）

住址：【 】

注册号码：【 】

（在本协议中，转让方1、转让方2分别及共同称为“各转让方”或“转让方”）

（3）【 】（受让方1）

住址：

身份证号码/注册号码：

（4）【 】（受让方2）

住址：【 】

身份证号码/注册号码：【 】

（在本协议中，受让方1、受让方2分别及共同称为“各受让方”或“受让方”）

（5）【 】公司（以下简称“标的公司”或“公司”）

注册地址：【 】

法定代表人：【 】

（在本协议中，以上各方合称为“各方”，单独称为“一方”）

鉴于：

1. 转让方 1 是在【 】注册成立并合法存续的有限责任公司（注册地址为【 】，法定代表人【 】），注册资本为人民币【 】万元（RMB【 】）；转让方 2 是在【 】注册成立并合法存续的有限责任公司（注册地址为【 】，法定代表人【 】），注册资本为人民币【 】万元（RMB【 】）；

2. 各转让方为公司登记在册的股东，转让方 1 及转让方 2 分别合法持有标的公司【 】%、【 】% 的股权及相应之所有权利和利益（以下简称“转让股权”）；

3. 根据本协议的条款与条件，各转让方有意向各受让方转让、各受让方有意从各转让方受让各转让方合法持有的全部公司股权及相应之所有权利和利益（以下简称“股权转让”）；

故此，各方经过友好平等协商达成如下协议，以资共同遵照履行。

第一条　出售与购买

1.1　根据本协议的条款并受限于本协议的条件，转让方 1、转让方 2 同意向受让方 1、受让方 2 转让股份，受让方 1、受让方 2 亦同意购买转让方 1、转让方 2 分别合法持有的公司【 】%、【 】% 的股权。

本次股权转让前，标的公司股权结构如下：

股东	出资额	持股比例
转让方 1		
转让方 2		
其他股东		
合计		

1.2　本协议项下的股权转让完成后，各转让方将不持有任何公司股权，

公司的股权结构为：

股东	出资额	持股比例
受让方 1		
受让方 2		
其他股东		
合计		

1.3　转让股权包括该等股权所对应的所有权利和利益，且不得含有任何留置权、质权、其他担保物权、期权、请求权或其他任何性质的第三方权利（以下合称“权利负担”）。

第二条　价款及支付

2.1　各方同意，作为基于本协议的条款受让转让股权的对价，受限于第2.2条的规定，各受让方应向各转让方支付的股权转让价款共计为人民币【　】万元（RMB【　】）（以下简称“转让价款”）。

各方确认，转让价款是各受让方获得全部转让股权以及相应之所有权利和利益的全部对价。

2.2　各方同意，转让价款应当按照以下方式分三期进行支付：

（1）各受让方自合同签订日起的三（3）个工作日内将第一期付款共计为人民币【　】万元整（RMB【　】）汇入各转让方指定的银行账户。

（2）在转让方完成工商变更（不包括税务变更）之日起2个工作日内，各受让方将向转让方支付第二笔转让款：即人民币【　】万元整（RMB【　】）汇入各转让方指定的银行账户。

（3）在工商变更（不包含税务变更）之日起60天内，各受让方将向转让方支付第三笔转让款：即人民币【　】万元整（RMB【　】）。

（4）各方确认，各受让方有权从以上第2.2(3)条所列的付款中扣除相应款项，以作为各转让方承担因本协议下所作出的陈述与保证不真实、不准确、不完整或具有误导性，或其违反本协议下所作的承诺或本协议的条款，或因其违反相关政府主管部门的规章、政策或协议而使公司或各受让方遭受罚款、处罚、中止或终止营业等不利后果而实际产生的赔偿责任，包括但不限于：

（i）因各转让方违背第 3.15 条下的保证而产生的任何责任。

（ii）因公司于登记日前未依法及时充分地缴纳公司各项税款，或为 其员工代扣代缴个人所得税或缴纳任何法定社会保险金与社会福利金而产生的任何补缴税款、滞纳金、罚款、其他费用以及任何处罚，实际数额由相关政府主管部门以及有管辖权的法院与仲裁机构确定；

如第三期付款不足以弥补各转让方应承担的赔偿责任，各受让方有权就不足的部分要求各转让方作出赔偿。

就本第 2.2(4) 条下的扣款，受让方应向转让方提供书面的依据以及扣除款项的计算方法（以下简称“扣款依据”）。如自受让方交付扣款依据之日起三(3)个工作日之内转让方未书面提出合理异议，则视为转让方同意扣款依据并同意受让方按扣款依据从第三期付款中扣除相应款项。

特别地，如在登记日后，由于各受让方在公司经营上的过错而导致公司遭受任何政府罚款、处罚或其他不利后果，均由各受让方或公司自行承担，与转让方无关，该等损失也不得作为扣款依据。

（5）为本第 2.2 条之目的，各转让方应于登记日前尽快将其用于接收转让价款的银行账户书面告知各受让方，且各转让方应在收到每一期付款后的三(3)个工作日内，向各受让方出具相应的收据。

第三条　转让方的陈述与保证

各转让方特此向各受让方分别及连带地就直至登记日前公司和其他方情况作出以下陈述与保证，并确认该等陈述与保证均为真实、准确、无遗漏和无误导，并且任何不符合该等陈述与保证的事实均已在本协议附件一的披露表中被充分披露。各转让方兹此确认各受让方签署本协议是建立在信任以下陈述与保证的基础之上的。在以下的陈述与保证中，“公司”亦包括其任何子公司、分公司、办事处或分支机构（如有）。

3.1　一般事项

3.1.1　各转让方具有完全、独立的法律地位和法律能力签署、交付并履行本协议及其他所有与本协议所述交易有关的文件，各转让方可以独立地作为一方诉讼主体。

3.1.2　各转让方拥有签订和交付本协议及其他所有与本协议所述交易有关的、其将签署的文件的完全权力和授权，包括但不限于各转让方放弃对转让股权的优先购买权的书面陈述和公司股东会同意本协议下股权转让以及本协议的股东会决议；各转让方拥有完成本协议所述交易的完全权利和授权。

3.1.3　除了在本协议签署之日尚需获得【　】就本次股权转让的批准以外，各转让方签订、交付和履行本协议已经获得了任何必需的政府部门的批准与许可。各转让方确认就其所知不存在会导致【　】不批准本次股权转让的事由。

3.1.4　本协议由各转让方合法、适当地签署并交付。本协议以及与本协议所述交易有关的、将由各转让方签署的所有相关文件构成对各转让方的合法的、具有约束力的义务，并可根据其条款对各转让方强制执行。

3.1.5　就各转让方最大限度所知，在本协议签订时，其未涉入任何可能对其完成本协议下交易及履行其在本协议项下义务造成重大不利影响的法律诉讼、仲裁或其他事件或状态。

3.1.6　各转让方签署本协议及其他所有与本协议所述交易有关的文件并履行该等协议项下的义务，不会：

（1）违反任何有关法律、法规、政府规章以及对各转让方或公司或其资产有约束力的政府命令或法院判决与裁决；

（2）违反以各转让方或公司为一方或者对各转让方或公司的资产有约束力的合同、协议或文件下的条款；

（3）赋予以各转让方或公司为一方或者对各转让方或公司的资产有约束力的合同、协议或文件下的其他方终止、中止、修改该等合同、协议或文件的权利；

（4）导致公司股权上产生任何权利负担；或

（5）违反公司的章程或其他任何组织性文件。

3.2 对转让股权的所有权

3.2.1 各转让方是转让股权的法律上的和实益上的所有人。转让股权构成公司全部的股权。各转让方有权依据本协议将全部转让股权转让给各受让方，该等股权转让不需要任何第三方的同意。

3.2.2 就转让股权或其任何部分而言，不存在任何权利负担，也不存在设立或作出权利负担的任何协议、安排或义务。本协议下的股权转让完成之后，各受让方将获得对转让股权的完整的、不存在任何权利负担的所有权。

3.2.3 除了本协议之外，不存在任何关于转让任何转让股权或转让股权所对应的任何权利和利益的协议、期权或其他安排。

3.3 公司

3.3.1 公司是一家根据中国法律合法成立并有效存续的有限责任公司，其有权利、权力和授权持有、租赁及运营其财产并从事其在本协议签署之日正在从事与计划将从事的业务。

3.3.2 公司未违反中国法律，或在正常经营过程之外，或以非公平或非正常的形式提供过任何贷款或任何担保，包括但不限于股东贷款以及为其股东的债务提供担保。

3.3.3 公司持有所有必需的证书、批准、许可和授权以开展其正在从事与计划从事的业务，且该等证书、批准、许可和授权至登记日为止均是充分有效的，公司已办理完毕所有该等证书、批准、许可和授权的年检以及更新程序。特别地，公司持有由政府部门颁发的相关证书以及运营许可（以下简称“政府许可”），该等政府许可至登记日为止都是充分有效的。

除了已经向受让方披露的之外，各转让方保证就其所知不存在会导致该等证书、批准、许可或授权被撤销、被终止、不被更新或不能通过年检的事由。

公司完全遵守其持有的该等证书、批准、许可或授权的条款与条件，包括但不限于维持政府许可有效性的最低注册资本限额与维持政府许可的条件。

3.3.4 除了已经向受让方披露的以外，公司并无任何其他子公司、分公司、办事处或者分支机构；除了已经向受让方披露的以外，公司无直接或者间接地控制、参股任何其他实体或于任何其他实体中持有权益。

3.3.5 除了已经向受让方披露的以外，并无其他任何间接持有公司股权或控制公司的权益所有人。

3.3.6 除了已经向受让方披露的以外，公司已经根据相关法律要求适当完成了公司运营所必需的相关政府部门的登记、备案等程序，包括但不限于在国务院主管部委以及各地行业主管部门、工商登记部门、税务等部门的登记或备案，特别包括任何主营业地区经营业务而所需进行的备案。

3.4 会计与财务

3.4.1 公司依照法律法规以及中国公认会计准则的要求记账、分配会计科目、保留凭证和账册、开具和收取发票。

关于各转让方所提供的截至【 】年【 】月【 】日公司的未经审计的资产负债表与损益表以及其他相关的会计报表（见本协议附件二）以及其他相关的会计报表（以下合称“会计报表”）：

交割日之前公司所有债务由转让方承担。

3.5 信息披露

3.5.1 各转让方在本协议签署之前和之后向各受让方提供的所有文件、资料和信息均是真实、准确、无遗漏和无误导的。

（1）依据第3.4条提供的会计报表以及其他会计财务资料，双方同意，转让方提供的财务报表仅供收购参考；

（2）于附件三中提供的公司有形资产和无形资产的明细，双方同意，有形和无形资产以附件三为准。

3.5.2 不存在各转让方未向各受让方披露的任何对公司及其业务有或可

能有不利影响的事实。

3.6 无未披露债务

各转让方向各受让方已披露的公司的债务情况均是真实、准确、无遗漏和无误导的。除已披露之外，公司不存在其他任何债务，包括但不限于在任何合同、协议或其他法律文件下的应付款项。

3.7 遵守法律

公司根据所有对其适用的中国法律、政府命令以及电信运营商的政策开展业务，公司未曾违背或违反任何该等中国法律、政府命令以及电信运营商的政策。公司在各方面始终根据公司章程和营业执照中规定的经营范围经营业务。

3.8 诉讼

不存在可能对公司带来重大不利影响，或者消极影响本协议的订立、效力与可执行性以及本协议下股权转让的下列情形，无论是已经完成的、未决的或是可能发生的：

（1）电信运营商对公司或者各转让方的制裁或限制；

（2）政府部门对公司或者各转让方的处罚、禁令或指令；

（3）针对公司或各转让方的民事、刑事、行政诉讼，仲裁等其他程序或争议。

3.9 合同

3.9.1 各转让方已经向各受让方提供了自公司成立以来的所有公司为一方的或与公司业务相关的合同、协议与其他法律文件。

3.9.2 公司不是任一合同、协议或其他文件的一方，或受任一合同、协议或其他文件的约束，如果该等合同、协议或其他文件：

（1）不是在公司正常的经营过程中形成的；

（2）不是完全基于公平原则形成的；

（3）致使公司亏损或者损害公司利益的；

（4）投入适当的精力与支出仍然无法完成的；

（5）限制公司从事经营的自由的。

3.9.3 不存在公司违反以公司为一方或者对公司有约束力的合同、协议或文件下的条款或义务的情形。

3.10 知识产权

3.10.1 各转让方已于本协议附件三中向各受让方充分披露了所有公司拥有所有权的知识产权以及被授权或被许可的知识产权，且公司正在开展的业务未侵犯任何第三方的知识产权。

3.11 资产

3.11.1 公司对所有其自有资产具有完整、充分、不存在任何权利负担的所有权。公司对所有其租赁的资产具有有效持续、良好、不受干扰或限制的使用权。

3.11.2 该等公司拥有所有权或使用权的资产构成使公司能在正常的业务经营过程中全面和有效地开展业务所必需的所有资产。

3.12 员工

除各转让方已向各受让方披露之外：

（1）公司雇用员工遵守对其适用的相关劳动法律法规；

（2）公司与其现有员工或者其以往聘用的员工之间不存在任何现存的劳动争议或纠纷，亦不存在任何潜在的劳动争议或者纠纷。

3.13 关联交易

3.13.1 就各转让方、公司的任何现任的或已退任的高级管理人员、公司的任何现任董事或已退任的董事，或者与上述人员有直接或间接的利益关系的个人或组织（以下合称“关联方”），其与公司之间不存在任何实际或者或有债务或任何担保关系。

3.13.2 各关联方与公司之间不存在任何仍有效的对公司具有约束力的任何合同、协议或其他文件。

3.14 税务

3.14.1 除各转让方已向各受让方披露的之外，公司依照法律以及税务机关的要求充分、及时和足额履行申报税款、缴纳税款以及代扣代缴税款的义务，包括但不限于个人和企业所得税、营业税和增值税，且并不存在任何延迟或扣减支付税款的行为或责任。

第四条 受让方的陈述与保证

4.1 各受让方的法律地位与能力

各受让方具有完全、独立的法律地位和法律能力签署、交付并履行本协议，可以独立地作为一方诉讼主体。各受让方签署本协议并履行本协议项下义务不会违反任何有关法律、法规以及政府命令，亦不会与以其为一方或者对其资产有约束力的合同或者协议产生冲突。

4.2 转让价款的合法性

各受让方保证其依据本协议向各转让方支付的转让价款来源合法，并且其有足够的能力依据本协议的条款与条件向各转让方支付转让价款。

第五条 登记前安排

5.1 各转让方作为登记日前公司的股东，在本协议签署之日起至登记日的期间内不得作出或允许公司作出任何可能对转让股权及/或公司有不利影响的行为，包括但不限于放弃公司任何重大权利或利益，或使公司承担任何重大责任或义务。除非经各受让方事先书面同意，转让方应尽其所能促使公司的管理层在本协议签署之日起至登记日的期间内：

（1）以正常及惯例的方式开展业务，维持良好运营；

（2）不签订或承诺签订标的金额高于人民币拾万元（RMB100,000）的任何协议；

（3）在以正常及惯例的方式开展业务的范围之外不签订或承诺签订任何协议；

（4）不处分或承诺处分公司任何重要资产；

（5）不购买或承诺购买任何其他公司的任何股权、股份或其他权益，或其他任何组织中的权益；

（6）不举借任何贷款或承担任何其他债务；

（7）除正常及惯例业务所需的款项外，不支付（或同意支付）任何其他非必要的款项；

（8）不宣布分配、不支付或准备支付股息或任何其他利润分配；

（9）采取所有合理行动维持及保护其自有的或拥有使用权的资产（包括但不限于任何知识产权）；

（10）不修改任何公司的会计准则或政策；

（11）不修改公司章程；

（12）不为任何第三方提供担保；

（13）不在任何转让股权上设定任何权利负担；

（14）尽快披露任何转让方获悉的任何可能违反本协议下的任何陈述、保证与承诺的事实（无论其在本协议签署日期前已存在或在本协议签署日期后与登记日前发生）。

5.2　在不违反第5.1条规定的前提下，转让方作为登记日前公司的股东，在本协议签署之日起至登记日的期间内，应尽其所能促使公司的管理层确保在本协议签署之后：

（1）公司与各受让方就公司运营事项进行全面交接合作；

（2）各受让方的授权代表可充分参与公司日常的管理和运营过程，且对于对公司业务有重大影响的事项，公司管理层或相关人员应征询该等授权代表的意见；以及

（3）为了以上第(2)项所述之目的，应各受让方或其授权代表的要求，公司应向其提供公司的文件、资料以及人员。

第六条　先决条件

6.1　转让方义务的先决条件

各转让方完成本协议下的股权转让的义务以以下各项条件得到满足或被各转让方书面放弃为前提：

6.1.1 陈述、保证与承诺

各受让方在本协议下作出的陈述、保证与承诺截至登记都是真实、完整和准确的，如同该等陈述、保证与承诺是在登记所作出的同样有效。

6.2 受让方义务的先决条件

各受让方完成本协议下的股权转让的义务以以下各项条件得到满足或被各受让方书面放弃为前提：

6.2.1 陈述、保证与承诺

各转让方在本协议下作出的陈述、保证与承诺截至登记日都是真实、完整和准确的，如同该等陈述、保证与承诺是在登记日所作出的同样有效。

6.2.2 尽职调查

各转让方应已按照各受让方在对公司进行尽职调查时可能提出的合理要求，向各受让方提供了全力支持和协助，包括但不限于向由各受让方委派的律师、会计师与其他代表充分提供公司的所有账目、记录、合同、技术资料、人员资料、管理情况以及其他文件。上述尽职调查应包括但不限于对公司运作、法律、财务、技术与人事方面所进行的尽职调查。该等尽职调查的结果令各受让方感到满意。

6.2.3 股东会决议

各受让方已收到了各转让方依据法律规定以及公司届时有效的章程作出的有效的股东会决议，其中各转让方一致同意本协议下的股权转让且各转让方书面明确放弃各自对转让股权的任何部分的优先购买权。

6.2.4 执行董事、总经理与监事辞职

各受让方已收到于登记日生效的公司现任执行董事、总经理与监事的书面辞呈。

6.2.5 法定代表人辞职

各受让方已收到于登记日生效的公司法定代表人的书面辞呈。

6.2.6 无重大不利影响

未发生或者可能发生任何受让方认为对公司产生重大不利影响的事件。

6.2.7　无重大变动

除了书面向各受让方披露并获得各受让方的同意以外，公司的业务截至登记日未发生任何受让方认为属于实质性的变化。

6.2.8　登记前安排的完成

各转让方以令各受让方满意的方式完成了第 5 条下的承诺。

第七条　股权变更登记与交割

7.1　在根据各受让方判断本协议第 6 条下所有先决条件均得到满足或被放弃的情况下，受让方将书面通知转让方股权转让交易可以进行（“确认通知”）。自确认通知发出之时，本协议下的股权转让交易即被认为确定、不附条件（除股权变更登记外）和不可逆转的，而本协议以及股权转让即可被递交至市场监督管理部门就进行变更登记（“登记”）。但该等确认通知并不解除各转让方对其在本协议下所做出的承诺、保证与声明的责任。双方应尽其最大努力在【　】年【　】月【　】日之前向市场监督管理部门递交变更登记的申请。

7.2　一方收到各受让方确认通知，各转让方应立即采取行动确保公司立即就本次股权转让向市场监督管理部门进行变更登记。在各方收到市场监督管理部门出具的受理变更登记的确认书之日（“交割日”），各方就股权转让进行交割。股权转让在市场监督管理部门完成登记且市场监督管理部门颁发公司新的营业执照之日为股权转让的登记日。

7.3　转让方按照附件四的交割清单，在交割日将清单内容交接给受让方并保证所交付内容真实有效，同时对于之前签订的未到期合同作出受让方认可的妥善处理后，则视为交割完成。

第八条　其他约定

8.1　各方均应相互配合，在必要时进一步签署为本协议的充分实施以及本协议项下的股权转让的完成而可能需要签署的其他文件。

8.2　各转让方就其在本协议下向各受让方所作的陈述、保证和承诺，彼此相互承担连带责任，包括但不限于所有在登记日前发生的以及虽在登记日后发生但应全部或部分归因于登记日之前之情势的事件。

8.3 在协议签署日至登记日前，各受让方与公司将对公司在登记日前的全部员工进行审查和评估，并根据公司届时的业务情况和员工的工作能力决定是否留用有关员工。如各受让方决定留用有关员工的，则公司将继续履行与该员工的劳动合同或经双向选择与之签订新的劳动合同，各转让方应向公司提供一切协助；如公司决定不留用有关员工的，则公司将终止与该等员工的劳动合同，各转让方应负责并确保该等员工与公司解除劳动关系并书面放弃对公司任何的权利主张与索赔要求，因此对公司或各受让方产生的损失，应当由各转让方向公司承担连带赔偿责任。

8.4 对于登记日仍有效的、公司为一方的或对公司或其资产有约束力的合同、协议，各方应协商处理。

8.5 自本协议约定的交割之日起，标的公司所有债权、债务归新股东承担；本协议约定的交割之日之前标的公司所有债权、债务归原股东承担。

8.6 对于附件四交割清单中的未到期合同，转让方将根据备注说明，协助受让方处理。

第九条 违约责任

9.1 本协议对各方均有约束力和可执行性，如任何一方未充分履行其在本协议下的义务或者任何一方在本协议下所作的陈述、保证与承诺是不真实的或者有重大遗漏或误导，该方应被视为违约。

9.2 若转让方违约，受让方有权采取如下一种或者多种救济措施以维护其权利：

（1）暂时停止履行其在本协议项下的义务，待相关违约情势消除后恢复履行，受让方根据此款规定暂停履行义务不构成受让方不履行或者迟延履行义务；

（2）如转让方的违约行为造成了本协议下的交易无法继续进行，则受让方有权向转让方发出书面通知单方解除本协议，解除通知自发出之日起生效；

（3）要求转让方实际履行；

（4）若转让方在自违约发生起的十五(15)个工作日内或在受让方要求的其他补救期间内未能弥补违约，或其弥补措施毫无效果致使受让方仍遭受不利影响，受让方有权中止或终止本协议；

（5）要求转让方赔偿受让方因转让方违约遭受的一切经济损失；

（6）按照第2.2条的约定于第二期付款中扣除相应款项。

9.3 各转让方对其在本协议下的各项义务与责任承担连带责任。

9.4 在各转让方未违约的前提下，如各受让方未按照本协议的规定在约定期限内向各转让方履行支付第三期付款的，则就任何未按照本协议规定按期支付的部分，每延期支付一天，各受让方应向各转让方支付相当于该等未支付部分5‰的罚金。

第十条 生效与终止

10.1 本协议自经各方或其授权代表全部正式签署并向各方有效送达之日起生效。

10.2 各方同意，本协议自以下任何情形之一发生之日起终止或中止：

（1）各方协商一致以书面形式终止本协议；

（2）本协议经各方履行完毕；

（3）受让方根据第9.2条终止本协议；

（4）依据有关法律、法规和本协议的其他规定而中止或终止本协议的其他情形。

10.3 尽管有本协议其他规定，本协议第九条、第十条与第十一条的效力不受本协议中止或者终止的影响。

第十一条 其他事项

11.1 费用和税收

各方应支付与本协议下股权转让的谈判有关的，以及与本协议的准备、签署和实施有关的其各自的开支、成本和费用，包括但不限于聘用律师费、聘用会计师费以及聘用顾问费。各方应负责支付因本协议下股权转让而可能应由其支付的任何税项。

11.2　通知

11.2.1　本协议要求的或根据本协议作出的任何通知、请求、要求和其他通信往来应以书面形式按照以下信息送达相关方：

转让方1：
地址：
电话：
传真：

转让方2：
地址：
电话：
传真：

受让方1：
地址：
电话：
传真：

受让方2：
地址：
电话：
传真：

11.2.2 本协议要求的或根据本协议作出的任何通知、要求和其他通信往来若以挂号信函方式发出，在投邮五(5)天后视为送达；若以特快专递方式发出，在投邮后48小时视为送达；若以传真方式发出，送达日以发件方完整的传真报告为准；若以电子邮件发送，则一经发出即视为送达；若当面递交，一经面交即视为送达。

11.3 保密义务

除非法律或有管辖权的法院要求或者本协议各方同意，本协议任一方不得向本协议各方以外的任何第三方披露本协议任何内容、与本协议有关的信息以及各自从其他方获得的任何文件、资料、信息，以及公司的任何文件、资料、信息、技术秘密或者商业秘密；但本协议各方在以下范围内进行披露不违反本协议项下的保密义务：

（1）经本协议各方共同同意的披露；

（2）在必要的范围内向各自的律师、会计师进行的披露；

（3）在必要的范围内并经相关方同意，为本协议下的股权转让之目的所进行的披露；

（4）上述许可的披露不得超过必要的限度，并且，披露方必须采取措施促使接受上述文件、资料和信息的第三方遵守本条的约定；以及

（5）本协议任何一方按本条披露信息不得损害其他方的利益。

本第11.3条下的保密义务在本协议被解除或终止后仍对本协议各方具有约束力。

11.4 不可抗力

11.4.1 “不可抗力”指各方无法控制也不可预见的、如可以预见其发生亦不可避免且其结果不可克服的，并且阻碍一方履行本协议的任何事件，包括但不限于地震、台风、洪水、火灾、战争、暴风雨以及法律与政策的变化。

11.4.2 如果一方因不可抗力事件无法履行其义务，该方应在受不可抗力事件影响的范围内免除其义务的履行。遭遇不可抗力事件的一方应立即通知其

他方并应尽一切合理努力，减轻不可抗力事件的影响。

11.5 法律适用及争议解决

11.5.1 本协议的订立、效力、解释及履行均适用中华人民共和国法律。

11.5.2 由本协议产生或与本协议相关的任何争议应由各方以友好协商方式解决。如果在争议发生后的十五(15)天内无法以友好协商方式解决该等争议，则任何一方均有权将其提交——按其届时有效的仲裁规则进行仲裁。仲裁裁决将是终局的、对各方均有约束力。

11.6 修订及变更

各方可共同签署书面文件对本协议进行修订、变更或补充。

11.7 独立性

本协议任何条款的无效或不可执行不影响本协议其他任何条款的有效性或可执行性，该等其他条款应仍然完全有效。各方应当尽最大努力，就该等无效或不可执行的条款按其原先希望达到的意图另行达成约定。

11.8 转让

除非事先获得其他各方的书面同意，任何一方不得将其于本协议下的权利或义务向第三方进行转让。

11.9 文本

本协议正本一式伍(5)份，各方各执壹(1)份；为了本协议下股权转让登记之目的或者依照各方约定，可相应增加签署的正本份数。每一份文本均视为正本，各文本构成同一份相同之文件。

[签署页]

兹此为证，本协议各方已于本协议首页所载之日期签署本《股权转让协议》。

各受让方：

签署：________________________

签署：________________________

受让方公司（盖章）

授权代表签字：

各转让方：

签署：________________________

签署：________________________

附件一：披露表

附件二：资产负债表与损益表

附件三：公司资产明细

附件四：交割清单

12.4.2 实务要点评析

股权转让协议在股权交易中是花费时间最多、交易各方谈判最激烈的法律文件。完美的转让协议能够形成对交易各方的合理制约，是股权交易顺利完成的保障；有瑕疵的转让协议也往往由于其中的“坑”，导致可能出现交易纠纷，甚至使交易无法完成。因此，股权转让协议的起草和审阅，需要倾注大量的时间和精力，值得细细研究。实务中一般需要关注的问题点如下：

1. 股权转让必须要符合法律规定的形式要件

从协议本身的层面来看，股权转让协议生效后即对双方产生股权变动的约束力，但如果没有完成股权的变更登记，则不具有对抗第三人的公示公信效力。根据《公司登记管理条例》规定，有限责任公司股东转让股权的，应当自转让股权之日起 30 日内申请变更登记。参照股权变更登记的要求（各地市场监督管理部门可能有少许差别），完整的股权转让在形式上应当包括的文件如下：

（1）书面《股权转让协议》；

（2）股权转让对价款支付凭证；

（3）相关完税凭证（涉及自然人转让股权）；

（4）股东会决议；

（5）修改股东名册及公司章程；

（6）涉及对外转让股权的，非转让股东放弃优先购买权的声明。

2. 转让协议的主体及程序性要求

主要是对受让方的资质审阅，确认是否存在法律法规规定不得成为股东或者成为股东后对目标公司未来资本运营有影响的情形，比如自然人，若在此之前已经有一家一人公司，则本次转让不得 100% 受让全部股权；受让方如果是金融产品，要考虑后续上市时潜在可能的清理成本。另外，对出让方而言，对外出让股权是否经过了合法有效的股东会程序作出决议，优先购买权是否已经放弃，公司章程要求的转让限制条件是否已经满足，出让方的约定或法定禁售条件是否满足等，防止产生相关风险。

3. 部分条款注意事项

从风险管理的角度，股权转让协议中的一些条款需要高度注意：

（1）价格条款。除非有强有力的经得起推敲的理由，一般不要无偿转让，防止税务核定纳税风险。从实际操作来看，以净资产定价一般是税务机关能够接受的股权转让价格的最低要求，当然价格确定的方式很多，本书在第七章“支付结构”第“7.1.1　定价的六种模式”中也作了详细介绍。

（2）标的完整性条款。股权转让协议受让人应在前期尽职调查的基础上确认所受让股权的是否存在瑕疵，包括：所受让的股权是否存在出资不实的瑕疵，即非货币财产的实际价额显著低于认缴出资额；所受让的股权是否存在出资不到位（违约）的瑕疵，即股权转让协议中的股东出资不按时、足额缴纳；所受让的股权是否存在股权质押、出质及冻结的情形（质押、出质及冻结一般在市场监督管理部门即可查询）。

（3）承诺与保证条款。此类条款主要是针对出让方的约定，内容涉及转让标的的完整性、主体资格的适格性、充足的内部授权、信息披露的真实准确和完整性、目标公司或有债务的承诺等，受让方的保证义务则主要聚焦于按时付款方面。尽职调查中发现的问题及其后续解决，也可以在这类条款中约定处理方式。

（4）违约责任条款。在交易过程中出让方和受让方都可能不履行或不完全履行合同义务，为了防范由此产生的风险，股权转让合同应明确约定定金罚则或违约赔偿的范围、计算方法，不可笼统地约定“一方违约时，另一方要承担违约责任”之类的无法操作的笼统条款。

（5）争议解决条款。在股权转让协议中选择管辖法院时，从原告住所地、被告住所地、合同签订地、合同履行地、目标公司所在地法院中作出有利于己方的选择。在涉及仲裁时，选择对己方有利或双方都认可的第三方国家 / 地区的仲裁机构解决争议。

12.5 增资扩股协议

增资协议也是股权交易中的核心文件，版本内容可繁可简。如果是老股东同比增资或者以公司资本公积、未分配利润等转增注册资本，版本内容可以相对比较简化；如果是目标公司对外股权融资，投资人可能要求一些保障性的权利，版本内容就会比较复杂。下面以对外融资版本为例，看一下常规对外融资时投资人关注的要点。

12.5.1 范本示例

股东协议

本《股东协议》（以下简称“本协议”）于【　】年【　】月【　】日由下列各方在中国·北京市签署。

甲方：【　】有限公司（投资人）

注册地址：【　】

法定代表人：【　】

乙方：【　】有限公司（目标公司）

注册地址：【　】

法定代表人：【　】

丙方（乙方现股东）：

丙方1,【　】，身份证号码

丙方2,【　】，身份证号码

上述合同方在本协议中单独称为“一方”，合并称为“各方”。

鉴于：

1.乙方是在【 】注册成立并合法存续的有限责任公司(注册地址为【 】,法定代表人【 】),注册资本为人民币【 】万元(RMB【 】);

2.丙方为乙方登记在册的股东,丙方1及丙方2分别合法持有标的公司【 】%、【 】%的股权及相应之所有权利和利益;

3.根据本协议的条款与条件,甲方有意向向乙方增资【 】万元人民币,获取【 】%的公司股权,丙方同意甲方对乙方进行增资,并放弃增资的优先认缴权。

经友好协商,协议各方达成一致协议如下:

第1条 释 义

在本协议中,除非上下文另有约定,下列词语具有以下含义:

本公司	指	乙方,又称"目标公司"
投资人	指	甲方
创始股东/创始人	指	丙方1、丙方2
核心人员	指	【 】、【 】、【 】、【 】、【 】、【 】
实际控制人	指	丙方1
本次投资	指	甲方签署本增资协议而成为公司股东的行为
本次投资完成	指	公司办理完毕与本次投资相关的全部股权变更登记手续
清算事件	指	具有本协议第4.6条的含义
首次公开发行、IPO	指	依据中国的法律法规,目标公司在股份制改造完成后其股票在各方认可的知名的证券交易所(包括但不限于上海证券交易所、深圳证券交易所)首次公开发行股票并上市,或在目标公司经重组成为一家境外控股公司的子公司(或被境外控股公司协议控制)后,将境外控股公司的股票依据其他国家、地区的法律法规在境外证券交易所公开挂牌交易
递交IPO申请	指	公司向中国证券监督管理委员会或其他地区证券业管理机关递交IPO申请材料
投资总额	指	就甲方在本次投资中认购公司新增注册资本的总对价
元/万元	指	人民币元/万元

第2条　公司的注册资本及股权比例

2.1　注册资本及股权比例

丙方共同出资人民币【　】元整（RMB【　】），以此作为乙方的注册资本。本次投资完成后，乙方的股权结构如下：

股东姓名或名称	出资方式	认缴出资额（人民币/万元）	实缴出资额（人民币/万元）	持股比例
丙方1	现金	【 】	【 】	【 】
丙方2	现金	【 】	【 】	【 】
甲方	现金	【 】	【 】	【 】
合计	—	【 】	【 】	【 】

2.2　出资

公司应于投资人缴付其全部认缴出资之日，向该等投资人出具形式如附件一所示的股东名册原件和如附件二所示的出资证明书原件。

各投资人自其缴付完毕其全部认缴出资之日起，按照法律法规、公司章程及本协议的约定，按其实缴出资比例享有其作为公司股东应享有的各项权利，本协议另有明确约定的除外。

第3条　公司治理

3.1　各方承诺并保证，公司将按照《公司法》及其他中国法律规定，建立规范的公司治理制度，各职能机构将依法行使职权，并根据中国法律和公司章程的规定召开定期会议和临时会议。

3.2　股东会

3.2.1　股东会会议由股东按照出资比例行使表决权。

3.2.2　未经公司股东会表决同意，公司不得采取下列行动：

（1）修改公司的章程；

（2）增加或减少公司的注册资本；

（3）公司合并、分立、解散或变更公司形式；

（4）公司向其股东进行利润分配或弥补亏损；

（5）公司申请破产、开展清算；

（6）增加或减少董事会成员数量；

（7）进行将导致公司重大资产转移、出售、出租、或赠与的交易；所谓重大资产，是指发生前述交易时的资产额占公司合并报表资产总额的比例超过50%；

（8）进行将导致公司全部或超过50%以上数量的知识产权的对外授权；

（9）首次公开发行股票并在交易所上市；

（10）开展员工激励计划或员工持股计划；

（11）其他根据《公司法》等法律、法规应当由股东会作出决议的事项。

以上第（1）项、第（2）项、第（3）项、第（9）项、第（10）项还应当经公司的代表2/3或以上表决权的股东同意方可通过。其他项应当经公司的代表1/2或以上表决权的股东同意方可通过。

3.3 董事会

3.3.1 各方承诺并保证，公司董事会由3名董事组成，每位董事每届任期为3年。各股东均有权提名1名董事，通过股东会予以推选确认。

投资人对根据上款提名之董事可随时解除并提名继任董事，各股东应当通过股东会予以同意；继任董事的任期为被替换董事的剩余任期。

3.3.2 董事会会议应有过半数的董事出席方可举行；除公司已履行必要通知程序而投资人董事或其授权代表仍不出席的情况外，董事会会议至少应包括投资人董事或其授权代表出席（可以通过电话或视频会议方式参与出席）。

3.3.3 董事会会议每半年应至少召开一次（“定期董事会会议”）。

召开定期董事会会议，公司应至少在会议召开的5日前，以书面形式将会议的日期、时间、地点及议程通知全体董事。

召开临时董事会会议，公司应至少在会议召开的2日前，以书面形式将会议的日期、时间、地点及议程通知全体董事。

若情况紧急，也可以在通知全体董事后立即召开董事会会议，但召集人应当在会议上作出说明。

3.3.4 以下事项须经董事会半数以上的董事(包括所有投资人董事同意)表决通过后方可作出有效决议：

(1)制定或改变公司中长期发展规划、年度或季度营业计划、预算；

(2)改变公司主营业务或公司名称；

(3)营业计划之外处置公司重要业务、资产或其控制权；

(4)设立子公司、对外投资；

(5)购买或租赁房地产，购买或租赁超过价值人民币50万元的机动车；

(6)选择IPO承销商和上市交易所，确定IPO的估值、条款和条件；

(7)公司季度和年度预算、决算；

(8)对财务制度、会计政策作出变更；

(9)聘请或变更审计机构；

(10)预算之外的借贷行为；

(11)除董事会已经批准且合理的商业行为外，单次产生超过人民币50万元债务或对同一事项累计产生超过人民币100万元债务的行为；

(12)在连续12个月内与同一相对方签署累计将造成公司支付义务超过人民币100万元的合同或协议；

(13)宣布或支付利息、分配利润，减资或回购股份；

(14)增加或减少任何董事会或任何董事会专门委员会的人数；

(15)董事长、CEO、CFO、COO、CTO及副总裁及以上公司高级管理人员的任免和薪酬待遇；

(16)将公司中薪酬待遇最高的5个人的薪酬水平在12个月内提高25%以上；

(17)批准、修改和执行员工激励计划；

(18)与自然人发生的超过30万元或与法人发生的超过100万元且占公司最近一期经审计净资产绝对值千分之五以上的关联交易；

(19)对外担保；

（20）证券、期货或金融衍生产品投资；

（21）除合理的商业行为外，出售、转移、许可、抵押或以其他方式对公司所拥有知识产权设定权利负担；

（22）对第三方作出无限制的或人民币 100 万元的责任承诺。

以上事项若需要经股东会审议批准，董事会审议后应将该事项提交给股东会审议。

第 4 条　投资人股权的特别安排

4.1　信息和检查权

4.1.1　各方同意，公司应按时提供给投资人以下资料和信息：

（1）每月度结束后 15 日内，提供公司月度财务报表；

（2）每季度结束后的 30 日内，提供公司季度财务报表；

（3）每个会计年度结束后的 90 日内，提供经营报告和经投资人与公司共同认可的会计师事务所审计确认无误的合并财务报表以及无保留意见的审计报告；

（4）每个会计年度开始的 30 天前，提供经董事会批准的公司年度预算和经营计划。

4.1.2　投资人提前通知后的合理时间内，有权查阅公司及下属公司的账簿和记录、设施；但该等行为不得妨害公司日常经营活动，且相关开支应由投资人自行承担。

4.2　优先认购权

4.2.1　在合格 IPO 之前，如公司拟增加注册资本或进行类似行为（“后续增资”），公司应书面通知投资人（“第一次后续增资通知”），通知应列明后续增资的所有重要条款和条件（包括但不限于拟增加的注册资本金额或股权比例、价格、付款时间和股东权利）。投资人有权（但无义务）在收到第一次后续增资通知后 10 日内书面通知公司，按届时其持有的公司的股权比例优先认缴该等增资。投资人逾期未作出行使优先认购权回复的，视为放弃该等权利。

4.2.2 若部分投资人放弃行使优先认购权，则就该等投资人放弃部分（“放弃份额”），公司应书面通知行使优先认购权的投资人（“第二次后续增资通知”），行使优先认购权的投资人有权（但无义务）在收到第二次后续增资通知后 10 日内书面通知公司再次行使优先认购权；但若第二次行使优先认购权的投资人要求行使的优先认购份额合计超过放弃份额，则第二次要求行使优先认购权的投资人应按其各自第一次行使优先认购权前的相对持股比例行使优先认购权。行使优先认购权的投资人逾期未作出再次行使优先认购权回复的，视为放弃优先认购份额。

4.2.3 如果投资人未能完全认购后续增资，则公司可以在发出第二次后续增资通知后（若无第二次后续增资通知，则以第一次后续增资通知发出时间起算，下同）的 90 日内与其他股东和/或第三方投资人就未行使优先认购权的后续增资签署相应的增资合同，但该增资合同不能约定比提供给投资人的条件（包括但不限于价格、付款时间和股东权利）更为优惠的条款和条件。如果公司未能在发出第二次后续增资通知后的 90 日内与其他股东和/或第三方就投资未行使优先认购权的后续增资签署相应的增资合同，则公司必须再次完成 4.2.1、4.2.2 规定的程序方可与其他股东和/或第三方签署增资合同。

4.2.4 以下情形不受 4.2 限制：（1）公司根据 3.3.4 开展员工激励计划；（2）公司利润或资本公积向全体股东转增注册资本；（3）经股东会批准作为公司购买或合并其他企业的对价而发行新股；（4）公司整体变更为股份有限公司。

4.3 优先购买权

4.3.1 在遵守本协议 6.2 的前提下，如创始股东（“转股股东”）拟向任何第三方转让其持有的公司股权（“转让股权”），其应向投资人发出书面通知（“股权转让通知”），通知应列转让股权的所有重要条款和条件（包括但不限于转让价格和付款时间）。投资人有权（但无义务）在收到该等通知后的 10 日内（“优先购买权回复时限”）书面通知公司，以相同的价格和付款时间，优先于第三方向转股股东购买全部转让股权。投资人逾期未作出行使优先购买权回复的，视为放弃该等权利。

若投资人仅购买部分转让股权，视为放弃购买。

4.3.2 如果投资人未行使优先购买权，则创始股东可以在发出股权转让通知后的90日内与第三方，在满足4.4规定的情况下，就转让股权签署相应的股权转让合同，但该股权转让合同不能约定比提供给投资人的条件（包括但不限于价格、付款时间和股东权利）更为优惠的条款和条件。如果创始股东未能在发出股权转让通知后的90日内与第三方签署相应的股权转让合同，则创始股东必须再次完成4.3.1规定的程序方可与第三方签署股权转让合同。

4.3.3 以下情形不受4.3限制：（1）公司根据3.3.4开展员工激励计划；（2）与关联企业或关联自然人之间因税收筹划或为公司完成合格IPO之需要进行的权益转让，但该等转让应于转让发生前15个工作日通知投资人，且不应导致公司的实际控制人及（或）控制权变更。

4.3.4 若任何投资人行使本协议4.3的优先购买权需要向公司、其他股东或任何政府机关取得任何登记、批准、同意或其他许可或备案，则各方应尽合理努力，并在可行的情况下尽快给予或促使取得上述登记、批准、同意或其他许可或备案。

4.4 共同出售权

4.4.1 如投资人未根据4.3行使优先购买权，则该未行使优先购买权的投资人有权在优先购买权回复时限届满前向公司及转股股东发出书面通知(“共售通知”，发出共售通知的股东称为“共售股东”），要求与转股股东以同样的价格、条款和条件向第三方共同出售其所持有的公司股权（“共售股权”）。若无任何投资人成功行使优先购买权，则共售股东均行使共同出售权。

4.4.2 共售股东的共售股权数量不超过转股股东拟向预期买方出售的股权数乘以一个分数，分子为该共售股东在该等转让完成前持有的公司出资额，分母为转股股东在该等转让完成前持有公司出资额加上共售股东在该等转让完成前持有公司的出资额。转股股东应有义务促使第三方以相同的价格、条款和条件购买共售股权。如第三方不愿意购买共售股权部分，则转股股东不得将其股权转让给第三方。

4.4.3 以下情形不受4.4限制：（1）公司根据3.3.4开展员工激励计划；（2）与关联企业或关联自然人之间因税收筹划或为公司完成合格IPO之需要进行的权益转让，但该等转让应于转让发生前15个工作日通知投资人，且不应导致公司的实际控制人及（或）控制权变更。

4.5 反稀释权

各方同意，本次投资完成后，若公司引进新的投资方，如新投资方的投资价格（投资价格＝新投资方投资金额／新投资方认购或受让的出资额或股份数）低于全部或部分投资人的投资价格，公司应以法律允许的最低价格向原投资价格高于新投资方的投资价格的投资人发行新的股份或采取公司与投资人共同认可的其他方式，使该投资人投资价格不高于新投资方的投资价格。

以下情形不受4.5限制：公司根据3.3.4开展员工激励计划。

4.6 优先清算权

若公司于IPO前发生清算事件，在公司依法支付清算费用、职工工资和劳动保险费用、所欠税款及其他公司债务后，甲方应优先于其他公司股东获得以下优先清偿款（以下简称“优先清偿款”）：

甲方有权获得金额为其投资额150%的优先清偿与其应获得的公司已宣布但未支付的分红或股息；

甲方获得优先清偿款后，公司的全部剩余财产按照届时股权比例分配给全部股东。

本条项下的清算事件，包括但不限于：公司进入清算程序、终止经营或解散；致使公司全体股东未能在存续的实体中维持多数投票权的股权转让、公司合并、公司分立或其他交易；公司转让大部分资产或业务；出让公司控制权；重大违约事件及其他清算事件。

4.7　回购权

4.7.1　若公司未能在本协议签署后36个月内完成IPO，甲方有权在本协议签署后36个月的对应日起，至本协议签署后48个月的对应日止，要求公司或实际控制人回购其全部或部分股权，回购款为所回购股权对应的投资成本加按年化12%的利率（单利）计算的利息与其应获得的公司已宣布但未支付的分红或股息。

4.7.2　回购义务人应当在投资人提出回购要求之日起60日内支付全部回购款。

若公司资金不足以支付要求回购的投资人全部回购款的，则公司应按照要求回购的投资人的相对持股比例支付回购款，同时，要求回购的投资人亦有权要求实际控制人对尚未支付的回购款承担连带支付责任。

在要求回购的投资人获得所要求的全部回购款前，要求回购的投资人依然享有相应股东权利，但要求回购的投资人根据本协议0条享有的优先清偿款予以相应减少。

4.8　拖售权

若（1）公司未能在本协议签署36个月内完成IPO；或（2）公司按照中国会计准则出具的合并报表经审计的税后净利润分别未能达到1.1.23约定的数额盈利目标的【　】%，即2020年度合并报表经审计的税后净利润未达到人民币【　】万元，2021年度合并报表经审计的税后净利润未达到人民币【　】万元，则在合计持有公司股权比例超过【　】%的股东同意且按届时出售价格计算的公司整体估值达到人民币【　】亿元的情况下，投资人有权要求公司其他股东（包括不同意出售的投资人）按照相同价格和条件向第三方出售其持有的公司股份。其他股东应当予以配合。

4.9　公司盈利预测及估值补偿

4.9.1　综合估值

各方同意并确认，在本次投资完成后，公司的综合估值（“综合估值”）

为人民币【 】亿元。

4.9.2 公司的盈利目标

各方同意并确认，公司按照中国会计准则出具的合并报表，2020 年经审计的税后净利润目标为人民币【 】万元；2021 年经审计的税后净利润目标为人民币【 】万元。

4.9.3 估值调整

如 2020 年和 2021 年，公司按照中国会计准则出具的合并报表经审计的税后净利润合计未能达到人民币【 】万元的，则公司估值（“实际估值”）按以下公式进行调整：

实际估值 = 综合估值 ÷【 】万元 ×（2020 年度合并报表经审计的税后净利润 +2021 年度合并报表经审计的税后净利润）

4.9.4 估值补偿

如发生 4.9.3 所述之估值调整，甲方有权以书面方式通知实际控制人或公司选择股权调整或现金补偿，要求公司及创始人应在收到上述书面通知之日起 60 日内对甲方进行补偿：

如甲方选择股权调整的，创始人应无偿（或以法律允许的最低成本价）向甲方转让（或以中国法律允许的成本最低的其他方式）其持有的公司部分或全部股权，使甲方股权调整后的股权比例反映公司的实际估值：股权比例 = 投资总额 ÷ 实际估值；

如甲方选择现金补偿的，公司及/或创始人应无条件向乙方返还综合估值超过实际估值所对应的投资款：返款投资款 = 投资总额 −（实际估值 ÷ 综合估值）× 投资总额

在计算业绩调整时，按相关会计准则或证监部门规定的非经常性收入不应计入公司的实际营利。

4.10 分红权

投资人在本次投资完成后，即有权按照其在公司的实缴出资比例分享公

司利益和分红。

第5条 陈述、保证与承诺

5.1 各方陈述、保证并承诺：协议构成对其合法、有效且具约束力的义务，其签订、交付和履行本协议，完成本协议所述之交易，以及履行本协议条款、条件和约定不会违反（i）任何其责任或对其适用的法律；（ii）判决、裁定、裁决、禁令或法院或政府官员或政府部门的决定；（iii）其公司章程或其为缔约方的或受其约束的任何重大合同、安排或谅解的任何约定。

5.2 各方（“保证方”）充分理解其他合同签订方是基于保证方在本协议中作出的所有陈述、保证和承诺而签订本协议的。因保证方违反其在本协议中的任何陈述、保证和承诺而使其他合同签订方遭受的任何损失、损害、费用和开支应由保证方予以赔偿和补偿。

第6条 竞业禁止与股份锁定

6.1 公司应在本次投资完成前，与公司的实际控制人、核心人员签订劳动合同、不竞争协议及其他协议，约定（1）自该协议签署之日起，至公司实现IPO之日起一年内，全力从事公司主营业务并尽最大努力发展公司主营业务，保护公司利益，不得在与公司业务存在竞争关系的其他任何公司兼职或以直接或间接的方式投资经营该类公司；（2）自该协议签署之日起，至该等人员从公司离职之日起两年的对应日，该等人员不得直接或间接地拥有、管理、从事、经营、咨询、提供服务、参与任何与公司主营业务存在直接或间接竞争关系的实体。

如核心人员已经签署满足此描述的相关协议则无须另行签订。

6.2 未经全体投资人书面同意，公司创始股东在递交IPO申请前不得转让其直接或间接持有的公司权益。此处所述之“转让”，包括直接或间接地转让、出售、赠与、质押、授予股权购买权、认股权证、股权代持及其他可能导致创始股东负有股权转让义务的安排。

以下情形不受上款限制：（1）因公司开展员工激励计划进行权益转让的；（2）与关联企业或关联自然人之间因税收筹划或为公司完成合格IPO之需要

进行的权益转让，但该等转让应于转让发生前15个工作日通知投资人，且不应导致公司的实际控制人及（或）控制权变更。

第7条　违约责任

7.1　本协议生效后，各方应按照本协议的规定全面、适当、及时地履行其义务及承诺，本协议的任何一方违反本协议所约定的条款，均构成违约。

7.2　各方同意，除本协议另有约定之外，守约方有权采取如下一种或多种救济措施维护其权利：（1）要求违约方实际履行；（2）暂时停止履行义务，待违约方违约情形消除后恢复履行；守约方根据约定暂停履行义务不构成守约方不履行或迟延履行义务；（3）要求终止本协议并请求赔偿相应损失。

7.3　未行使或延迟行使本协议或法律规定的某项权利并不构成对该项权利或其他权利的放弃。部分行使本协议或法律规定的某项权利并不妨碍其进一步继续行使该项权利或其他权利。

第8条　不可抗力

8.1　不可抗力包括任何不可预见、不可避免并且不能克服的客观情况，包括但不限于：国家政策法规的重大变化、金融危机、地震、水灾、传染性疾病、国际制裁以及战争等情形，而这种客观情况已经或可能将会对本协议的履行产生重大实质性不利影响。

8.2　如果上述不可抗力事件的发生严重影响一方履行其在本协议项下的义务，则在不可抗力造成的延误期内中止履行不视为违约。如果一方因违反本协议而延迟履行本协议项下的义务后发生不可抗力，则该方不得以不可抗力的发生为由免除责任。

8.3　宣称发生不可抗力事件的一方应迅速书面通知本协议他方，并在其后的15日内提供证明不可抗力事件发生及其持续的足够证据。

8.4　如果发生不可抗力事件，本协议各方应立即互相协商，以找到公平的解决办法，并且应尽一切合理努力将不可抗力事件的后果减小到最低限度，否则，未采取合理努力方应就扩大的损失对另一方承担相应的赔偿责任。如不可抗力事件的发生或后果对本协议的履行造成重大妨碍，并且本协议各方未找到公平的解决办法，则经各方协商一致同意，本协议可终止。

第 9 条　协议的变更、解除和终止

9.1　本协议的任何修改、变更应经协议各方另行协商，并就修改、变更事项共同签署书面协议后方可生效。

9.2　除本协议另有约定外，本协议在下列情况下解除：

9.2.1　经各方协商一致解除；

9.2.2　任一方发生违约行为并在守约方向其发出要求更正的书面通知之日起 60 日内不予更正的，守约方有权单方解除本协议；

9.2.3　因不可抗力造成本协议无法履行。

提出解除协议的一方应当以书面形式通知其他各方，通知在到达其他各方时生效。

9.4　本协议被解除后，不影响守约方要求违约方支付违约金和损害赔偿金的权利。

9.5　非经本协议各方协商一致并达成书面协议，任何一方不得转让其在本协议或本协议项下全部或部分权利、义务。

第 10 条　适用法律和争议的解决

10.1　本协议受中华人民共和国法律管辖与解释。

10.2　本协议项下所产生的或与本协议有关的任何争议，首先应在争议各方之间协商解决。如果协商解决不成，应提交位于北京的中国国际经济贸易仲裁委员会并按其提交仲裁时有效的仲裁规则进行最终裁决。仲裁应用中文进行。仲裁裁决为终局裁决，对各方均有约束力。

10.3　当产生任何争议及任何争议正按前条规定进行解决时，除争议事项外，各方有权继续行使本协议项下的其他权利，并应履行本协议项下的其他义务。

第 11 条　保　　密

11.1　本协议的存在、条款和内容、各方履行情况均为保密信息，任何一方不得向第三方透露。

11.2 以下情况不受11.1限制：

11.2.1 各方向各自的控股股东、合伙人、董事和高级管理人员、会计师、法律顾问和其他专业顾问披露有关信息，披露的信息不应超过执行相关业务需要的范围，且获知信息的个人或者机构应承担保密信息的义务；

11.2.2 非因各方原因，保密信息已经公开或能从公开领域获得；

11.2.3 各方应法律法规及其他监管规定之要求披露；

11.2.4 各方应法院、仲裁机构、证券交易所、政府等有权机关之要求披露。

11.3 若任何一方因法律法规、监管规定或有权机关的要求披露或备案保密信息的，该方应在披露或备案前的合理时间内，向其他方告知该等披露或备案事宜。

第12条 通　　知

12.1 本协议项下的所有通知均应以书面形式作出，按下文所载明的联系方式用传真发出或快递方式发出。该等通知以传真方式发出，则于发件人传真机显示传真业已发出时视为送达；若以快递方式发出，则于邮件寄出后的第3个工作日视为送达。

12.2 在本协议履行期间，任何一方的下述联系方式中的任何事项发生变化时，该方应在变化发生之日起3日内通知另一方。如逾期未通知，则另一方依据本条规定向上述地址发出的通知和/或其他书面文件将被视为已通知发生变化方。

12.3 本协议各方的寄送地址及传真详见附件三。

第13条 其　　他

13.1 本协议中标题仅为阅读方便，在任何情况下不得作为对本协议内容的解释。

13.2 为配合公司IPO之目的，各方同意，自公司递交IPO申请之日起，自动终止执行本协议。如监管部门要求各方就此另行出具书面协议或确认文件的，各方同意对此给予积极配合。如(i)公司主动撤回IPO申报材料，或(ii)在公司递交IPO申请之日起48个月内尚未上市成功并发行的，或(iii)公司的IPO申请被监管部门驳回或否决的，本协议的效力自动恢复。

13.3 本协议对各方及其权利义务承继者均有约束力。

13.4 本协议中如有一项或多项条款在任何方面根据任何适用法律是不合法、无效或不可执行的，且不影响到本协议整体效力的，则本协议的其他条款仍应完全有效并应被执行。并且，各方应商定以合法、有效和可执行的条款对上述被宣布为不合法、无效或不可执行的条款加以修改或替换，其结果应尽可能符合各方在本协议签署时所预期的商业目的并平衡各方之间的利益。

13.5 本协议及其附件构成了各方之间就本次投资股东权利相关安排达成的全部和唯一的协议，并取代了一切先前达成的谅解、安排、约定或通信。

13.6 关于本协议的未尽事宜，各方应通过友好协商另行签订补充协议，补充协议构成本协议不可分割的部分，与本协议具有同等法律效力。

13.7 本协议自各方签字或盖章后生效。本协议壹式陆份，各份具有同等法律效力。如本协议与用于股权变更登记的《公司章程》相关内容不一致的，以本协议为准。

（以下无正文）

（本页无正文，为【　】与【　】、【　】签署的《增资协议》的签字页）

甲方：【　】有限公司（盖章）

法定代表人或授权代表签字：________________

乙方：【　】有限公司（盖章）

法定代表人或授权代表签字：________________

丙方1（签字）：________________

丙方2（签字）：________________

附件一：股东名册原件

附件二：出资证明书原件

附件三：寄送地址信息

12.5.2 实务要点评析

对于股权转让而言，出让方在转让完成后即套现离场，目标公司相关风险是一个抛绣球般的存在，看最终花落谁家；而增资则不同，没有人离开目标公司这个平台，新老股东仍然在一条船上并肩作战，因此一些交易条件和公司治理条款的设计更为复杂。除了上述股权转让协议要关注的实务要点以外，增资协议还要关注以下要点：

1. 关于公司治理

新进入目标公司的股东，即使未取得控股权，也会经常要求委派董事、监事或者高级管理人员（尤其是产业投资者），在董事会批准权限、股东会审议权限等方面要求话语权。这就会对目标公司的原有体系带来改变，无论是在日常管理层面（如重大人事招聘、日常交易审批等），还是在公司治理方面（如决定公司融资、实施股权激励等），都要体现出股东表决权的作用。尤其需要注意的是，在股东会层面投资人要求的分类表决权，不得成为公司后续资本运营的障碍，如果投资人要求对融资或资本运营事项具有一票否决权，交易各方都要慎重考虑。为了尽快完成本轮融资而仓促接受这类条件，对融资方而言有可能是饮鸩止渴。所以，在交易谈判的基础上，增资协议中的条款需要在这些问题上进行准确无误的体现，任何粗心的表述或者不尽职的文件审阅，都可能给未来埋下隐患。

2. 关于股东特殊权利

这部分内容是增资协议的核心条款，也是各方交锋最为激烈的战场。优先分红、优先购买股权、优先认缴增资等还算是常规要求，在涉及优先清算、共售权、拖售权时，站在融资方角度就要紧绷神经了，因为这些权利在投资行业内对投资人而言大多是正常的要求，但是融资方及其实际控制人是否能够承受得住，就需要结合自身实际情况慎重决策。前几年俏江南融资后投资人退出引发的多米诺骨牌效应，最后导致实际控制人出局，核心就是因为这些条款。至于回购权，最新的《九民纪要》认可了公司作为回购主体的可行性，前些年的案例大多支持股东承担回购责任的观点也被改变，但是在具体约定这类条款时，仍然要关注利率的合理性以及相关责任主体的履约能力，防止万一出现回购要求时，导致投资人处于“赢了官司输了钱”的尴尬处境。

12.6 公司章程及系列决议文件

相比前面的法律文件而言，章程和决议等大多是比较后期的文件，用于固定各方的谈判成果以及满足完成交易必备的程序性要求。公司章程的框架没有太多新颖性，但是根据公司法，其中的许多内容可以由股东自行约定，如分红比例、股权转让限制等。股东会决议只要满足召集召开和表决程序，内容合法即可，这里简单列示一下常规的文本。

12.6.1 范本示例

【 】有限公司股东会决议

会议时间：【 】年【 】月【 】日

会议地点：【 】

会议参加人员：【 】、【 】、【 】、【 】

本次会议于召开前依法通知了全体股东，会议通知的时间、方式以及会议的召集主持和表决等均符合有关法律、行政法规、部门规章和《公司章程》的规定。本次会议应参加【 】人，实际参加【 】人，出席会议股东代表公司100%表决权。会议一致通过并决议如下：

一、同意将公司的注册资本由【 】元人民币增加至【 】元人民币，本次新增加的【 】元注册资本中，股东出资情况如下：

投资人【 】实际出资【 】元，获取公司【 】元注册资本，占增资后公司股权的比例为【 】，超过注册资本的部分进入公司资本公积。

二、本次增加注册资本后，公司各股东出资情况如下：

编号	股东的姓名或者名称	认缴出资额（元）	持股比例
1	A	【 】	【 】
2	B	【 】	【 】
3	C	【 】	【 】
合计	【 】	【 】	

三、同意就上述变更事项签署《增资协议》。

四、同意就上述变更事项修改公司章程相关条款。

全体股东签字：

12.6.2 实务要点评析

股东会决议的形式多样，但核心内容不能缺失。主要包括程序性内容和实体性内容，其中程序性内容包括按照召集召开和表决比例等是否符合公司法、公司章程的规定，对于一些重大事项必须要满足比例要求；实体性内容包括优先购买权的放弃、优先增资权的放弃、各方对股权比例的确认、对签署交易文件的授权等。合规的股东会决议是保障交易顺利进行的根基，否则按照《公司法》规定，实体性内容违法将会导致决议无效，实体性内容违反公司章程或者程序性内容违法及违反章程时，可能导致决议被撤销，从而影响股权交易。